Reflexões Jurídico-Desportivas do Grupo de Estudos Direito e Desporto da Universidade São Judas — Volume 1

Reflexões Jurídico-Desportivas do Grupo de Estudos Direito e Desporto da Universidade São Judas — Volume 1

Coordenadores:

Elthon José Gusmão da Costa

Luis Guiherme Krenek Zainaghi

Simone Lopes Passos Suarez

GEDD DIREITO E DESPORTO
sãojudas

LACIER

LACIER

Lacier Livraria e Editora
www.livrarialacier.com.br

Rua Doutor Quirino, 808 – Centro
CEP 13015-081 – Campinas, SP – Brasil

Junho, 2024

Diretor: *Lacier José de Rezende*
Coordenação editorial: *Peter Fritz Strotbek*
Projeto de capa: *Fabio Giglio*
Projeto gráfico e editoração eletrônica: *The Best Page*

Esta é uma obra coletiva.
A responsabilidade pelo conteúdo de cada texto
é exclusiva do seu autor.

Ficha Catalográfica

Dados Internacionais de Catalogação na Publicação (CIP)
(Câmara Brasileira do Livro, SP, Brasil)

R279 Reflexões jurídico-desportivas do grupo de estudos direito e desporto da universidade São Judas : volume 1 / coordenadores: Elthon José Gusmão da Costa, Luis Guiherme Krenek Zainaghi, Simone Lopes Passos Suarez. — 1. ed. — Campinas, SP : Lacier Editora, 2024.
342 p. ; 17 x 24 cm.

ISBN 978-85-64412-04-0

1. Direito desportivo — Legislação — Brasil. 2. Esporte — Legislação — Brasil. 3. Contrato de trabalho desportivo. 3. Legislação desportiva — Aspectos jurídicos. I. Costa, Elthon José Gusmão da. II. Zainaghi, Luis Guiherme Krenek. III. Suarez, Simone Lopes Passos.

CDU 34:796(81)

Índices para catálogo sistemático:

1. Legislação desportiva — Aspectos jurídicos

Angela Schmidt da Rosa – Bibliotecária – CRB-14/1171

Sumário

Rol de Autoras e Autores

Aarão Ghidoni do Prado Miranda — Advogado. Professor de cursos de graduação e pós-graduação. Especialista, Mestre e Doutorando em Direito. Autor de diversos artigos e livros jurídicos.

Alfredo Augusto Botelho da Silva — Graduando em Direito do 10º período pelo Centro Universitário Celso Lisboa (CUCL). Professor universitário.

Bernardo Remi Tecchio — Advogado. Membro da Comissão de Direito Desportivo da OAB/SC. Pós-Graduando em Direito Desportivo, pela Pontifícia Universidade Católica do Paraná (PUCPPR). Pós-Graduando em Direito do Trabalho, pela Escola Brasileira de Direito (EBRADI).

Camila de Carvalho Ouro Guimarães — Advogada. Pedagoga. Professora universitária. Pesquisadora social. Membro do Grupo de Estudos de Direito e Desporto da Universidade São Judas Tadeu. Pós-Graduada em Direito Civil e Processo Civil; Responsabilidade Civil e Direito do Consumidor; Direito Constitucional. Especialização em Direito Empresarial e Sustentabilidade pela *University of Florida: Leving College of Law*, e *English Law and Drafts* pela *Washington University*. MBAs em Gestão de Negócios e Gestão e Políticas. LLM em LGPD e GDPR – Universidade de Lisboa. Mestre em Educação pela Universidade de Jaen na Espanha. Mestre em Bioética, Ética Aplicada e Saúde Coletiva pelo PPGBIOS – Programa em Associação UFRJ, UFF, FIOCRUZ e UERJ. Doutoranda em Direito Privado pela *Universidad Nacional de Mar del Plata*. Membro das Comissões de Compliance Anticorrupção e Controle de Gastos Públicos; Direito Desportivo; LGPD, Direito Médico e Saúde todas da OAB/RJ Capital e subseção Barra da Tijuca. Membro da ANACO, CWC – *Compliance Women Comitee*, certificada pela LEC/SP e FGV em C*ompliance* CPC-PD e CPC-A.

Clayton Figueiredo da Costa — Advogado. Pós-graduado em Direito do Trabalho e Direito Desportivo pela Faculdade Legale Educacional.

Clésio José Ribeiro Júnior — Bacharel em Direito com Pós-Graduação em Direito Empresarial e Direito Trabalhista pela Faculdade LEGALE. Especializado em Direito no Futebol pela Faculdade Futebol Interativo.

Elthon José Gusmão da Costa — Advogado. Professor. Palestrante, autor e organizador de livros jurídicos. Membro da Ordem do Mérito Judiciário do Trabalho do Tribunal

Superior do Trabalho no Grau Oficial, *Master in International Sports Law* (*Instituto Superior de Derecho y Economía — ISDE*). Especialista em Direito Desportivo (CERS). Pós-Graduado em Direito Processual Civil (Unileya). Diretor jurídico do CNB (Conselho Nacional de Boxe). Diretor do Departamento Jurídico da CBKB (Confederação Brasileira de *Kickboxing*). Diretor do Departamento Jurídico da WAKO Panam (*World Association of Kickboxing Comissions Región Panamericana*) e da CBMMAD (Confederação Brasileira de MMA Desportivo). Membro da Comissão Jovem da Academia Nacional de Direito Desportivo (ANDD). Membro do núcleo de estudos O Trabalho além do Direito do Trabalho: Dimensões da Clandestinidade Jurídico-Laboral (NTADT), da Faculdade de Direito da USP. Auditor do TJDU-DF. Membro da Comissão de Direito Desportivo da OAB-DF. Membro do Instituto Brasileiro de Direito Desportivo (IBDD). Colunista do *website* "Lei em Campo" (Coluna "Luta e Desporto").

Elza Rafaela Ribeiro de Santana — Advogada nas áreas de Direito Imobiliário e Desportivo. Graduada em Direito pela Faculdade de Administração e Negócios de Sergipe (FANESE). Especialista em Direito de Família e Sucessões (UniDomBosco). Pós-Graduada em Processo Integrado (UniDomBosco). Cursando Formação Jurídica para o Futebol (*CBF Academy*). Responsável por contratos de atletas na empresa MJ Gerenciamento e Assessoria Esportiva. Membro do Instituto Brasileiro de Direito Desportivo (IBDD) e do Grupo de Estudos em Direito e Desporto São Judas (GEDD-SJ). Presidente da Comissão de Direito Desportivo da OAB – Subseção Feira de Santana/BA.

Fernando Bonilha Silva — Avogado. Graduado em Direito pelo Centro Universitário Armando Álvares Penteado (FAAP) em 2022. Pós-graduando em Direito Desportivo pela ESAOAB/SP. Mestrando em *International Sports Law* pelo ISDE/Espanha. Membro do Instituto Brasileiro de Direito Desportivo (IBDD). Auditor suplente do STJD do Futsal (ABLF). Membro do Grupo de Estudos de Direito e Desporto da Universidade São Judas Tadeu. Membro do Grupo de Estudos de Direito Desportivo da FAAP. Membro do Grupo de Estudos de Direito Desportivo da PUC/RIO. Monitor do FUTJUR.

Gabriel dos Santos Baptista — Bacharel em Direito. Pós-Graduando em Direito Civil, Negócios, Obrigações e Contrato. Pós-Graduando em LGPD. Membro do GEDD da Universidade São Judas e Grupo de estudo em Federalismo Fiscal da USP.

Gianluca de Araujo Francisco Moreira — Advogado Pós-graduado em Direito Desportivo pela Faculdade Unileya.

Hudson de Paiva Barbosa Junior — Advogado Netshoes Miners, Membro do GEDD – São Judas. Aluno do MBA em Negócios do Esporte e Direito Desportivo do CEDIN.

Igor Gabriel Kruger Poteriko — Advogado. Graduado em Direito pela Faculdades de Ensino Superior do Centro do Paraná — UCP. Procurador do Superior Tribunal de Justiça Desportiva do Futsal — STJDFS. Pós-Graduado em Direito Empresarial pela Escola Brasileira de Direito — EBRADI. Pós-Graduado em Negócios do Esporte e Direito Desportivo pelo Centro de Estudos em Direito e Negócios — CEDIN. Pós-Graduado em Direito Tributário e Processo Tributário pela FALEG. Membro diretor do Grupo de Estudos em Direito e Desporto São Judas; membro do Grupo de Pesquisa em Direito e Negócios do Esporte SBDD/CEDIN. Membro correspondente da Comissão de Direito Desportivo da OAB – Subseção Campinas. Membro correspondente da Comissão de Direito Empresarial da OAB – Subseção Campinas.

Julia Bronzatto Dutra — Advogada corporativa. Pós-Graduanda em Compliance e Integridade Corporativa pela Pontifícia Universidade Católica de Minas Gerais. Pesquisadora em Direito Desportivo. Membra-diretora do Grupo de Estudos de Direito e Desporto da Universidade São Judas Tadeu.

Kátia de Moraes Jorge — Graduanda em Direito do 10º período pelo Centro Universitário Celso Lisboa (CUCL). Enfermeira. Professora universitária.

Leonardo Lucchese Meinerz — Advogado. Bacharel em Direito pelo Centro Universitário da Serra Gaúcha (FSG). Pós-Graduando em Negócios do Esporte e Direito Desportivo pelo CEDIN. Membro do Grupo de Estudos em Direito e Desporto da Universidade São Judas Tadeu, membro do Instituto Brasileiro de Direito Desportivo. Colunista da *Coluna Jusdesportiva do IBDD*. Defensor dativo do Tribunal de Justiça Desportiva da Federação Gaúcha de Judô.

Lucas Mendes Pinheiro — Advogado. Bacharelado em Direito pela UEFS. Pós-Graduado em Direito do Trabalho e Processo do Trabalho pelo CERS. Pós-Graduado em Direito Empresarial e em Direito Desportivo pela FACUMINAS.

Luis Felipe Ferraz — Bacharel em Direito pela PUC-Minas juntamente com ELTE de Budapeste. Advogado inscrito na OAB/MG. Integrante do GEDD São Judas durante o segundo semestre de 2023.

Mariana Araújo Evangelista — Advogada. Graduada pela Universidade Presbiteriana Mackenzie. Pós-Graduanda em Direito Desportivo pela Escola Superior de Advocacia de São Paulo (ESAOAB-SP). Atua como advogada no clube social da Sociedade Esportiva Palmeiras (SEP). Procuradora do Tribunal da Justiça Desportiva de São Paulo (TJD-SP) de Handebol. Ex-atleta profissional de handebol.

Mário Rodolfo Chaves da Silva — Advogado. Graduado em Direito pela Universidade Católica de Pernambuco. Gestor da Unidade de Contratos de Gestão com Organizações Sociais de Saúde da Secretaria de Saúde do Recife. Diretor Jurídico do Clube Náutico Capibaribe. MBA em Negócios no Esporte e Direito Desportivo pelo Centro de Estudos em Direito e Negócios — CEDIN. Certificado em Direito Desportivo pelo Instituto de Direito Contemporâneo e pela Academia Brasileira de Direito Constitucional. Membro da Comissão de Direito Desportivo da OAB Pernambuco. Membro diretor do Grupo de Estudos Direito e Desporto da Universidade São Judas.

Nathalia Vicentini Aguiar — Advogada. Consultora de Mídia, Esporte e Entretenimento na Ernst & Young (EY). Procuradora do Superior Tribunal de Justiça Desportiva do Voleibol (SJTD). Auditora suplente do Tribunal de Justiça Desportiva do Futebol do Estado de São Paulo (TJD/SP). Conselheira fiscal suplente na Liga de Basquete Feminino (LBF). Conselheira de Ética na Confederação Brasileira de Badminton (CBBd). Mentora do Programa Global de Formação de Lideranças Femininas no Esporte, realizado pela *Sport Integrity Global Alliance (SIGA)*. Pós-Graduada em Direito Desportivo pela ESA-SP. Pós-Graduanda em Propriedade Intelectual, Direito do Entretenimento, Mídia e Moda pela ESA-SP.

Nicolas Corrêa Simonini do Amaral — Pós-Graduado em Direito do Desporto e Mestrando em Direito Fiscal pela Universidade Católica Portuguesa. Licenciado em Direito pela Universidade de Coimbra.

Ramon Tabosa Pinto — Bacharel em Direito pelo Centro Universitário da Serra Gaúcha (FSG). Membro do Grupo de Estudos em Direito Desportivo da Universidade São Judas Tadeu.

Simone Lopes Passos Suarez — Advogada. Professora. Tradutora. Graduada em Direito na Universidade São Judas Tadeu (USJT) *Master in Sports Management & Legal Skills with F. C. Barcelona* pelo *Instituto Superior de Derecho y Economía (ISDE)* – Barcelona. Licenciada em Letras Inglês pela Universidade Presbiteriana Mackenzie. Embaixadora do *ITTI Sports Institute* – Espanha. Embaixadora do *Instituto Superior de Derecho y Economía (ISDE)* – Espanha. Responsável pelo Centro de Aplicação LIBBRA do TOLES (*Test of English Skills Examinations — Cambridge Law Studio/Global Legal English*). Formada em Governança e Conformidade no Futebol e cursando Formação Jurídica para o Futebol na *CBF Academy*. Coordenadora do Grupo de Estudos em Direito e Desporto São Judas (GEDD-SJ). Membro do Instituto Brasileiro de Direito Desportivo (IBDD). Membro da Comissão de Esporte, Lazer e Direito Desportivo da OAB – Subseção Osasco. Membro suplente da Comissão Disciplinar do TJD da Federacão de Volley-Ball do Rio de Janeiro (VôleiRio). Membro do Comitê de Jovens Arbitralistas (CJA) do Centro Brasileiro de Mediação e Arbitragem (CBMA). Membro da Comissão de Ética da Confederação Brasileira de *Skateboarding* (CBSK).

Vinícius Nascimento Coutinho Ramos — Advogado. Atleta de *Power Soccer* (Futebol em Cadeira de Rodas). Pessoa com Deficiência. Membro das comissões de Direito Desportivo e de Direito das Pessoas com Deficiência da OAB Nova Iguaçu/RJ. Pós-Graduando em Direito do Trabalho e Processo do Trabalho.

Apresentação

Como coordenadora atual e membro do Grupo de Estudos de Direito Desportivo (GEDD) da Universidade São Judas desde a sua fundação, participar desta obra é motivo de grande satisfação para mim.

Nosso grupo de estudos, idealizado pelos professores Aarão Miranda da Silva e Danilo Uler Corregliano, tem como um dos principais objetivos a promoção de um ambiente de discussões no qual todos os participantes se sintam à vontade para debater livremente suas ideias acerca dos mais variados aspectos do Direito Desportivo.

Ao longo dos anos, o amadurecimento do GEDD-São Judas culminou na publicação deste livro, projeto concretizado graças à dedicação de nossos membros e, em especial, à determinação do amigo Elthon José Gusmão da Costa, cuja experiência prévia na coordenação de obras acadêmicas foi essencial.

Sou imensamente grata ao nosso prefaciador, o querido professor Domingos Sávio Zainaghi, sempre disposto a compartilhar seus conhecimentos e vasta experiência, lembrando-nos de que, sim, vale a pena ser gentil!

Agradeço aos autores por exporem suas perspectivas sobre temas relevantes no cenário jusdesportivo, e à Editora Lacier, pelo apoio ao lançamento da nossa primeira obra.

Espero que esta seja a primeira de muitas coletâneas do GEDD-São Judas!

Simone Lopes Passos Suarez

Prefácio

O Direito Desportivo não é uma área nova da ciência jurídica, mas seu interesse pelo mundo acadêmico é, sim, razoavelmente, novo, surgido a partir de 1998, com a promulgação da Lei n. 9.615/98, conhecida como Lei Pelé, em razão de o Rei do Futebol ser o ministro do então Ministério Extraordinário do Esporte e ter assinado a lei.

Em 1997, depois de um ano e meio de pesquisas, eu defendi minha tese de doutorado na PUC de São Paulo, com o título "Os atletas profissionais de futebol no Direito do Trabalho", e foram imensas as dificuldades para encontrar material doutrinário e jurisprudencial para a confecção do trabalho.

Com a Lei Pelé, que teve como grande novidade à época a extinção do "passe", o Direito Desportivo foi "descoberto" pela academia.

Começou o interesse dos estudantes pelo Direito Desportivo, e aqueles poucos estudiosos desse ramo da ciência jurídica passaram a ser procurados para palestras em seminários e congressos. Lembro-me de nomes que só conhecia pelos (poucos) livros e artigos sobre a matéria, que apareceram para falar em faculdades e em eventos jusdesportivos.

Marcílio Krieger, João Zanforlin, Álvaro Melo Filho, entre outros, deram início à divulgação e sobretudo à preparação de jovens para militarem nessa área nova do Direito.

No início do século XXI é criado o Instituto Brasileiro de Direito Desportivo e, no Peru, o Instituto Iberoamericano de Derecho Deportivo, do qual fui seu primeiro presidente.

Em nosso país foram criados vários institutos estaduais de Direito Desportivo.

Em 2013 foi criada a Academia Nacional de Direito Desportivo e, em seguida, a Sociedade Brasileira de Direito Desportivo.

Nas universidades foram criados grupos de estudos de Direito Desportivo, e vários cursos de especialização também proliferaram pelo país e até um programa de Direito Desportivo tivemos por nove anos na TV Justiça, que era apresentado semanalmente por mim, e devo muito a várias pessoas que se dispunham a participar do programa, muitas vezes arcando com despesas de viagem, só com a finalidade de cooperar na divulgação do Direito Desportivo.

Dois mestrados surgiram, um no Centro Universitário FIEO (UNIFIEO), onde leciono, que teve a primazia de criar uma disciplina de Direito Desportivo (Lazer, esporte e Direito Desportivo na ordem constitucional brasileira), e depois a Pontifícia Universidade Católica de São Paulo, que criou não só o mestrado, mas também um doutorado específico da disciplina.

Atualmente, temos vários grupos de estudos de Direito Desportivo, e este livro é fruto do trabalho sério e dedicado dos componentes do Grupo de Estudos de Direito Desportivo (GEDD) da prestigiosa Universidade São Judas de São Paulo.

Tive a honra de poder participar de um seminário organizado pelos membros desse GEDD em 2023, e pude constatar a dedicação de seus componentes e sobretudo o amor com que se dedicam ao grupo e ao Direito Desportivo.

Mais uma vez a generosidade dos membros do GEDD da São Judas permite que eu escreva o prefácio desta obra, ou seja, sou seu padrinho, e isto é uma grande responsabilidade, mas muito mais que isso, é um inenarrável prazer e uma honra indescritível.

Você, leitor, poderá constatar a partir da leitura de cada um dos artigos deste livro, a capacidade de pesquisadores sérios e dedicados que comprovam o valor do GEDD da São Judas e a contribuição que prestam ao Direito Desportivo.

Agradeço de maneira muito particular ao professor Elthon José Gusmão da Costa pelo convite para prefaciar esta obra, o que, como já afirmei, é causa de muito prazer e felicidade para mim, agradecimento que estendo aos demais membros do GEDD-São Judas.

Por derradeiro, felicito a editora pela publicação desta obra, a qual terá de fazer parte da biblioteca daqueles que se dedicam ao estudo do Direito Desportivo, e será obra de consulta obrigatória aos que buscam solução às suas dúvidas sobre essa empolgante área da ciência jurídica.

São Paulo, junho de 2024.

Domingos Sávio Zainaghi
Advogado. Jornalista, Professor. Palestrante. Escritor.
Presidente da Comissão de Direito Desportivo da Associação Brasileira de Advogados (ABA). Presidente do Tribunal de Justiça Desportiva da Federação Paulista de Handebol.
Presidente honorário do Instituto Iberoamericano de Derecho Deportivo (IIDD). Membro da Academia Nacional de Direito Desportivo (ANDD). Da Academia Paulista de Direito (APD). Da Academia Paulista de Letras Jurídicas (APLJ). Ex-presidente da Comissão de Direito Desportivo da OAB-SP. Professor do Curso de Mestrado do UNIFIEO.

Mas voltando ao texto constitucional, a consagração do direito ao esporte como direito fundamental possui diversos reflexos positivos no ordenamento, como a impossibilidade do retrocesso social no sentido de retirar o esporte das obrigações estatais, a imprescindibilidade de ofertar o esporte a todos, a universalização e amplo acesso ao esporte, a reserva e a dotação orçamentária específica e a certeza que o esporte deve estar alinhado a outros direitos sociais para que a sociedade evolua e avance socialmente.

A formação da pessoa como indivíduo deve passar por alguns pilares fundamentais do Estado social (e de direito), como a saúde, a vida, a liberdade, a igualdade, a educação, a cultura, o meio ambiente e o esporte.

Assim sendo, é possível estender a aplicação ao esporte de um direito com *status* de direito fundamental, que não pode ser suprimido por uma emenda constitucional reduzida, pois pertencente ao núcleo duro dos direitos sociais e humanos, de forma que seja intransponível e quase absoluto, pois além de formalmente ter sido elaborado pelo legislador constituinte originário, acabou por incorporar a estrutura e a base social, sendo assim impossível o retrocesso.

Vejamos a redação do referido artigo no texto da Constituição:

> Art. 217. É dever do Estado fomentar práticas desportivas formais e não formais, como direito de cada um, observados:
>
> I – a autonomia das entidades desportivas dirigentes e associações, quanto a sua organização e funcionamento;
>
> II – a destinação de recursos públicos para a promoção prioritária do desporto educacional e, em casos específicos, para a do desporto de alto rendimento;
>
> III – o tratamento diferenciado para o desporto profissional e o não profissional;
>
> IV – a proteção e o incentivo às manifestações desportivas de criação nacional.

Da redação constitucional emergem conceitos e características relevantes como:

a) Qualquer prática desportiva será assegurada na Constituição Federal;

b) Todos devem ter acesso ao esporte, de forma individual ou coletiva;

c) A atividade esportiva pode ser formal ou não formal, mas sempre será obrigação do Estado a sua garantia, fomento e proteção;

d) O desporto é um direito irrenunciável e inafastável;

e) O direito do desporto é uma liberdade privada e pública;

f) O papel do Estado é garantir a educação para o esporte;

g) Os atletas de alto rendimento ou mesmo os amadores serão protegidos e tutelados pelo Estado, sendo que os atletas de alto rendimento poderão receber um tratamento diferenciado;

h) As entidades e associação desportivas são reconhecidas pelo Estado como pessoas jurídicas de direito privado, e podem ser organizar e funcionar livremente no país (desde que com a prática lícita);

i) O Estado deve — como elemento impositivo — inserir, atribuir e gastar verbas públicas orçamentárias, ano a ano para fins do desporto, sendo os valores destinados sem vinculação específica;

j) Os atletas, profissionais ou não, têm direitos assegurados, como direitos contratuais, de propriedade, de proteções de dados, direito à saúde, direito à segurança, direito à vida, direito à igualdade, e sobretudo o direito à liberdade;

k) Toda e qualquer prática desportiva é reconhecida pelo Estado, sendo que uma vez lícita a atividade, sua criação e incentivo poderá ocorrer por todos os meios assegurados;

l) O fato de ter orçamento próprio ao esporte é certo que o Estado permite que outras rubricas orçamentárias dialoguem com as referidas verbas, quer compensado quer compartilhando atividades em conjunto;

m) Por ser direito fundamental universalizado, o esportista brasileiro ou não brasileiro poderá ser agraciado com as proteções e incidências do direito ao desporto;

n) O Poder Judiciário reconhece e deve proteger tais direitos fundamentais, no acesso, na liberdade e ainda no seu exercício pleno a todos;

Observados esses pontos, que foram esquematizados para facilitar a adequação e a visualização do tema, passa-se a refletir diretamente sobre o direito ao desporto e sua natureza jurídica.

O direito ao desporto para além do direito subjetivo e objetivo

A prática desportiva por si não geraria nenhuma proteção jurídica, se — e somente se — a atividade fosse individual e sem nenhuma comunicação entre os indivíduos, contudo a partir do momento em que duas pessoas passam a se comunicar e ter como objeto comum a prática do esporte, nasce o interesse social, sobretudo de se estudar o tema, e a partir desse ponto é que essa prática esportista transcende os interesses particulares desses indivíduos, surgindo assim o direito subjetivo ao esporte.

O direito subjetivo ao esporte repousa primeiro na necessidade do indivíduo esportista de ser reconhecido e respeitado como tal, segundo que o objeto da sua pretensão ou necessidade seja protegido pelo sistema jurídico, terceiro que as relações com terceiros sejam tuteladas e ainda que essas relações repercutam e gerem obrigações a outras pessoas.

Essas necessidades credenciam o direito que ali surgiu — o direito ao esporte — ser considerado subjetivo, pois pertence ao sujeito que o pratica e o exercita a partir de sua perspectiva, sendo então um direito pertencente a ele, o atleta, profissional ou não.

Com efeito, interessante que esse direito se alinha a outros como o ambiental, educacional, trabalhista, ao bem-estar, previdenciário, saúde e assim por diante, tudo para demonstrar que a essência do direito tutelado e exercido pelo indivíduo não é privado, e em que pese existir interesse subjetivo direto, o indivíduo — esportista — possui interesses coletivos e comuns com outros sujeitos, o que por si permite afirmar então que a natureza jurídica do Direito Desportivo não é privatista e também não é público, mas sim é um direito pertencente a toda a sociedade, exercido de forma compartilhada ou concorrente, com inúmeras particularidades.

Continuando, a proteção e tutela do direito subjetivo ao esporte devem partir do próprio sujeito, pois essa é a praxe do direito para ser subjetivo. Contudo o exercício, a proteção e a busca efetiva pelo direito subjetivo levarão à necessidade de se observar e elevar esse direito subjetivo a um direito objetivo.

O mais interessante de ter o desporto como direito objetivo é justamente o fato de ele não contemplar a totalidade das necessidades do ser humano atleta, pois o sistema objetivo é por si falho e lento para acompanhar as mudanças sociais, mas ao mesmo tempo é útil para garantir o mínimo, ser um elemento que permite a aplicação analógica (a partir de si) e ainda identificar que é positivado e afirmativo, sendo assim o direito regulamentar que parte dos conceitos envolvidos e que a partir deles há a mutação social natural além da evolução, progredindo sempre para uma maior regulamentação do desporto.

Logo, o fato de termos objetivamente leis e normas sobre o direito desportivo é muito positivo, pois revela a sua importância e imprescindibilidade, mas é certo que essas não são por si suficientes atualmente.

Posto isso, voltemos então à superação da dialética de direito subjetivo *versus* direito objetivo para pontuar que há entre os dois e para além deles, espaços para o exercício e lugares para a normatização, e assim, esses conceitos são válidos mas não suficientes para o Direito Desportivo, uma vez que a taxinomia do Direito Desportivo é mais ampla que o conceito clássico, o que permite então aproximar a natureza jurídica do ramo do direito a um ramo difuso, pertencente a todos, diluído e com legitimidades diversas e ao mesmo tempo essencial para o coletivo.

A natureza jurídica do direito do desporto como direito difuso

A essência do Direito Desportivo pode ser de direito público ou privado, contudo, não há como se amoldar a nenhum dos dois, pois há regras dispositivas e outras impositivas e imperativas, há outras que podem ou não ser cambiadas pelas partes, há conceitos que são particulares ao atleta e outras comuns a todos, independentemente da modalidade esportiva que tutela ou representa. Ou seja, é um ramo do Direito que contêm normas mistas, com particularidades e que são essenciais a todos na sociedade, sendo que o exercício do direito (o direito subjetivo no todo) e a sua positivação evidenciam que seus enquadramentos superaram a antiga dicotomia (privado *versus* público).

Goffredo Telles Junior mencionou como exemplos típicos de direitos que merecem uma nova classificação — para além de direitos subjetivos — os direitos que são indisponíveis, com titulares indeterminadas ou indetermináveis e os rotulou como sendo difusos, e menciona, como exemplos, o meio ambiente ecologicamente equilibrado, o direito aos bens de valores artísticos, estéticos, históricos, turísticos e paisagísticos e o direito à honestidade (direito de não ser enganado), explicando que o direito difuso é aquele direito da sociedade toda ao respeito pela ordem jurídica.(2)

Utilizando o conceito existente na norma, particularmente no art. 81 do CDC, é possível afirmar que o Direito Desportivo é um direito difuso em sua essência, e assim, como direito metaindividual, tem sua defesa e legitimidade pertencente a todos os indivíduos do Estado, da sociedade, e mais, que os atletas profissionais ou não possuem entre si uma relação fática, que eventuais demandas do grupo irão repercutir para toda a sociedade ante a natureza '*erga omnes*' de eventual coisa julgada, que a tutela jurídica desse interesse poderá ser realizada de forma coletiva, por entidades legitimadas, e ainda que a todos incumbe a proteção, se não, vejamos a referida lei:

> Art. 81 do CDC. I – interesses ou direitos difusos, assim entendidos, para efeitos deste código, os transindividuais, de natureza indivisível, de que sejam titulares pessoas indeterminadas e ligadas por circunstâncias de fato.

Esse conceito de a natureza jurídica ser de direito difuso amplia significativamente os deveres do Estado para com o esporte, amplia as suas proteções, e ainda fixa limites mínimos a serem observados por todos os envolvidos.

É certo que eventuais lesões ao desporto nacional em si podem e devem ter suas tutelas judiciais de forma coletiva, independentemente das individuais. Pois é certo que a massa lesada transcende os interesses do indivíduo ou de um grupo em si.

E outro ponto sensível é que o direito do desporto em si, como objeto jurídico-processual e coletivo, é uma prática imprescritível. Observando que uma das características

(2) *Estudos*. São Paulo: Editora Juarez de Oliveira, 2005, p. 167-168.

do direito individual e privado é a prescrição como meio de segurança jurídica (art. 5º, CF), assim, quando o atleta profissional ou não busca o seu direito em juízo, ele se submete às regras da prescrição, conforme o ordenamento jurídico, sendo que o exercício do direito de ação no âmbito privado se submete a uma pretensão prescritível, pois se busca a tutela para o indivíduo que exercerá seu direito subjetivo, diferentemente de uma tutela difusa.

Mas situação distinta ocorre quando a proteção ou tutela é coletiva, e essa então é imprescritível. E mesmo a lesão aos direitos difusos poderá ser protegida coletivamente.

Assim, é possível afirmar com exatidão que o Direito Desportivo se alinha a uma natureza difusa.

A tutela extrajudicial, judicial individual e difusa do esporte

O art. 217 da Constituição Federal prevê que o Judiciário só irá intervir na prática desportiva após esgotadas as vias administrativas da justiça desportiva.

Vejamos:

> § 1º O Poder Judiciário só admitirá ações relativas à disciplina e às competições desportivas após esgotarem-se as instâncias da justiça desportiva, regulada em lei.

O preceito constitucional não cria uma hipótese de afastabilidade do Judiciário nas soluções das lides e por menos cria uma nova condição da ação ou pressuposto processual para que as questões envolvendo a prática desportiva, ao contrário se permite o célere e ágil procedimento para solucionar uma lide, que muitas vezes é pontual e prática, de uma realidade que foge da clássica proteção aos direitos de propriedade ou de direitos civis.

O que se tem é que o direito envolvido permite uma solução mais equânime, célere (conforme o § 2º, do art. 217 da CF que prevê o julgamento em no máximo 60 dias) e mais eficaz se as partes buscarem e desejarem um meio alternativo de solução de conflito, ademais há a necessidade de celeridade na decisão e ainda uma flexibilidade na sanção, ante as particularidades do desporto.

A hipótese legal de uma solução extrajudicial para o problema desportivo é uma forma para que o Judiciário não fique assoberbado com questões ideológicas, ainda que regras ou normas privadas sejam continuamente analisadas.

A busca pelo Judiciário, mesmo após uma intervenção administrativa, é possível, sobretudo para a análise da legalidade e constitucionalidade ou supressão de vício processual do procedimento administrativo. Nessas hipóteses, a busca pelo Judiciário será individual, na busca do direito subjetivo envolvido.

Mas há casos justamente em que o prejuízo é coletivo e da massa indivisa, como se expõe a seguir quanto a outras práticas em que o direito envolvido é nitidamente privado e individual.

Dentro do direito privado, temos os direitos trabalhistas dos atletas, os direitos do torcedor, os direitos das pessoas com a imagens e dados, os direitos contratuais envolvidos e outros.

Ademais, de forma precisa, a própria Constituição Federal consagrou o princípio da inafastabilidade da jurisdição, como prevê o art. 5º, inciso XXXV, da Constituição Federal vigente, em que: "a lei não excluirá da apreciação do Poder Judiciário lesão ou ameaça a direito".

Por ser um direito fundamental – amplo acesso à justiça – a lei prevê as exceções de formas relativas, como a arbitragem e os outros métodos alternativos de soluções de conflitos, sendo que ao fim o Judiciário sempre poderá analisar a legalidade, a constitucionalidade e a validade do ato jurídico, sendo assim, o princípio não foi afastado ou inaplicado, mas somente teve seu alcance limitado parcialmente.

Ademais, as entidades desportivas e os meios alternativos para as soluções dos conflitos devem observar todos os preceitos do amplo acesso à Justiça, do devido processo legal, do contraditório e da ampla defesa e dos recursos a ele inerentes, inexistindo assim a possibilidade de violação a esses preceitos, permitindo ao Judiciário a intervenção direta.

Portanto, para a proteção dos direito desportivos, temos que as três modalidades serão possíveis, o que por si ratifica e amplia o rol de uso e proteção desse ramo do direito.

A proteção e a tutela do Direito Desportivo como direito difuso

O direito desportivo classicamente era enquadrado dentro do direito privado (sua taxinomia jurídica), e nos últimos anos alguns doutrinadores o enquadravam como direito social, pois derivava — ao juizo deles — do direito ao lazer contido no art. 6º da Constituição Federal, que prevê: "*Art. 6º São direitos sociais a educação, a saúde, a alimentação, o trabalho, a moradia, o transporte, o lazer, a segurança, a previdência social, a proteção à maternidade e à infância, a assistência aos desamparados, na forma desta Constituição*".

Contudo, é certo que essa classificação por si não é suficiente para a definição do Direito Desportivo, sendo que ele evoluiu para um direito mais amplo, mais genérico, mais impessoal e mais próximo de todos, além de ser um direito autônomo e próprio.

Talvez essa passagem sociológica, temporal e jurídica do Direito Desportivo tenha ocorrido pela proximidade que esse ramo tenha com a vida das pessoas, e assim, todas se sentirem legítimas para pleitear os direitos e ainda protegê-los (por isso o entendimento aqui esposado de o Direito Desportivo ser de natureza difusa).

As consequências jurídicas sistêmicas para o ordenamento ao mudar a natureza do direito são expressivas, pois se muda a legitimidade, a proteção e ainda as políticas públicas e privadas aplicáveis ao ramo do direito e à prática esportiva.

A tutela difusa do direito desportivo merece ser analisada sob dois prismas, o primeiro, que é a proteção em juízo dos insteresses propriamente ditos difusos, que ocorre nos termos do art. 82 do CDC pelos entes ali legitimados. Mas é o segundo ponto que merece atenção, pois repousa na efetividade normativa e na legitimidade de todos para pugnar por seus institutos.

São exemplos desse segundo viés:

O Estatuto do Torcedor, Lei n. 10.671/2003, que prevê que todos devem agir contra a violência no esporte, ou seja, na proteção da paz, que é um clássico direito difuso, sendo as partes responsáveis:

> Art. 1º-A. A prevenção da violência nos esportes é de responsabilidade do poder público, das confederações, federações, ligas, clubes, associações ou entidades esportivas, entidades recreativas e associações de torcedores, inclusive de seus respectivos dirigentes, bem como daqueles que, de qualquer forma, promovem, organizam, coordenam ou participam dos eventos esportivos.

O mesmo teor estava contido no art. 13 do Estatuto do Torcedor, ou seja, que a segurança é direito de todos de forma difusa e ainda possibilita a ampla acessibilidade, vejamos:

> Art. 13. O torcedor tem direito a segurança nos locais onde são realizados os eventos esportivos antes, durante e após a realização das partidas.
>
> Além da proteção e integração da pessoa com deficiência aos locais em que existir a prática esportiva:
>
> Art. 13, estatuto do Torcedor. Parágrafo único. Será assegurado acessibilidade ao torcedor portador de deficiência ou com mobilidade reduzida.

A Lei Geral do Esporte, de 2023 também consagrou a segurança de forma genérica a todos os torcedores, o que ratifica a natureza difusa da norma incidente:

> Art. 146. O espectador tem direito a segurança nos locais onde são realizados os eventos esportivos antes, durante e após a realização das provas ou partidas.

Esses artigos são justamente os pontos no direito objetivo que ratificam que a natureza do direito desportivo é difusa, ou seja, pertencente a todos, pois mesmo sem relação jurídica entre as partes, o desporto gera para as pessoas envolvidas o direito à paz e à segurança, que são direitos difusos por excelência.

Nesse sentido, ainda temos da Lei Geral do Esporte:

> Art. 179. É obrigação do poder público em todos os níveis, das organizações esportivas, dos torcedores e dos espectadores de eventos esportivos promover e manter a paz no esporte.

Com efeito, interessante observar que esse conceito é tão expressivo que Paulo Bonavides o identificou como o direito da "quinta geração dos direitos fundamentais", sendo então um direito que transita da terceira para a quinta geração, lembrando que na classificação os direitos difusos estão na terceira geração e os direitos sociais na segunda.(3)

Foi justamente a Lei n. 14.597/2023, a Lei Geral do Esporte, que consagrou o desporto como direito difuso, pois em seu art. 1º, § 1º remeteu a direitos de todos, pertencentes a todos que pratiquem o esporte, mesmo com uma relação fática entre si, os direitos da lei, ou seja, há a ordem econômica esportiva, a integração do esporte ao plano nacional da cultura de paz no esporte e ainda:

> Art. 1º, § 1º Entende-se por esporte toda forma de atividade predominantemente física que, de modo informal ou organizado, tenha por objetivo a prática de atividades recreativas, a promoção da saúde, o alto rendimento esportivo ou o entretenimento.

E o art. 2º da Lei Geral de Esporte apresenta os princípios gerais do esporte, sendo que todos os "pilares" evidenciam que esse ramo do Direito deve ser tipicamente de todos, vejamos:

> Art. 2º São princípios fundamentais do esporte:
>
> I – autonomia;
>
> II – democratização;
>
> III – descentralização;
>
> IV – diferenciação;
>
> V – educação;
>
> VI – eficiência;
>
> VII – especificidade;
>
> VIII – gestão democrática;
>
> IX – identidade nacional;
>
> X – inclusão;
>
> XI – integridade;
>
> XII – liberdade;
>
> XIII – participação;

---

(3) "O direito à paz é o direito natural dos povos. Direito que esteve em estado de natureza no contratualismo social de Rousseau ou que ficou implícito como um dogma na paz perpétua de Kant. Direito ora impetrado na qualidade de direito universal do ser humano." Disponível em: https://dfj.emnuvens.com.br/dfj/article/view/534/127#:~:text=Destaca%20a%20paz%20como%20um,comum%20na%20conviv%C3%AAncia%20dos%20povos. Acesso em: 25 fev. 2024, às 18h41.

O Direito do Desporto como Direito Fundamental e Difuso

Aarão Ghidoni do Prado Miranda

Introdução

O Direito Desportivo[(1)] é um ramo do Direito relativamente novo, quiçá há uns 35 anos ou menos de sua evolução, seus institutos e sua sedimentação como uma disciplina autônoma no Direito. Antes, era necessária uma verdadeira "ginástica" jurídica e pedagógica para conseguir aplicar pontualmente os institutos, as particularidades e as demandas do esporte.

De forma inequívoca a Constituição Federal de 1988 houve por sedimentar os direitos sociais, e entre eles temos o esporte, como se preceitua o art. 217. E esse foi o principal marco na atualidade e a emancipação do Direito Desportivo.

O *caput* do art. 217 da Constituição Federal assegura o direito fundamental ao esporte, e alinhado a ele há sempre a necessidade de se observar que houve a profissionalização da atividade, e assim, o esportista, que muitas vezes desempenhava suas atividades de forma amadora ou mesmo complementar com outra atividade profissional, passou a se especializar e dedicar ao esporte.

A tudo temos a potencialização ou a tecnicidade do esporte, o que implica que cada vez mais o atleta se dedique e busque a excelência em sua prática.

---

(1) A palavra desporto vem do latim *deportare*, que quer dizer "recreação, passatempo, lazer, distrair (-se), suportar, saber levar bem coisas ruins ou difíceis". Disponível em: http://houaiss.uol.com.br/busca.jhtm?verbete=Desporto&stype=k. Acesso em: 25 fev. 2024, às 11h05.

Buscando o conceito de esporte ou desporto, encontramos a definição técnico-jurídica de Valed Perry: "O Direito Desportivo é o complexo de normas e regras que rege o desporto no mundo inteiro e cuja inobservância pode acarretar a marginalização total de uma associação nacional do concerto mundial desportivo". "O Direito Desportivo". *Revista Brasileira de Direito Desportivo*, Livro 1, p. 19. Disponível em: https://jus.com.br/artigos/58193/esporte-conceito-natureza-juridica-tipos-legais-e-partes-interessadas. Acesso em: 25 fev. 204, às 11h05.

XIV – qualidade;

XV – saúde;

XVI – segurança.

Logo, se o esporte está sedimentado na cultura geral e nas atividades como um todo, além de ter a intersecção com outros conteúdos, o *status* da disciplina deve ser suprido para além das classificações clássicas, pois todos os princípios do art. 2º da Lei Geral do Esporte são de todos e para todos, e asseguram as relações interdisciplinares.

E a natureza vem instituída no art. 3º da lei, que ao prever o esporte como direito social e não apenas privado, institui que ele pertence indistintamente à sociedade e é um direito de todos e um dever do Estado, vejamos:

> Art. 3º Todos têm direito à prática esportiva em suas múltiplas e variadas manifestações.
>
> § 1º A promoção, o fomento e o desenvolvimento de atividades físicas para todos, como direito social, notadamente às pessoas com deficiência e às pessoas em vulnerabilidade social, são deveres do Estado e possuem caráter de interesse público geral.

Logo, o desporto possui natureza difusa e o seu exercício, proteção, tutela e busca pela aplicabilidade de suas normas pertencem de forma concorrente aos entes da Federação e terão proteção coletiva pelo Ministério Público, pelas procuradorias, pelas associações, fundações, sindicatos, entidades desportivas (de modo geral), clubes e outros. Além do que, esses direitos difusos geram direitos concorrentes no âmbito individual, contudo com proteções distintas.

Há uma consideração importante a ser feita, para não pairar dúvidas sobre a natureza difusa, que é sobre a natureza da *Justiça Desportiva*. Em que pese não ser o foco ou objetivo destas considerações, é certo que o ramo do Direito que trata da aplicabilidade do desporto tem uma dupla classificação, a saber:

A Justiça Desportiva é regulamentada pela Lei Pelé (Lei n. 9.615/98), que até 2016 trazia um caráter estritamente privado de sua formação, mas, com o advento da Lei n. 13.322 de 2016, dividiu-se sua competência em casos de Controle Antidopagem e em casos de Competição e Disciplina.[(4)] A afirmação de que a Justiça Desportiva transcende a cultura privatista é determinante para afirmar a disciplina como difusa.

Notas conclusivas

A defesa do Direito Desportivo como ramo autônomo do Direito já foi feita por diversos doutrinadores e está sedimentada no espaço jurídico, pois tem autonomia didática, jurídica, pedagógica, doutrinária e principiológica.

(4) Paulo Sergio Feuz. *A Natureza Jurídica da Justiça Desportiva no Brasil*. Disponível em: https://www.stjd.org.br/noticias/a-natureza-juridica-da-justica-desportiva-no-brasil, Acesso em: 25 fev. 2024.

O que se buscou com o presente trabalho foi sustentar que o Direito Desportivo pertence a todos, de forma diluída, sem um titular certo, mas sim pertencente a toda a sociedade. Assim, ele também é imposto ao Estado e exercido de forma ampla por todos, havendo concomitância do exercício do direito subjetivo e objetivo.

O enquadramento e a taxinomia do Direito Desportivo como um direito de natureza difusa permitem a efetividade e emancipação do ramo do Direito, garantindo ainda a ampliação dos direitos protegidos e tutelados, sendo que o principal ponto é que o rol de pessoas legitimadas para a tutela e proteção é ampliado, permitindo mais efetividade.

Outro ponto importante é que enquanto for de natureza difusa há sobre a normas difusas a imprescritibilidade, o que permite a efetividade em longo prazo.

Ademais o caráter difuso assegura a interdisciplinaridade e múltipla aplicação do direito do desporto com outras áreas do Direito, como o ambiental, saúde, previdenciário, direito do trabalho, direito da cidade e assim por diante.

Impõe ainda o desenvolvimento de políticas públicas e estatais específicas, além de obrigar o poder público a prever no orçamento anual gastos efetivos para o esporte.

Como se observou, a produção legislativa sobre o tema é crescente e a necessidade é contínua ante as novas formas de desporto (ou esportes) e ainda as modificações contínuas sobre o tema, mas é importante manter o foco que o direito do desporto é difuso, para todos e de todos.

Logo, sob todos os pontos analisados, só há vantagens jurídicas, sociais, econômicas e fáticas em enquadrar o direito desportivo como um direito fundamental e difuso por excelência.

Referências

BONAVIDES, P. A quinta geração de direitos fundamentais. *Revista Brasileira de Direitos Fundamentais & Justiça*, 2(3), 82–93, 2008. Disponível em: https://doi.org/10.30899/dfj.v2i3.534. Acesso em: 25 fev. 2024.

FEUZ, Paulo Sergio. *A Natureza Jurídica da Justiça Desportiva no Brasil*. Disponível em: https://www.stjd.org.br/noticias/a-natureza-juridica-da-justica-desportiva-no-brasil. Acesso em: 25 fev. 2024.

MELGES, Giordano. Esporte: conceito, natureza jurídica, tipos legais e partes interessadas. *Revista Brasileira de Direito Desportivo*, Livro 1, p. 19. Disponível em: https://jus.com.br/artigos/58193/esporte-conceito-natureza-juridica-tipos-legais-e-partes-interessadas. Acesso em: 25 fev. 2024.

TELES JUNIOR, Goffredo. *Estudos*. São Paulo: Editora Juarez de Oliveira, 2005.

A Cláusula Compensatória no Contrato Especial de Trabalho Desportivo do Atleta Profissional de Futebol à Luz da Legislação Trabalhista e as Razões do Veto do Art. 86, § 5º, da Lei Geral do Esporte

Bernardo Remi Tecchio

1. Introdução

Previamente à análise do conceito e da natureza jurídica da cláusula compensatória no contrato especial de trabalho desportivo do atleta profissional de futebol no Brasil, bem como das razões do veto do art. 86, § 5º, da Lei Geral do Esporte, insta retrospectar — porquanto relevante ao deslinde da matéria — a ascensão de direitos dessa classe trabalhadora.

No âmbito internacional, a transformação do futebol de uma atividade sem fins lucrativos para uma profissão regulamentada ocorreu de forma tardia. No Brasil, não foi diferente. A Liga Paulista de Football, criada em 1901, foi a primeira entidade de organização desse esporte em nosso país. Anos depois, dá-se um passo na mesma direção no estado do Rio de Janeiro, criando-se, em 1905, a Liga Carioca de Football. Ambas as instituições são responsáveis pelo início da evolução normativa do futebol no Brasil, uma vez que delas nasceram as federações de futebol do estado de São Paulo (FPF) e do Rio de Janeiro (FERJ).(1)

(1) SÁ FILHO, Fábio Menezes de. *Contrato de Trabalho Desportivo:* revolução conceitual de atleta profissional de futebol. São Paulo: LTr, 2010. p. 23.

Oportuno mencionar que, quando da criação dessas duas entidades, ainda não havia no Brasil uma confederação que organizasse o futebol em âmbito nacional.

Paralelamente ao surgimento dos direitos trabalhistas no Brasil, ocorria a profissionalização do futebol. É fato notório que, com a prolação da Constituição Federal de 1934, é que surgiram as primeiras regras trabalhistas brasileiras, ainda que invalidadas pela decretação de Estado de Sítio anos depois. Enquanto o Estado brasileiro almejava harmonia entre capital e trabalho — e a consequente estabilidade econômico-social —, o futebol, através do Programa de Reconstrução Nacional do governo de Getúlio Vargas, perdia suas características amadoras, notadamente quando os clubes passaram a remunerar seus jogadores, após a devida regulamentação da profissão de atleta, pelo Ministério do Trabalho.(2)

Em 1943, ainda sob a égide da Carta Republicana de 1937, ocorre a primeira publicação da Consolidação das Leis do Trabalho (CLT), com o intuito de restabelecer o desenvolvimento dos direitos trabalhistas, inclusive aqueles atinentes ao desporto, o que veio a se concretizar, de fato, em 1946, com a retomada do Estado Democrático de Direito. E assim, o Decreto-lei n. 5.342 de 25 de março de 1943, admitiu no Brasil a atividade profissional do futebol.

Mesmo com a publicação do Código Brasileiro de Futebol no ano de 1945 — primeira legislação brasileira que versou especificamente acerca das regras futebolísticas, concretizada por meio da deliberação n. 48 do extinto Conselho Nacional do Desporto(3) —, a gama de direitos dos atletas ainda era precária, máxime diante da criação, pelo do Decreto-lei n. 53.820, do instituto do "passe".(4)

Foi nesse cenário que surgiram as primeiras legislações desportivas que visavam reconhecer e estabelecer direitos sociais aos atletas. Como exemplo, a Lei n. 5.939/1973, que assegurava ao atleta o direito à seguridade social,(5) e a Lei n. 5.988/1973, que versava sobre o direito de arena — direito atrelado à transmissão de imagens do grupo de atletas que participa das partidas de futebol.(6) Ou seja, foi somente no princípio da década de 1970 que o ordenamento jurídico desportivo conferiu aos jogadores de futebol direitos de cunho social expressamente assegurados na legislação.

---

(2) SÁ FILHO, Fábio Menezes de. *Contrato de Trabalho Desportivo:* revolução conceitual de atleta profissional de futebol. São Paulo: LTr, 2010. p. 24.

(3) Atual Conselho Nacional de Esporte.

(4) SOARES, Jorge Miguel Acosta. *Direito de imagem e direito de arena no contrato do atleta profissional.* São Paulo: LTr, 2008. p. 44.

(5) CARLEZZO, Eduardo. *Direito Desportivo Empresarial.* São Paulo: Juarez de Oliveira, 2004. p. 2.

(6) TST. Entenda as diferenças entre direito de arena e direito de imagem. Disponível em: https://www.tst.jus.br/noticias/-/asset_publisher/89Dk/content/entenda-as-diferencas-entre-direito-de-arena-e-direito-de-imagem.

A aludida evolução dos direitos trabalhistas — não somente relacionada à esfera desportiva —, somada às influências norte-americanas presentes no governo brasileiro, resultou na formulação da Constituição Federal de 1988, ordenamento esse reconhecido por sua característica principiológica. Significa dizer, a importância dos princípios, em uma era pós-positivista, criou um ordenamento baseado na mutabilidade dos conceitos nele presentes, como, por exemplo, o princípio da dignidade da pessoa humana, que se compara ao princípio da dignidade do trabalhador, na esfera trabalhista. Nota-se, portanto, uma ideia de trabalho não somente relacionada à ordem econômica, mas também ao seu devido valor social.

Daí a necessidade de compensar o atleta profissional de futebol em caso de rescisão contratual provocada pela entidade de prática desportiva; a chamada cláusula compensatória. Fala-se "rescisão contratual provocada pela entidade de prática desportiva", porquanto a cláusula compensatória do contrato especial de trabalho desportivo aplica-se, via de regra, nos casos de (a) dispensa imotivada ou (b) rescisão indireta. Mas isso é assunto para mais adiante.

Ainda se debruçando sobre o princípio da dignidade da pessoa humana, já que se trata de base estruturante dos direitos fundamentais no Brasil e no mundo, deve-se ter em mente que o cerne dessa proposição basilar não pode ser visto como algo abstrato. A dignidade da pessoa humana possui natureza social, devendo, pois, ser alicerce para todas as esferas da vida em comunidade. É inadmissível que seja ela tratada como mera expectativa.

Concernente ao tema deste estudo, o princípio da dignidade da pessoa humana, como garantia constitucional, após longo período de exploração imprópria do trabalho humano, evidenciou por derradeiro a necessidade de separar a relação entre empregador e empregado das demais relações cíveis. Foi essa premissa que originou no Brasil um ordenamento jurídico próprio e autônomo, capaz de tutelar, ainda que em um cenário econômico, o bem jurídico de maior valia: o ser humano.

A Consolidação das Leis do Trabalho marca o expresso reconhecimento da hipossuficiência do trabalhador em detrimento daquele que detém o capital, razão pela qual é constituída sob a ótica do princípio da proteção, derruído em subprincípios que acarretam uma interpretação da respectiva legislação de maneira mais favorável ao trabalhador.

E quando anteriormente mencionada a natureza hipossuficiente do trabalhador, não se intencionava trazer à discussão a sua diferenciação para com a figura do empregado hiperssuficiente, novação normativa oriunda da Reforma Trabalhista (Lei n. 13.467/2017). O que se pretendida era destacar a vulnerabilidade do trabalhador em relação ao poderio econômico-empresarial, como também, por exemplo, é vulnerável o consumidor de produtos ou serviços em relação ao fornecedor correspondente, mesmo que descaracterizada a hipossuficiência.

Evidentemente que não podemos considerar todos os atletas de futebol profissionais como partes hipossuficientes da relação jurídica existente com seus respectivos clubes.

Até porque, como dito anteriormente, a Reforma Trabalhista (Lei n. 13.467/2017) conceituou o empregado hiperssuficiente como aquele que possui diploma de nível superior e percebe salário mensal igual ou superior a duas vezes o limite máximo dos benefícios do Regime Geral da Previdência Social. Em outros termos, cumpridos os dois requisitos supramencionados, estaria descaracterizada a hipossuficiência do trabalhador; no caso do presente estudo, o atleta profissional de futebol. E isso implicaria a possibilidade de as partes envolvidas na relação jurídica manifestarem livremente suas vontades, não mais adstritas, portanto, ao teor das ilicitudes previstas no art. 611-B da CLT.[7]

Mas a realidade vivenciada no Brasil é de que a maioria dos jogadores que praticam o futebol profissionalmente — estima-se que 88% (oitenta e oito por cento) deles — auferem renda mensal inferior a R$ 5.000,00 (cinco mil reais).[8] Ou seja, a maioria dos jogadores profissionais de futebol que atuam no Brasil pode ser considerada hipossuficiente em relação ao seu clube empregador. E, ainda, até mesmo aqueles que não se enquadram nessa posição financeira, podem ser tidos como partes vulneráveis da relação jurídica.

Essa análise é complexa. Se o jogador possui boas condições financeiras decorrentes desta profissão, muito provavelmente será ele empregado de relevante clube de futebol. E se o clube é de grande relevância, usualmente terá ele, como entidade, prevalência sobre o atleta.

O fato de esse jogador ser bem remunerado significa que ele deixa de ser vulnerável em sua relação contratual com esse relevante clube de futebol? Trata-se de uma questão complexa e variável, medida por uma linha tênue entre aspectos jurídicos, econômicos e sociais.

Oportuno lembrar que um dos requisitos caracterizadores da relação empregatícia é a subordinação. Ora, se o jogador profissional de futebol é subordinado ao seu clube, deve, pois, obediência ao poder diretivo dessa entidade. Significa dizer que, via de regra, a prevalência do clube de futebol sobre o jogador profissional é inferida tanto no momento pré-contratual, como quando da vigência do contrato; em casos específicos, essa condição pode ser inferida até mesmo na fase pós-contratual.

É essa premissa que se busca demonstrar e que é preciso se ter em vista.

---

(7) VEIGA, Mauricio de Figueiredo Correia da. *Manual de direito do trabalho desportivo*. 2. ed. São Paulo: LTr, 2017. p. 83-84.

(8) MEDINA, João Paulo; RIOS, Heloisa; LACERDA, Rafael. *Muito além da bola:* o futebol que transforma. São Paulo: EFe, 2022. p. 23.

2. Cláusula compensatória

Levando-se em consideração os aspectos até então tratados, para garantir a efetividade de todos os princípios anteriormente mencionados — sem olvidar daqueles que não se fizeram objeto da narrativa aduzida —, o passar dos anos e as experiências vivenciadas ao longo do tempo trouxeram ao ordenamento jurídico brasileiro institutos capazes de tutelar até mesmo situações futuras e imprevisíveis. É o caso da cláusula compensatória no contrato especial de trabalho desportivo do atleta profissional de futebol.

Até a promulgação da Lei n. 12.395/2011, existia na doutrina discussão sobre a validade do ato compensatório do atleta profissional de futebol caso a rescisão contratual ocorresse "por culpa" da entidade de prática desportiva, ou caso fosse ele dispensado pelo respectivo clube de forma imotivada,(9) o que gerava certa divergência jurisprudencial e insegurança jurídica.

Nas palavras do doutrinador Mauricio de Figueiredo Correia da Veiga:

> "Até o ano de 2008, a jurisprudência trabalhista oscilava no tocante a aplicação da cláusula penal. Alguns juízos entendiam que a multa era devida apenas pelo atleta e outros diziam que em razão do princípio isonômico, a sua aplicação seria bilateral."(10)

Antes da vigência da normativa supramencionada, a legislação tratava apenas da indenização devida pelo atleta profissional ao clube de futebol em caso de rescisão contratual provocada pelo próprio jogador, muitas das vezes visando à sua transferência para outra entidade de prática desportiva, mas com aplicabilidade também nas hipóteses de demissão por justa causa. Nesses casos, o atleta era — e ainda é — obrigado a indenizar o clube com o qual possuía seu vínculo empregatício, já que a cláusula indenizatória era — e ainda é — instituto obrigatório no contrato especial de trabalho desportivo do atleta profissional de futebol.

Com a promulgação da Lei n. 12.395/2011, alterou-se a Lei Pelé a fim de estabelecer como devida, de igual forma, a compensação do jogador profissional quando fosse ele desligado unilateralmente e sem justa causa de suas atividades por parte do clube de futebol, bem como nos casos em que a rescisão contratual se deu "por culpa" do empregador.

Em assim sendo, a cláusula compensatória diz respeito à verba devida pelo clube empregador ao jogador empregado nos casos de dispensa imotivada, compreendida pela

(9) SPINELLI, Rodrigo. *A cláusula penal nos contratos dos atletas profissionais de futebol*. São Paulo: LTr, 2011. p. 82-83.

(10) VEIGA, *op. cit.*, p. 112.

manifestação de vontade da entidade de prática desportiva de encerrar antecipadamente o contrato até então vigente sem que esse atleta tenha dado causa a isso, ou nos casos de rescisão indireta, caracterizada pelo encerramento antecipado do contrato por culpa do clube de futebol.[11]

Via de regra, quando a entidade de prática desportiva manifestar a vontade de encerrar antecipadamente o contrato especial de trabalho desportivo, o cumprimento da cláusula compensatória por parte desse clube precede de uma rescisão sem justa causa do jogador, modalidade de dispensa que encontra respaldo no direito potestativo, já que independe da vontade do atleta, tampouco de seu interesse na manutenção do respectivo contrato.

Em outros termos, a entidade de prática desportiva possui o condão de rescindir unilateralmente o contrato firmado com o atleta profissional de futebol, ainda que sem justa causa e independentemente da vontade desse jogador, mas estará obrigada a compensá-lo monetariamente pelo encerramento antecipado do vínculo.

A essência da cláusula compensatória nesse contexto é, portanto, o ressarcimento do jogador profissional de futebol decorrente do encerramento contratual fundado em causa não abarcada pelas legislações competentes como motivadora de resilição.[12]

E falando de essência, para além da necessidade de compensação do atleta, não há como deixar de mencionar a sua função punitiva. A cláusula compensatória, antigamente chamada de cláusula penal bilateral, é a pactuação de pena pecuniária justamente em razão do descumprimento contratual. É correta a interpretação que afirma a cláusula compensatória como maneira de garantir a efetividade do contrato especial de trabalho desportivo.[13]

Ou seja, o atleta profissional de futebol não estará vulnerável às vontades arbitrárias de seu clube empregador se existir uma cláusula que obrigue a sua compensação em caso de rescisão unilateral sem justo motivo por parte da própria entidade de prática desportiva. Os reflexos disso são práticos. O clube não irá abusar de seu poder diretivo e, na eventualidade disso, punir atleta por meio de rescisão contratual, porquanto dispensar o jogador a livre critério significa arcar obrigatoriamente com os custos dessa arbitrariedade unilateral.

Não que os clubes de futebol sejam os vilões da história; longe disso. É fato notório, também, que os clubes de futebol ainda nos dias de hoje suportam os prejuízos econômicos decorrentes da alteração legislativa realizada em 2011, que implementou no ordenamento jurídico-desportivo brasileiro o instituto da cláusula compensatória. Mas

(11) *Ibidem*, p. 130-131.

(12) TEIXEIRA, Sergio Torres. *Proteção à relação de emprego*. São Paulo: LTr, 1998. p. 195-96.

(13) SPINELLI, *op. cit.*, p. 71-72.

não há como negar que esse imbróglio suportado pelas entidades de prática desportiva decorre de uma evolução normativa voltada à proteção do trabalhador (atleta profissional de futebol) em razão de longo período em que o trabalho (futebol) foi explorado de maneira indevida.

Nesse estudo, portanto, o objetivo é analisar os fatos jurídicos que nos trouxeram ao momento atual para poder entender as razões do veto do art. 86, § 5º, da Lei Geral do Esporte.

A realidade é que o surgimento da cláusula compensatória no contrato especial de trabalho desportivo do atleta profissional de futebol advém de necessária equiparação de direitos, na medida em que, até a promulgação da Lei n. 12.395/2011, o clube possuía amparo legal caso seu jogador optasse por encerrar antecipadamente o vínculo existente, mas esse mesmo jogador não possuía proteção da lei nos casos de dispensa imotivada ou rescisão indireta.

Se a legislação trabalhista nasceu justamente para equilibrar a relação entre empregador e empregado, evidentemente que urgiria a necessidade de compensar o jogador profissional, assim como era indenizado o clube de futebol, em casos de dispensa imotivada ou rescisão indireta. E essa evolução normativa dos direitos trabalhistas do atleta profissional de futebol é importantíssima para compreender o ponto principal do presente artigo. Por isso, a ênfase no tema.

O filósofo Aristóteles lecionava que, para conhecermos qualquer coisa, imperiosa se faz a análise de suas causas;(14) somente assim podemos ousar dizer que conhecemos a sua essência.

Como a análise das razões do veto do art. 86, § 5º, da Lei Geral do Esporte, passa pela compreensão da natureza jurídica da cláusula compensatória do contrato especial de trabalho desportivo, façamos, pois, o estudo de suas causas, assim como ensinava Aristóteles ainda em meados dos anos 300 a.C.

Para esse frilósofo, existem quatro causas que, em conjunto, definem determinada coisa. São elas: 1) a causa material, compreendida pelo objeto propriamente dito; 2) a causa formal, que, de maneira abstrata, representa o cerne, o âmago da coisa; 3) a causa eficiente, que diz respeito às pessoas capazes de efetivá-la; e 4) a causa final, caracterizada pela finalidade da coisa.(15)

Concernente à cláusula compensatória do contrato especial de trabalho desportivo, qual sua finalidade? Certamente, compensar o atleta profissional de futebol em casos de dispensa imotivada ou rescisão indireta do contrato, isto é, em razão de ato contrário à sua vontade e ao qual não deu causa.

---

(14) MARTINS FILHO, Ives Gandra da Silva. *Manual de Direito e Processo do Trabalho*. 28. ed. São Paulo: Saraiva, 2023. p. 4.

(15) *Ibidem*, p. 5.

E qual a sua causa formal? Como compensar esse atleta? Ora, pagando-lhe uma quantia monetária capaz de assegurar sua subsistência pelo mesmo período em que estaria garantido contratualmente, pelo menos.

E qual a sua causa material? Se a causa formal da cláusula compensatória do contrato especial de trabalho desportivo é compensar o atleta por meio de pecúnia para ampará-lo diante dos prejuízos suportados, a causa material é notadamente a subsistência do atleta profissional de futebol.

E, por fim, qual a causa eficiente? Quem possui legitimidade para tornar eficiente a cláusula ora apreciada? Não se vislumbra outra possibilidade senão o próprio clube de futebol, uma vez que somente ele é capaz de fazer nascer o vínculo com o atleta profissional e, por conseguinte, ampará-lo em caso de encerramento antecipado do respectivo contrato sem "culpa" desse jogador.

Note-se novamente que para desvendar a natureza jurídica de um instituto, imperiosa se faz a compreensão de seus princípios basilares — os quais regerão a relação para com os demais institutos envolvidos —, categorizando-os por meio de suas esferas jurídicas.

Diante de todo o conteúdo exposto até aqui, pode-se concluir que a natureza jurídica da cláusula compensatória nos contratos especiais de trabalho desportivo é garantir a devida subsistência do atleta profissional de futebol em decorrência de ato praticado contra sua vontade e ao qual não deu causa, subsistência essa que lhe seria garantida caso sua vontade fosse cumprida.

Tal entendimento revela o caráter indenizatório dos valores atinentes à cláusula compensatória, uma vez que, embora seja medida efetiva para garantir a subsistência do atleta profissional de futebol, sua aplicabilidade depende de causa futura e incerta. Ou seja, em que pese a cláusula compensatória esteja amparada em princípios trabalhistas – como a citada garantia de subsistência –, a verba a ela inerente não possui natureza remuneratória, mas sim de indenização.

E essa prerrogativa do atleta profissional de futebol encontrava respaldo no art. 28, inciso II, da Lei n. 9.615/98 (Lei Pelé), alterado pela Lei n. 12.395/2011, consoante relatado inicialmente. Nascendo com o intuito de revogar a Lei Pelé, a Lei Geral do Esporte (14.597/23), sancionada com vetos em 15 de junho de 2023, manteve a sua existência, mas trouxe alterações em relação à sua aplicabilidade.

3. Veto do art. 86, § 5º, da Lei Geral do Esporte

Oportuno mencionar previamente que o projeto da Lei Geral do Esporte nasceu da necessidade de compactar o ordenamento jurídico desportivo brasileiro, reunindo em um só código diversas normas atinentes à prática das modalidades esportivas desempenhadas em território nacional. A despeito disso, o então projeto de lei, que a princípio viria para revogar a Lei n. 9.615/98 (Lei Pelé), foi sancionado pela Presidência da República com 134 (cento e trinta e quatro) vetos, inclusive no que se refere à revogação da Lei Pelé.

Em resumo, no presente momento, a prática do futebol no Brasil é regulamentada tanto pela Lei Pelé, como também pela Lei Geral do Esporte, ainda que as normas em comento conflitem entre si em alguns aspectos.

Sem mais digressões quanto à (in)viabilidade do sancionamento da Lei Geral do Esporte da forma em que fora procedido, já que não se trata do objetivo principal deste estudo, fato é que a normativa concernente à cláusula compensatória no contrato do atleta profissional de futebol sofreu alterações pela nova redação legislativa; e delas trataremos adiante.

O *caput* do art. 28 da Lei Pelé confere à cláusula compensatória caráter obrigatório nos contratos firmados entre clube de futebol e atleta profissional, disposição essa que foi mantida pela Lei Geral do Esporte (art. 86, *caput*).

A nova legislação manteve, de igual forma, os patamares mínimo e máximo dos valores atribuídos a ela (art. 86, § 3º). Ambas as normativas permitem o livre pacto do valor da cláusula compensatória, ressalvado o limite máximo de "400 (quatrocentas) vezes o valor do salário mensal no momento da rescisão" e o limite mínimo correspondente ao "valor total de salários mensais a que teria direito o atleta até o término do referido contrato".

Não obstante — e aqui caminhamos ao ápice deste estudo —, a aplicabilidade da cláusula compensatória sofreria drástica alteração com o § 5º do art. 86 da Lei Geral do Esporte. Por oportuno, faz-se sua transcrição:

> "Caso, no curso do pagamento da cláusula compensatória esportiva, o atleta celebre novo contrato de trabalho com distinta organização de prática esportiva, será a organização de prática esportiva anterior remida do pagamento das parcelas finais da cláusula compensatória esportiva quando o salário do atleta com a nova organização esportiva for igual ou superior àquele que recebia anteriormente ou, caso seja inferior, será devida pela organização de prática esportiva anterior somente a sua diferença, e seguirá o parcelamento em curso apenas pelo saldo."

Orientado pelo Ministério do Esporte, quando do sancionamento da Lei Geral do Esporte, a Presidência da República brasileira vetou o texto supramencionado.

Viu-se a necessidade de aprofundar os estudos relacionados a esse veto, porquanto a Presidência da República, por meio da Mensagem 273/2023 enviada ao Congresso Nacional, limitou-se a sustentar que a nova disposição legislativa relativa ao tema inviabiliza a possibilidade de os atletas profissionais acumularem as verbas percebidas a título de compensação, decorrentes de dispensa imotivada ou rescisão indireta do contrato até então vigente, com os proventos salariais advindos de um novo vínculo empregatício.

A singeleza na fundamentação aduzida não foi capaz de abarcar a real necessidade jurídica de vetar o conteúdo do art. 86, § 5º, da Lei Geral do Esporte.

Pois bem. Da própria redação dada ao art. 86, § 5º, da LGE é possível inferir irregularidade jurídica capaz de derruir a intenção do legislador, por mais lógica que possa ela parecer em uma análise sumária. Mas, antes de adentrarmos ao exame de prós e contras, impende apreciar as consequências práticas da vetada disposição normativa.

Conforme narrado ao longo da presente exposição, nas hipóteses de rescisão indireta ou dispensa imotivada do atleta profissional, o clube de futebol estará obrigado ao cumprimento da cláusula compensatória. Foi então por meio do art. 86, § 5º, da Lei Geral do Esporte que o legislador buscou interferir nessa obrigação.

Nos termos da norma vetada, caso o atleta profissional de futebol firmasse novo vínculo de emprego com outra entidade de prática desportiva durante o período de pagamento da cláusula compensatória devida pelo antigo clube, o pagamento dos respectivos valores somente continuaria sendo devido se o salário agora auferido por esse atleta fosse inferior àquele percebido anteriormente. E, nesse caso, o pagamento ainda ocorreria de forma proporcional, sendo devida somente a diferença entre os montantes.

O já referido § 5º do art. 86 da Lei Geral do Esporte intencionava, portanto, desobrigar o clube devedor dos valores relativos à cláusula compensatória caso o atleta credor passasse a auferir mensalmente valor igual ou superior àquele que percebia neste antigo clube.

Como anteriormente mencionado, embora a intenção seja coerente em parte, na medida em que o atleta não mais estaria desamparado financeiramente, o legislador deixa de levar em considerações aspectos jurídicos que a invalidam.

A intenção visada pelo vetado art. 86, § 5º, da LGE era garantir a subsistência do atleta profissional de futebol caso tivesse seu contrato encerrado antecipadamente, quer fosse por dispensa imotivada, quer fosse por rescisão indireta, até que restasse satisfeita a obrigação ou até que esse jogador celebrasse novo contrato de trabalho com outro clube de futebol, restabelecendo sua fonte de subsistência — causa material da cláusula compensatória.

A lógica adotada é, portanto, que um novo vínculo empregatício, cujo salário fosse igual ou superior àquele pago durante a vigência do contrato encerrado antecipadamente, seria capaz de satisfazer a obrigação da cláusula compensatória.

Repita-se, de uma análise sumária, poder-se-ia concluir que, na hipótese tratada, esse atleta não mais faria jus aos respectivos valores, porque já estaria ele monetariamente amparado.

Ocorre que, de uma análise mais aprofundada, a redação dada ao vetado dispositivo legal possui irregularidades jurídicas capazes de derruir a intenção do legislador, ainda que, ressalte-se, tenha ela certa coerência com a realidade prática.

Três questões merecem especial atenção à compreensão do porquê da necessidade de manutenção do veto ora apreciado. A primeira questão diz respeito ao instituto jurídico da remissão, mencionado pelo legislador no texto da norma vetada. A segunda questão está atrelada à natureza jurídica da cláusula compensatória. E a terceira refere-se aos princípios da legislação trabalhista que objetivam proteger o trabalhador.

No que tange à primeira questão, o legislador constrói a narrativa do vetado dispositivo legal sob a perspectiva do instituto da remissão — hipótese prevista no Código Civil brasileiro —, como se o atleta credor, ao registrar novo vínculo de emprego com outro clube de futebol, perdoasse a dívida oriunda da cláusula compensatória de seu antigo contrato.

A aludida remissão de dívida, tratada pelo art. 385 do Código Civil, diz respeito à exoneração da pessoa devedora em relação ao adimplemento da obrigação monetária correspondente, manifestada pela liberalidade do próprio credor. Veja-se:

> "A remissão da dívida, aceita pelo devedor, extingue a obrigação, mas sem prejuízo de terceiro." (Art. 385, Código Civil)

Segundo o entendimento dos doutrinadores Orlando Gomes e Gustavo Tependino, a hipótese de remissão prevista no Código Civil deriva do ato de remir, de perdoar. Tão logo, sua aplicabilidade só existe em um cenário onde a pessoa credora perdoa a dívida.[(16)]

A remissão de dívida, destarte, prescinde da manifestação de vontade do credor, que, no caso da cláusula compensatória, é representado pelo atleta profissional de futebol.

Nesse sentido, o vetado § 5º do art. 86 da Lei Geral do Esporte presume como perdoadas todas as dívidas oriundas de cláusula compensatória nos casos em que os respectivos atletas credores registrem novo vínculo empregatício com outro clube de futebol, cujo salário seja igual ou superior àquele que lhe era de direito no clube devedor.

Note-se que, mesmo não havendo manifestação de vontade do atleta credor quanto à remissão do pagamento da cláusula compensatória, o antigo clube não mais estaria obrigado a isso, motivado somente pela existência de um novo vínculo de emprego registrado em nome deste atleta.

Entendimento esse equivocado, uma vez que, se não houve manifestação de vontade de remir a dívida por parte do atleta, evidentemente que não se trata de hipótese de

(16) GOMES, Orlando. *Obrigações*, 16. ed. atual. por Edvaldo Brito. Rio de Janeiro: Forense, 2004; e TEPEDINO, Gustavo. *Comentários ao novo Código Civil*. In: TEIXEIRA, Sálvio de Figueiredo. São Paulo: Forense, 2008. v. X.

remissão. E essa irregularidade jurídica, por si só, invalidaria a intenção do legislador no que se refere ao art. 86, § 5º, da Lei Geral do Esporte.

É necessário que se pense no entrave jurídico que a criação de normas pode ocasionar no sistema judiciário como um todo, afinal, os conflitos da vida em comunidade surgem de situações em que a segurança jurídica não se faz presente. Não há dúvidas que o Poder Judiciário abarrotaria de demandas versando a irresignação de atletas de futebol quanto à ausência de manifestação de vontade de remir a dívida relativa à cláusula compensatória de seu extinto contrato.

Os institutos jurídicos possuem sua razão de ser. Dar a eles interpretação diversa daquela que os justificam é permitir que um determinado negócio jurídico seja conduzido ao arrepio da própria norma. Consequência disso é um cenário de insegurança jurídica.

Não há, pois, como presumir remida a dívida decorrente da cláusula compensatória, mormente porquanto a remissão prescinde de manifestação de vontade do atleta credor.

Doutro giro, adentrando aqui na segunda questão levantada inicialmente, as causas da cláusula compensatória, consoante narrado em momento anterior, estão atreladas à compensação monetária do atleta profissional de futebol, em razão de ato praticado contra a sua vontade e ao qual não deu causa, de modo a garantir sua subsistência. Ou seja, assim como o seu instituto jurídico antônimo, a cláusula compensatória possui natureza indenizatória.

Trata-se de pecúnia devida em razão de descumprimento contratual, verba essa que, embora objetive a subsistência da pessoa prejudicada, revela-se indenizatória.

Reza o art. 121 do Código Civil que a cláusula contratual possui natureza de condição quando, "*derivando exclusivamente da vontade das partes, subordina o efeito do negócio jurídico a evento futuro e incerto*". É o que se observa quanto ao instituto da cláusula compensatória. Trata-se de condição futura, somente aplicável caso ocorram suas determinadas hipóteses.

Sendo condição futura, aplicável somente nos casos de dispensa imotivada ou rescisão indireta, a cláusula compensatória não possui natureza remuneratória, ainda que suas causas estejam atreladas à subsistência do atleta.

A cláusula compensatória está condicionada a fato futuro e incerto, revelando-se, portanto, verba indenizatória, devida somente caso alguma de suas hipóteses efetivamente se concretize.

Até porque, em consonância com os fundamentos exauridos em momento inicial, a cláusula compensatória atua em favor do atleta profissional de futebol como garantia de efetividade contratual. Serve ela, para além de garantir a subsistência do atleta, garantir de igual forma o devido respeito ao pacto firmado entre as partes dessa relação jurídica.

Sobre o tema, o Tribunal Superior do Trabalho consolidou o seguinte entendimento jurisprudencial:

> "A inserção da cláusula compensatória desportiva pôs fim à controvérsia antes existente, acerca da aplicabilidade, ou não, da cláusula penal em favor do reclamante, nas hipóteses em que o clube desse causa ao rompimento do contrato antes do prazo avençado. Com efeito, à época uma corrente se posicionava no sentido de que referida cláusula apenas seria aplicável em favor da entidade desportiva (corrente unilateral), enquanto outra a entendia aplicável tanto em favor do clube quanto do atleta.
>
> De qualquer sorte, é inequívoco que a cláusulas indenizatória e compensatória se revestem, ambas, da mesma natureza da cláusula antes descrita no mesmo dispositivo legal — a que substituíram —, ou seja, de cláusula penal."[17]

Em outros termos, as cláusulas indenizatória e compensatória, ainda que representem obrigações contrárias, possuem natureza jurídica idênticas, correspondente à aplicação de pena de indenização ao descumprimento contratual por quaisquer das partes.

E por tal razão é que a Lei Geral do Esporte não pode limitar o pagamento da referida indenização do atleta profissional alicerçada somente na eventual celebração de um novo vínculo empregatício. São verbas distintas que não podem ser confundidas.

Façamos uma análise sob a ótica inversa. Caso um determinado clube de futebol sofra os prejuízos da transferência antecipada de um de seus atletas por vontade alheia, esse atleta terá de indenizar o referido clube nos termos pactuados na cláusula indenizatória. Os aludidos prejuízos são inúmeros, tais como, prejuízo financeiro, prejuízo quanto às metas da equipe nas respectivas competições, entre outros.

Caso esse clube, credor dos valores relativos à cláusula indenizatória, realize a contratação de um novo atleta que cumpra com as funções anteriormente desempenhadas, restabelecendo as finanças, as metas e outros prejuízos suportados, o pagamento da cláusula indenizatória perderia o objeto?

Veja-se que são critérios abstratos, de difícil aferição, restando prejudicada qualquer análise acerca da reparação dos respectivos prejuízos, senão o próprio pagamento dos valores pactuados em contrato. O mesmo ocorre com a cláusula compensatória. Não é a celebração de um novo vínculo empregatício que, por si só, repará o prejuízo suportado pelo atleta profissional, sobretudo diante de sua natureza de indenização.

---

(17) TST – Ag-RR: 5393020135120008, relator: Breno Medeiros, Data de Julgamento: 15.4.2020, 5ª Turma, Data de Publicação: *DEJT* 17.4.2020.

Se as cláusulas indenizatória e compensatória versam sobre indenização por condição futura e incerta, não há como limitar as suas obrigações quando concretizadas as suas hipóteses.

Quando o § 5º do art. 86 da Lei Geral do Esporte limitou o pagamento integral da cláusula compensatória somente aos casos em que o atleta prejudicado não fosse capaz de celebrar nova contratação, erroneamente interferiu na natureza das relações privadas.

Valendo-se dos ensinamentos do doutrinador Emilio Betti, o negócio jurídico privado é:

> "[...] ato pelo qual o indivíduo regula, por si, os seus interesses, nas relações com outros (ato de autonomia privada): ato pelo qual o direito liga os efeitos mais conformes à função econômico-social e lhe caracteriza o tipo (típica neste sentido)."(18)

Assim sendo, o ideal que norteia o vetado art. 86, § 5º, da LGE deixa de levar em consideração que, para além da subsistência do atleta profissional de futebol, a cláusula compensatória objetiva indenizá-lo por ato praticado contra a sua vontade e ao qual não deu causa.

Não se pode restringir a cláusula compensatória à garantia de subsistência desse atleta. Sem dúvida, é uma de suas causas, mas de nenhuma maneira está restrita a isso. E sua natureza indenizatória não permite com que os respectivos valores sejam considerados indevidos somente em razão de novo vínculo empregatício.

Por fim – última questão –, do conteúdo até aqui exposto, conclui-se que a medida visada pelo vetado dispositivo legal revela-se desproporcional.

Fala-se "desproporcional", porque o legislador intencionou interferir somente em relação ao direito adquirido do atleta trabalhador, mas não adotou em mesmo entendimento ao direito indenizatório do clube empregador.

Se a legislação trabalhista surge justamente com o escopo de equilibrar a relação jurídica entre empregador e empregado, criando princípios jurídicos que objetivam a proteção da parte vulnerável, uma norma que interpreta dois institutos jurídicos de mesma finalidade por meio de duas perspectivas distintas não possui razão de ser.

Se o vetado § 5º do art. 86 da Lei Geral do Esporte considerou que os valores relativos à cláusula compensatória não mais seriam devidos caso o atleta credor reestabelecesse a sua fonte de subsistência, que assim fosse também em relação à cláusula indenizatória

---

(18) BETTI, Emílio. *Teoria Geral do Negócio Jurídico*, t. I. Campinas: LZN, 2003, p. 79.

e suas respectivas causas. Do contrário, não há proporcionalidade na medida, especialmente se levados em consideração os princípios da legislação trabalhista.

A Consolidação das Leis do Trabalho (CLT) marca o expresso reconhecimento da vulnerabilidade do trabalhador na relação jurídica em que está inserido. Não há como a Lei Geral do Esporte, em total desrespeito a essa premissa, criar normativa que desequilibra a relação entre clube de futebol e atleta profissional.

Nas palavras de Ives Gandra da Silva Martins Filho:

> "O princípio da isonomia é aquele que impõe tratar com igualdade os iguais e desigualmente os desiguais, na medida das suas desigualdades.
>
> (...)
>
> Genericamente, o princípio da isonomia está garantido no art. 5º, *caput* e inciso I, da CF: igualdade de todos perante a lei."(19)

Reconhecer que os trabalhadores são partes vulneráveis em uma relação empregatícia e, em decorrência disso, interpretar a respectiva legislação de maneira mais favorável a eles, significa tratar os desiguais de forma desigual a fim de garantir o equilíbrio negocial. Daí a desproporcionalidade anteriormente mencionada.

O art. 86, § 5º, da LGE ocasionaria desproporcionalidade, uma vez que absorveria um direito adquirido dos atletas profissionais, grande parte das vezes vulneráveis na relação jurídica, mas não faria o mesmo em relação ao clube de futebol, parte institucional na maioria das vezes não vulnerável. Note-se que há evidente desrespeito ao princípio da isonomia.

Um contrato de trabalho no âmbito do esporte é denominado Contrato Especial de Trabalho Desportivo. É especial porque possui particularidades que diferenciam a prática desportiva das demais relações de emprego regulamentadas pela CLT. As cláusulas indenizatória e compensatória são exemplos dessas particularidades, não sendo possível as encontrar em nenhum outro contrato de trabalho.

Na medida em que o vetado art. 86, § 5º, da LGE limitou a validade da cláusula compensatória a partir de instituto jurídico inaplicável e de modo destoante de sua natureza jurídica, deixando de adotar o mesmo entendimento à cláusula indenizatória, revelou-se desproporcional diante dos aspectos jurídicos atinentes às relações empregatícias; ainda mais se levado em consideração o caráter especial dos contratos de trabalho celebrados entre clubes de futebol e atletas profissionais.

---

(19) MARTINS FILHO, *op. cit.*, p. 43.

A função informadora dos princípios jurídicos exige do legislador que a confecção das leis seja orientada pelas diretrizes idealizadas.[20] E o § 5º do art. 86 da Lei Geral do Esporte foi construído em dissonância com os princípios trabalhistas e, até mesmo, constitucionais – se considerado que o trabalho é direito fundamental.

4. Conclusão

Os vetos realizados pela Presidência da República quando do sancionamento da Lei Geral do Esporte foram sobrestados em pauta para uma nova análise no Congresso Nacional.[21] No que tange ao tema tratado neste artigo, a deliberação no Senado Federal, ocorrida em Sessão Plenária na data de 09 de maio de 2024, resultou em 68 (sessenta e oito) votos — de um total de 72 (setenta e dois) — a favor da manutenção do veto presidencial, não havendo, diante dessa maioria absoluta, deliberação na Câmara dos Deputados.

Pelas razões expostas no presente estudo, conclui-se que o veto do § 5º do art. 86 da Lei Geral do Esporte é medida de rigor, porquanto não é possível limitar o pagamento da cláusula compensatória somente aos casos em que o atleta dela credor não logre êxito em celebrar novo contrato especial de trabalho desportivo ou, logrando êxito, limitar ao pagamento proporcional da diferença entre os montantes salarias do antigo e do novo vínculo empregatício.

Quer seja pela inaplicabilidade do instituto jurídico da remissão ao caso, quer seja pela natureza jurídica da cláusula compensatória, ou ainda pelos princípios jurídicos da norma trabalhista, a celebração de um novo contrato especial de trabalho desportivo não é, por si só, capaz de desobrigar o antigo clube do pagamento dos respectivos valores pecuniários.

Referências

BETTI, Emílio. *Teoria Geral do Negócio Jurídico*, t. I. Campinas: LZN, 2003.

CARLEZZO, Eduardo. *Direito Desportivo Empresarial*. São Paulo: Juarez de Oliveira, 2004.

GOMES, Orlando. *Obrigações*, 16. ed., atual. por Edvaldo Brito. Rio de Janeiro: Forense, 2004; e TEPEDINO, Gustavo. *Comentários ao novo Código Civil*, v. X. São Paulo: Forense, 2008.

MARTINS FILHO, Ives Gandra da Silva. *Manual de Direito e Processo do Trabalho*. 28. ed. São Paulo: Saraiva, 2023.

MEDINA, João Paulo; RIOS, Heloisa; LACERDA, Rafael. *Muito além da bola*: o futebol que transforma. São Paulo: EFe, 2022.

SÁ FILHO, Fábio Menezes de. *Contrato de Trabalho Desportivo:* revolução conceitual de atleta profissional de futebol. São Paulo: LTr, 2010.

---

(20) *Ibidem*, p. 5.

(21) Disponível em: https://www.congressonacional.leg.br/materias/vetos/-/veto/detalhe/15729.

SOARES, Jorge Miguel Acosta. *Direito de imagem e direito de arena no contrato do atleta profissional.* São Paulo: LTr, 2008.

SPINELLI, Rodrigo. *A cláusula penal nos contratos dos atletas profissionais de futebol.* São Paulo: LTr, 2011.

TEIXEIRA, Sergio Torres. *Proteção à relação de emprego.* São Paulo: LTr, 1998.

VEIGA, Mauricio de Figueiredo Correia da. *Manual de Direito do Trabalho Desportivo.* 2. ed. São Paulo: LTr, 2017.

______. *Manual de Direito do Trabalho Desportivo.* 4. ed. São Paulo: LTr, 2022.

A Lei Geral de Proteção de Dados e Sua Relação com o Esporte: Uma Breve Reflexão

Camila de Carvalho Ouro Guimarães

Kátia de Moraes Jorge

Alfredo Augusto Botelho da Silva

Introdução

No ano de 2021, após três longos anos de vacância, entrou em vigor a Lei n. 13.709/18, que versa sobre a Lei Geral de Proteção de Dados (LGPD), cujo principal objeto de tutela é a proteção e tratamento de dados pessoais por pessoa física ou jurídica, de direito público ou privado, no meio físico e virtual, de acordo com o que preceitua o art. 1º da referida norma (MARGINI, 2023).

A Lei Geral de Proteção de Dados possui amplo caráter de proteção e abrange todas as instituições independentemente de tamanho, natureza econômica ou atividade. Diante desse fato, o tema suscita vários questionamentos, na medida em que poucas empresas se prepararam ou estão se preparando para a efetiva aplicação da LGPD e uma possível fiscalização pela ANPD – Agência Nacional de Proteção de Dados. Um dos ramos de atividade que podemos citar são as entidades desportivas, em especial os grandes clubes de futebol, que por muitos anos, apesar da existência de normativas próprias do esporte, como a Lei Pelé, não possuía regulamentação específica sobre a proteção de dados, seja em relação aos atletas ou às entidades desportivas (clubes, associações, empresas ligadas ao esporte). A atual Lei Geral dos Esportes, entre outras normativas, em boa parte de sua existência estiveram num "limbo legal" no qual se esquivavam do cumprimento de muitas obrigações legais, que embora previstas em tais regulamentações, não tinham efeito prático, seja pela falta de aplicação ou pela fiscalização dos órgãos competentes. Em alguns casos, até mesmo em razão das lacunas legais causadas pela grande colcha de retalhos formada pela costura de pequenos institutos normativos que se esforçavam para regulamentar as entidades desportivas e os atletas, as normas voltadas para esse ramo do Direito tinham pouco cumprimento ou eficácia legal.

E, dito isso, se verifica, através de consulta básica, que os clubes não possuem políticas de proteção de dados, sendo notório que há uma urgente necessidade de mudança, considerando os pressupostos ético-legais da referida lei, que estabelece maior proteção aos dados pessoais dos atletas, comissão técnica, empregados, associados, sócios e demais indivíduos que de alguma forma disponibilizam seus dados para utilização por essas instituições.

Aliás, nas situações que envolvem o descumprimento das normas de aplicação da Lei Geral de Proteção de Dados (LGPD), constata-se que ocorrem severas multas, que podem chegar ao montante de 50 milhões de reais. Diante dessa realidade, observa-se que uma prática comum no mercado, que ainda é vista como mais perigosa para a pessoa, diz respeito à comercialização dos dados sem autorização, fato que pode ocasionar diversos inconvenientes, no que se refere à publicidade invasiva não autorizada, tais como: *spam*, telefonemas e até mesmo fraudes e golpes, conforme descreve (ADIL, 2024).

Logo, a não transparência no tratamento dos dados causa insegurança e apreensão para o jogador de futebol, como profissional do esporte que busca aperfeiçoamento contínuo e desenvolvimento de habilidades em cada partida de que participa. Partindo dessa premissa, a falta da LGPD provoca os seguintes impactos, a saber: uso indevido de informações para a prática de fraudes; discriminação e manipulação; desconfiança; insegurança e, por último, ausência de transparência, tendo como consequências sanções financeiras, reparação de danos, interrupção das atividades, perda da reputação e da confiança do mercado, ações judiciais, investigações, auditorias, sendo assim, tem-se como prejuízo a imagem pública e experiência negativa (PUNDER, 2024).

Importante destacarmos alguns princípios basilares da proteção de dados, bem como as funções que são regulamentadas pela LGPD. Para a Agência Nacional de Proteção de Dados, é o Data Protection Officer o responsável pela criação de políticas, processos e procedimentos claros que envolvam todo o tratamento de dados pessoais e eventuais relatórios de impacto das atividades de tratamento de dados pessoais (MONFARDINI, 2021), tendo como base os seguintes princípios: Finalidade; Adequação; Necessidade; Livre Acesso; Qualidade dos Dados; Transparência; Segurança; Prevenção; Responsabilização; Não Discriminação.

Considerando, ainda, os três pilares da Lei Geral de Proteção de Dados — que constituem os alicerces sobre os quais a legislação é construída, visando proteger a privacidade e a segurança das informações pessoais em nosso cenário digital em constante evolução temos, como acima citado os pilares que são: Pessoas, Processos e Tecnologia (OTAVIO, 2023).

Dessa maneira, é válido mencionar que a Lei Geral de Proteção de Dados se pauta em qualquer operação feita com o dado pessoal, inclusive o simples armazenamento. Por conseguinte, dentro desse grupo de dados pessoais que são tratados por clubes, estão, por exemplo, os dados pessoais sensíveis, dispostos no inciso II do art. 5º da LGPD, que são aqueles dados que podem causar discriminação quanto a uma pessoa, e, por isso, merecem maior proteção, quais sejam: origem racial ou étnica, convicção religiosa, opinião política, filiação a sindicato ou a organização de caráter religioso, filosófico ou político, dado referente à saúde ou à vida sexual e dado genético ou biométrico, quando vinculado a uma pessoa natural (MARGINI, 2023).

Na perspectiva dos Consultores Jurídicos em 2022, a fim de subsidiar as informações supracitadas perante o tratamento de dados pessoais legítimos, o agente de tratamento deve observar uma das dez bases legais trazidas no art. 7º da Lei, que versa que "(...) a LGPD determina que para cada operação que o clube fizer com o dado pessoal, deve haver uma base legal que a sustente", conforme entendimento pacificado de que para todo dado pessoal utilizado o Data Protection Officer deverá sempre observar a finalidade e o consentimento.

Nessa linha de raciocínio, pode-se interpretar a partir disso que é ilícito se apropriar de dados de um atleta sem a permissão dele e, quando isso ocorre, a lei prevê sanções administrativas, que podem ir desde uma simples advertência até uma multa de 2% do faturamento do último exercício, limitada a R$ 50.000.000,00 (cinquenta milhões de reais) por infração.

Então, ao nos reportarmos à infração, reflete-se sobre não se tratar só de vazamento de dados, ou seja, uma infração é qualquer tratamento de dados realizado em desacordo com o disposto na Lei (HENRIQUE, 2023). Assim, o objetivo desta pesquisa é reconhecer a importância da aplicação da Lei Geral de Proteção de Dados associada ao Esporte, para a proteção de dados dos indivíduos envolvidos em atividades desta natureza.

Sob esse aspecto, ao analisarmos os 10 princípios que permeiam a estruturação da Lei Geral de Proteção de Dados (LGPD), nota-se que uma das questões que mais afligem o jogador de futebol é a publicação indiscriminada de dados pessoais e sensíveis, como *fake news* (definidas como notícias falsas) veiculadas em rede virtual, o que ocasiona prejuízos globais na trajetória pessoal e profissional do jogador.

Sobre a questão da LGPD, torna-se essencial também destacar que no dia 28 de janeiro de 2006 foi instaurado o Dia Internacional da Proteção de Dados, a ser celebrado a cada ano, enfatizando-se a importância da privacidade e da proteção dos dados pessoais.

Essa data foi escolhida no intuito de aumentar a conscientização sobre a relevância da privacidade em um contexto de crescente digitalização e coleta de informações.

Portanto, ao nos depararmos com a respectiva temática, percebe-se que ela tem foco multidisciplinar no que tange ao âmbito mundial, além disso, obriga empresas a se preocuparem em como tratam os dados pessoais de seus clientes, jogadores de futebol, entre outros, de maneira que tenham a garantia de que os segredos relativos à vida privada sejam respeitados e não haja invasão de *hackers* que impactem dados pessoais (ALVES, 2024).

1. Fases históricas da LGPD no mundo

No que concerne ao surgimento da Lei Geral de Proteção de Dados (LGPD), os relatos históricos sinalizam que a nova cultura de proteção de dados teve seu início na década de 1970, na Alemanha, devido ao avanço da computação e da premente e constante preocupação do Estado alemão em proteger cidadãos. Aliás, foram criadas as primeiras normas regulatórias que culminaram na Legislação de 1978. Em 1995, foi criada a Diretiva 95/46/CE,(1) da União Europeia, contendo o primeiro regulamento para o bloco, trazendo o conceito proteção de dados próximos das legislações atuais.

Em 2018, entra em vigor, substituindo a Diretiva 95/46/CE, o Regulamento Geral sobre Proteção de Dados, que em inglês é citado como *General Data Protection Regulation*. Nesse âmbito, a GDPR inspirou outros países a procurarem regulamentar a proteção de dados, incluindo o Brasil.

A GDPR, projeto de normatização para proteção de dados dos cidadãos, foi idealizado em 2012 pela União Europeia, na Europa, tendo sua aprovação em 2016, sendo o primeiro grande marco mundial sobre proteção de dados, e serviu como base para que os demais países editassem suas próprias normativas sobre o tema. Essa ferramenta de regulação virtual é uma iniciativa que tem por premissa a criação do conceito de cidadania digital. Logo, pode ser entendido como uma forma de utilizar de maneira responsável a tecnologia por parte de pessoas físicas e corporações.

A GDPR se estrutura em 11 capítulos, englobando de forma ímpar suas diretrizes, tais como: Linguagem clara e compreensível; Portabilidade de dados; Controladoria de dados; Direito ao Esquecimento; Proteção às crianças; Permissão para uso de dados; Transferência de dados Extraterritorial e Invasão e vazamento de dados.

Concluímos, então, que, embora a GDPR pareça restritiva e extrema, o acesso aos dados das pessoas se tornou um ponto a ser explorado e que deve ser protegido ao extremo, minimizando uma vulnerabilidade tão presente.

Nessa seara, no Brasil, verifica-se no art. 5º, da Constituição da República Federativa do Brasil de 1988 que: "*(...) são invioláveis a intimidade, a vida privada, a honra e a*

---

(1) DIRETIVA 95/46/CE – Segundo os Consultores Jurídicos em 2023, é a Diretiva de Proteção de Dados, oficialmente Diretiva 95/46/EC, promulgada em outubro de 1995. Foi uma diretiva da União Europeia que regulamentou o processamento de dados pessoais dentro da União Europeia e a livre circulação de tais dados.

imagem das pessoas, assegurado o direito a indenização pelo dano material ou moral decorrente de sua violação".

A seguir, em 1993, o Código de Defesa do Consumidor implementa a defesa de informações pessoais em seção específica sobre cadastros e banco de dados. Nesse contexto, a Lei Federal 9.296, de 1996, acrescenta que: "*(...) é inviolável o sigilo da correspondência e das comunicações telegráficas*".

No ano de 2013 é implementado o Marco Civil da Internet, sendo introduzidos conceitos de neutralidade de rede e liberdade de expressão. Ademais, o Decreto n. 7.962, de 2013, acrescenta orientações ao Código de Proteção e Defesa do Consumidor como autodeterminação, privacidade, confidencialidade, segurança das informações de dados pessoais prestados ou coletados.

E, finalmente, em 2018, foi sancionada e publicada a Lei Federal n. 13.709, a LGPD, que entrou em vigor em agosto de 2021.

2. A aplicabilidade da LGPD no futebol

De acordo com a 2ª Turma do Superior Tribunal de Justiça (STJ), no julgado do AREsp 2.130.619 em 2022, a Lei Geral de Proteção de Dados representa um marco histórico na regulamentação sobre o tratamento de dados pessoais no Brasil, tanto em meios físicos quanto em plataformas digitais.

Nesse sentido, o Conselho Nacional de Justiça (CNJ) editou a Recomendação n. 73/2020 e a Resolução n. 363/2021, que orientam os órgãos do Poder Judiciário a adotar medidas para a adequação dos tribunais às disposições da legislação de proteção de dados pessoais.

Portanto, os dados são tratados em 4 (quatro) fases, as quais correspondem aos tipos de tratamentos de dados estabelecidos na LGPD, quais sejam: 1) Coleta, 2) Produção, 3) Recepção, 4) Arquivamento e Armazenamento. 5) Classificação, 6) Utilização, 7) Reprodução, 8) Processamento, 9) Avaliação ou Controle da Informação, 10) Extração e Modificação.

Nessa vertente, a LGPD tem como principal objetivo proteger os direitos fundamentais de liberdade e de privacidade, bem como o livre desenvolvimento da personalidade da pessoa natural.

Cabe salientar que a Lei Geral de Proteção de Dados, de acordo com a Inventtis em 2021, é uma tarefa multidisciplinar. Isso significa que é uma atividade que impacta todos os departamentos de uma empresa, encabeçados pelo Jurídico e Segurança da Informação, e isso se justifica facilmente. O primeiro por se tratar de uma lei e o segundo pela responsabilidade que tem sobre esse ativo. O grau de envolvimento dos demais departamentos com a LGPD está diretamente direcionado ao volume de dados pessoais por ele tratados.

Assim, temos que no futebol a LGPD visa proteger os direitos fundamentais de liberdade e de privacidade e a livre formação da personalidade de cada indivíduo, conforme descreve o Conselho Nacional do Ministério Público (CNMP) em 2023. Nessa linha de pensamento, ressalta-se que a lei dispõe sobre o tratamento de dados feito por pessoa física ou jurídica de direito público ou privado e engloba um amplo conjunto de operações efetuadas em meios manuais ou digitais.

Quanto à abrangência, a lei vale para pessoas brasileiras ou não, que estejam no Brasil no momento da coleta; dados tratados dentro do território nacional, independentemente do meio aplicado, do país-sede do operador ou do país onde se localizam os dados; dados utilizados para fornecimento de bens ou serviços, tal comportamento deve ser observado pelos clubes, a fim de evitar que haja acesso de celulares, *notebooks* ou computadores, por pessoas estranhas, que acessem *e-mails*, redes sociais em casos de não encerramento das sessões, não limpeza de histórico de navegação sobre *sites* visitados, no intuito de proteger a máquina de ataques virtuais. Além disso, a LGPD garante proteção a todos os dados cujos titulares sejam pessoas naturais, estejam eles em formato físico ou digital. Assim, a LGPD não alcança os dados titularizados por pessoas jurídicas, os quais não são considerados dados pessoais para os efeitos da Lei (UNILAB, 2023).

Sob esse prisma, no futebol, a LGPD necessita ser aplicada pelo fato de evitar que os jogadores sejam expostos a *fake news*, que ocasionam prejuízos à saúde mental, física, social dos jogadores, treinadores, familiares, fazendo com que a imagem do profissional do esporte seja distorcida, não condizente com a realidade da trajetória pessoal e profissional de cada jogador, sendo este um problema que, principalmente no meio virtual, se espalha e atinge países, continentes, com muita velocidade.

Nessa dialética, torna-se de grande valia que os clubes, os dirigentes, as equipes voltadas para os jogos de futebol fiquem atentas e se mobilizem para elaborar dispositivos além da LGPD, que já é vista como um grande avanço, a fim de coibir tais práticas abusivas de "inventar situações caluniosas e difamatórias," que ferem o princípio da dignidade humana, o princípio da liberdade e o princípio da autonomia.

3. A Lei Geral de Proteção de Dados, seus princípios e aplicabilidade prática no futebol

Como dito na introdução deste estudo, a LGPD está pautada em alguns princípios e estes devem ser observados à risca para fins de *compliance*. Cada princípio cumpre um objetivo específico da norma. E, considerando o movimento de transformação societária dos clubes de associação para clube empresa ou SAF — Sociedade Anônima do Futebol, se torna premente a aplicação prática dos pilares da LGPD para que sejam garantidas não só a proteção dos dados, mas também a governança corporativa e a integridade/

conformidade oriunda do *compliance*. Assim, temos que os princípios da LGPD, podem ser aplicados da seguinte forma no futebol:

a) *Princípio da Adequação:* prevê a compatibilidade do tratamento com as finalidades informadas ao titular, de acordo com o contexto do tratamento. Nesse sentido, verifica-se que, quando há compra de ingressos e nos programas de fidelidade em que há compartilhamento dos dados com empresas parceiras, esses compartilhamentos devem ser claros aos titulares e devem respeitar a finalidade para a qual ocorreram. Outra situação que necessita ser sinalizada é que, quando há competições dos atletas menores de idade no exterior, é essencial ter atenção ao redigir os contratos, atendendo cláusulas específicas de consentimento prevendo autorizações de viagem, utilização de imagem, nome dos atletas, entre outros (NETO, W.C & SANTOS, M.L.L, 2022).

b) *Princípio da Necessidade:* prevê que a coleta de dados deve ocorrer de forma restritiva, cuidando para que o tratamento dos dados pessoais esteja restrito à finalidade pretendida. Nessa linha de pensamento, deve haver a organização dos dados do atleta e do clube com responsabilidade, evitando-se exceder o quantitativo de informações necessárias.

c) *Princípio da Transparência:* De acordo com o Conselho da Justiça Federal em 2021, esse princípio visa garantir aos titulares informações claras, precisas e facilmente acessíveis sobre a realização do tratamento e os respectivos agentes de tratamento dos dados. Observa-se a partir dessas palavras que, quando se fala em transparência, é de suma importância não compartilhar dados com empresas públicas, privadas, de forma oculta.

d) *Princípio do Livre Acesso:* possibilitar que o titular dos dados consulte livremente, de forma facilitada e gratuita, a forma e a duração do tratamento dos dados, bem como sobre a integralidade deles. Um aspecto a ser destacado neste princípio é o da necessidade da veracidade das informações atualizadas.

e) *Princípio da Qualidade dos Dados:* Segundo o Conselho Nacional de Justiça em 2021, este princípio busca garantir aos titulares dos dados a exatidão, a clareza, a relevância e a atualização dos dados, de acordo com a necessidade e para o cumprimento da finalidade de seu tratamento. Nesse quesito, torna-se de suma importância esclarecer os seguintes itens: o que se faz com as suas informações e de que maneira o tratamento é realizado e por quanto tempo.

f) *Princípio da Segurança:* compreende medidas técnicas e administrativas para proteger os dados de acessos não autorizados e de situações acidentais ou ilícitas de destruição, perda, alteração, comunicação ou difusão. Sob esse prisma, constata-se a relevância de seguir tal princípio, já que *hackers* têm se tornado cada vez mais perigosos ao invadirem redes tecnológicas de diversas esferas sejam governamentais, sejam privadas.

g) *Princípio da Prevenção:* Na perspectiva do Conselho Nacional de Justiça em 2021, esse princípio busca a antecipação de eventualidades, com a adoção de medidas para prevenir a ocorrência de danos em razão do tratamento de dados pessoais, com base em uma política de segurança e privacidade de dados, que possibilite maior criatividade, inovação, proatividade ao desenvolver programas com capacidade de detectar ameaças com maior precisão e resolutividade.

h) *Princípio da Responsabilização e Prestação de Contas:* Para o Conselho Nacional de Justiça em 2021, espera-se que o controlador ou o operador demonstrem todas as medidas eficazes e capazes de comprovar o cumprimento da lei e a eficácia das medidas aplicadas. Uma vez atendendo essas questões, demonstra-se boa-fé e a sua diligência,

i) *Princípio da Não Discriminação:* Sob esse princípio, o Conselho Nacional de Justiça em 2021 prevê que o tratamento dos dados não pode ser realizado para fins discriminatórios, ilícitos ou abusivos. Diante dessa realidade, a LGPD criou regras específicas para o tratamento de dados que frequentemente são utilizados para a discriminação, os chamados "dados pessoais sensíveis", como os que tratam sobre origem racial, convicção religiosa, opinião política, entre outros.

j) *Princípio da Finalidade:* emprega-se como a realização do tratamento para propósitos legítimos, específicos, explícitos e informados ao titular. Precisa ser realizado dentro dos limites da lei e vir acompanhado de todas as informações relevantes para o titular, segundo o Conselho Nacional de Justiça em 2021.

Diante do fato supracitado, cabe mencionar que historicamente, no ano de 2013, é implementado o Marco Civil da Internet. Foram introduzidos conceitos de neutralidade de rede e liberdade de expressão. Ademais, o Decreto 7.962, de 2013, acrescenta orientações ao Código de Defesa do Consumidor (CDC), como autodeterminação, privacidade, confidencialidade e segurança das informações de dados pessoais prestados ou coletados.

3.1. Análise da Aplicabilidade prática da LGPD ao Caso Concreto

Com o objetivo de ilustrar a aplicação prática da Lei Geral de Proteção de Dados — LGPD, a seguir demonstram-se dois casos concretos que apresentam ligação com o Tema em pauta:

Caso n. 1: Em matéria veiculada na mídia (DERMATINI, 2023), noticiaram-se os vazamentos de dados de jogadores e dirigentes do Palmeiras, tendo sido expostos dados pessoais e de saúde de jogadores, ex-atletas, dirigentes e funcionários após uma suposta exposição de informações da Seguradora Porto Seguro, como nomes completos, CPFs e datas de nascimento aparecendo no volume, juntamente com exames médicos realizados pelos indivíduos entre julho de 2018 e junho de 2020.

Observa-se ao longo do relato do referido caso que, após a organização dos dados, se descobriu que o volume indicou o comprometimento de dados de 318 integrantes do clube, incluindo atletas que faziam parte do elenco do Palmeiras à época ou que fizeram história no time ao longo dos últimos anos. Fazem parte do comprometimento membros da comissão técnica, executivos e membros da diretoria, mas não havia indícios de vazamento de informações de associados, torcedores e outros.

Perante a breve interpretação da situação descrita, fica claro o severo risco à privacidade das pessoas, podendo tal situação levar à revelação indesejada de condições de saúde, consultas ou internações em caráter de urgência.

À época, o clube ressaltou a questão da segurança, privacidade e proteção dos dados dos colaboradores, clientes, jogadores, entre outros, como sendo de alta prioridade.

O incidente de violação da liberdade do ser humano pode gerar fraude e, por conseguinte, promover abalos emocionais tanto na vida do atleta de futebol, como afetar o núcleo familiar de modo incisivo e desrespeitoso.

Contudo, a rede social tem aspectos positivos e negativos, sendo necessário estar atento ao envio de mensagens capciosas, elaboração de falsos boletos bancários, *e-mails* e aplicativos contendo informações falsas.

É preciso checar a veracidade das informações, selecionar o que serve como base para a melhoria das condições dos atletas, discutir questões ético-legais pertinentes, cujo eixo norteador está amparado na Lei Geral de Proteção de Dados (LGPD).

> *Caso n. 2:* a Federação Internacional de Futebol (FIFA) foi alvo de ataque *hacker*, em março de 2015, sendo necessário a melhoria de seu sistema. Que passa por constante aprimoramento e melhoria sempre que há uma nova tentativa hacker. Com isso, a entidade se mostra mais preparada para mitigar os vazamentos de informações confidenciais e evitar mais danos, conforme explicado pelo próprio Presidente da FIFA, Gianni Infantino, ao se dirigir à Associated Press. Neste contexto, é de suma importância desenvolver a vigilância constante, dando treinamentos aos funcionários quanto às características de phishing, como este impacta financeira e reputacionalmente sua organização.

É de vital relevância certificar-se de que a informação é real e verdadeira, para evitar a insegurança e acreditar em dados não condizentes com a realidade. Nessa dinâmica, torna-se fundamental elencar as funções da FIFA que se baseiam em supervisionar todas as associações, federações e confederações de futebol ao redor do mundo, estabelecendo as regras do futebol.

O *phishing*(2) é uma ameaça cibernética cada vez mais frequente e é um termo não tão familiar a todos, mas suas consequências e complexidades podem ser devastadoras. A era digital trouxe um grande desafio para especialistas digitais ao lidarem com fraudadores que jogam com emoções humanas para iludir as pessoas, que fazem cópias muito próximas da realidade.

Nesse cenário, os meios de comunicação em massa têm alertado sobre os frequentes ataques cibernéticos que transgridem as normas de convívio social na rede virtual de modo saudável.

Conforme o It Fórum em 2024, a Confederação Brasileira de Futebol (CBF) também foi alvo de ações e atitudes de invasão cibernética em sua rede. O ato provocou, segundo a entidade, o furto de documentos, que foram alvo de adulterações e falsificações. Apesar da invasão, a entidade informa que possui "robustos mecanismos de proteção de dados", tendo revisado e fortalecido os seus protocolos de revisão cibernética.

4. Conclusão

Conclui-se que, com a acelerada evolução do mundo desportivo, cada vez mais abrangendo não só a área física, mas também a área digital, torna-se primordial investir em instrumentos ético-legais pertinentes às boas práticas esportivas, onde se considere o respeito à privacidade, à confidencialidade, ao convívio social respeitoso, digno, no tratamento à diversidade étnica, de gênero, cultural, política, entre outros.

Em termos históricos, antes do aparecimento da LGPD, os dados pessoais já contavam com proteção jurídica, na medida em que decorrem da privacidade e intimidade, expressas e protegidas sobre os fundamentos da Constituição da República Federativa do Brasil de 1988.

Nessa perspectiva, ressalta-se a importância dos clubes e federações esportivas em obedecer à égide dos princípios da LGPD, que contempla aspectos referentes ao tratamento de dados pessoais sensíveis mencionadas no Inciso II, Art. 5º da LGPD.

Partindo dessa premissa, quando há vazamento de informações, transgressão dos aspectos legislativos vigentes da Lei Geral de Proteção de Dados no futebol, há punição que se concretiza desde advertências até multas.

(2) *Phishing* para a especialista em Direito Digital Daniela Meira em 2023 é definido como uma técnica muito utilizada por fraudadores para obter as informações pessoais de terceiros. É a popular "pescaria". Ocorre quando nos enviam uma mensagem; *SMS* ou *E-mails* falsos.

Contudo, há necessidade de se implementar e praticar a LGPD nos clubes, já que poucas entidades desportivas utilizam esse arcabouço jurídico no exercício das atividades desenvolvidas no futebol.

Sugere-se que haja um maior quantitativo de elaboração de material instrucional, tais como cartilhas, livretos e panfletos, destacando juridicamente a relevância e o significado da LGPD, assim como campanhas educativas que sensibilizem e focalizem o olhar das pessoas ligadas ao esporte para o exercício de suas atividades com compromisso ético, moral e solidário, pautado na disciplina de seguir o que determina a Legislação Desportiva.

Referências

ADIL, Josué. LGPD — Entenda os impactos da Lei Geral de Proteção de Dados do Brasil. *ACADI — TI Academia Inovadora de Tecnologia de Informação.* Disponível em: https://acaditi.com.br/lgpd-entenda-os-impactos-da-lei-geral-de-protecao-de-dados-do-brasil/. Acesso em: 31 jan. 2024.

ALVES, Davis. Dia Internacional da Privacidade é comemorado neste domingo: saiba como a LGPD é aplicada e suas consequências. *Jovem Pam.* Disponível em: https://jovempan.com.br/opiniao-jovem-pan/comentaristas/davis-alves/dia-internacional-da-privacidade-e-comemorado-neste-domingo-saiba-como-a-lgpd-e-aplicada-e-suas-consequencias.html. Acesso em: 31 jan. 2024.

CARTILHA DA LEI GERAL DE PROTEÇÃO DE DADOS — LGPD. (2021) Disponível em: https://www.cjf.jus.br/publico/lgpd/index.html. Acesso em: 21 jan. 2024.

CONSTITUIÇÃO DA REPÚBLICA FEDERATIVA DO BRASIL. Disponível em: https://www.planalto.gov.br/ccivil_03/Constituicao/Constituicao.htm. Acesso em: 26 dez. 2023.

CONSELHO NACIONAL DO MINISTÉRIO PÚBLICO. LGPD. Disponível em: https://cnmp.mp.br/portal/transparencia/lei-geral-de-protecao-de-dados-pessoais-lgpd/a-lgpd/o-que-e-a-lgpd?highlight=WyJsZ3BkIiwiJ2xncGQiXQ==. Acesso em: 29 dez. 2023.

CONSULTOR JURÍDICO. *Textos Jurídicos sobre a Lei Geral de Proteção de Dados* — LGPD. Disponível em: https://www.conjur.com.br/2022-fev-10/protecao-dados-pessoais-passa-direito-constitucional/. Acesso em: 26 dez. 2023.

DERMARTINI, F. Texto sobre Vazamento de Dados dos jogadores do Palmeiras. *Canaltech*, 2023. Disponível em: https://canaltech.com.br/seguranca/vazam-dados-de-saude-de-jogadores-e-dirigentes-do-palmeiras-238864/. Acesso em: 31 jan. 2024.

FEDERAÇÃO INTERNACIONAL DE FUTEBOL (FIFA). *Texto informativo sobre vazamento de dados na FIFA.* Disponível em: https://itforum.com.br/noticias/fifa-sofre-novo-ataque-hacker-e-teme-vazamento-de-dados/. Acesso em: 31 jan. 2024.

HENRIQUE, Luis. Texto sobre LGPD no esporte. *Negócios no Esporte.* Disponível em: https://negociosnoesporte.com/lgpd-no-futebol/. Acesso em: 26 dez. 2023.

INVENTTIS. *LGPD:* Uma tarefa multidisciplinar. Disponível em: https://inventtis.com/lgpd-uma-tarefa-multidisciplinar-visao-departamental/. Acesso em: 31 jan. 2024.

LGPD. *Lei Geral de proteção de dados*. Disponível em: https://lgpd.df.gov.br/. Acesso em: 26 dez. 2023.

MARGINI, Elza. *A Lei de proteção de dados no esporte*. Disponível em: https://techcompliance.org/dados-pessoais-no-esporte/. Acesso em: 26 dez. 2023.

MEIRA, Daniela. O que é Phishing? *Jusbrasil*. Disponível em: https://www.jusbrasil.com.br/artigos/o-que-e-phishing/784929133. Acesso em: 31 jan. 2024.

MONFARDINI, Fernando. LGPD no Futebol: Desafios e oportunidades em um ambiente sem cultura de governança corporativa e transparência. 2021. *Trivela*. Disponível em: https://trivela.com.br/na-bancada/lgpd-no-futebol-os-desafios-e-oportunidades-em-um-ambiente-sem-cultura-de-governanca-corporativa-e-transparencia/. Acesso em: 26 dez. 2023.

NETO, W. C. & SANTOS, M. L. L. Clubes precisam se preocupar com proteção de dados. *Conjur*, 2022. Disponível em: https://www.conjur.com.br/2022-jan-26/opiniao-clubes-preocupar-protecao-dados/. Acesso em: 21 jan. 2024.

OTAVIO, Rodrigo. *O que* é *LGPD:* Quais são os três pilares e como se adequar. Disponível em: https://octo.legal/blog/lgpd/. Acesso em: 26 dez. 2023.

PUNDER, Patricia. *Jornal Estadão Mato Grosso*. Disponível em: https://www.estadaomatogrosso.com.br/. Acesso em: 31 jan. 2024.

SUPERIOR TRIBUNAL DE JUSTIÇA. *Um marco na regulamentação sobre dados pessoais no Brasil*. Disponível em: https://www.stj.jus.br/sites/portalp/WebPub/NovoPortal/LGPD.aspx. Acesso em: 26 dez. 2023.

UNILAB. Disponível em: https://www.unilab.edu.br. Acesso em: 29 dez. 2023.

O Jogo Além-Campo: A Prática do *Compliance* e da Governança Corporativa no Futebol Brasileiro

Camila de Carvalho Ouro Guimarães
Julia Bronzatto Dutra

1. Introdução

A globalização mundial, delineada pelo crescimento do sistema capitalista, impulsionou a adoção de medidas de governança corportativa e *compliance* necessárias no interior das negociações comerciais entre as organizações corporativas, visando a controles internos e externos em razão da crescente majoração de lucro. Novas ações socioeconômicas, como a abertura de mercado e o fluxo cambial, fizeram com que, não apenas a iniciativa privada, assim como os próprios governos, pensassem em formas de proteger o sistema econômico e escudar seus mercados financeiros.

Assim, para manter a boa relação com o mercado externo e a continuidade nos negócios, foi necessária adequação das organizações dentro de novas condutas previstas por diversas legislações e decretos, internacionais e nacionais, voltados à proteção do sistema financeiro, da ordem econômica e combate à corrupção.

Esse movimento teve como marco inicial a queda da bolsa de Nova Iorque no ano de 1929, que ficou mundialmente conhecido como o "*crack*" da bolsa. Mercados internos dos países em desenvolvimento sofreram com esse fenômeno. O Brasil, que tinha como principal produto de exportação o café, negociado amplamente na bolsa de Nova Iorque, colapsou, levando inúmeros empresários à bancarrota.

Diante desse cenário avassalador, o governo americano iniciou um movimento ainda incipiente para pensar novas regras de mercado, sendo este formalizado após o escândalo do *Watergate*, o que fez com que a prática do *compliance* e da governança corporativa fosse consolidada de vez no mercado americano.

No Brasil, esse movimento demorou a se estabelecer de maneira formal e normatizada, sendo sua primeira ação protetiva contra a corrupção e crimes financeiros no ano de 1998, por intermédio da Lei de Lavagem de Dinheiro[(1)] seguida pela Lei Anticorrupção,[(2)] criadas como forma de prevenir o mercado nacional das práticas financeiras ilegais, bem como punir os agentes praticantes que se enquadrassem na tipificação do crime. Portanto, necessário pontuar que respectivas leis abriram as portas para o debate sobre integridade corporativa no Brasil.

A atenção das organizações corporativas sobre suas condutas, em consonância com a legislação nacional, até os dias atuais, é observada por seus parceiros de negócios e pelo mercado externo, cenário este que demanda a adequação constante de uma estrutura corporativa. Os ambientes corporativos passaram, dessa forma, a serem orientados por um sistema de regras internos do qual se desmembram práticas recomendadas para apoiar a gestão da organização e minimizar possíveis conflitos de interesses em seus negócios, especialmente para evitar práticas contrárias à ética e integridade.

Paralelamente a isso, temos o fato de que o futebol, ao ser introduzido no país por Charles Miller,[(3)] primeiramente foi acessível apenas à elite brasileira, até sua popularização pela sociedade,[(4)] que o transformou em um esporte de massa e acessível a classes sociais menos favorecidas. Assim, diversos clubes de futebol no Brasil foram se construindo no formato associativo, na tentativa de cumprir com a ideia de que o esporte seria regido por um estatuto e administrado por seus associados, focando no lazer e nos vínculos culturais do clube, sendo que toda a receita auferida seria convertida exclusivamente para o próprio clube.

No entanto, a difusão em massa do esporte, a criação de inúmeros clubes de futebol profissionais, o avanço da tecnologia e o interesse em transmitir os eventos desportivos, bem como a negociação de jogadores entre clubes nacionais e internacionais, fizeram com que o futebol alcançasse o campo dos negócios — interno e externo. Com isso, a modalidade futebolística também foi se profissionalizando e gerando altas receitas que, consequentemente, brilharam os olhos de todas as organizações envolvidas.

Diante disso, houve a criação da Federação Internacional de Futebol ("FIFA") e da Confederação Brasileira de Futebol ("CBF"), além das diversas ligas que possibilitaram a estruturação profissional da modalidade, bem como a massificação do futebol e sua

(1) Disponível em: https://www.planalto.gov.br/ccivil_03/_Ato2011-2014/2012/Lei/L12683.htm.

(2) Disponível em: https://www.planalto.gov.br/ccivil_03/_ato2011-2014/2013/lei/l12846.htm.

(3) Charles William Miller foi um esportista brasileiro considerado o "pai" do futebol e do rugby no Brasil. Disponível em: https://ludopedio.org.br/museu-galeria/charles-miller-pioneiro-do-futebol-brasileiro/.

(4) Exemplo do Sport Clube Corinthians Paulista, criado por operários do bairro Bom Retiro da cidade de São Paulo. Disponível em: https://www.corinthians.com.br/clube/historia.

comercialização envolvendo altos valores em dinheiro, patrocínios, venda de produtos gerando renda indireta aos clubes, direito de transmissão, dentre outras formas de receita. Cenário este que provocou diversos escândalos de corrupção, a exemplo temos o evento chamado de Fifagate, um dos maiores escândalos ocorridos no mercado do futebol.(5) Consequentemente, em consonância com a globalização mundial, o futebol mundial também passou a necessitar de mais cuidados financeiros e de leis que norteassem sua prática, dentro e fora de campo.

Voltando ao futebol nacional, ao longo das décadas desde sua chegada ao país, o Brasil publicou diversas leis com o foco de gerir sua prática, vinculando a atenção dos profissionais da área à sua adequação. Dentre as mais simbólicas, temos a "Lei Zico" (Lei n. 8.672/93),(6) atendendo à garantia ao esporte garantido pela Constituição Federal de 1988; (7) A "Lei Pelé" (Lei n. 9.615/98),(8) trazendo normas gerais sobre o desporto e constituindo a obrigação do "clube-empresa", até a publicação da "Lei Maguito Vilela" (Lei n. 9.981/00),(9) tornando a constituição do clube-empresa uma faculdade para os clubes de futebol. Atualmente, em conjunto com a Lei Pelé, os profissionais da área precisam se atentar à Nova Lei Geral do Esporte (Lei n. 14.597/2023).(10) Ainda que a referida Lei esteja sob a égide de diversas discussões, ela se encontra vigente desde 14 de junho de 2023.

Portanto, atualmente é necessário que os clubes de futebol e seus profissionais se atentem às leis específicas criadas para nortearem a prática do esporte, além da complementação dos diplomas das outras leis federais. Diante disso, no mês de agosto de 2021 foi publicada a Lei da Sociedade Anônima do Futebol (Lei n. 14.193/2021), possibilitando aos clubes, por intermédio de um ou mais investidor(es), se tornarem instituições com fins lucrativos, ou seja, serem transformados em empresas sob o tipo societário de sociedade anônima.

A Lei da SAF traz algumas particularidades para a construção de uma corporação dentro do antigo clube de futebol, o qual deverá ser desvinculado da atual SAF, após completar o período que chamamos de transição. Consequentemente, ao falarmos na construção de uma organização corporativa na entidade futebolística, imprescindível que essa nova organização se atente a todas as boas práticas que devem nortear seu funcionamento, focando sua gestão na integridade corporativa anteriormente pontuada,

---

(5) Trabalho de campo: percurso da pesquisa sobre corrupção no futebol. Disponível em: https://ludopedio.org.br/arquibancada/trabalho-de-campo-percurso-da-pesquisa-sobre-corrupcao-no-futebol/.

(6) Disponível em: https://www.planalto.gov.br/ccivil_03/leis/l8672.htm.

(7) "Art. 217. É dever do Estado fomentar práticas desportivas formais e não formais, como direito de cada um, observados: (...)". Disponível em: https://www.planalto.gov.br/ccivil_03/constituicao/constituicao.htm.

(8) Disponível em: https://www.planalto.gov.br/ccivil_03/leis/l9615consol.htm.

(9) Disponível em: https://www.planalto.gov.br/ccivil_03/leis/l9981.htm.

(10) Disponível em:<https://www.planalto.gov.br/ccivil_03/_ato2023-2026/2023/lei/L14597.htm.

posto que esta deverá se manter transparente aos seus novos investidores e ao mercado externo. Dessa forma, temos o preâmbulo da Lei n. 14.193/2021 que inaugura, oficialmente, a necessidade de se falar em governança na construção de uma SAF:

> "Institui a Sociedade Anônima do Futebol e dispõe *sobre normas de constituição, governança, controle e transparência*, meios de financiamento da atividade futebolística, tratamento dos passivos das entidades de práticas desportivas e regime tributário específico; e altera as Leis ns. 9.615, de 24 de março de 1998, e 10.406, de 10 de janeiro de 2002 (Código Civil)." (Grifo nosso)

Portanto, ao entender o futebol como um mercado além-campo, do qual se originam desafios e exigências em seus diversos pilares de funcionamento, a exemplo da negociação de jogadores, organização de torcidas, transmissões, auferimento de receitas, empregos e pagamento de salários, será necessário encarar o clube de futebol profissional como uma máquina capaz de responder a esses desafios, adequando-se às boas práticas exigidas, para gerenciar de forma íntegra seus diversos setores e elevar seu potencial como organização junto aos seus atletas, torcedores, investidores, patrocinadores, entre outros fatores e agentes essenciais para a continuidade de seus trabalhos.

2. Da associação à sociedade anônima do futebol

Para adentrar no tema *compliance* e governança, é preciso fazer uma breve retrospectiva aos primórdios do futebol brasileiro, passando pelas legislações pertinentes até os regimes jurídicos dos clubes, e assim entender do que se trata esse conceito, alvo de críticas e elogios.

2.1. Da associação

Associação é o tipo societário regrado pelo art. 53 do Código Civil, o qual dispõe:

> Art. 53. Constituem-se as associações pela união de pessoas que se organizem para fins não econômicos.
>
> Parágrafo único. Não há, entre os associados, direitos e obrigações recíprocos.

A associação não tem fins econômicos, caracterísca principal para caracterização de uma sociedade. Além disso, as associações independem de autorização para sua criação, sendo vedada a interferência estatal em seu funcionamento, conforme leciona o art. 5º, inciso XVIII da CRFB/88:

> Art. 5º Todos são iguais perante a lei, sem distinção de qualquer natureza, garantindo-se aos brasileiros e aos estrangeiros residentes no País a inviolabilidade do direito à vida, à liberdade, à igualdade, à segurança e à propriedade, nos termos seguintes: (...)
>
> XVIII – a criação de associações e, na forma da lei, a de cooperativas independem de autorização, sendo vedada a interferência estatal em seu funcionamento.

Os associados serão os integrantes da associação, que se reunirão para definir e alcançar a finalidade da organização, podendo ser fins culturais, religiosos, científicos, literários ou a prática de esportes, por exemplo. Dessa forma, desde que o fim seja lícito, uma associação terá liberdade para definir sua finalidade, conforme disposto na Carta Magna.

2.2. O clube de futebol sob o formato associativo

Uma das formas de constituição da associação consiste no formato de clube esportivo. Essa forma de constituição associativa traz consigo um grande contexto histórico e social.

O futebol começou a se desenvolver nos grandes centros urbanos do Brasil, entre o fim do século XIX e o início do século XX. No princípio, com o foco de ser uma atividade recreativa aos grupos de trabalhadores, estudantes e amigos começaram a se reunir para praticá-lo em campos improvisados, com bolas confeccionadas com diversos materiais, no entanto, logo formariam clubes profissionais para a disputa de competições.

Os clubes de futebol, constituídos para fins recreativos e amadores, se organizaram sob o formato jurídico de associação descrito pelo Código Civil de 2002, consistindo em pessoas jurídicas de direito privado sem qualquer finalidade econômica. Dessa forma, todo o lucro gerado neste modelo deve ser reinvestido para a própria entidade.

Ocorre que, com o passar dos anos, devido ao crescimento da prática do esporte, o futebol se tornou profissional, ou seja, não era mais praticado com fins recreativos ou apenas por "diversão". O grande viés econômico, o alcance de grandes públicos, os salários astronômicos de jogadores, tudo cominado com a necessidade de organização, apresentaram o futebol como uma nova forma de fazer negócios (e dinheiro).

Nesse sentido, procurando manter a organização, as primeiras bases normativas foram instituídas por meio do Decreto-lei .3.199/1941, trazendo diretrizes de organização para o esporte nacional, estabelecendo a obrigatoriedade de que os clubes esportivos se constituíssem sob o formato associativo, vedando expressamente a possibilidade de que das atividades do clube resultassem lucro para seus sócios, como se denota do art. 48:

> Art. 48. A entidade desportiva exerce uma função de caráter patriótico. É proibida a organização e funcionamento de entidade desportiva, de que resulte lucro para os que nela empreguem capitais sob qualquer forma.

Posteriormente, o Decreto n. 80.228 de 1977, ainda que tenha alterado algumas legislações sobre o esporte nacional, manteve a obrigatoriedade dos clubes de serem constituídos no formato associativo. Portanto, até esse momento, era expressa a vedação ao lucro dos agentes que investiam tempo e trabalho na prática desportiva.

Contudo, foi no final da década de 1970 e durante a década de 1980 que o caráter negocial do esporte tomou seu rumo. Com o crescimento das transmissões de jogos pela TV em conjunto à necessidade que sentiam as grandes marcas em patrocinar as equipes para estampar seus logos nas camisas dos times, veio à tona a ideia para os administradores das entidades do clube-empresa.

2.3. O clube-empresa

O grande diferencial entre o clube-associação e o clube-empresa recai na forma de realocar o lucro obtido. Atente-se que o modelo associativo não veda a obtenção de lucro, mas todo esse lucro deve retornar para investimento no clube. No entanto, o clube-empresa, seguindo o conceito de sociedades empresárias, reparte o lucro entre seus gestores e/ou acionistas, possibilitando que esses agentes passem a auferir renda com a atividade.

Assim, a mentalidade na gestão de um clube-empresa passa a ser outra, estabelecida na hipótese de os sócios e investidores auferirem lucro com esse modelo. A administração, então, tende a querer profissionalizar cada vez mais seus trabalhos, adotando uma visão mais racional, por meio de metas a serem atingidas e novas responsabilidades condicionadas aos gestores.

Nas palavras do professor Luciano Motta:

> Clube-empresa ou sociedade empresarial desportiva, compreendido como aquele ente de prática desportiva que adota um modelo de sociedade empresarial como tipologia jurídica (MOTTA, 2020, p. 61).

Na prática, a título exemplificativo, algumas formas de tornar o clube-associação em clube-empresa são: (i) a criação de uma nova pessoa jurídica, sendo esta o clube--empresa, a qual será responsável pelo departamento de futebol profissional do clube--associação, assim, será desmembrada esta parte da associação, coexistindo, portanto, o clube-associção e o clube-empresa; (ii) a transformação total do clube-associação para o modelo de sociedade empresária; (iii) a fundação de um novo clube de futebol no modelo clube-empresa desde sua origem.

À guisa de exemplo, o time colombiano Millonarios estava próximo à falência, até que em 2011 se transformou em um clube-empresa, alcançando esse movimento relativo sucesso tanto administrativo quanto esportivo.(11) Já o modelo chileno foi pioneiro na América do Sul: embora o rendimento esportivo tenha se mantido no mesmo nível, os clubes chilenos aumentaram suas receitas, com abertura de seus ativos na Bolsa de Valores no ano de 2005.(12)

(11) Disponível em: https://www.bets.com.br/artigos/conheca-o-millonarios-um-dos-mais-tradicionais-times-da-colombia.

(12) Disponível em: https://www.gazetaesportiva.com/futebol/futebol-internacional/gestao-empresarial-futebol-chileno/.

3. A transição do clube-associação para a sociedade anônima do futebol

No Brasil, além da possibilidade em adotar o modelo clube-empresa nos moldes acima colocados, a Lei da Sociedade Anônima do Futebol (Lei n. 14.193/2021) abriu oficialmente a porta para os clubes se instituírem no formato de Sociedades Anônimas. Ainda que esse modelo contenha inúmeras vantagens e desvantagens, considerando que a lei é recente e apresenta diversas lacunas, o cenário causou brilho nos olhos de clubes brasileiros, como uma forma de retomar as rédeas de sua gestão.

Para que se tenha a mudança da estrutura do clube tradicional dado como associação para a Sociedade Anônima do Futebol, após a aprovação majoritária da alteração do Estatuto pelos conselheiros do clube, poderá ocorrer a transição do clube-associação em SAF, seguindo o art. 2º da Lei n. 14.193/2021:

> Art. 2º A Sociedade Anônima do Futebol pode ser constituída:
>
> I – Pela *transformação* do clube ou pessoa jurídica original em Sociedade Anônima do Futebol;
>
> II – pela *cisão* do departamento de futebol do clube ou pessoa jurídica original e transferência do seu patrimônio relacionado à atividade futebol; (...)

A transformação, esteja o clube no modelo associativo ou sob a égide da sociedade empresária, acarretará na transformação da natureza jurídica do clube originário para a Sociedade Anônima do Futebol. Nesse caso, o clube se tornará SAF e os associados se tornarão acionistas, o clube e a SAF não serão entidades distintas.

Por outro lado, na cisão, o clube originário não perderá sua existência. Este permanecerá com suas atividades sociais sob o modelo associativo ou pessoa jurídica e irá transferir à nova SAF, de forma parcial ou total, direitos e deveres dos quais estejam vinculadas as atividades do futebol, portanto, o patrimônio será segregado para a SAF e os demais elementos do clube serão mantidos com ele. Apesar de não responder por todas as dívidas da associação, a SAF deverá destinar, obrigatoriamente, 20% das suas receitas recorrentes mensais e 50% de seus dividendos, juros ou outra remuneração, ao clube que a originou.

Assim, dependendo do formato de constituição da SAF (cisão ou transformação), poderá ocorrer a manutenção dos passivos da associação, e, consequentemente, as operações daSAF ficarão livres de grande parte das dívidas e do risco de bloqueios judiciais, sendo que essa segurança facilitará para a SAF a aquisição de linhas de crédito.

As outras vias de constituição da SAF, presentes no art. 2º, inciso III e art. 3º da lei serão discorridos em outro trabalho oportuno, sendo os incisos I e II do art. 2º que agora nos são importantes para o estudo.

Certos de que ainda existem dúvidas perante os clubes sobre a viabilidade em implementar uma Sociedade Anônima do Futebol, discorreremos de forma breve sobre as vantagens e desvantagens do modelo associativo e a constituição da SAF.

3.1. Vantagens e desvantagens do modelo associativo

As associações gozam de imunidade tributária e leniência do poder público na cobrança de dívidas. Dessa foram, há impacto no pagamento de contribuições sociais (INSS, PIS, COFINS) além de ISS, o qual engloba programas de sócio-torcedor e uso de imagem, por exemplo. Cenário este que, por si só, já caracteriza um alívio nas despesas.

Outra vantagem do modelo associativo é a manutenção do poder de gestão do futebol, que se concentra nas mãos de um Conselho Deliberativo Estatutário, ou seja, definido pelo Estatuto. Os membros desse conselho têm vinculação histórica com o clube, formato que facilita o fomento para a preservação da história e das tradições do clube.

Dessa forma, o processo decisório respeita sempre o estabelecido em Estatuto, condicionando oportunidades de mercado à sua observância em prol da manutenção da tradição do clube.

No entanto, há muitas desvantagens no modelo associativo. Nele, as regras ainda são embrionárias no que tange à responsabilização dos gestores, prejudicando um dos mecanismos de *compliance* para a gestão do clube, o qual será exposto posteriormente, conhecido como "Accountability".

O seu sistema de mandato presidencial dificulta o planejamento e execução de ações em longo prazo, pois o presidente estará focado em atender os anseios dos torcedores e do colégio eleitoral que, em momentos de pressão, tendem a ceder às cobranças sem considerar as consequências. Assim, por muitas vezes, o clube associativo trabalha conforme a exigência do momento, sucumbindo às pressões de torcidas, antes mesmo dos interesses do próprio clube em si, o que, por consequência, gera prejuízo financeiro em longo prazo nas gestões futuras.

Outro ponto também a ser frisado é que o gestor eleito das associações não é especializado e não é remunerado, o que o faz ser guiado por fatores não técnicos, muito mais pela própria emoção e "paixão" ao clube.

Ainda que as associações contem com a complacência do poder público com relação à cobrança de suas dívidas, esse cenário acarreta em acomodação por parte de seus gestores junto às instituições desportivas, fazendo com que eles se sintam estimulados a continuar investindo na atividade-fim, ao invés de estabelecer um equilíbrio financeiro, construindo a sensação de impunidade e possivelmente um círculo vicioso em dívidas e pressão de suas torcidas.

Por fim, necessário esclarecer, neste ponto, que a ênfase da gestão em fortalecer o grupo político eleito, em detrimento do sucesso da instituição e devido ao alto poder político influenciador dos conselheiros, gera enfraquecimento das iniciativas de governança corporativa e aos programas de *compliance*.

3.2. Vantagens e desvantagens na Sociedade Anônima do Futebol

Inúmeras são as vantagens da implantação e conversão da associação em Sociedade Anônima do Futebol.

Já iniciando com um dos pontos cruciais em arquitetar uma Sociedade Anônima do Futebol, que é a obrigatoriedade que a legislação traz em construir uma cultura de governança, tornando necessário que a organização passe a auditar seus trabalhos, facilitando a implementação regular de um programa de *compliance*.

Com relação às despesas, a lei da SAF traz a possibilidade de equacionar seu passivo, por intermédio do Regime Centralizado de Execuções (RCE) e pela ocorrência do concurso de credores, de modo que será possível a suspensão das execuções ativas, abrindo-se espaço para mais negociações, possibilitando planos de pagamentos alternativos e coletivos para todos os credores, o que aumentará as chances de quitação em longo prazo. Com isso, a associação, que antes estava se afogando em dívidas, encontrará fôlego em seu caixa para manter sua máquina girando.

No que tange à responsabilidade, a legislação trouxe disposição determinando que o controlador não poderá deter participação direta ou indireta em outra SAF,(13) ou seja, há dedicação exclusiva do dirigente à organização, e abre, de forma expressa, a possibilidade de responsabilização pessoal dos seus administradores.(14)

É possível concluir que a SAF aumenta as chances de criar um contexto com mais governança e profissionalismo na gestão da entidade desportiva. Consequentemente, acarretará em maior segurança jurídica, transparência e planejamento organizacional, elevando a atratividade para investidores estrangeiros.

No entanto, ainda que a SAF seja uma porta de entrada para a busca de maior profissionalismo na gestão do futebol, por se tratar de uma legislação recente, o fator de

---

(13) "Art. 4º O acionista controlador da Sociedade Anônima do Futebol, individual ou integrante de acordo de controle, não poderá deter participação, direta ou indireta, em outra Sociedade Anônima do Futebol." Disponível em: https://www.planalto.gov.br/ccivil_03/_ato2019-2022/2021/lei/l14193.htm.

(14) "Art. 11. Sem prejuízo das disposições relativas à responsabilidade dos dirigentes previstas no art. 18-B da Lei n. 9.615, de 24 de março de 1998, os administradores da Sociedade Anônima do Futebol respondem pessoal e solidariamente pelas obrigações relativas aos repasses financeiros definidos no art. 10 desta Lei, assim como respondem, pessoal e solidariamente, o presidente do clube ou os sócios administradores da pessoa jurídica original pelo pagamento aos credores dos valores que forem transferidos pela Sociedade Anônima do Futebol, conforme estabelecido nesta Lei." Disponível em: https://www.planalto.gov.br/ccivil_03/_ato2019-2022/2021/lei/l14193.htm.

risco para a sua implementação não será pequeno. Atualmente, poucos foram os clubes optantes por se transformarem em SAF(15) e esses ainda enfrentam obstáculos em seus caixas, além da questão do desempenho do próprio time.

Ainda existe desconfiança dos clubes sobre os impactos que o novo modelo societário terá sobre a organização. De certa forma, ainda há um futuro obscuro e, por conta dessa imprevisibilidade, paira o receio de a transição não atingir sua meta principal. De qualquer forma, a maneira como o clube irá gerir sua organização, seja no formato associativo ou sob o formato de sociedade anônima, é que irá fazer a diferença. Destarte, pontuamos o *compliance* como ferramenta a nortear as boas práticas que vão oferecer maior chance de sucesso aos dirigentes.

4. Governança corporativa e *compliance* na Sociedade Anônima do Futebol ("SAF")

A aplicação estrutural de um programa de governança em uma organização corporativa está voltada às boas práticas exigidas pelo mercado externo e transparência com seus parceiros de negócios. Com ambos é possível construir um programa de *compliance* íntegro que elevará o crescimento da entidade.

Os programas de *compliance*, conformidade, cumprimento ou integridade são instrumentos de governança corporativa tendentes a garantir que as políticas públicas sejam implantadas com maior eficiência. Esses programas estão voltados para a mudança de comportamento, por meio de padrões de condutas a serem observados e monitorados pelas empresas, administradores e funcionários, a fim de evitar cometimento de ilícitos. Além de fazer com que se cumpram outras exigências, como normas éticas, padrões de conduta fixados no seio das organizações e expectativas dos chamados *stakeholders*.

Assim, tornando-se SAF, os clubes de futebol elevam sua profissionalização como entidade, além da aprimoração da técnica, com inserção do fim lucrativo, tornando o clube de futebol um centro de negócios adquado para um ambiente globalizado.

Trazendo a Lei n. 14.193/2021 uma seção apenas para discorrer sobre a governança da Sociedade Anônima do Futebol, é previsível o aumento da transparência, sendo necessária a auditoria anual e a obrigatoriedade em se formar o Conselho de Administração e Conselho Fiscal, com prestação de contas aos acionistas e demais agentes do mercado sob os princípios de governança e transparência.

A ideia, neste momento, é promover uma administração profissional, orientada por acionistas para extrair a máxima eficiência de sua função econômica, isolando o negócio futebol de demais questões políticas como era feito no modelo associativo, se equiparando aos moldes de uma empresa, atraindo assim, diversos investidores que tendem a

(15) SAF BOTAGOFO, VASCO DA GAMA SAF, BAHIA SAF, CRUZEIRO SAF etc.

financiar o mercado, em busca de atingir resultados em prol do retorno financeiro, cobrando responsabilidades como nas empresas em geral, entre outras diretrizes.

Com a ocorrência da transição, há a possibilidade no equacionamento do passivo, com a implantação de uma recuperação judicial/extrajudicial, além da possibilidade da implantação regular de um programa de *compliance*. Neste momento, com a interposição da SAF e a atenção da lei sobre práticas de governança, elevar-se-ão as chances para que as adversidades sejam solucionadas, em prol da continuidade e superveniência ("sobrevivência"?) dos clássicos times de futebol no Brasil.

Portanto, considerando que o diálogo sobre governança e *compliance* envolvem preocupações com o exato cumprimento das normas, ao inseri-lo no âmbito do clube de futebol, os riscos em sua atividade econômica poderão ser minorados pela construção de seu próprio programa de *compliance*, guiado pelo conceito de governança, e baseado nos riscos previamente levantados. O objetivo é proteger a organização, seus administradores e empregados, proteção que deve estar vinculada ao monitoramento e ao cumprimento da organização para com o seu próprio programa.

4.1. Programa de compliance na SAF

Compliance ou programas de integridade são assuntos que se tornaram de extrema importância no mercado brasileiro nos últimos tempos, principalmente após os escândalos de corrupção vividos no país, bem como pela sanção da Lei Anticorrupção no ano de 2013.

Como discorrido, os clubes de futebol não ficaram fora desse panorama. Em 2015, foi sancionada a Lei n. 13.155,[16]criando o Programa de Modernização da Gestão e de Responsabilidade Fiscal do Futebol Brasileiro ("PROFUT"). A criação desse programa teve o foco de promover nas entidades esportivas gestões transparentes, democráticas e equilibradas financeiramente.

O clube que aderir ao Programa poderá parcelar seus débitos em aberto na Secretaria da Receita Federal do Brasil do Ministério da Fazenda, na Procuradoria-Geral da Fazenda Nacional e no Banco Central do Brasil.

Para isso, terá a vantagem de prazos maiores para pagamento e serão submetidos a juros menores, desde que haja a contrapartida da entidade em se comprometer quanto à responsabilidade fiscal e à gestão.

Assim, sendo essa uma legislação mais rígida, ela determina que o clube inadimplente com o parcelamento poderá ter o acordo rescindido e o cancelamento de todos os benefícios concedidos. Ainda, pelo descumprimento, a entidade poderá perder pontos

(16) Disponível em: https://www.planalto.gov.br/ccivil_03/_ato2015-2018/2015/lei/l13155.htm>

nos campeonatos que participar e ser rebaixada automaticamente. Com relação à responsabilização, os dirigentes das entidades desportivas terão responsabilidade solidária e ilimitada pelos atos ilícitos concernentes à gestão irregular ou temerária do clube. Foi criada, ainda, uma figura fiscalizatória para instaurar o procedimento de apuração das denúncias recebidas, a qual a legislação cuidou em chamar de Autoridade Pública de Governança do Futebol ("APFUT").

Desde a sanção dessa lei, percebe-se que os clubes de futebol ainda estão "jogando" lentamente em relação à implementação séria e completa de Programas de Integridade, principalmente pelo fato da previsão de responsabilização dos dirigentes. Contudo, vale dizer que estamos encontrando apenas a "ponta do *iceberg*" em busca de superar os desafios para a efetividade do programa de *compliance* e integridade dentro da Sociedade Anônima de Futebol.

Nesse caminho, para elucidar toda a reflexão teórica relativa à construção dos pogramas de *compliance*, os doutrinadores costumam utilizar o termo "pilares" para estabelecer as estacas de sustentação de um programa de *compliance*, quais sejam:

a) O suporte ou apoio total da alta administração: A alta administração deve apoiar e se envolver no planejamento e na execução das ações. Da mesma forma, é preciso contar com um profissional especializado em *compliance*, que será o responsável pela implantação de todo o projeto;

b) A avaliação de riscos ou mapeamento de riscos de compliance (Compliance Risk Assessment — CRA): Reconhecer todos os riscos potenciais e seus impactos, para que a organização alcance seus objetivos, afinal, cada empresa tem suas particularidades;

c) Código de conduta e políticas de compliance*:* Deve ser adotado em um programa de *compliance* um código de conduta ética eficaz, onde serão dispostas todas as políticas a serem adotadas na empresa;

d) Controles internos: A empresa deve criar mecanismos de controle para assegurar que os riscos sejam minimizados, tanto no nível interno quanto no externo. Os próprios registros contábeis e financeiros são usados para transparecer a realidade do negócio.

e) Treinamento e comunicação: Além da adesão da alta administração, os colaboradores precisam entender os objetivos, as regras e o papel de cada um para que o projeto seja bem-sucedido. Para isso, é fundamental investir em treinamentos e na comunicação interna.

f) Canais de denúncia: Conscientes da importância do *compliance*, os colaboradores precisam de canais de denúncias anônimas e eficazes em atividade, para alertar violações ao código de ética, por meio de celular, e-mails e canais específicos;

g) Investigações internas: Feita uma denúncia, a empresa precisa investigar qualquer indício de comportamento antiético e ilícito que tenha sido noticiado. Em seguida, devem-se tomar as providências necessárias, com as devidas correções e, conforme o caso, punições.

h) Due diligence*:* Fornecedores, representantes, distribuidores e outros parceiros devem ser submetidos a uma rigorosa *due diligence*, ou seja, será avaliado o histórico de cada um deles antes de se estabelecer uma relação contratual.

i) Auditoria e monitoramento: O programa deve ser contínuo, avaliando sempre se está sendo bem executado e se as pessoas estão, de fato, comprometidas com as normas, e se cada um dos pilares está funcionando como o esperado;

j) Diversidade e inclusão: Não há *compliance* sem diversidade, inclusão, respeito e igualdade.

No entanto, entendemos que o termo "pilares" está ultrapassado e que o *compliance* pode ser comparado com uma máquina movimentada por corrente, uma moto ou bicicleta, por exemplo, onde cada um dos pequenos elos da corrente, juntos, produzirão o funcionamento e desenvolvimento da máquina em sua força total. A falta de qualquer um desses pequenos elos em uma corrente gera o rompimento de todo o desenvolvimento exponencial e faz com que a máquina não funcione ou, por exemplo, que a moto ou a bicicleta não ande. Um elo não é mais importante que o outro.

4.2. O Princípio da Prestação de Contas (Accountability) *como parte da governança no desporto*

O conceito de *accountability* consiste na obrigação dos agentes, pessoas ou entidades às quais se tenham confiado recursos em assumir as responsabilidades de ordem fiscal e gerencial que lhes foram conferidas e de prestar contas a quem lhes delegou essas responsabilidades, demonstrando o bom uso desses recursos (AKUTSU; PINHO, 2002).

Na governança, a *accountability* está intimamente ligada à prestação de contas. Ela envolve responsabilidade, controle, transparência, além de justificativas para as ações que foram ou deixaram de ser empreendidas (RAUPP; PINHO, 2015). Esse processo deve constituir-se num meio de promover às partes interessadas (ex.: atletas, treinadores, clubes, patrocinadores e outros) informações de forma concisa, compreensível, clara e inteligível (IBGC, 2015).

De forma geral, as entidades de administração do esporte e seus gestores são responsáveis pela consolidação e prestação de contas por meio de relatórios financeiros, assumindo integralmente as consequências de seus atos e omissões, devendo atuar com diligência e responsabilidade no âmbito do seu papel no Sistema Nacional de Desporto.

O principal organismo de controle e fiscalização da *accountability* deve ser o conselho fiscal da entidade de administração esportiva, sendo este o órgão primordial na fiscalização das contas e regulação. Portanto, na construção da organização corporativa, é obrigatório que o conselho fiscal seja independente da Diretoria e do Conselho de Administração, servindo como vetor na implementação de boas práticas de governança, com foco na transparência, controle, fiscalização e desempenho dos atos internos da entidade. Nesse caminho, atendendo à exigência da legislação, cabe ao Conselho Fiscal, por meio de parecer, recomendar a aprovação das prestações de contas anuais das entidades administrativas esportivas.

O *accountability* envolve, em sua essência, valores inerentes à governança corporativa, tais como a responsabilidade, transparência e controle. Diante disso, é indispensável às organizações das SAFs apresentarem às partes interessadas, periodicamente, os pareceres do Conselho Fiscal do clube, cumprindo com a transparência, imperiosa no *compliance*. Esses pareceres devem estar devidamente subscritos por contador legalmente habilitado e auditados por empresas de auditoria privadas, além das atas de aprovação e o relatório acompanhados das contas referentes ao exercício anterior. Dessa forma, é possível chegar a um programa de *compliance* completo, mantendo a organização íntegra e pronta para os riscos.

5. Conclusão

No Brasil, a cultura de *compliance* se iniciou nas instituições financeiras, mas atualmente se estende a outras áreas, incluindo a do Direito Desportivo. Com isso, surge a necessidade do conhecimento básico e das práticas fundamentais de um programa de controle, gestão, redução de gastos e prevenção aos riscos organizacionais.

A evolução do futebol no Brasil e no mundo ultrapassou a ideia principal de ser mero esporte de lazer e alcançou seu espaço no campo dos negócios, nas transações comerciais e investimentos, sendo atualmente um dos maiores geradores de lucro mundial. Ocorre que, ao atingir tamanha proporção, foi necessário que as atividades desempenhadas no interior das entidades futebolísticas se atentassem às novas regras e legislações criadas para nortear a prática da modalidade, primeiramente como forma de evitar crimes de corrupção.

Assim, da mesma forma que a mundialização comercial exigiu maior controle no interior das corporações, também foi exigido às entidades futebolísticas maior atenção e regulação em sua forma de trabalhar e fazer negócios. Esse novo cenário trouxe aos clubes de futebol maior necessidade de pensarem nas práticas de governança e no *compliance* como forma de atender às exigências externas, além de uma matriz construída para elencar todos os possíveis riscos do negócio e suas formas de prevenção, alcançando, dessa forma, maiores resultados e minorando prejuízos.

A pesquisa apresentou várias noções sobre aspectos referentes aos programas de *compliance*, desde o modelo associativo até à sociedade anônima do futebol, além das legislações (especiais e federais) que os contemplam, apresentando suas possíveis responsabilidades em caso de infringência da lei.

Percebe-se que, apesar de toda a resistência e barreiras impostas pela tradição brasileira e pela moral do cidadão deste país, além de todos os desafios culturais, as sanções das leis e decretos federais que regulamentam as questões relacionadas à Sociedade Anônima de Futebol e ao *compliance* vieram a impulsionar a busca pela transparência.

Mesmo com as diversas discussões sobre os modelos societários ideiais para cada clube de futebol, a prática da governança se mostra necessária em qualquer um deles como instrumento passível de elevar sua profissionalização perante seus parceiros de negócios e agentes interessados.

Acredita-se na capacidade do *compliance* de promover a adequação e a conformidade de empresas com diferentes níveis de complexidade, a exemplo da Sociedade Anônima do Futebol, para a disseminação de uma cultura de cumprimento de leis e regulamentos, na superação do comportamento desonesto e negligente — o "jeitinho brasileiro"— e na orientação, conscientização e fortalecimento de princípios de integridade e conduta ética. Dessa forma, é necessário que os clubes associativos reconheçam a importância de um programa de *compliance* e integridade corporativa, na busca de uma gestão limpa, não sendo necessariamente obrigatório ser uma SAF para praticar tal ato.

O jogo de futebol não tem seu início apenas no primeiro apitar do juiz. As práticas errôneas na administração da entidade futebolística afetam todas as suas camadas, incluindo seus atletas, podendo trazer problemas no rendimento do time.

É possível manter o ideal do futebol aceso dentro da sociedade brasileira, de forma limpa e honesta. Mesmo que um clube alcance um massivo poder financeiro, não será este o fator dominante para seu sucesso. Por intermédio de programas concretos e íntegros, devidamente monitorados, com a aplicação de medidas sancionadoras quando necessárias, a entidade desportiva poderá alcançar maiores resultados em seus negócios, facilitando, assim, o rendimento dentro do campo.

Referências

AKUTSU; PINHO. Sociedade da informação, accountability e democracia delegativa: investigação em portais de governo no Brasil. Rio De Janeiro: *Revista de Administração Pública*, 2002.

BELLINI, Higor Marcelo Maffei. *Sociedade Anônima do Futebol:* uma Visão Multidisciplinar Sobre a SAF no Futebol Brasileiro. São Paulo: Editora Cartola, 2023.

BRASIL. *Lei n. 14.193, de 6 de agosto de 2021*. Disponível em: http://www.planalto.gov.br/ccivil_03/_ato2019-2022/2021/lei/L14193.htm. Acesso em: 10 jan. 2024.

______. *Constituição Federal de 1988*. Disponível em: http://www.planalto.gov.br/ccivil_03/constituicao/constituicao.htm. Acesso em: 10 jan. 2024.

______. *Lei n. 12.846/13*. Disponível em: https://www.planalto.gov.br/ccivil_03/_ato2011-2014/2013/lei/l12846.htm. Acesso em: 10 jan. 2024.

______. *Lei n. 12.683/12*. Disponível em: https://www.planalto.gov.br/ccivil_03/_ato2011-2014/2012/lei/l12683.htm. Acesso em: 10 jan. 2024.

______. *Lei n. 8.672/93*. Disponível em: https://www.planalto.gov.br/ccivil_03/leis/l8672.htm. Acesso em: 10 jan. 2024.

______. *Lei n. 9.615/98*. Disponível em: https://www.planalto.gov.br/ccivil_03/leis/l9615consol.htm. Acesso em: 10 jan. 2024.

______. *Lei n. 9.981/00*. Disponível em: https://www.planalto.gov.br/ccivil_03/leis/l9981.htm. Acesso em: 10 jan. 2024.

______. *Lei n. 14.597/23*. Disponível em: https://www.planalto.gov.br/ccivil_03/_ato2023-2026/2023/lei/L14597.htm. Acesso em: 10 jan. 2024.

______. *Lei n. 13.155/2015*. Disponível em: https://www.planalto.gov.br/ccivil_03/_ato2015-2018/2015/lei/l13155.htm. Acesso em: 10 jan. 2024.

ESPIR, G. Compliance *como ferramenta anticorrupção para clube-empresa no meio do futebol brasileiro*. (TCC). Mackenzie, São Paulo, 2022.

IBGC. *Código das melhores práticas de governança corporativa*. 5. ed. São Paulo: IBGC, 2015.

______. *Governança corporativa* — Conteúdos para tomadores de decisão: Série III — março de 2017 a fevereiro de 2018, 2017.

LOUREIRO, Marco. Como constituir uma Sociedade Anônima do Futebol (SAF)? *CCLA*, 2021. Disponível em: https://ccla.com.br/desportivo/como-constituir-uma-sociedade-anonima-do-futebol-saf/. Acesso em: 11 jan. 2024.

MOTTA, Luciano. O mito do clube empresa. *Sporto*, 2020.

RAUPP, F. M.; PINHO, J. A. G. de. Prestação de contas no legislativo local antes e depois da Lei de Acesso à Informação. *ConTexto*, v. 15, n. 29, p. 30-46, 2015b.

As Especificidades do Contrato de Trabalho do Atleta Profissional de Futebol

Clayton Figueiredo da Costa

Introdução

Vivemos em uma sociedade onde o futebol, reconhecidamente, é o esporte mais praticado, sem distinção de sexo, classe social ou racial. A cada dia torna-se mais evidente a importância que esse esporte — mais especificamente, a atividade profissional voltada para o futebol — desempenha na sociedade, uma vez que, rotineiramente, verifica-se um aumento das cifras que circulam no meio futebolístico profissional.

O presente estudo busca analisar o contrato de trabalho do atleta profissional de futebol, regido por legislação específica, apresentando as características e requisitos, a fim de demonstrar as peculiaridades que tornam o contrato de trabalho do atleta profissional de futebol um contrato de trabalho diferenciado.

Em linhas gerais, a historiografia assinala a data de 14 de abril de 1895 como o dia da realização da primeira partida de futebol no Brasil. Devido aos esforços de Charles Miller, enfrentaram-se no campo da Cia. Paulista de Viação as equipes de trabalhadores do The Team Gaz e do The São Paulo Railway.

Frente à disseminação do futebol pelo mundo, em 1904 foi criada a Federação Internacional das Associações de Futebol — FIFA, inicialmente formada por Inglaterra, Escócia, País de Gales e Irlanda, e que hoje congrega 208 países.(1)

Em 1914 surge a Federação Brasileira de Sports, e, em 1916, a Confederação Brasileira de Desportos (CDB), dedicada aos esportes amadores. Em 1923, foi criada a Federação Brasileira de Futebol para os adeptos do profissional. Somente em 1937 a Federação Brasileira de Futebol uniu-se à Confederação Brasileira de Desportos, dando início à fase profissional do futebol.

(1) Disponível em: https://museudofutebol.org.br/crfb/instituicoes/497205/. Acesso em: 24 fev. 2024.

Quanto à questão social do esporte, o futebol de campo enquadra-se perfeitamente na categoria de esporte popular. É praticado por diferentes categorias sociais, predominantemente das classes C, D e E. As bases da prática desportiva no Brasil estão fundadas sob laços associativos, caracterizados pela união de pessoas para a realização de atividades físicas, envolvendo várias modalidades desportivas.

O esporte do futebol, como um dos fenômenos sociais e culturais mais importantes do século XXI, tanto em sua vertente de entretenimento como de prática livre e voluntária do cidadão, desenvolve-se, fundamentalmente, através de entidades e organizações desportivas.

Portanto, desde o surgimento, passando pelo implemento do profissionalismo e chegando-se aos dias atuais, o futebol foi tomando proporções que talvez ninguém pudesse imaginar. Passou de esporte da elite a esporte que movimenta quantias milionárias e que mobiliza multidões, sendo considerado o primeiro esporte nacional no Brasil. Diante desse contexto, é necessário o Direito como regulador do esporte, como veremos a seguir.

1. Os sujeitos do contrato de trabalho — O conceito de atleta profissional de futebol

Na linguagem comum, podemos dizer que o atleta é toda "pessoa que pratica esportes". Nesse contexto, certamente milhões de brasileiros são considerados atletas, tendo em vista a enorme quantidade dos chamados "esportistas de finais de semana".

Para o Direito, interessa conceituar o atleta que pratica o futebol como profissão. Em verdade, a diferença entre o atleta comum e o atleta profissional está na condição técnica, física e mental. Na acepção jurídica, a diferença decorre do fato de o atleta profissional exercer a atividade mediante uma relação de emprego.

Embora no consciente coletivo da sociedade, um atleta do futebol seja identificado como profissional por fazer, ou ter feito parte de uma equipe de futebol que participa de competição formal — organizada dentro do sistema FIFA — só se pode conceber na acepção jurídica que o atleta é profissional porque tem relação de emprego, vale dizer, é empregado da entidade desportiva.

Para isso, basta examinar o Regulamento sobre Status e Transferências de Jogadores (RETJ) da FIFA, que define, no art. 2º, *in verbis*:

> Os jogadores de futebol organizado são amadores ou profissionais. Um jogador profissional é aquele que tem um contrato por escrito com um clube e recebe mais do que realmente gasta em sua atividade futebolística. Qualquer outro jogador é considerado amador." Os jogadores que fazem parte do futebol organizado são amadores ou profissionais. Um jogador profissional é aquele que tem um contrato por escrito com um clube e recebe

mais do que realmente gasta em sua atividade futebolística. Qualquer outro jogador é considerado amador.(2) (tradução nossa)

Como se extrai de tal conceito, é profissional o atleta que tem contrato de trabalho com entidade de prática desportiva, e que cuja atividade corresponda a rendimento que, como disciplina a FIFA, seja superior aos gastos despendidos para exercer a atividade futebolística.

O sentido aqui é o de deixar claro que não é profissional qualquer atleta que receba pela participação na partida de futebol, senão aquele que efetivamente dele aufira renda para a sua subsistência.

Por essas razões, o legislador brasileiro não se preocupou propriamente em conceituar o atleta profissional, mas defini-lo como empregado, conforme o art. 28 da Lei n. 9.615/96 dispõe, *in verbis*:

> A atividade do atleta profissional é caracterizada por remuneração pactuada em contrato especial de trabalho desportivo, firmado com entidade de prática desportiva (...).

O conceito legal de jogador profissional, ao lado de especificar que é aquele que tem contrato, só traz como elementos o trabalho subordinado e remunerado. Por certo, deve-se considerar como elementos do conceito de jogador de futebol empregado todos aqueles que dizem respeito ao empregado "comum", como definido no art. 3º da Consolidação das Leis do Trabalho:

> Considera-se empregado toda pessoa física que prestar serviços de natureza não eventual a empregador, sob dependência deste e mediante salário.
>
> Parágrafo único – Não haverá distinções relativas à espécie de emprego e à condição de trabalhador, nem entre o trabalho intelectual, técnico e manual.

O empregado é a pessoa física, ou seja, a pessoa natural que exerce atividade humana e despende energia física e mental. É, assim, a pessoa física que se obriga a realizar pessoalmente as atividades contratadas, para se caracterizar o contrato como *intuito personae*.

---

(2) *Los jugadores que forman parte del fútbol organizado son aficionados o profesionales. Un jugador profesional es uno que tiene un contrato escrito con un club y percibe un monto superior a los gastos que realmente efectúa por su actividad futbolística. Cualquier otro jugador se considera aficionado"Los jugadores que forman parte del fútbol organizado son aficionados o profesionales. Un jugador profesional es uno que tiene un contrato escrito con un club y percibe un monto superior a los gastos que realmente efectúa por su actividad futbolística. Cualquier otro jugador se considera aficionado.* Disponível em: https://digitalhub.fifa.com/m/8cc01dcbd316cd3/original/Reglamento-sobre-el-Estatuto-y-la-Transferencia-de-Jugadores-Edicion-de-mayo-de-2023.pdf. Acesso em: 24 fev. 2024.

O empregado é aquele que exerce o trabalho em caráter continuado, vale dizer, que não se exaure num único ato. Com relação ao atleta profissional de futebol, é mais importante ainda esse elemento, porque a participação eventual e casuística em partidas de futebol não pode ocorrer em torneios oficiais, pois nesses exige-se o vínculo desportivo.

Exatamente nessa linha de raciocínio, Ralph Cândia[(3)] e Domingos Sávio Zainaghi[(4)] esclarecem que, no conceito de atleta profissional de futebol, deve figurar o elemento continuidade, no sentido de que a atividade necessariamente deva ser habitual, excluindo, com isso, a prática eventual ou casuística do futebol.

Ressalte-se, ainda, que, assim como acontece com o empregado "comum", o atleta profissional de futebol só adquire a condição de empregado quando vinculado por contrato de trabalho com entidade de prática desportiva.

De fato, um dos elementos que caracteriza a relação de emprego é a subordinação, que coloca o empregado submetido ao poder de direção do empregador. É o elemento que pode distinguir definitivamente o trabalhador, aqui, no caso, o atleta, que tem inteira autonomia e liberdade, do atleta empregado, que se submete às ordens do empregador.

O atleta profissional de futebol pode ser considerado subordinado porque, não obstante exerça o trabalho com técnica própria, submete-se às orientações e ordens gerais da entidade de prática desportiva, e, mais diretamente, às transmitidas pelo técnico da equipe. Desta forma, o atleta pode ser considerado subordinado porque é a entidade de prática desportiva que, ao inscrevê-lo nas competições, organiza e administra a participação e coloca os atletas a serviço para obter o resultado almejado.

Poder-se-ia, ainda, considerar como elemento adicional a exclusividade que deve ter o atleta profissional com a entidade de prática desportiva a que fica vinculado.

A respeito disso, a exclusividade em princípio só é exigida no futebol organizado dentro do sistema da FIFA e, por isso, é natural que as entidades de prática desportiva exijam exclusividade dos atletas profissionais. Contudo, esse elemento é apenas acessório ao contrato de trabalho; não é exigido para o conceito legal de empregado, porém, diante das peculiaridades da profissão, impossível seria possuir dois ou mais vínculos de emprego com outras entidades de prática desportiva, sob pena de incorrer em concorrência desleal.

Desse modo, podemos conceituar o atleta profissional de futebol como a pessoa natural que pratica futebol e, por força de contrato, presta pessoalmente os serviços, em caráter não eventual e exclusivo à entidade desportiva empregadora, mediante subordinação e salário.

---

(3) CÂNDIA, Ralph. *Comentários aos contratos trabalhistas especiais.* São Paulo: LTr, 1990. p. 116.

(4) ZAINAGUI, Domingos Sávio. *Nova legislação desportiva:* aspectos trabalhistas. São Paulo: LTr, 2004. p. 17.

2. Das características do Contrato de Trabalho Desportivo

Dentre as inúmeras distinções entre o trabalhador "comum" e o atleta profissional de futebol, cumpre destacar a forma de contratação diferenciada do atleta, feita exclusivamente por meio do CETD (Contrato Especial de Trabalho Desportivo), caracterizada pela existência de legislação própria para esses profissionais, que são regulados através da Lei n. 9.615/96 (Lei Pelé) e da recente Lei n. 14.597/23 (Lei Geral do Esporte).

O contrato de trabalho do atleta de futebol é especial, porque é submetido a regime diferenciado frente aos contratos em sua generalidade, que em regra são indeterminados e podem ser pactuados de forma tácita.

Ao contrário, o contrato de trabalho do atleta de futebol é obrigatoriamente formal, ou seja, precisa ser pactuado por escrito, com a inserção do nome das partes, duração do contrato e forma de remuneração.

É solene, ao passo que necessita de registro na entidade de administração nacional da modalidade esportiva para que o atleta esteja devidamente registrado e vinculado à entidade de prática desportiva.

No que se refere ao prazo de duração do contrato de trabalho especial desportivo, o art. 86 da Lei n. 14.597/23 (Lei Geral dos Esportes) reforça a obrigatoriedade de o vínculo ser estabelecido somente por prazo determinado, se não, vejamos:

> O atleta profissional poderá manter relação de emprego com organização que se dedique à prática esportiva, com remuneração pactuada em contrato especial de trabalho esportivo, escrito e com prazo determinado, cuja vigência não poderá ser inferior a 3 (três) meses nem superior a 5 (cinco) anos (...).

Nesse particular, acertada a visão do legislador ao limitar os contratos de trabalho dos atletas de futebol, pois mesmo havendo a possibilidade de renovação contratual, com novas bases salariais mais atrativas, é mais interessante para o atleta profissional buscar contratos mais rentáveis ao fim do corrente ciclo contratual.

O professor Rafael Ramos, em sua obra *Curso de Direito do Trabalho Desportivo:* As Relações Especiais de Trabalho do Esporte, sintetiza de forma aclarada.

> Outro fator de considerável impacto na formação das *especificidades* do trabalho desportivo é a reinvindicação do trabalhador desportivo totalmente inversa a do trabalhador comum, enquanto este sempre lutou pela estabilidade no trabalho, manutenção do emprego, o que impõe a regra geral sustentada no contrato por prazo indeterminado, obtendo como exceção o por prazo determinado, aquele sempre lutou pela mobilidade nas relações de emprego. O atleta profissional possui uma carreira efêmera, não sendo

interessante estagnar as suas benesses salariais, algo somente possível se houver transferências para outros clubes empregadores, mormente para os estrangeiros.

Assim, no trabalho desportivo a luta dos empregados esportivos foi e permanece sendo a busca da maior mobilidade profissional possível, ao contrário do que ocorreu no trabalho comum, em que entre as grandes reivindicações, está a basilar reivindicatória pela manutenção no emprego, materialmente consagrado no princípio da continuidade da relação de emprego.[5]

3. Das remunerações e salários

A titulo de contraprestação pelo trabalho, o atleta tem direito ao salário, composto da parcela básica, gratificações, prêmios e demais verbas de natureza retributiva, pagas diretamente pelo empregador.

Logo, a remuneração do atleta profissional é formada por parte fixa, consistente no salário mensal, e por parte variável, composta pelas gratificações, prêmios e demais parcelas proporcionadas pelo contrato. As parcelas de cunho retributivo são consideradas para todos os efeitos salariais e remuneratórias, e as parcelas pagas por terceiros em função do contrato, ainda que indiretamente pelo empregador, repercutem apenas no FGTS, nas gratificações natalinas e nas férias, a exemplo das gorjetas.

Parcelas de natureza indenizatória, como ajuda de custo e diárias para viagens, não compõem nem o salário, nem a remuneração.

3.1. Das "luvas"

"Luva" é uma parcela de valorização da carreira atlética e ao mesmo tempo um incentivo ao atleta quanto à sua anuência ao pacto contratual, normalmente delineada de maneira minuciosa, quitada de uma só vez no ato da assinatura ou diluída e paga habitualmente durante o período firmado em contrato laboral desportivo.[6]

Havia uma sensível discussão doutrinária acerca da natureza jurídica das "luvas", onde uma parcela entendia que, se quitadas de uma única vez, no ato da assinatura contratual, por não ser habitual, ficava descaracterizada a natureza salarial. Por outro lado, uma corrente defendia que as luvas são de natureza salarial, constituindo salário pago por antecipação em relação ao contrato a ser cumprido, visando retribuir o valor intrínseco representado pela habilidade profissional ou desempenho funcional do atleta, ou seja, a sua qualidade de jogador.

---

(5) RAMOS, Rafael Teixeira. *Curso de Direito do Trabalho Desportivo:* As Relações Especiais de Trabalho do Esporte, 2. ed. São Paulo: JusPodivm, 2022. p. 37.

(6) *Ibidem*, p.127.

Contudo, a recém-promulgada Lei Geral dos Esportes (Lei n. 14.597/23), colocou fim às discussões doutrinárias, declarando que as luvas não possuem natureza salarial, conforme o art. 85, § 1º, da Lei.

3.2. Do "bicho"

O vocábulo " bicho", largamente utilizado na seara esportiva, notadamente no âmbito do futebol profissional, nada mais é do que uma premiação especial paga aos atletas e comissão técnica da equipe pelas vitórias e, até mesmo, empates nos jogos disputados, bem como pelos títulos conquistados.[7]

De qualquer sorte, hoje o "bicho", que surgiu nos tempos do amadorismo, em que os atletas eram remunerados pelas vitórias que conseguiam, é pago pelas entidades desportivas para compensar ou estimular os atletas pelo desempenho. De pagamento habitual e periódico, mas com natureza aleatória, porque dependente do desempenho individual do atleta ou do resultado, compõe o salário (art. 31, § 1º, da Lei n. 9.615/98), podendo ser fixo ou variável e prometido até mesmo em caso de derrota, tendo assim natureza de prêmio pelo desempenho.

A partir da edição da Lei n. 13.467/17 (Reforma Trabalhista), os prêmios passam a não se caracterizar salário, não integrando o contrato de trabalho por expressa disposição legal (art. 457, §§ 2º e 4º, da CLT). Por consequência, os "bichos" seguiram o mesmo direcionamento jurídico, não constituindo verba salarial ou parcela incorporada ao contrato especial de trabalho desportivo. CLT).

Nessa esfera, é importante alinhavar que o conceito e classificação de empregados para prêmios se estende aos "bichos" previstos no art. 31, § 1º da Lei Pelé, na medida em que as parcelas delineadas nesse excerto legal são "para fins de rescisão indireta", não subscrevendo a Lei n. 9.615/98 um título específico para remuneração, abrindo-se uma lacuna normativa a respeito, sendo neste ponto da remuneração totalmente aplicável a nova CLT modificada pela Reforma Trabalhista (Lei n. 13.467/17).

Contudo, no dia 23 de abril de 2017, a referida MP 808/17 caducou, passando não mais a vigorar o § 22 do art. 457, da CLT, e, por conseguinte, os "bichos" voltaram à condição inicial prefixada pela Lei n. 13.467/17, não sendo de natureza remuneratória e não se incorporando ao contrato de trabalho esportivo.[8]

Por fim, o art. 85, § 1º, da Lei Geral dos Esportes (Lei n. 14.597/23) colocou fim aos debates, recepcionando o entendimento da CLT, declarando que os prêmios por *performance* (bichos) não possuem natureza salarial, se não, vejamos:

---

(7) TRT-3 – RO: 01562201102403005 0001562-80.2011.5.03.0024, relator: Marcio Ribeiro do Valle, Oitava Turma, Data de Publicação: 04.05.2012 03.05.2012. *DEJT*. Página 79.)

(8) RAMOS, Rafael Teixeira. *Curso de Direito do Trabalho Desportivo:* As Relações Especiais de Trabalho do Esporte, 2. ed. São Paulo: JusPodivm, 2022. p. 132.

> Art. 85. A relação do atleta profissional com seu empregador esportivo regula-se pelas normas desta Lei, pelos acordos e pelas convenções coletivas, pelas cláusulas estabelecidas no contrato especial de trabalho esportivo e, subsidiariamente, pelas disposições da legislação trabalhista e da seguridade social. § 1º Os prêmios por performance ou resultado, o direito de imagem e o valor das luvas, caso ajustadas, não possuem natureza salarial e constarão de contrato avulso de natureza exclusivamente civil.

3.3. Direito de arena

O espetáculo proporciona aos atletas, como seus protagonistas, a exibição pública e, de forma conexa, agregada ou vizinha dos direitos autorais, o direito de exploração econômica da imagem.

O direito à participação na exploração econômica da imagem está assegurado no art. 5º, XXVIII, *"a"*, da CRFB, gozando o atleta da proteção jurídica contra a exposição de sua imagem como pessoa pública que é, podendo se insurgir contra a reprodução desautorizada.

Nos termos do art. 28 da Lei n. 9.615/98, o atleta profissional de futebol pode ser definido como a pessoa física que pratica o futebol, formalmente contratada por uma associação desportiva, a quem fica subordinada, mediante remuneração, para disputar partidas de futebol, em que se exibirá com as cores e os símbolos da agremiação empregadora.

Dispõe o art. 42 da mesma lei que pertence às entidades de prática desportiva o direito de arena, consistente na prerrogativa exclusiva de negociar, autorizar ou proibir a captação, a fixação, a emissão, a transmissão, a retransmissão ou a reprodução de imagens, por qualquer meio ou processo, de espetáculo desportivo de que participem.

Por consequência, o desportista tem direito a participar da arrecadação correspondente à transmissão ou retransmissão do espetáculo ou eventos desportivos de que participe no importe de 5% do total negociado. Esse direito é denominado direito de arena.

Não constitui direito de arena os flagrantes de espetáculo ou eventos desportivos para fins exclusivamente jornalísticos ou educativos, cuja duração não exceda 3% do total do tempo previsto para o espetáculo (§ 2º do art. 42 da Lei n. 9.615/98).

3.4. Direito de imagem

Diferente do direito de arena, ligado à exibição da imagem profissional do atleta em eventos desportivos pela agremiação contratante e com as suas cores e símbolos, é denominado direito de imagem o direito à exploração de sua imagem pessoal para efeito de publicidade, por meio de contrato civil paralelo ao de emprego. Tal prerrogativa garante ao atleta o direito de contratar com terceiros o recebimento de parcelas de propaganda (nome ou retrato em bonés, tênis, roupas) ou de uso da imagem (por exemplo, em figurinhas), ou mesmo o de impedir que isso ocorra.

O direito à exploração da imagem pessoal por meio de contratos de cessão feitos diretamente pelo atleta com terceiros não tem natureza remuneratória, não se integrando, assim, ao salário. Mas a percepção dos valores correspondentes através de gerenciamento feito pelo próprio empregador gera, por analogia à norma legal pertinente, à integração das gorjetas (art. 457 da CLT e Súmula n. 354 do TST) e à sua projeção nas parcelas de natureza remuneratória, já que o próprio tomador propicia e administra o ganho extra para o atleta.

Tal projeção não há de ser afastada nas hipóteses em que a arrecadação ocorrer por meio de empresa criada pelo atleta para a contratação com a entidade desportiva empregadora, com o intuito de descaracterizar a natureza remuneratória da parcela (art. 9º da CLT).

O parágrafo único do art. 87-A da Lei Pelé presume fraude as parcelas de direito de imagem que ultrapassem 40% do valor salarial contratados entre o clube e o atleta, sendo certo que os valores que transpuserem esse limite serão considerados salário para efeitos de rescisão contratual. É o que diz a decisão da SBDI-I do TST:

> *Atleta profissional. Direito de imagem. Contraprestação habitual em quantias mensais fixas. Inexistência de correspondência entre os pagamentos e o uso da imagem. Desproporcionalidade do valor contratado. Fraude à legislação trabalhista. Configuração.* O direito de imagem do atleta profissional pode ser explorado mediante contrato personalíssimo de natureza civil, desde que fixado sob condições que sejam inconfundíveis com as do contrato especial de trabalho desportivo, nos termos do art. 87-A da Lei n. 9.615/1998. Portanto, tal ajuste não possui natureza salarial, tampouco configura contrato de trabalho, salvo nas hipóteses em que restar configurada a intenção de fraude à legislação trabalhista (art. 9º da CLT). No caso, o TRT concluiu que houve intenção fraudulenta não apenas pelo fato de o pagamento da contraprestação ter ocorrido habitualmente em quantias mensais fixas (motivo que, por si só, não seria suficiente para o reconhecimento da natureza salarial da parcela paga), mas também pela inexistência de correlação entre o pagamento e o uso efetivo da imagem do atleta, e pela manifesta desproporcionalidade quanto ao valor contratado, que correspondia a 400% do salário anotado na CTPS. Sob esses fundamentos, a SBDI-I, por unanimidade, conheceu do recurso de embargos, por divergência jurisprudencial, e, no mérito, por maioria, negou-lhe provimento para manter a conclusão do TRT e da Turma quanto à configuração de fraude, uma vez que o pagamento efetuado a título de direito de imagem tinha por objetivo desvirtuar a aplicação da legislação trabalhista. Vencidos os Ministros Márcio Eurico Vitral Amaro, Guilherme Augusto Caputo Bastos, Walmir Oliveira da Costa e Breno Medeiros. (TST-E-RR-338-48.2014.5.12.0055 SBDI-I, rel. Min. Alberto Luiz Bresciani de Fontan Pereira, 5.9.2019)

4. Da duração do trabalho no futebol

O Brasil adota o regime de jornada de 44 horas semanais de trabalho, com duração máxima de 8 horas diárias. Ou seja, o empregador pode determinar ao trabalhador "comum" que compareça à empresa seis dias por semana, sendo cinco dias com 8 horas de trabalho e mais um dia com 4 horas, tudo dentro da legalidade.

No caso dos atletas profissionais de futebol, a Lei n. 6354/76, já revogada, trazia expressamente que a duração do trabalho era limitada a 48 (quarenta e oito horas) semanais, o que posteriormente foi alterado pela Constituição de 1988 para quarenta e quatro horas semanais e definitivamente revogada pelos arts. 93 e 96 da Lei n. 9.615, de 1998.

Nesse particular, os atletas profissionais de futebol possuem especificidades inerentes à sua profissão. Semanalmente realizam viagens e se mantêm em períodos de concentração aguardando ordens e ficando à inteira disposição do empregador, sob rigoroso controle de alimentação e repouso adequado.

Havia na doutrina divergências acerca do pagamento de horas extras em caso de concentração, contudo, após publicação da Lei n. 14.597/2023 o entendimento passou a ser pacificado quanto à não incidência de horas extraordinárias nos períodos de concentração, salvo previsão contratual diversa. Acerca dessa questão, vejamos o art. 97 da referida lei, *in verbis*:

> Art. 97. (...).
>
> III – não serão devidos acréscimos remuneratórios em razão de períodos de concentração, de viagens, de pré-temporada fora da sede e de participação do atleta em partida, em prova ou equivalente, salvo previsão contratual diversa.

No que se refere à jornada semanal, a norma legal (art. 28, VI, da Lei n. 9.615/98) fixou jornada de 44 horas semanais para atletas profissionais de futebol, porém, diante das particularidades da profissão, torna-se inviável a jornada de trabalho de 8 horas diárias em razão dos treinos específicos, atendimentos à imprensa, sessões de fisioterapia, o que causaria um elevado desgaste da condição física do atleta.

5. Do adicional noturno

O adicional noturno é um benefício pago aos trabalhadores que trabalham entre 22h e 5h, e funciona como uma forma de compensar esses profissionais por trabalharem em um período no qual, biologicamente, seu corpo foi programado para descansar.

No caso específico dos atletas profissionais de futebol, que trabalhavam até 2023 sob a égide de um contrato especial de trabalho, regulamentado somente pela Lei n. 9.615/98 (Lei Pelé), e que não possuía nenhuma disposição acerca do adicional noturno, existia uma grande divergência no posicionamento jurisprudencial e doutrinário quanto ao direito do atleta ao recebimento de tal benesse.

Pacificando o tema, após edição da Lei n. 14.597/2023, o legislador colocou fim a uma grande discussão, reconhecendo no art. 97, VII, § 3º o direito do atleta ao adicional noturno sobre as horas trabalhadas, porém, atendendo às peculiaridades atinentes aos contratos de trabalho especial:

Art. 97. (...).

VII – será assegurada, no caso de participação em jogos e em competições realizados em período noturno, remuneração com acréscimo de pelo menos 20% (vinte por cento) sobre a hora diurna, salvo condições mais benéficas previstas em convenção ou acordo coletivo;

§ 3º Para os efeitos do inciso VII do caput deste artigo, considera-se trabalho noturno a participação em jogos e em competições realizados entre as 23h59 (vinte e três horas e cinquenta e nove minutos) de um dia e as 6h59 (seis horas e cinquenta e nove minutos) do dia seguinte.

Portanto, os atletas profissionais do futebol farão jus ao recebimento de adicional noturno somente se a prestação dos serviços — realização de uma partida — se der durante o período compreendido entre 23h59 de um dia até às 6h59 do dia seguinte, exatamente como prevê a legislação especial. Porém, na prática, a possibilidade do recebimento do adicional por parte dos atletas é bem remota, considerando o horário das partidas e o mercado nacional de modo geral.

6. Da extinção do contrato de trabalho desportivo

O longo trabalho até aqui desenvolvido tem por finalidade abordar temas específicos e inerentes ao contrato especial de trabalho do atleta profissional do futebol. Nesse ínterim, em que pesem as diversas formas de rescisão contratual existentes em nosso ordenamento, iremos nos reservar a expor as cláusulas compensatória e indenizatória desportiva decorrentes do término contratual.

Conforme exposto, o contrato especial de trabalho é regido por legislação própria, com aplicação subsidiária da CLT e, dentre as especificidades do contrato, deve obrigatoriamente constar a cláusula indenizatória esportiva e a cláusula compensatória esportiva.

Por se tratar de uma atividade efêmera, o legislador implementou as referidas cláusulas na intenção de trazer maior proteção ao atleta e também aos clubes empregadores, que comumente investem altas cifras de salário, além de fornecer ambiente adequado com aparato médico, nutricional e logístico para que o atleta possa desempenhar seu trabalho com êxito.

Por outro lado, os atletas muitas vezes precisam abrir mão de finais de semana, amigos, família e até mesmo da cidade de origem para viajar com a delegação, realizar jogos e eventos, além da possibilidade de residir no exterior sem o acompanhamento de familiares.

Dessa forma, o legislador criou os mecanismos supracitados para trazer proteção no momento da rescisão contratual. O art. 86 da Lei n. 14.597/2023 determina que o valor da cláusula indenizatória, que é devida exclusivamente à organização esportiva, deve constar expressamente em contrato e poderá atingir o limite de até 2.000 (duas mil) vezes o valor do salário médio contratual para transferências nacionais. Para transferências internacionais, o legislador não criou qualquer limitação.

Uma novidade trazida pela referida lei é que a nova organização esportiva e o atleta são responsáveis solidários pelo pagamento da cláusula indenizatória à antiga instituição desportiva.

Por outro lado, a cláusula compensatória esportiva, que é devida pela organização de prática desportiva ao atleta quando ocorrer rescisão imotivada ou rescisão indireta (art. 483 da CLT), prevê que será livremente pactuado entre as partes e formalizado no contrato especial de trabalho esportivo, observando-se, como limite máximo, 400 (quatrocentas) vezes o valor do salário mensal no momento da rescisão e, como limite mínimo, o valor total de salários mensais a que teria direito o atleta até o término do referido contrato (art. 85, I, § 3º, da Lei n. 14.597/2023).

7. Conclusão

Diante de tudo o que foi apresentado, conclui-se que a matéria do Direito do Trabalho Desportivo está em amplo crescimento perante nossos tribunais, e caracteriza-se cada vez mais como uma área de grande discussão para os doutrinadores.

O contrato de trabalho do atleta de futebol se diferencia dos demais trabalhadores por vários aspectos, sendo considerado pela doutrina uma atividade especial.

O Direito Desportivo é regido principalmente pela Lei Pelé e a Nova Lei Geral do Esporte, mas os dispositivos da Consolidação das Leis do Trabalho (CLT) também se aplicam aos atletas de futebol, desde que compatíveis.

Além do direito dos próprios atletas, o contrato desses profissionais possui ainda os deveres do empregador, contando com dispositivos que visam oferecer condições dignas de trabalho para que o atleta desenvolva seu máximo potencial e cumpra integralmente o que foi pactuado.

Por fim, vale ressaltar que a Justiça do Trabalho é competente para prestar tutela em litígios oriundos entre o atleta profissional de futebol e o clube/empregador.

Referências

CÂNDIA, Ralph. *Comentários aos contratos trabalhistas especiais*. São Paulo: LTr, 1990.

RAMOS, Rafael Teixeira. *Curso de Direito do Trabalho Desportivo:* As Relações Especiais de Trabalho do Esporte. 2. ed. São Paulo: JusPodivm, 2022.

ZAINAGUI, Domingos Sávio. *Nova legislação desportiva:* aspectos trabalhistas. São Paulo: LTr, 2004.

Sites consultados

https://museudofutebol.org.br/crfb/instituicoes/497205/. Acesso em: 24 fev. 2024.

https://digitalhub.fifa.com/m/8cc01dcbd316cd3/original/Reglamento-sobre-el-Estatuto-y-la-Transferencia-de-Jugadores-Edicion-de-mayo-de-2023.pdf. Acesso em: 24 fev. 2024.

O Legado da Lei n. 14.193: Uma Análise Crítica das Transformações no Cenário Futebolístico Nacional

Clésio José Ribeiro Júnior[(1)]

1. Uma jornada histórica e jurídica entre o amadorismo e a profissionalização

1.1. A era "amadora" do futebol brasileiro

O futebol foi trazido ao Brasil por Charles W. Miller, um brasileiro de origem inglesa que passou sua adolescência na Inglaterra para frequentar a escola, local onde aprendeu sobre o esporte.

Quando retornou ao Brasil em 1894, Miller trouxe em sua mala bolas, calções, camisas e chuteiras, materiais para a prática do futebol, e tinha como objetivo difundir o esporte entre os ingleses que viviam em São Paulo.

Entre 1895 até meados de 1920, o futebol era altamente elitista, praticado apenas por jovens brancos e ricos. Nessa época, jogar ou assistir futebol era algo luxuoso, exercido apenas pela alta sociedade.

Ao longo dos anos foram surgindo as primeiras equipes do Brasil, resultado de uma longa divulgação do esporte pelo território. Os times eram formados em colégios para pessoas ricas e se tornaram em pouco tempo a principal atividade de lazer entre os alunos.

Entretanto, aos poucos foram surgindo outras equipes que não pertenciam à elite e que não possuíam condições financeiras se equiparadas aos clubes da elite. Esses clubes eram formados por jogadores que não tinham tempo para treinar regularmente, pois boa parte de seu dia era destinada ao trabalho.

---

(1) Bacharel em Direito com Pós-Graduação em Direito Empresarial e Direito Trabalhista pela Faculdade LEGALE. Especializado em Direito no Futebol pela Faculdade Futebol Interativo.

A virada de chave se deve ao crescimento da prática do futebol e a necessidade dos principais clubes da elite em completar os times com vários jogadores, uma vez que não havia tantas pessoas da elite e ingleses disponíveis para jogar. Deste modo, diversos operários de fábricas foram convidados a participarem dos times.

A partir do momento que os operários demonstravam maior aptidão e qualidade na prática do esporte, os ingleses começaram a ser deixados de lado e os operários ganharam cada vez mais espaço. Esse foi um passo importante para a democratização do futebol.

Os clubes começaram a importar mais com o resultado desportivo e financeiro, buscando melhorar cada vez mais. Os maiores talentos estavam nas camadas mais baixas da sociedade, assim, o futebol foi abrindo espaço para os jogadores mais talentosos, independente da sua condição social.

Com a popularidade do futebol e a atratividade crescendo, mais pessoas começaram a se interessar pelo esporte, dispostas a pagarem para assistir a um jogo. Surge daí a necessidade de organizar a prática da modalidade, abrindo portas para o início da profissionalização.

Vários clubes foram aparecendo e os conflitos foram surgindo; algumas federações não queriam sair do amadorismo e não aceitavam o crescimento de algumas equipes que não eram consideradas da "elite".

No entanto, o amadorismo já não conseguiria resistir por muito tempo, pela realidade do futebol no Brasil e no mundo. Em 1923, na Itália, houve o primeiro caso de mudanças de jogadores entre equipes envolvendo dinheiro, iniciando-se ali o comércio de jogadores. A partir dali o profissionalismo foi sendo adotado em outros países até chegar ao Brasil.

Em 1932, um grupo de jogadores publicou um manifesto no Jornal Gazeta, pedindo pelo direito de exercer a profissão de jogador de futebol. Junto com esses jogadores, dirigentes de alguns clubes já demonstravam insatisfação com o amadorismo do esporte. Para eles, a profissionalização do futebol elevaria a qualidade do espetáculo.

Após diversos conflitos entre clubes, federações, jogadores e dirigentes, o profissionalismo foi adotado no Brasil em 1933. O primeiro campeonato brasileiro de futebol profissional foi realizado nesse mesmo ano.

Embora o futebol tenha se profissionalizado, isso não se refletiu necessariamente na profissionalização da gestão dos clubes. Durante décadas, o futebol, gerido pelo modelo associativo, foi visto apenas como uma atividade de cultura e entretenimento, não existia a percepção do futebol como um modelo de negócios visando ao lucro.

Durante a história, tivemos diversos dirigentes de clubes que não possuíam capacidade para administrar de forma responsável uma equipe, o que resultou em quebras financeiras e no ostracismo de alguns clubes que já foram tradicionais em nosso futebol.

Além da falta do preparo técnico, houve muita paixão envolvida na tomada de decisões; os dirigentes buscavam uma popularidade entre os torcedores para se manterem nos cargos, e, para isso, frequentemente tomavam decisões que comprometiam a saúde financeira dos clubes.

Além da irresponsabilidade financeira, o futebol brasileiro foi marcado por diversos casos de corrupção. Os dirigentes, tendo acesso fácil aos cofres dos clubes, raramente eram fiscalizados corretamente em relação às suas contas. Essa situação criou um ambiente propício para práticas ilegais e prejudicou o desenvolvimento do esporte em nosso país.

A impossibilidade jurídica da exploração comercial do futebol, bem como as amarras ao modelo associativo, fez com que até em meados de 1993, com o surgimento da "Lei Zico", imperasse o modelo associativo na gestão dos clubes, o que acarretava muitas vezes uma visão amadora do futebol.

1.2. A Lei n. 8.672 de 1993: Os impactos e avanços da Lei Zico na promoção do esporte no Brasil

A Lei Zico, proposta em 1993, representou um marco significativo na gestão e exploração comercial do futebol. Ela abriu caminho para que os clubes pudessem evoluir de associações esportivas para sociedades anônimas, possibilitando uma maior profissionalização e atraindo investimentos para o esporte. Com isso, essa lei trouxe um grande avanço no modelo de gestão do futebol brasileiro.

É importante ressaltar que essa lei não obrigava os times a se tornarem empresas, mas ela propunha o estabelecimento de uma gestão profissional nos clubes de futebol como uma das suas medidas para melhorar o futebol brasileiro. A ideia era profissionalizar a administração dos clubes, tornando-a mais transparente e eficiente, e reduzindo a interferência de interesses pessoais na gestão das agremiações esportivas.

Isso incluía a criação de um sistema de avaliação de desempenho dos dirigentes e gestores dos clubes, bem como o estabelecimento de regras claras para a gestão financeira dos clubes, a fim de evitar práticas inadequadas como o endividamento excessivo e a gestão temerária. O objetivo geral era transformar os clubes de futebol em organizações mais profissionais e sustentáveis, capazes de competir em nível nacional e internacional de forma mais efetiva e com menos riscos financeiros.

A Lei Zico, apesar de ter trazido avanços significativos para o modelo de gestão do futebol brasileiro, também enfrentou críticas. Uma das principais delas era que a transformação dos clubes em sociedades anônimas poderia resultar na perda de sua identidade e na diminuição do poder de decisão dos torcedores sobre o destino do clube.

Além disso, alguns argumentavam que a privatização dos clubes poderia aumentar a desigualdade no futebol, uma vez que somente os clubes mais ricos teriam acesso a recursos financeiros para investir em seus times e infraestrutura, enquanto os clubes menores e mais tradicionais poderiam se tornar ainda mais vulneráveis.

Outra crítica era que a Lei Zico não havia sido elaborada de maneira a garantir uma maior transparência e responsabilidade na gestão dos clubes, o que poderia resultar em casos de má administração ou corrupção.

Apesar das diversas evoluções apresentadas, muitos clubes optaram por continuar como associações, por diferentes motivos. Uma das razões é que essa transformação poderia acarretar uma perda de controle sobre o clube e os investidores poderiam tomar decisões que não respeitassem a cultura do clube e da torcida.

Outro motivo é que essa transformação exigiria a captação de grandes investimentos financeiros, o que era inviável para equipes com menos torcida e condições financeiras. Por essas e outras razões, muitas equipes não participaram dessa transformação.

1.3. A Lei n. 9.615 de 1998: Os legados e transformações da Lei do Futebol Brasileiro, popularmente conhecida como 'Lei Pelé'

A Lei Pelé, também conhecida como Lei n. 9.615/98, é uma lei brasileira que regulamenta o sistema desportivo nacional. Ela recebeu esse nome em homenagem ao ex-jogador de futebol Pelé, atualmente falecido, que foi um dos principais defensores da sua criação.

A lei aborda diversos aspectos do esporte, como a organização de entidades desportivas, a gestão de clubes, a transferência de atletas, a formação de jogadores, o financiamento de atividades esportivas e a relação entre os clubes e os jogadores.

A Lei Pelé foi considerada um marco na história do esporte brasileiro, sendo responsável por uma série de transformações que contribuíram para o desenvolvimento do futebol e de outras modalidades esportivas no país.

Entre as principais mudanças trazidas pela Lei Pelé está a transformação dos clubes em empresas, o que permitiu uma maior profissionalização do futebol brasileiro.

Antes da Lei Pelé, os clubes de futebol eram entidades sem fins lucrativos, administradas por diretorias eleitas pelos seus sócios. Essa estrutura, porém, era muitas vezes ineficiente e pouco profissional, o que prejudicava a gestão dos clubes e, consequentemente, a qualidade do futebol praticado.

Com a Lei Pelé, os clubes foram autorizados a se transformarem em empresas, o que significou a adoção de uma gestão mais profissional e transparente, com maior foco na obtenção de resultados e na maximização dos lucros. Com essa mudança, os clubes passaram a ter a possibilidade de buscar recursos no mercado financeiro, captando investimentos e emitindo ações na bolsa de valores, por exemplo.

A transformação dos clubes em empresas trouxe ainda outras vantagens, como a possibilidade de contratação de profissionais mais capacitados, a adoção de medidas de governança corporativa e a maior transparência nas finanças dos clubes. No entanto, essa mudança também trouxe desafios, como a necessidade de cumprir uma série de exigências legais e regulatórias e de adaptar a cultura das torcidas e dos próprios clubes a uma lógica mais empresarial.

Assim como na Lei Zico, a transformação dos clubes em empresas não era obrigatória; deste modo, os clubes poderiam optar em manter a estrutura associativa ou se tornarem em empresas, de acordo com a estratégia e planejamento de cada clube.

Entretanto, apesar da possibilidade de transformação em clube-empresa trazida pela Lei Pelé, muitos clubes optaram por manter o modelo associativo, já que as vantagens de ser uma associação sem fins lucrativos ainda eram maiores do que como empresa. No entanto, recentemente, foi promulgada a Lei SAF, Lei n. 14.193 de 2021, que trouxe benefícios e incentivos ainda não existentes nas legislações anteriores. Essa nova legislação é o tema principal deste artigo, e representa uma nova mudança significativa para o futebol brasileiro.

2. Desbravando a Lei n. 14.193 — Uma nova era para o futebol

A Lei n. 14.193/2021 é resultado do Projeto de Lei n. 5.516, de 2019, de autoria do Senador Rodrigo Pacheco e de relatoria do Senador Carlos Portinho. Contribuíram na elaboração do texto os juristas Rodrigo Monteiro de Castro e José Francisco Manssur.

Como expressou o Senador Rodrigo Pacheco em suas palavras, "A tônica do projeto, e agora da lei, é criar um novo sistema do futebol brasileiro, mediante a regulamentação da SAF, estabelecer normas de governança, controle e transparência, instituir meios de financiamento da atividade futebolística e prever um sistema tributário próprio" (AURUM, 2023).

O objetivo da Lei, portanto, é criar um "novo mercado do futebol", como pontua Rodrigo Monteiro de Castro, um dos idealizadores da Lei, que arremata: "Muito além da instituição de um tipo (ou subtipo) societário, ambiciona-se a criação de um sistema integrado e sustentável, composto pelos elementos necessários à formação de um novo e pujante mercado do futebol. Nesse sistema, à SAF cumpre a função nuclear de atração e integração de seus componentes" (BLOG DO JUCA, 2022).

O mencionado projeto foi objeto de extenso debate no âmbito do Congresso Nacional, tendo sofrido modificações antes de ser aprovado e sancionado como lei no mês de agosto do ano de 2021 pelo Presidente da República.

A nova lei estabelece regras para a criação e funcionamento da SAF (Sociedade Anônima do Futebol), incluindo requisitos de transparência na gestão, proteção aos direitos dos torcedores e medidas de fiscalização e controle por parte das autoridades competentes.

Embora a Lei da SAF tenha alterado diversos pontos da Lei Pelé, manteve a não obrigatoriedade dos clubes em aderir ao formato de Sociedade Anônima do Futebol. Dessa forma, incumbe aos clubes se adequarem e deliberarem internamente acerca da adesão ou não do modelo empresarial na condução das atividades relacionadas ao futebol.

2.1. O que muda com a SAF?

A Lei da Sociedade Anônima do Futebol (SAF) emerge como um instrumento de agregação, não de imposição, representando mais uma alternativa viável para os clubes de futebol, além das já existentes opções.

Embora a Lei n. 14.193/21 tenha introduzido modificações na Lei Pelé e no Código Civil, o regime atual permanece em vigor, de modo que um clube pode optar por adotar o formato de SAF, desde que cumpra os requisitos estabelecidos.

Tanto clubes já estabelecidos quanto aqueles que vierem a surgir têm a liberdade de adotar o modelo associativo, conforme julguem pertinente, o que depende da estratégia e do planejamento individuais de cada entidade.

Há quem perceba na SAF a rota mais vantajosa, especialmente para os clubes que enfrentam dificuldades de gestão ou buscam investimentos externos visando a acelerar o desenvolvimento da agremiação.

Contudo, há também os que valorizam a tradição do modelo associativo, entendendo-o como a melhor alternativa para manter as decisões sob a alçada dos conselheiros. Importante ressaltar que a Lei da SAF e a Lei Pelé não são conflitantes, mas sim complementares.

2.2. Quais as formas de constituição de uma SAF?

A Lei n. 14.193/2021 dispõe em seus arts. 2º e 3º as formas de constituição da SAF, quais sejam: pela transformação do clube ou pessoa jurídica original em SAF; pela cisão do departamento de futebol do clube ou pessoa jurídica original e transferência do seu patrimônio relacionado à atividade de futebol; ou pela iniciativa de pessoa natural, jurídica ou fundo de investimento. Há também a modalidade de *dropdown*, que vem sendo bastante questionada pelos juristas até então.

A transformação, segundo o art. 220 da Lei n. 6.404/76, dispõe que a transformação é a operação pela qual a sociedade passa, independentemente de dissolução e liquidação, de um tipo para outro. Já pelo art. 1.113 do Código Civil, o ato de transformação independe de dissolução ou liquidação da sociedade, e obedecerá aos preceitos reguladores da constituição e inscrição próprios do tipo em que vai converter-se.

Ou seja, o clube de futebol já existente, independentemente de ser associação sem fins lucrativos ou sociedade empresária, poderá optar por se transformar em uma SAF.

A cisão está disposta no art. 2º, inciso II, da Lei da SAF e trata do desmembramento do departamento de futebol do clube ou pessoa jurídica original e transferência do seu patrimônio relacionado à atividade futebol. Após a cisão, coexistirão duas entidades, o clube e a SAF.

O art. 2º, inciso III, da Lei n. 14.193 dispõe que a SAF pode ser constituída pela iniciativa de pessoa natural ou jurídica ou de fundo de investimento. Trata-se da constituição de uma nova entidade de prática desportiva, diferentemente dos casos anteriores, em que há uma continuidade da entidade já existente. Essa modalidade demonstra uma desnecessidade de pluralidade de acionistas, contrariando a regra geral descrita no art. 80, I, da Lei n. 6.404/76.

A modalidade do *dropdown*, talvez a mais polêmica e debatida até então, está prevista no art. 3º da Lei da SAF e dispõe que o clube ou pessoa jurídica original poderá integralizar a sua parcela ao capital social na Sociedade Anônima do Futebol por meio da transferência à companhia de seus ativos, tais como, mas não exclusivamente, nome, marca, símbolos, propriedades, patrimônio, ativos imobilizados e mobilizados, inclusive registros, licenças, direitos desportivos sobre atletas e sua repercussão econômica.

Diferentemente das outras modalidades de transformação em Sociedade Anônima do Futebol (SAF), na qual os clubes separam suas atividades em uma nova empresa e transferem seus ativos e passivos, a opção de *dropdown* permite que o próprio clube ou pessoa jurídica original se torne acionista da SAF.

No entanto, essa escolha tem sido criticada, pois a maioria dos clubes tem optado pela SAF por necessidade, devido a gestões irresponsáveis que os levaram a situações financeiramente críticas. Tal modalidade acaba por beneficiar essas gestões irresponsáveis, uma vez que o clube é liberado de seus próprios erros e passa a ter os benefícios da gestão profissionalizada.

2.3. Críticas à Lei da SAF

Assim como toda nova legislação, a Lei da Sociedade Anônima do Futebol (SAF) tem gerado debates entre juristas e pessoas ligadas ao esporte. Enquanto alguns argumentam que a lei possui lacunas significativas, outros questionam sua eficácia e se ela realmente melhora ou piora a situação atual. Um crítico proeminente da lei é John Textor, proprietário da SAF do Botafogo, que tem levantado preocupações sobre decisões judiciais relacionadas à legislação. Ele alega que algumas entidades estão contornando o Regime Centralizado de Execuções e que a interpretação negligente da lei por parte de juízes e tribunais está prejudicando os clubes que optaram pelo modelo SAF (UOL, 2023).

Outra crítica relevante vem do jornalista Paulo Vinícius Coelho, que, embora apoie a ideia da SAF, identifica falhas na Lei n. 14.193/21 e destaca preocupações com a insegurança jurídica que ela causa. Ele aponta para o risco de um "calote legal", já que a lei prioriza a segurança jurídica para as SAFs em detrimento dos credores trabalhistas, cujos direitos podem ser diluídos e suas dívidas prolongadas por anos (UOL, 2023).

Há incertezas sobre se a lei vai prevalecer sobre o direito trabalhista e sobre a tributação dos lucros das SAFs, que ainda não foi esclarecida. A legislação também não aborda todos os aspectos do direito tributário.

Além disso, persiste a dúvida sobre se as dívidas da associação serão exclusivamente responsabilidade da SAF ou se serão consideradas responsabilidades solidárias.

Em relação a isso, há decisões judiciais conflitantes, tanto deferindo quanto indeferindo a responsabilidade solidária e a inclusão das SAFs no polo passivo das demandas. No entanto, é consenso que esse é um processo natural de qualquer mudança legislativa, que requer evolução nas decisões e maturidade da própria lei.

O senador Carlos Portinho, um dos relatores da lei, enfatiza a importância de compreender a natureza cultural da SAF e a necessidade de paciência durante seu processo de implementação. Ele destaca a responsabilidade de gestão dos clubes e o compromisso de pagamento de suas dívidas, ressaltando a importância de equilibrar as demandas dos credores, investidores e justiça do trabalho para garantir uma transição suave e eficaz para o novo modelo (UOL, 2023).

3. RCE ou Recuperação judicial?

O regime de centralização de execuções vem sendo debatido e amplamente criticado por vários juristas. A Lei da SAF, optou por não regulamentar de forma detalhada o procedimento do RCE, limitando-se a prever que isso será feito pelo Poder Judiciário. Até o momento, tampouco houve essa regulamentação no âmbito dos tribunais, o que tem causado diversas dúvidas.

O regime possibilita o fim de bloqueios e execuções, comuns em muitos clubes do futebol brasileiro por conta de dívidas. O prazo para pagamento é válido por seis anos, mas pode ser ampliado para mais quatro, caso o clube já tenha pagado pelo menos 60% da dívida total. O RCE determina que 20% da receita do clube-empresa e 50% dos lucros e dividendos, caso tenha, devem ser destinados ao clube (associação) para pagar as dívidas.

Um dos pontos nebulosos em relação ao RCE diz respeito às dívidas que podem ser incluídas no plano. A Lei da SAF parece limitar-se a mencionar apenas as dívidas que já estão em processo de judicialização. Além disso, a legislação prevê que o plano de credores deve incluir informações detalhadas sobre as dívidas já em fase de execução, bem como uma estimativa auditada das dívidas que ainda se encontram em fase de conhecimento.

Como resultado dessa limitação da Lei da SAF, tem sido comum que os planos de pagamento apresentados até o momento se restrinjam à inclusão de créditos decorrentes de ações na Justiça Comum e na Justiça do Trabalho. No entanto, essa abordagem não abrange todas as dívidas das agremiações, o que representa um obstáculo para a sua recuperação financeira completa.

Alguns clubes que inicialmente haviam optado pelo RCE, mudaram de rota e mediante todas as dúvidas jurídicas acerca do tema, solicitaram à Justiça a desistência do Regime Centralizado de Execução (RCE), para darem prosseguimento ao processo de recuperação judicial.

Sobre a Recuperação Judicial, o clube não necessariamente precisa ser SAF, visto que o art. 25 da Lei n. 11.101/05 trouxe que os clubes associativos de futebol podem gozar do benefício da Lei das Falências.

A recuperação judicial é um processo de negociação coletiva entre o devedor e seus credores, resultando em um Plano de Recuperação Judicial (PRJ), que estipula novas condições de pagamento. Esse plano é revisado pelos credores, supervisionado por um Administrador Judicial e, uma vez aprovado e homologado, inicia-se o processo de recuperação judicial.

A transformação em SAF é o primeiro passo dado por alguns times em busca de uma gestão mais profissional. No entanto, os problemas deixados pela gestão associativa são grandes e ainda requerem muito trabalho e esforço para que os clubes possam sair da crise financeira e voltarem a ser competitivos. Após o pioneirismo do Cruzeiro, outros clubes também se transformaram em SAF, como Botafogo, América-MG, Vasco, Bahia e Coritiba.

Cada clube seguiu seu próprio modelo, traçou seu planejamento e elaborou seu próprio estatuto e condições para venda, buscando o que atendesse aos anseios específicos do clube e da torcida. É só o começo, a tendência é que aumentem no Brasil os times que se transformarão em SAF e a expectativa é que isso contribua para o crescimento do futebol brasileiro.

4. Caso prático: A transformação do Cruzeiro Esporte Clube em Sociedade Anônima do Futebol.

Após uma breve introdução sobre o histórico do futebol no Brasil e a Lei da SAF, para ilustrar o modelo de transição da gestão associativa para a gestão empresarial em clubes de futebol, utilizaremos o exemplo real do Cruzeiro Esporte Clube de Minas Gerais, que se transformou em Cruzeiro Esporte Clube — SAF em 2021, por meio de uma série de mudanças estruturais e organizacionais.

Embora o Cruzeiro tenha sido o pioneiro a se transformar em Sociedade Anônima do Futebol (SAF) após a aprovação da Lei n. 14.193/21, é crucial destacar que diversos outros clubes de renome seguiram o mesmo curso, tais como o Vasco, Bahia, América, Coritiba e Botafogo.

Cada agremiação adotou sua própria abordagem e, embora ainda seja prematuro afirmar se essas transições foram acertadas, é inegável que os efeitos dessa mudança demandarão anos para se manifestarem, e não necessariamente todos os clubes alcançarão os mesmos resultados. Similarmente às empresas, os clubes de futebol que optaram pela conversão em SAFs correm o risco de falência e extinção se forem submetidos a uma gestão deficiente e incompetente.

No caso do Cruzeiro, trata-se de uma instituição que, embora tenha acumulado conquistas esportivas recentes, defrontava-se com uma crise financeira de proporções alarmantes, afetando tanto seu desempenho em campo quanto sua estabilidade extracampo.

Após ser rebaixado para a Série B do Campeonato Brasileiro e, posteriormente, enfrentar a iminente ameaça de queda para a Série C, aliado ao risco de insolvência financeira, o clube foi compelido a adotar uma medida inovadora: a conversão em Sociedade Anônima do Futebol (SAF), aproveitando-se da regulamentação prevista na Lei da SAF.

Neste contexto, serão apresentados a seguir todos os detalhes sobre a história, o planejamento das ações, as mudanças realizadas e os procedimentos envolvidos na transição para o novo modelo de gestão empresarial.

4.1. A criação

O primeiro passo para a criação do Cruzeiro SAF aconteceu antes da aprovação da Lei n. 14.193, em 3 de agosto de 2021. Foi realizada uma assembleia no clube social do Cruzeiro, pelo Conselheiro Deliberativo do clube para a votação da SAF. A aprovação foi por ampla maioria em um sistema de votação de forma híbrida, o qual permitiu a votação presencial ou online. Foram registrados 168 votos de forma presencial, sendo 163 favoráveis e cinco contrários à aprovação do caso. Ainda foram registrados 56 votos *online*, sendo 54 a favor, um contra e um voto nulo.

Na votação em questão, ficou acordado que a associação deteria a totalidade das ações da SAF Cruzeiro e que apenas 49% do capital seria permitido para eventual venda a investidores, após avaliação do conselho. Vale ressaltar que os direitos sobre atletas e propriedade intelectual foram incluídos na votação, mas o patrimônio do clube foi excluído de qualquer possibilidade de negociação. Outro ponto importante que constava no edital e está sendo adotado por todas as Sociedades Anônimas do Futebol (SAFs) é a proteção do nome, do símbolo e das cores do clube.

4.2. O registro

Após a deliberação pelo Conselho e aprovação da Lei SAF pelo Presidente da República, o Cruzeiro seguiu adiante para a próxima etapa: o registro de Sociedade Anônima do Futebol na Junta Comercial, ocorrido no dia 26 de novembro de 2021.

Após o registro da SAF e antes mesmo de encontrar um comprador, a associação pediu a Centralização de Execuções, tanto no Tribunal Regional do Trabalho (TRT) quanto no Tribunal de Justiça (TJ) do estado de Minas Gerais. Esses pedidos foram feitos e aceitos pela Justiça, que concedeu prazo de 60 dias para apresentação de documentos e detalhes de pagamentos de dívida em aberto.

4.3. A venda

Os percentuais estabelecidos inicialmente não pareceram atrair os investidores, o que levou a uma assembleia geral em 17 de dezembro de 2021. Durante a reunião, foi discutida uma possível alteração no percentual de ações vendáveis, que passaria de 49% para 90%, e essa proposta foi aprovada com 554 votos a favor, 16 votos contra, um voto nulo e um em branco.

Após a aprovação da mudança nos percentuais de ações vendáveis, Pedro Mesquita, responsável pela XP Investimentos, empresa encarregada de encontrar investidores e avaliar a transação, anunciou no dia seguinte que Ronaldo Luís Nazário de Lima, ex-jogador, havia comprado 90% das ações da Cruzeiro SAF por R$ 400 milhões. Apesar de a compra ter sido formalizada com a assinatura de um protocolo de intenções, a transação ainda não estava concluída. A XP Investimentos informou que a operação ainda estava sujeita a algumas condições, como a verificação de contratos e documentos. Ronaldo também enfatizou que ainda faltava realizar a etapa de validação conhecida como *"due diligence"*, que poderia levar alguns meses.

No dia 23 de dezembro, o Cruzeiro confirmou a criação de um comitê de transição, previsto no acordo de compra, que atuou por cerca de 120 dias coordenando uma auditoria contábil, financeira e jurídica, com o objetivo de verificar as premissas que sustentaram o acordo. Durante esse período, Gabriel Lima, diretor de negócios do Real Valladolid, liderou a transição e foi responsável pelo diagnóstico e planejamento estratégico de negócios e operações, enquanto Paulo André Benini, diretor de estratégia desportiva do Real Valladolid, ficou encarregado do diagnóstico e planejamento estratégico do futebol.

Além disso, o processo de transição contou com a participação do escritório de advocacia BMA — Barbosa, Müssnich & Aragão, responsável pela condução da auditoria jurídica, a XP Investimentos, encarregada de fornecer suporte na reestruturação financeira, a Alvarez & Marsal, que prestou suporte em todos os aspectos da transição, e a Rioscom, que trabalhou em conjunto com a equipe de comunicação do Cruzeiro para lidar com a imprensa.

4.4. As primeiras mudanças

Logo após a conversão dos clubes em Sociedades Anônimas de Futebol (SAF), uma das primeiras medidas adotadas pelos novos investidores é a completa, ou em grande parte, dissolução da gestão anterior. Tal prática ocorre em razão de muitos times se encontrarem em situação precária decorrente de uma administração deficiente no passado.

No caso específico do Cruzeiro SAF, a maioria dos membros da gestão anterior foi substancialmente substituída por pessoal de confiança de Ronaldo, resultando em significativas mudanças na comissão técnica, na administração, na direção do futebol e no elenco.

4.5. Os primeiros conflitos encontrados pelo Cruzeiro

Conforme previsto, a ruptura do modelo associativo não seria fácil, e o pioneirismo do Cruzeiro trouxe à tona diversas questões polêmicas e debates acerca da SAF, bem como a discussão sobre se a Lei n. 14.193 seria realmente benéfica ou poderia trazer riscos aos investidores, o que poderia frear o movimento das SAFs no Brasil.

O Cruzeiro optou pela modalidade de cisão, nos termos do art. 1º, § 1º, do estatuto da Cruzeiro SAF, que se constitui mediante a segregação e transferência de atividades do futebol, em conformidade com os dispositivos do art. 2º, inciso II, e art. 3º, da Lei das Sociedades Anônimas de Futebol. No entanto, identificou-se uma contradição de natureza formal, visto que a constituição decorre de um ou outro evento, e não de ambos.

Outra questão que pode afetar os clubes que se convertem em Sociedades Anônimas de Futebol (SAF) refere-se ao patrimônio que não é adquirido e permanece sob posse da associação. No caso do Cruzeiro, Ronaldo Luís Nazário de Lima enfrentou um desafio significativo: grande parte da dívida tributária do clube com a Procuradoria Geral da Fazenda Nacional (PGFN), objeto de acordo em outubro de 2020, teve como garantia de pagamento a Toca I, um dos centros de treinamento da agremiação. Em caso de inadimplência das parcelas, tal bem ficaria sujeito a execução.

Ronaldo então propôs aos associados cruzeirenses a seguinte condição: a SAF assumia a responsabilidade de pagar parte da dívida tributária — a ser renegociada mais uma vez, por meio do Programa de Retomada do Setor de Eventos (Perse) —, mas os centros de treinamento (Toca I e Toca II) deveriam ser arrendados para a empresa.

No dia 4 de abril, com presença e pressão de torcedores, hostilização de conselheiros e faixas da torcida de apoio a Ronaldo, houve a reunião do Conselho Deliberativo para a votação das demandas para ajustar o contrato de venda do Cruzeiro SAF. Apesar das dificuldades e muitos questionamentos, as mudanças foram aprovadas por aclamação pelos conselheiros.

A partir desse ponto, Ronaldo demonstrou efetivamente sua capacidade de liderança ao engajar integralmente sua equipe e implementar seu método de gestão em um clube. Os desdobramentos e resultados decorrentes dessa abordagem somente serão plenamente conhecidos ao longo do tempo. A opção por adotar o modelo de Sociedade Anônima do Futebol (SAF) implica riscos inerentes, porém, para alguns clubes, tem se apresentado como a única solução viável.

5. Conclusão

Desde o início do século XX, o futebol tem sido um esporte muito popular no Brasil, e ao longo dos anos, essa paixão tem crescido significativamente. O esporte deixou de ser apenas uma atividade de lazer e entretenimento para muitos brasileiros, tornando-se uma profissão para jogadores, técnicos e outros profissionais envolvidos na indústria do futebol. Como consequência, o setor se tornou um grande negócio no país, com um enorme potencial econômico. Atualmente, o futebol é uma das principais fontes de entretenimento e distração para milhões de pessoas no Brasil, gerando empregos, investimentos e muitas oportunidades de negócios em diferentes áreas, como *marketing*, publicidade e turismo esportivo.

De acordo com as estatísticas apresentadas no 1º Seminário de Direito Desportivo promovido pelo Tribunal Regional do Trabalho de Minas Gerais, realizado em 2023, é possível constatar que o futebol representa uma importante fonte de empregos no Brasil, sendo responsável por mais de 300 mil postos de trabalho em todo o país. Além disso, destaca-se que a indústria do futebol também possui um impacto significativo na economia nacional, correspondendo a aproximadamente 0,7% do Produto Interno Bruto (PIB) do Brasil.

Estima-se que o futebol ainda não atingiu todo o seu potencial. Há estudos indicando que o futebol pode gerar mais de 1 milhão de empregos e corresponder a aproximadamente 1,2% do PIB do Brasil.

A Lei da SAF representa uma importante iniciativa voltada para o aprimoramento da gestão de negócios no futebol. Ao fomentar a profissionalização dos clubes, busca-se aumentar a responsabilidade financeira e melhorar a administração. Ainda que a adesão dos clubes à SAF seja baixa, a tendência é que esse modelo se consolide como uma alternativa viável e desejável para o desenvolvimento do esporte.

A implementação da SAF em alguns clubes, a exemplo do Cruzeiro, Vasco, Botafogo, Coritiba e Bahia, tem gerado impactos positivos no futebol brasileiro. Com a adoção de uma gestão mais profissional e responsável, observa-se uma melhoria na administração dos times, tornando os campeonatos mais competitivos e elevando a qualidade dos produtos oferecidos aos torcedores.

Considerando o atual cenário do futebol brasileiro, as diferenças políticas em cada clube, é difícil prever se todos os clubes farão a transição para o modelo de SAF. No entanto, é evidente que a adoção da profissionalização representa um marco significativo na gestão do esporte e traz perspectivas promissoras para o desenvolvimento da indústria do futebol no país. Com a possibilidade de uma gestão mais eficiente e atraente para investimentos, o futebol brasileiro pode alcançar um novo patamar em termos de competitividade, qualidade dos jogos e atração de novos talentos e recursos financeiros, tornando-se um dos principais centros do futebol mundial.

Referências

AURUM. *Lei da SAF:* O que é e como funciona a Sociedade Anônima do Futebol. Disponível em: https://www.aurum.com.br/blog/lei-da-saf/. Acesso em: 20 abr. 2023.

COELHO, F. A. *et al.* Lei Zico e a profissionalização dos clubes de futebol no Brasil. *Revista Brasileira de Ciências do Esporte*, v. 39, n. 3, p. 313-320, 2017.

CRUZEIROPEDIA. *Cruzeiro SAF:* Mudanças. [S.l.], [s.d.]. Disponível em: https://cruzeiropedia.org/Cruzeiro_SAF#Mudan%C3%A7as.

DANTAS, Ivan. A evolução do direito desportivo brasileiro: da Lei Zico à Lei Pelé. *Revista de Direito Desportivo*, v. 5, n. 3, p. 5-27, 2015.

FREIRE, J. C.; LIMA, P. M. A Lei Zico e o futebol brasileiro: uma proposta de transformação. *Revista Brasileira de Futebol*, n. 1, p. 22-35, 2015.

GLOBO ESPORTE. "Recuperação judicial: Cruzeiro apresenta novo plano para pagar credores"; veja detalhes. *Globo Esporte*, 12 abr. 2023. Disponível em: https://ge.globo.com/futebol/times/cruzeiro/noticia/2023/04/12/recuperacao-judicial-cruzeiro-apresenta-novo-plano-para-pagar-credores-veja-detalhes.ghtml.

KFOURI, Juca. Breves reflexões sobre a responsabilidade da SAF por obrigações do clube e o caso do Cruzeiro. *Blog do Juca*, UOL, 29 jun. 2022. Disponível em: https://blogdojuca.uol.com.br/2022/06/breves-reflexoes-sobre-a-responsabilidade-da-saf-por-obrigacoes-do-clube-e-o-caso-do-cruzeiro/.

LEAL, G. L.; ALMEIDA, M. R. A. Lei Zico e a profissionalização dos clubes de futebol no Brasil. In: *Anais do Congresso Brasileiro de Ciências do Esporte*, 2015.

LEITE, Marcelo Lima. A Lei Pelé e a nova gestão do futebol brasileiro. *Revista Brasileira de Ciências do Esporte*, v. 22, n. 2, p. 31-44, 2001.

MAGALHÃES, D. Interpretações tortuosas da Lei da SAF e seus riscos. *Migalhas* (s. d.). Disponível em: https://www.migalhas.com.br/coluna/meio-de-campo/375550/interpretacoes-tortuosas-da-lei-da-saf-e-seus-riscos.

PEREIRA, M. Lei Zico e a possibilidade de profissionalizar o futebol. *Lei em Campo*. Disponível em: https://leiemcampo.com.br/lei-zico-e-a-possibilidade-de-profissionalizar-o-futebol/. Acesso em: 14 abr. 2023.

PVC. *Uma visão crítica sobre as SAFs e a insegurança jurídica*. 21 abr. 2023. Disponível https://www.uol.com.br/esporte/colunas/pvc/2023/04/21/uma-visao-critica-sobre-as-safs-e-a-inseguranca-juridica.html.

SOUZA, Guilherme. Opinião: Incertezas e considerações a respeito do RCE instituído pela Lei da SAF. *Máquina do Esporte*, 29 jun. 2022. Disponível em: https://maquinadoesporte.com.br/analise/opiniao-incertezas-e-consideracoes-respeito-do-rce-instituido-pela-lei-da-saf/.

TRT-MG. (2023, Março 31). 1º SEMINÁRIO DE DIREITO DESPORTIVO DA EJUD 3 – A LEI DA SAF E A PROFISSIONALIZAÇÃO [Vídeo]. YouTube. Disponível em: https://www.youtube.com/watch?v=aftu1qRYPJI.

UNIVERSIDADE DO FUTEBOL. *O futebol brasileiro:* como tudo começou. 2008, outubro 1. Disponível em: https://universidadedofutebol.com.br/2008/10/01/o-futebol-brasileiro-como-tudo-comecou/.

UOL Esporte. *Críticas de Textor colocam em xeque Lei da SAF*; especialistas analisam. 26 jan. 2023. Disponível em: https://www.uol.com.br/esporte/colunas/lei-em-campo/2023/01/26/criticas-de-textor-colocam-em-xeque-lei-da-saf-especialistas-analisam.html

WIKIPEDIA. *História do futebol do Brasil.* Disponível em: https://pt.wikipedia.org/wiki/Hist%C3%B3ria_do_futebol_do_Brasil. Acesso em: 11 abr. 2023.

A Jusrisprudência do STJ e a Vinculação do Indivíduo aos Valores Éticos na Prática de Artes Marciais

Elthon José Gusmão da Costa

"Justiça significa fazer o que é certo e aliar-se ao que é certo. Um karateka deve ajudar e defender todos os que necessitam de tal assistência. Em termos menos grandiosos, justiça significa fazer as coisas da maneira certa."(1)

Introdução

Em recente julgado,(2) a Sexta Turma do Superior Tribunal de Justiça (STJ) considerou legítimo o aumento da pena-base no crime de lesão corporal cometido por praticante de artes marciais.

Para o colegiado, os princípios éticos das artes marciais autorizam a utilização da violência apenas em situações extremas, de modo que o delito com o uso de técnicas de

(1) *"Justice means doing right and allying with the right. A karateka must help and defend all who require such assistance. In less grandiose terms, justice is about doing things in the right way."*. OKAZAKI, Teruyuki. *Perfection of Character:* Guiding Principles for the Martial Arts & Everyday Life. EUA: Gmw Pub, 2006. p. 51. (Tradução nossa)

(2) BRASIL. Superior Tribunal de Justiça. AREsp 2053119/SC, 6ª Turma, relator Ministro Jesuíno Rissato (Desembargador convocado do TJDFT), DEJT 30/06/2023. Disponível em: https://processo.stj.jus.br/processo/julgamento/eletronico/documento/mediado/?documento_tipo=integra&documento_sequencial=196459249&registro_numero=202200218428&peticao_numero=202200655398&publicacao_data=20230630&formato=PDF&_gl=1%2a1advea7%2a_ga%2aMTMxNTk1MDcwNC4xNTcwNTc0Mjcx%2a_ga_F31N0L6Z6D%2aMTY5NzgzODgzMy4xOTAuMS4xNjk3ODM4ODcyLjIxLjAuMA. Acesso em: 16 nov. 2023.

luta, nesses casos, configura maior reprovação da conduta, o que validaria a exasperação da pena-base,[3] conforme restou consignado no decisum, in verbis:

AgRg no AGRAVO EM RECURSO ESPECIAL N. 2053119 – SC (2022/0021842-8)

RELATOR: MINISTRO JESUÍNO RISSATO (DESEMBARGADOR CONVOCADO DO TJDFT)

AGRAVANTE: ALAN ROBSON DA SILVA

ADVOGADOS: LINCOLN MACHADO DOMINGUES – PR088952 MATHEUS MIRANDA GUÉRIOS – PR088935

AGRAVADO: MINISTÉRIO PÚBLICO DO ESTADO DE SANTA CATARINA

EMENTA

AGRAVO REGIMENTAL NO AGRAVO EM RECURSO ESPECIAL. LESÃO CORPORAL QUALIFICADA. DOSIMETRIA DA PENA. CULPABILIDADE. VALORAÇÃO NEGATIVA MEDIANTE FUNDAMENTO VÁLIDO.

1. Tem-se por justificado o trato negativo da vetorial culpabilidade diante do fato de o réu ser praticante de artes marciais, o que, em se considerando os princípios éticos da prática desportiva, de não utilização da violência salvo em casos extremos, justifica validamente a exasperação da pena-base, porquanto evidencia maior reprovabilidade da conduta, sendo imprópria, de todo modo, a revisão do entendimento firmado pelas instâncias ordinárias na estreita via do especial.

4. Agravo regimental improvido.

RELATÓRIO

Trata-se de agravo regimental interposto contra a decisão que deu parcial provimento ao recurso especial apenas para reduzir a pena do agravante a 2 anos, 7 meses e 22 dias de reclusão, mantido o regime semiaberto.

Insiste o agravante na tese de violação do art. 59 do CP, ante a valoração negativa da culpabilidade.

Requer, assim, o afastamento da referida circunstância judicial, com a redução da pena-base ao mínimo legal e consequente fixação do regime menos gravoso, o aberto.

Impugnação apresentada.

Por meio de memoriais, manifesta o agravante interesse em sustentar oralmente.

É o relatório.

VOTO

De início, quanto ao pleito de sustentação oral no agravo regimental no agravo em recurso especial, cumpre esclarecer que "o Regimento Interno desta Corte prevê, expressamente, em

(3) Nos termos do art. 59 do Código Penal Brasileiro, o juiz deve levar em conta, de um lado, a "culpabilidade", os "antecedentes", a "conduta social", e a "personalidade do agente", e, de outro, as "circunstâncias" e "consequências do crime", bem como o "comportamento da vítima".

seu art. 258, que trata do Agravo Regimental em Matéria Penal, que o feito será apresentado em mesa, dispensando, assim, prévia inclusão em pauta. A disposição está em harmonia com a previsão de que o agravo não prevê a possibilidade de sustentação oral (art. 159, IV, do Regimento Interno do STJ)" (EDcl no AgRg nos EREsp n. 1.533.480/RR, relator Ministro Reynaldo Soares da Fonseca, Quinta Turma, *DJe* 31.5.2017); portanto tal pretensão não encontra amparo legal, em se considerando a classe processual — agravo em recurso especial —, nos termos da jurisprudência pacífica desta Corte. A propósito:

PROCESSUAL CIVIL. EMBARGOS DE DECLARAÇÃO. SUSTENTAÇÃO ORAL EM AGRAVO EM RECURSO ESPECIAL. CLASSE NÃO INCLUÍDA NO ROL DE RECURSOS QUE A ADMITEM. ART. 159, IV, DO RISTJ E § 2º-B DO ART. 7º DA LEI N. 8.906/194, INCLUÍDO PELA LEI N. 14.365/2022. PRECEDENTES. AUSÊNCIA DE OMISSÃO, CONTRADIÇÃO OU OBSCURIDADADE. REJULGAMENTO DA CAUSA. IMPOSSIBILIDADE. EMBARGOS DE DECLARAÇÃO ACOLHIDOS EM PARTE, SEM EFEITOS MODIFICATIVOS.

1. Corretamente negado o pleito de sustentação oral requerido pela recorrente, nos termos do art. 159, IV, do RISTJ. Ressalte-se que a alteração promovida pela Lei n. 14.365/2022, que incluiu o § 2º-B no art. 7º da Lei n. 8.906/1994, não incluiu a classe Agravo em Recurso Especial no rol de recursos e ações que a admitem. Na mesma linha: EDcl no AgInt nos EDcl no AREsp n. 1.269.627/SP, rel. Ministro Gurgel de Faria, Primeira Turma, *DJe* 26.04.2023; EDcl no AgInt no AREsp n. 2.089.748/RJ, rel. Ministro Herman Benjamin, Segunda Turma, *DJe* 24.11.2022; EDcl nos EDcl no AgInt no AREsp n. 1.829.808/SP, rel. Min. Luis Felipe Salomão, Quarta Turma, julgado em 23.6.2022, *DJe* 28.6.2022; AgRg no AREsp n. 2.144.230/MG, rel. Min. Reynaldo Soares da Fonseca, Quinta Turma, julgado em 13.9.2022, *DJe* de 19.9.2022 e AgRg no ARE n. 1.381.324/SC, Ministro Luiz Fux, *DJe* 22.6.2022.

2. Não há contradição no acórdão recorrido no ponto em que afastou a negativa de prestação jurisdicional e aplicou o óbice da Súmula n. 284 do STF em relação à alegação de ausência de manifestação quanto à prova pericial produzida nos autos, visto que, em relação a esse ponto, a recorrente não explicitou de forma clara de que maneira tal apreciação seria capaz de infirmar a conclusão do julgado, providência necessária para fins de cumprimento do princípio da dialeticidade e, também, porque somente se conhece de nulidade se demonstrado o prejuízo ou a importância da omissão não suprida para possível alteração das conclusões do julgado, sob pena de não conhecimento da alegação deficiente em razão do óbice da Súmula n. 284 do STF, como ocorreu na hipótese.

3. A motivação contrária ao interesse da parte não se traduz em maltrato ao art. 1.022 do CPC/2015. 4. Embargos de declaração parcialmente acolhidos, sem efeitos modificativos. (EDcl no AgInt no AREsp n. 1.949.869/GO, relator Ministro Mauro Campbell Marques, Segunda Turma, julgado em 29.5.2023, *Dje* de 1º.6.2023)

PROCESSUAL CIVIL. EMBARGOS DE DECLARAÇÃO NO AGRAVO INTERNO NO AGRAVO EM RECURSO ESPECIAL. PEDIDO DE RETIRADA DA PAUTA VIRTUAL PARA SUSTENTAÇÃO ORAL NÃO ANALISADO. PLEITO DE ANULAÇÃO DO ACÓRDÃO PROLATADO EM SESSÃO VIRTUAL. AUSÊNCIA DE PREVISÃO PARA SUSTENTAÇÃO ORAL.

1. Não foi examinado o pedido formulado às fls. 896-900 para que o feito fosse julgado presencialmente a fim de possibilitar a realização de sustentação oral.

2. Contudo, o pedido de realização de sustentação oral é insuficiente para a retirada da pauta virtual. É incabível sustentação oral em Agravo em Recurso Especial, nos termos do art. 159, IV,

do RISTJ, especialmente porque a alteração promovida pela Lei n. 14.365/2022 não incluiu a classe Agravo em Recurso Especial no rol de recursos e ações que a admitem. Na mesma linha: EDcl nos EDcl no AgInt no AREsp n. 1.829.808/SP, rel. Min. Luis Felipe Salomão, Quarta Turma, julgado em 23.6.2022, *DJe* 28.6.2022; AgRg no AREsp n. 2.144.230/MG, rel. Min. Reynaldo Soares da Fonseca, Quinta Turma, julgado em 13.9.2022, *DJe* de 19.9.2022 e AgRg no ARE 1.381.324/SC, Ministro Luiz Fux, *DJe* 22.6.2022.

3. Embargos de Declaração acolhidos para sanar a omissão, sem efeitos infringentes. (EDcl no AgInt no AREsp n. 2.089.748/RJ, relator Ministro Herman Benjamin, Segunda Turma, julgado em 14.11.2022, *DJe* de 24.11.2022)

No mais, a decisão agravada foi fundamentada, no que interessa, nos seguintes termos:

Vê-se que a pena-base do recorrente foi exasperada em 3/6 (1/2), consolidada em 3 anos de reclusão, sendo de 1/6 o aumento decorrente da valoração negativa de cada uma das três circunstâncias judiciais sopesadas — culpabilidade, circunstâncias e consequências do crime. Quanto à culpabilidade, destacou-se o fato de "o agente praticar artes marciais Jiu-Jitsu e não seguir seus princípios éticos de não utilização da violência se não em casos extremos", o que efetivamente demonstra maior reprovabilidade da conduta do réu. Com efeito, a culpabilidade, "para fins do art. 59 do Código Penal, deve ser compreendida como juízo de reprovabilidade sobre a conduta, apontando maior ou menor censurabilidade do comportamento do réu" (AgRg no AREsp 1769665/RN, rel. Ministro REYNALDO SOARES DA FONSECA, QUINTA TURMA, julgado em 22.06.2021, *DJe* 28.06.2021). Nesse sentido: RHC 124.932/PE, rel. Ministro RIBEIRO DANTAS, QUINTA TURMA, julgado em 16.06.2020, *DJe* 23.06.2020, AgRg no HC 430.031/PE, rel. Ministro FELIX FISCHER, QUINTA TURMA, julgado em 07.06.2018, *DJe* 13.06.2018.

Com efeito, como já assinalado na decisão agravada, tem-se por justificado o trato negativo da vetorial culpabilidade diante do fato de o réu ser praticante de artes marciais, o que, em se considerando os princípios éticos da prática desportiva, de não utilização da violência salvo em casos extremos, justifica validamente a exasperação da pena-base, porquanto evidencia maior reprovabilidade da conduta, sendo imprópria, de todo modo, a revisão do entendimento firmado pelas instâncias ordinárias na estreita via do especial.

Mantida inalterada a pena fixada na decisão agravada, não há falar em abrandamento do regime prisional. Ante o exposto, nego provimento ao agravo regimental.

É o voto.

Importante trazer também à baila a sentença de piso, que não considerou válida a arguição do réu de legítima defesa putativa,[4] tendo sido consignado o seguinte no relatório do *decisum*:[5]

Denota-se que não houve, por ocasião dos debates, qualquer controvérsia quanto à materialidade, quanto à autoria, quanto à tipicidade e quanto à antijuridicidade da conduta atribuída ao réu.

(4) A legítima defesa putativa se constitui na conduta do agente, que, ao se imaginar em situação de legítima defesa, reage a esta suposta agressão injusta.

(5) AREsp 2053119/SC, *op. cit.*, p. 583-586.

Isso porque, enquanto o laudo pericial comprova a ocorrência de lesões corporais de natureza gravíssima, o réu admitiu a prática delituosa, sob o argumento de que agiu em legítima defesa putativa.

Sob esse enfoque, o cerne da discussão é quanto à culpabilidade do réu, posto que a legítima defesa putativa é caracterizada como erro de proibição indireto.

Diz-se erro de proibição indireto aquele em que o agente conhece a ilicitude do fato, mas acredita estar diante de uma causa excludente de licitude. No caso dos autos, o réu tinha consciência de que lesão corporal é crime, argumentando que o praticou porque acreditava que seria agredido.

Tratando-se de matéria afeta à culpabilidade, a prova da existência da excludente incumbe à defesa, por força da teoria da indiciariedade. Em outras palavras, o fato típico é presumido antijurídico e culpável, impondo-se ao réu comprovar sua ocorrência.

Com essas premissas, verifico que a tese defensiva não deve prevalecer, diante da inexistência de qualquer prova que a ampare.

Isso porque, por exceção do interrogatório extrajudicial do réu (em Juízo foi decretada sua revelia), não foi produzida qualquer prova que justificasse a covarde agressão.

A vítima Danielle Patrick Silveira relatou que estava em uma festa na boate Moon com seus amigos, sendo que, quando acabou, aguardava sua amiga Valéria para juntos irem embora. Ao se dirigir a esta dizendo que iria ficar sem carona, ouviu o réu dizer que lutava Jiu-Jitsu e, na sequência, "apagou".

Já a testemunha Marcelo Luiz Dutra Pereira contou que também estava na festa aguardando por Valéria, sendo que o réu teria dito por duas vezes que não a deixaria ir embora. Então, a vítima foi em sua direção e, quando retornava para o carro, viu o réu golpeá-la pelas costas.

A testemunha Valéria Felisberto Lúcio, ouvida somente na fase policial, contou que teve um pequeno desentendimento entre seus amigos e o réu, razão pela qual estava indo em direção ao carro junto com esses, momento em que o réu agrediu a vítima com um soco.

De toda a prova produzida, é fácil perceber que a alegação de legítima defesa putativa não passa de estratagema defensivo com o intuito de tentar eximir o réu de responsabilidade criminal.

Afinal de contas, resultou demonstrado que, além de não existir qualquer perigo atual (ainda que imaginário), *o réu golpeou a vítima pelas costas por conta de a testemunha Valéria Felisberto Lúcio não querer passar a noite em sua companhia, deixando o local na companhia de seus amigos.*

Portanto, é certo que o réu é culpável, de modo que sua condenação pela prática do crime previsto no art. 129, § 2º, IV, do Código Penal é medida de rigor.

Diante do que foi fundamentado e se tratando de réu imputável, com consciência e ânimo para conceber sua conduta, pois tinha possibilidade de conhecer o caráter ilícito do fato que praticou, sendo-lhe exigível conduta diversa, passo a dosar a pena na forma necessária e suficiente para a reprovação e prevenção do crime. Ressalto que será utilizado o critério trifásico, previsto no art. 68, *caput*, do Código Penal.

(...)

Nessa linha de raciocínio, constato que não existem/não foram comprovados motivos idôneos para a valoração, negativa ou positiva, dos antecedentes, da conduta social, da personalidade, dos motivos, das consequências ou do comportamento da vítima.

Quanto à culpabilidade, há necessidade do recrudescimento da pena do agente, posto que o réu anunciou que praticava a arte marcial Jiu-Jitsu.

> Naturalmente, os respectivos praticantes aprendem que o combate corporal deve ser evitado a todo custo, sendo que o réu fez o oposto.
>
> As circunstâncias também extrapolam o usual, uma vez que o crime foi praticado em local que as pessoas procuram por diversão (uma casa noturna).
>
> Deixar de reprimir a covarde ação de forma diferenciada serviria como estímulo para que crimes semelhantes acontecessem nesses estabelecimentos. As consequências também devem ser valoradas negativamente, pois, além daquelas inerentes ao tipo penal (perda da sensibilidade da região), a vítima ficou com a boca torta e tem dificuldades para rir, por exemplo. Ademais, em decorrência disso, foram colocadas 2 placas e 8 parafusos, o que lhe causa dor até hoje. Isso sem contar na cicatriz (dano estético) que ficou embaixo de seu queixo. (grifos do texto original)

Ao exasperar a pena, o magistrado de piso consignou que: "*Quanto à culpabilidade, há necessidade do recrudescimento da pena do agente, posto que o réu anunciou que praticava a arte marcial Jiu-Jitsu*".

In casu, para o juízo, prevaleceu o entendimento de que, ao se vincular a uma prática marcial de valores definidos, o réu deveria se abster de usar de sua técnica superior de combate desnecessariamente, pois "*naturalmente, os respectivos praticantes aprendem que o combate corporal deve ser evitado a todo custo, sendo que o réu fez o oposto*".

Observou também o *decisum* que "*as circunstâncias também extrapolam o usual, uma vez que o crime foi praticado em local que as pessoas procuram por diversão (uma casa noturna)*".

Ora, um praticante de artes marciais do qual se espera respeito aos princípios éticos de sua modalidade não vai a uma casa noturna em busca de vítimas para agredir. Somente em casos extremos é que se permitiria o uso de técnicas de defesa, o que certamente não foi a questão, conforme narram os autos.

Importante destacar que não existe previsão no Código Penal que trate o uso específico de técnicas de artes marciais como causa de aumento de pena em relação às lesões causadas.

Entretanto, existem decisões recorrentes do Colendo STJ que tratam o conhecimento técnico como qualificador, na dosimetria da pena, ao se assumir o risco do resultado lesivo,(6) se não, vejamos:

> Ementa
>
> Decisão
>
> AGRAVO EM RECURSO ESPECIAL N. 1.185.458 – MS (2017/0259460-7) RELATOR : MINISTRO ANTONIO SALDANHA PALHEIRO AGRAVANTE : C L DE A ADVOGADO : CARLA FIGUEIREDO GARCIA

(6) FARIAS, Seledon Said Dias de. *O direito penal e as artes marciais:* a relação entre a lesão esportiva e a responsabilização criminal do professor de artes marciais. Orientadora: Keity Mara Ferreira de Souza e Saboya. 2022. 57f. Trabalho de Conclusão de Curso (Graduação em Direito) – Departamento de Direito, Universidade Federal do Rio Grande do Norte, Natal, 2023, p. 30. Disponível em: https://repositorio.ufrn.br/bitstream/123456789/51088/1/DireitoPenalArtesMarciais_Farias_2022.pdf. Acesso em: 16 nov. 2023.

DE QUEIROZ E OUTRO (S) - MS008238 AGRAVADO : MINISTÉRIO PÚBLICO DO ESTADO DE MATO GROSSO DO SUL DECISÃO Trata-se de agravo em recurso especial interposto por C. L. DE A. contra decisão proferida pelo Tribunal de Justiça do Estado de Mato Grosso do Sul que não admitiu recurso especial interposto com fundamento na alínea a do permissivo constitucional. Consta dos autos que o agravante foi condenado à pena de 2 anos e 6 meses de reclusão, em regime semiaberto, pela prática do crime do art. 129, § 1º, I, c/c o art. 61, II, alínea c, ambos do Código Penal. De acordo com a denúncia, o agravante, um adolescente e outros indivíduos não identificados em um número mínimo de 4 comparsas ofenderam a integridade corporal do ofendido com socos e pontapés, causando-lhe lesão corporal de natureza grave, haja vista ter resultado incapacidade para as ocupações habituais por mais de 30 dias. Apurou-se que o agravante é praticante de artes marciais, o que facilitou a prática do delito e agravou suas consequências. As agressões não tiveram motivo aparente e os acusados surpreenderam a vítima de inopino, somente cessando as condutas porque terceiros foram em sua defesa e gritaram pela polícia. A apelação criminal da defesa foi parcialmente provida, para fixar o regime aberto. O acórdão foi assim ementado (e-STJ fl. 458): APELAÇÃO CRIMINAL PENAL E PROCESSO PENAL LESÃO CORPORAL GRAVE RECURSO DA DEFESA LEGÍTIMA DEFESA NÃO RECONHECIDA PEDIDO DE DESCLASSIFICAÇÃO PARA LESÃO CORPORAL LEVE NÃO ACOLHIDO AGRAVANTE PREVISTA NO Art. 61, II, 'C', DO CP NÃO AFASTADA PENA BASE MANTIDA REGIME PRISIONAL ABRANDADO PENA PRIVATIVA DE LIBERDADE NÃO SUBSTITUÍDA POR RESTRITIVAS DE DIREITO NÃO PREENCHIMENTO DOS REQUISITOS LEGAIS CRIME COMETIDO COM VIOLÊNCIA À PESSOA RECURSO PROVIDO EM PARTE. Corroboradas pelo conjunto probatório a materialidade e a autoria, não há se falar em absolvição, assim como a desproporção entre a agressão e a reação, afasta a justificante da legítima defesa, porquanto ausente o requisito do uso moderado dos meios necessários, conforme redação do art. 25 do CP. Emanando das provas coletadas que as lesões sofridas pelo ofendido ensejaram sua incapacidade para as ocupações habituais por mais de 30 (trinta) dias, fica suprida a exigência do exame pericial complementar (Precedentes). Incabível a redução da pena-base, quando há circunstâncias judiciais negativas, com motivação idônea, para exasperar a pena. Mantém-se a agravante prevista no art. 61, II, c, do Código Penal, quando as provas existentes nos autos comprovam que a vítima foi atacada de forma inopina, pelas costas, impossibilitando e dificultando a sua defesa. Inviável a substituição da pena privativa de liberdade por restritivas de direitos quando o crime é cometido com violência à pessoa (CP, art. 44, inc. I). Irresignada, a defesa interpôs recurso especial, alegando violação aos arts. 59 do CP e 157, 381, III, 387 e 617 do Código de Processo Penal, c/c o art. 93, IX, segunda parte, da Constituição Federal. Aduziu nulidade quanto à dosimetria, uma vez que as penas foram exacerbadas sem fundamentação válida. Preconizou que não incide a agravante do emprego de recurso que dificultou a defesa do ofendido, pois outras pessoas participaram do evento. Sustentou que deveria ter sido reconhecida a excludente da legítima defesa ou, alternativamente, desclassificado o delito por falta de laudo complementar acerca da lesão corporal de natureza grave. Inadmitido o apelo extremo, os autos foram encaminhados a esta Corte em virtude do presente agravo. Contraminuta às e-STJ fls. 518/520. O Ministério Público Federal manifestou-se pelo provimento do agravo para que seja desprovido o recurso especial, conforme a seguinte ementa (e-STJ fl. 528): AGRAVO EM RECURSO ESPECIAL. CRIME DE LESÕES CORPORAIS DE NATUREZA GRAVE (ART. 129, § 1º, I, DO CP). DOSIMETRIA DA PENA. CIRCUNSTÂNCIAS JUDICIAIS DESFAVORÁVEIS. AUMENTO PROPORCIONAL. PARECER PELO PROVIMENTO DO AGRAVO E NÃO PROVIMENTO DO RECURSO ESPECIAL. É o relatório. Decido. A primeira insurgência refere-se ao reconhecimento da excludente da legítima defesa. Ocorre que, nesse ponto, não houve a indicação do dispositivo legal suficiente para amparar o pleito, o que representa inafastável deficiência recursal que impede a exata compreensão da controvérsia, atraindo a aplicação da Súmula n. 284/STF. Ademais, para que fosse possível a análise dessa pretensão, seria imprescindível o reexame dos elementos fático-probatórios constantes dos autos, o que é defeso em recurso especial, em virtude do que preceitua a Súmula n. 7 desta Corte. Por oportuno, confiram-se os seguintes excertos do acórdão recorrido (e-STJ fls. 460/463): Do pleito de reconhecimento da legítima defesa Requer a Defesa o reconhecimento da excludente da legítima defesa, sob o fundamento de que [C] teria apenas se defendido de iminentes agressões, porém aludido pedido não deve ser acolhido. Muito embora o apelante [C L de A] relatou que, apesar da prática das agressões, fê-las somente no intuito de se defender, uma vez que a vítima o teria agredido primeiro (f. 73-74 e 328/Sistema Audiovisual), sua versão restou isolada no caderno processual. O apelante [C] narrou em sua defesa que estava discutindo com a pessoa de [A], primo da vítima, quando esta se intrometeu no desentendimento de ambos e desferiu um soco em seu rosto, momento em que o apelante, em legítima defesa e no intuito de cessar tais agressões, revidou, golpeando a vítima com dois ou três socos, mas que logo se evadiu do local, começando, então, uma briga generalizada. A testemunha presencial dos fatos e amigo do ora apelante, [B C], afirmou outra versão, a de que, motivado por desavenças pretéritas, seu amigo [M] e a pessoa de alcunha [A], primo da vítima [R], começaram a discutir, momento em que todos os presentes, inclusive o apelante [C], formaram um círculo para que somente os dois envolvidos ([M] e [A]) pudessem brigar. Neste instante, [R] teria ido para cima de [B], empurrando-o, o que fez com que [C] interviesse, revidando o empurrão e desferindo alguns socos em [R], mas que logo após a pessoa do apelante e [B] já teriam se retirado do local. [...] As testemunhas presenciais dos fatos, [A de A A] e [A R de M], foram categóricas ao afirmar que não havia iminente ou momentânea agressão que justificasse os atos de [C], sendo até mesmo salientado por [A] que foi necessário segurar a cabeça da vítima em posição vertical, pois jorrava muito sangue: [...] Some-se a isso, como bem consignado pelo Parquet à f. 405, (...) mesmo que hipoteticamente a vítima tivesse iniciado a agressão, certo é que o apelante não se utilizou moderadamente dos meios necessários para repeli-la, estando devidamente demonstrado nos autos que após a vítima cair no chão, ela continuou sendo agredida pelo apelante e pelo grupo de pessoas que o acompanhava. Assim, é certo que o apelante agrediu a vítima de maneira totalmente desproporcional à agressão que teria sofrido, motivo pelo qual também não se configura a legítima defesa no caso em comento (...) Desta forma, ao contrário do ponderado pela Defesa, não restou configurada a excludente de ilicitude da legítima defesa, impondo-se a manutenção da condenação do recorrente nos termos da sentença. O agravante também aduz que não há laudo pericial complementar para atestar a gravidade da lesão corporal. Além disso, relata que a lesão é de natureza leve pelo fato de a vítima não ter se privado de suas ocupações habituais. Assim decidiu a Corte estadual (e-STJ fls. 464/466): Do pedido de desclassificação da lesão corporal grave para a lesão corporal leve O apelante pleiteia ainda a desclassificação do crime de lesão corporal grave para lesão corporal leve, sustentando que a lesão corporal grave não restou demonstrada. No entanto não lhe assiste melhor sorte. Vale ressaltar que na apuração do delito tipificado no art. 129, § 1º, inciso I, do Código Penal, em regra, haverá necessidade de exame complementar para efeitos de configuração da qualificadora, nos termos do art. 168, § 2º, do Código de Processo Penal (GRECO, Rogério. Código Penal Comentado. Rio de Janeiro: Impetus, 2010, p. 274). Diz-se "em regra" porque, emanando das provas coletadas que as lesões sofridas pelo ofendido ensejaram sua incapacidade para as ocupações habituais por mais de 30 (trinta) dias, fica suprida a exigência do exame pericial complementar (STJ, AgRg no AREsp 145181/RS, Min. rel. MARCO AURÉLIO BELLIZZE, Quinta Turma, *DJe* 28.6.2013). [...] No caso vertente, o exame pericial de f. 09-10 foi categórico em afirmar que a vítima encontrava-se inapta para suas ocupações habituais por mais de 30 (trinta) dias. A vítima, por seu turno, em seu depoimento realizado em juízo (f. 328 Sistema Audiovisual) declarou que ficou incapacitado para as suas ocupações habituais por mais de 30 (trinta). Confira: [...] Assim, diante do laudo pericial, pela análise de provas documentais e da declaração da vítima, possível a condenação pelo crime de lesão corporal de natureza grave. (Grifei) Para supedanear seu pedido de desclassificação, a defesa apontou os arts. 157, 381, III, 387 e 617 do Código de Processo

Penal. Ocorre que o recurso especial se revela deficiente quanto à fundamentação, visto que esses dispositivos não contêm comando normativo suficiente para embasar a tese recursal e para reformar os fundamentos do acórdão recorrido. Dessa forma, incide novamente o óbice da Súmula n. 284/STF. Da mesma forma, as razões do recurso especial não provocam nenhum debate sobre interpretação da legislação infraconstitucional, mas sim a necessidade de reexame da persuasão racional dos julgadores sobre o conjunto probatório dos autos. Com relação à pena-base, cumpre transcrever os fundamentos do aresto recorrido (e-STJ fl. 466): Da pena-base Insurge-se a Defesa quanto a pena-base fixada pelo juiz a quo, alegando que a fixação acima do mínimo legal foi indevida e exacerbada. A base da pena, ao meu ver, não recebeu acréscimo desnecessário, pois existem circunstâncias judiciais a justificar a pena base acima do mínimo legal, por seus próprios fundamentos. O magistrado sentenciante efetuou a dosimetria nos seguintes termos (e-STJ fls. 361/362): 1ª Fase Circunstâncias Judiciais Atento ao disposto no art. 59 do Código Penal e obedecido o critério trifásico, fixo-lhe a (s) pena (s). As circunstâncias do crime extrapolam o tipo penal, haja vista que o acusado é praticante de artes marciais (jiu jitsu), demonstrando ter conhecimento em técnicas de luta, valendo-se de tal situação para a prática do delito. As consequências do delito foram graves, uma vez que, a par das lesões sofridas, as quais já se encontram englobadas no tipo penal, o crime deixou sequelas psicológicas na vítima, como fobia social, transtorno delirante persistente e reação de ajustamento, conforme explicitado pela mesma em sua oitiva e no laudo psiquiátrico/psicológico de fls. 127/129. Os motivos do crime são comuns ao tipo penal. O comportamento da vítima em nada contribuiu para a prática do crime. A teor da Súmula n. 444 do E. STJ, inquéritos policiais e ações penais em curso não podem ser utilizados como antecedentes penais negativos para fins de exacerbação da pena base, sendo certo que no caso em tela o acusado não possui contra si proferida qualquer sentença penal condenatória transitada em julgado, logo, deve ser considerado de bons antecedentes. Não há elementos concretos nos autos para aferir com efetividade a conduta social e personalidade do agente. A culpabilidade do acusado é normal à espécie. Em tal contexto, as circunstâncias judiciais são desfavoráveis ao acusado, fundamento pelo qual fixo as penas bases em 02 (dois) anos e 06 (seis) meses de reclusão. 2ª Fase Atenuantes e Agravantes Na segunda fase da fixação da pena, incide a atenuante da confissão espontânea a que alude o art. 65, III, alínea d, do Código Penal, posto que o acusado confessou espontaneamente a autoria do delito, contribuindo para sua elucidação. Incide também a agravante prevista no art. 61, II, *c*, do Código Penal, haja vista que o acusado se utilizou de recurso que impossibilitou a defesa da vítima. Nesse contexto, por reputá-las equivalentes (3), efetuo a compensação da atenuante e agravante reconhecidas, sem alteração das penas bases. 3ª Fase Causas de Diminuição e Aumento de Pena Na terceira fase da fixação da pena, não existem causas de aumento ou de diminuição de pena, fundamento pelo qual torno as reprimendas definitivas em 02 (dois) anos e 06 (seis) meses de reclusão, à míngua de outros elementos que influenciem na sua fixação. (Grifei) De início, cumpre registrar que a dosimetria da pena está inserida no âmbito de discricionariedade do julgador, estando atrelada às particularidades fáticas do caso concreto e subjetivas dos agentes, elementos que somente podem ser revistos por esta Corte em situações excepcionais, quando malferida alguma regra de direito. A pena-base do crime de lesão corporal de natureza grave foi fixada em 1 ano e 6 meses acima do mínimo legal com base nas circunstâncias e consequências, apontando elementos que extrapolaram os normais à espécie. Com efeito, o acórdão recorrido se firmou em fundamentos suficientes e idôneos para exasperar a sanção básica, salientando que o agravante é praticante de artes marciais e demonstrou ter conhecimento em técnicas de luta, valendo-se de tal situação para perpetrar o delito. Além disso, salientou que, a par das lesões graves sofridas, o ilícito deixou sequelas psicológicas no ofendido, como fobia social, transtorno delirante persistente e reação de ajustamento, de acordo com seu depoimento e com o laudo psiquiátrico/psicológico constante nos autos. Ilustrativamente, confiram-se os seguintes precedentes: RECURSO ESPECIAL. HOMICÍDIO QUALIFICADO. DOSIMETRIA. NÃO INCIDÊNCIA DA SÚMULA N. 7 DO STJ. AUSÊNCIA DE FUNDAMENTAÇÃO IDÔNEA QUANTO À CULPABILIDADE E ÀS CONSEQUÊNCIAS DO DELITO. OCORRÊNCIA DE BIS IN IDEM NO TOCANTE AOS MOTIVOS DO CRIME. COMPORTAMENTO NEUTRO DA VÍTIMA NÃO ENSEJA EXASPERAÇÃO DA PENA-BASE. PRECEDENTES. RECURSO ESPECIAL PROVIDO. 1. "A dosimetria da pena é matéria sujeita a certa discricionariedade judicial. O Código Penal não estabelece rígidos esquemas matemáticos ou regras absolutamente objetivas para a fixação da pena. Cabe às instâncias ordinárias, mais próximas dos fatos e das provas, fixar as penas. Às Cortes Superiores, no exame da dosimetria das penas em grau recursal, compete o controle da legalidade e da constitucionalidade dos critérios empregados, bem como a correção de eventuais discrepâncias, se gritantes ou arbitrárias, nas frações de aumento ou diminuição adotadas pelas instâncias anteriores" (HC n. 114.246/SP, rel. Ministra Rosa Weber, 1ª T. do STF, *DJe* 3.6.2013). 2. A culpabilidade, como medida de pena, nada mais é do que o maior ou o menor grau de reprovabilidade da conduta, justificada por meio de elementos concretos que, de fato, demonstrem merecer a conduta do recorrente maior reprovação. A simples classificação da culpabilidade como "patente" não é suficiente para majoração da pena-base. 3. Ocorre bis in idem quando a torpeza é usada para qualificar o delito e como circunstância judicial negativa consistente no motivo do crime. 4. "Ceifar a vida de uma jovem" não é fundamentação idônea para exasperação da pena-base pela análise desfavorável das consequências do crime, por constituir elementar do tipo penal pelo qual o ora recorrente se vê processado. 5. "O comportamento neutro da vítima não justifica o acréscimo da pena-base. Precedentes do STJ" (HC n. 297.132/PE, rel. Ministro Ericson Maranho – Desembargador convocado do TJ/SP, 6ª T., *DJe* 23.11.2015). 6. Recurso especial provido. (REsp 1.655.579/PA, rel. Ministro ROGERIO SCHIETTI CRUZ, SEXTA TURMA, julgado em 28.03.2017, *DJe* 06/04/2017, grifei). PENAL E PROCESSO PENAL. AGRAVO REGIMENTAL NO AGRAVO EM RECURSO ESPECIAL. NEGATIVA DE VIGÊNCIA DO ART. 59 DO CP. ELEVAÇÃO DA PENA-BASE. *QUANTUM* DE AUMENTO. (I) – JUSTIFICATIVA IDÔNEA. ALTERAÇÃO. INVIABILIDADE. REEXAME FÁTICO E PROBATÓRIO. Súmula n. 7/STJ. (II) – DISCRICIONARIEDADE DO MAGISTRADO SENTENCIANTE. AGRAVO REGIMENTAL A QUE SE NEGA PROVIMENTO. 1. Apresentando o Tribunal a quo justificativa idônea para a elevação da pena-base, não possui esta senda eleita espaço para a análise da matéria suscitada pelo recorrente, cuja missão pacificadora restara exaurida pela instância ordinária. Incidência da Súmula n. 7/STJ. 2. Nos termos da jurisprudência desta Corte Superior, "a dosimetria da pena configura matéria restrita ao âmbito de certa discricionariedade do magistrado e é regulada pelos critérios da razoabilidade e da proporcionalidade, de modo que, não evidenciada nenhuma discrepância ou arbitrariedade na exasperação efetivada na primeira fase da dosimetria, deve ser mantida inalterada a pena-base aplicada" (AgRg no HC 343.128/MS, rel. Ministro ROGERIO SCHIETTI CRUZ, SEXTA TURMA, julgado em 19.05.2016, *DJe* 31.05.2016). 3. Agravo regimental a que se nega provimento. (AgRg no AREsp 1.004.540/SP, rel. Ministra MARIA THEREZA DE ASSIS MOURA, SEXTA TURMA, julgado em 21.02.2017, *DJe* 02.03.2017, grifei). PENAL E PROCESSO PENAL. AGRAVO REGIMENTAL NO AGRAVO EM RECURSO ESPECIAL. ART. 171 DO CÓDIGO PENAL CONDENAÇÃO. DOSIMETRIA. PENA-BASE. EXASPERAÇÃO. CONDUTA SOCIAL E CONSEQUÊNCIAS DO DELITO. FUNDAMENTOS CONCRETOS. CULPABILIDADE E MOTIVOS DO CRIME. FUNDAMENTOS ABSTRATOS. AGRAVO REGIMENTAL PARCIALMENTE PROVIDO. 1. Reconsiderada a decisão que negou provimento ao agravo em recurso especial. 2. Em regra, não se presta o recurso especial à revisão da dosimetria da pena estabelecida pelas instâncias ordinárias. Admite-se o reexame quando configurada manifesta violação dos critérios dos arts. 59 e 68, do CP, sob o aspecto da legalidade, nas hipóteses de falta ou evidente deficiência de fundamentação ou ainda de erro de técnica. 3. Nos termos da jurisprudência desta Corte Superior, A exasperação da pena-base não se dá por critério objetivo ou matemático, uma vez que é admissível certa discricionariedade do órgão julgador, desde que vinculada aos elementos concretos dos autos (AgInt no HC 352.885/SP, rel. Ministro SEBASTIÃO REIS JÚNIOR, SEXTA TURMA, julgado em 17.05.2016, *DJe* 09.06.2016). 4. A existência de elementos concretos para a exasperação da pena-base que desbordam o tipo penal, evidenciam maior reprovabilidade da conduta a justificar a sua fixação acima do mínimo legal. 5. Tendo a corte de origem feito referência a fundamentos genéricos quanto à culpabilidade e aos motivos do delito, não indicando elementos concretos aptos a justificar o aumento da pena, evidencia-se a ocorrência de ilegalidade, devendo ser redimensionada a pena, com o proporcional afastamento dessas circunstâncias. 6. Agravo regimental parcialmente provido, para conhecer do agravo em recurso especial e dar-lhe parcial provimento para fixar a pena do agravante em 2 anos e 6 meses de reclusão e 50 dias-multa, em regime semiaberto. (AgRg no AREsp 301.889/MG, rel. Ministro NEFI CORDEIRO, SEXTA TURMA, julgado em 13.12.2016, *DJe* 19.12.2016, grifei.) Por fim, a defesa requesta pela exclusão da agravante referente ao emprego de recurso que dificultou a defesa do ofendido, conforme as razões adiante transcritas, in verbis (e-STJ fls. 484/485): Em relação a agravante do recurso que dificultou ou tornou impossível a defesa da vítima, esta não existe e nem tem cabimento, visto que nos autos em questão, foi suscitado que no fatídico dia havia a presença de outras pessoas junto da vítima e que também participaram do entrevero. Para que haja impossibilidade de defesa, tem que haver o elemento surpresa, todavia não existiu, pois a vítima teve sua atenção chamada pela discussão que antecipou as lesões corporais, e dispunha no momento dos fatos de maneiras de se defender e ser defendido pelos seus amigos. Outra situação ventilada foi o fato do recorrente saber lutar, ser praticante de artes marciais, para a aplicação da agravante. A tese defensiva foi rechaçada pelo Tribunal de origem, conforme os fundamentos adiante transcritos (e-STJ fls. 466/467): Da agravante do recurso que dificultou a defesa da vítima Pugna, outrossim, o recorrente pelo afastamento da qualificadora referente ao recurso que dificultou a defesa da vítima, aduzindo não ter restado provada. Todavia, mais uma vez aludido pedido não deve ser acolhido. Como bem anotado pelo Procurador de Justiça em seu parecer de f. 422-451, (...) Consoante se verifica dos elementos probatórios acostados ao Feito, não restam dúvidas de que o apelante praticou o crime de inopino, quando a vítima se retirava do local em que eventos musicais estavam sendo realizados, foi golpeado pelas costas com um chute, momento em que caiu ao chão e então começou a ser violentamente agredido por [C] e seus amigos, tornando impossível qualquer chance de se defender (...) [...] A testemunha presencial dos fatos, [A], também asseverou na fase judicial (f. 262-263/Sistema Audiovisual) que a vítima não teve qualquer tipo de reação ou defesa, haja vista ter sido agredida em local público, no qual havia vários transeuntes, sem sequer ter tido qualquer discussão ou relação prévia que possibilitasse a premeditação das agressões. Logo, na hipótese, a sentença também deve ser ratificada neste ponto. Novamente, para que fosse possível a análise da pretensão recursal, seria imprescindível o reexame dos elementos fático-probatórios constantes dos autos, o que é defeso em recurso especial, em virtude do que preceitua a Súmula n. 7 desta Corte. Ante o exposto, conheço do agravo para conhecer parcialmente do recurso especial e, nessa parte, negar-lhe provimento. Publique-se. Intimem-se. Brasília, 1º de agosto de 2018. Ministro ANTONIO SALDANHA PALHEIRO relator. (STJ - AREsp: 1185458 MS 2017/0259460-7, relator: Ministro ANTONIO SALDANHA PALHEIRO, Data de Publicação: *DJ* 03.08.2018).

O enquadramento, ainda que jurisprudencial, de uma obrigação ética do praticante de artes marciais para com os princípios de seu treinamento pode ser um caminho interessante para dissuadir aqueles que procuram a arte marcial apenas para se impor fisicamente aos seus semelhantes e, às vezes, agredir de maneira mais eficiente outros cidadãos, como era o caso dos famosos "*pitboys*" nos anos 1990, que assim era definidos:

> O termo pitboy foi criado na imprensa carioca em março de 1999, e se orie gina da fusão das palavras pitbull, uma raça de cães mundialmente conhecida

> pela força e ferocidade, e playboy, nome dado, inicialmente, a milionários que viviam sem nenhuma preocupação com dinheiro ou com trabalho, e que hoje conserva mais a ideia de não trabalho do que a de riqueza. Tal categoria foi criada em meio a uma "onda de ataques" praticados por jovens de classe média-alta que praticavam artes-marciais (na maioria o jiu-jitsu) e andavam (e brigavam) na maioria das vezes em grupo.[7]

O conhecimento sobre as leis vigentes em nosso país é um aspecto do treinamento em artes marciais que é extremamente negligenciado. Um praticante de qualquer arte marcial deve ter uma compreensão geral dos valores da sociedade e saber combiná-los aos valores relativos à sua arte, a fim de melhor entender como se portar, pois os padrões da sociedade não são deixados na porta do dojô junto com os sapatos.

Cumpre ressaltar que nem todas as artes marciais são igualmente perigosas para a vida e a integridade física. No âmbito internacional, a maioria dos tribunais ainda não entendeu exatamente como tratar as artes marciais aos olhos da lei, embora tenha havido alguns casos em que as duas se cruzaram.

É celebre na Espanha o caso de Nagore Laffage, brutalmente assassinada durante a Festa de São Firmino em Pamplona.[8] A jovem foi asfixiada depois de se recusar a manter relações sexuais com um estudante de medicina, José Diego Yllanes Vizcay, praticante de *Aikido*, posteriormente condenado por assassinato e sentenciado a 12 anos e meio de prisão por homicídio culposo.

A Suprema Corte espanhola, nesse caso, apreciou a existência da circunstância agravante de abuso de superioridade por, entre outras razões, o réu praticar *Aikido*, uma arte marcial, o que teria auxiliado no espancamento brutal que acabou com a vida de Nagore depois que ela se recusou a ter relações sexuais com seu agressor. A questão é que Yllanes estava praticando a arte marcial japonesa havia dois anos e era faixa amarela,[9]

---

(7) TEIXEIRA, Antonio Claudio Engelke Menezes. "Esporte e violência no jiu-jitsu: o caso dos pitboys". 2008, p. 18. DOI https://doi.org/10.17771/PUCRio.acad.11860. Disponível em: https://www.maxwell.vrac.puc-rio.br/projetosEspeciais/ETDs/consultas/conteudo.php?strSecao=resultado&nrSeq=11860@1#:~:text=Resumo%3A,brigas%20e%20atos%20de%20vandalismo. Acesso em: 16 nov. 2023.

(8) A Festa de São Firmino é uma tradicional festa religiosa realizada em homenagem a São Firmino, na cidade de Pamplona, na Espanha, entre os dias 6 e 14 julho.

(9) José Diego Yllanes era um esportista talentoso, "um atleta", de acordo com seu pai. Ele praticava triatlo e artes marciais. No julgamento, esse assunto veio à tona por causa de sua prática de *Aikido*, uma disciplina de origem japonesa que muitos associaram ao grau de violência que o acusado infligiu à sua vítima. No entanto, o *Aikido* é uma arte marcial primordialmente defensiva, na qual não há golpes ou agarramentos no pescoço. Qualquer praticante de *Aikido* afirmará que a melhor maneira de vencer uma luta é sempre evitá-la. De fato, nas declarações feitas por seu professor no julgamento, é exatamente isso que aparece: O professor de *Aikido* diz que nessa arte marcial "você não bate". No testemunho, o professor disse que o esporte "é uma adaptação constante ao outro para tentar resolver um problema. Não se trata de lutar, mas de encontrar harmonia. Você usa o ataque do outro para se defender". Questionado pelo promotor, o professor respondeu que "agarrar o pescoço (o que o réu teria feito com a vítima) no *Aikido* não faz sentido e nem bater no rosto

o que, para alguns, pode caracterizar o praticante como um mero iniciante na modalidade.[(10)]

É dizer, a falta de parâmetros nas legislações pátrias para definir qual o nível de entendimento que o artista marcial tem da arte que pratica — seja para aferir sua capacidade de causar danos a outrem, seja para definir qual o seu grau de compromisso para com os valores da arte[(11)] — é que torna complexa a responsabilização do praticante nesse sentido.

Em Guam,[(12)] que codificou como o treinamento em artes marciais deve ser considerado em casos de agressão, uma série de estatutos exige que os especialistas em caratê, judô ou outras artes marciais se registrem no Departamento de Receita e Tributação.[(13)].

O estatuto[(14)] define especialista como *[uma] pessoa treinada nas artes de ... técnica de luta, em que as mãos ... ou outras partes do corpo são usadas como armas, que deve ter concluído pelo menos um nível de treinamento e ter recebido uma faixa ou outro símbolo que demonstre*

(a vítima foi golpeada várias vezes na face)". Assim, seu conhecimento de *Aikido* (a faixa amarela corresponde a um iniciante) pode não ter sido decisivo para o tipo de agressão que ele realizou contra Nagore Laffage. ESPANHA. Tribunal Supremo. Sentencia N.: 1068/2010. 28 dez. 2010. Disponível em: https://www.iustel.com/diario_del_derecho/noticia.asp?ref_iustel=1046624. Acesso em: 8 jan. 2024.

(10) Não se pode olvidar que, muito embora alguns golpes sejam restritos a determinada artes marciais, um artista marcial versado em determinada arte, com um nível avançado de prática, tem muito mais aptidão para aplicar um soco, por exemplo, que um cidadão sem esse treinamento, ainda que ele não pratique tal técnica no dia a dia. Isso ocorre por conta do condicionamento físico e da consciência corporal desenvolvida ao longo do tempo, o que permite a um praticante o acesso a uma melhor mecânica na aplicação de golpes. Portanto, a conduta de um praticante de *judô* de alto nível, por exemplo, aplicar um soco em alguém injustificadamente não poderia ser atenuada pelo golpe ter sido um soco, movimento que não é ensinado rotineiramente na arte, sendo rebatida a falta de vínculo do golpe à arte para efeitos de responsabilização do praticante. Entendimento em contrário haveria de enfraquecer a tese de vinculação do comportamento do praticante aos princípios de sua arte marcial e até criaria uma "brecha" para desvios de comportamento (por exemplo: um praticante do *jiu-jitsu*, mal intencionado, agredir pessoas com socos para evitar vinculação de seu comportamento controverso à sua arte, que não pratica socos rotineiramente, evitando a responsabilização e consequente aumento de pena, seja por conta dos valores éticos de sua arte marcial, seja devido ao recurso que dificulte ou impossibilite a defesa do ofendido, consoante preceitua o art. 121, § 2º, incisos III ou IV, do Código Penal).

(11) Pois parece injusto apenar alguém de maneira mais grave na medida em que ele mal tenha começado a praticar uma arte marcial e venha a cometer um ilícito que, embora reprovável, lhe possa, por ocasião da conduta imprópria, desde já ser cobrada uma vinculação ética a valores que só há pouco tenha o réu se comprometido.

(12) Ilha e território não incorporado dos Estados Unidos no Oceano Pacífico Norte, a maior, mais populosa e mais meridional das Ilhas Marianas. Situa-se a cerca de 9.300 km (5.800 milhas) a oeste de São Francisco e 2.600 km (1.600 milhas) a leste de Manila.

(13) ROMEO, Michael R. "A Puncher's Chance: Assessing the Classification of Martial Artists' Hands as Deadly Weapons". *Jeffrey S. Moorad Sports L.J.* V. 24, n. 1, p. 23-47, 24 jan. 2017. Disponível em: https://digitalcommons.law.villanova.edu/mslj/vol24/iss1/2. Acesso em: 31 dez. 2023.

(14) 10 Guam Code §§ 62100 – 62106. 2022 Guam Statutes Title 10 – Health & Safety Division 3 – Public Safety Chapter 62 – "Karate and Judo Experts: Guam Code". *Justia*: US Law. 2022. Disponível em: https://law.justia.com/codes/guam/2022/title-10/division-3/chapter-62/#:~:text=Effect%20of%20Registration.-,%C2%A7%2062100.,of%20Revenue%20and%20Taxation. Acesso em: 31 dez. 2023.

proficiência em tal arte. Além disso, o não registro conforme exigido pode resultar em uma acusação de contravenção. No entanto, se for acusado de algum tipo de agressão física após o registro, o especialista registrado *"deverá, mediante condenação, ser considerado culpado de agressão agravada"*.

Embora no Brasil as sutilezas legais ainda não controlem estritamente a conduta de uma pessoa durante um encontro na rua ou durante o treinamento no dojô, um artista marcial deve reservar um tempo para refletir sobre as consequências legais que podem resultar do uso de suas técnicas.

A responsabilidade do professor de artes marciais na formação de alunos

Como um estudante de artes marciais sabe, ou deveria saber, o código de conduta no dojô(15) tradicional é bastante formal e o decoro adequado durante a prática deve ser rigorosamente respeitado.

Historicamente, isso pode ser atribuído ao conceito de *bushido*,(16) o caminho do guerreiro, conceito proveniente do Japão feudal do século XII. Esse código oriental de cavalheirismo define estritamente a conduta adequada pela qual o *bushi*(17) poderia aplicar suas habilidades marciais.

Ocorre que, no mundo capitalista moderno, a ênfase na prática esportiva descaracterizou os valores éticos das artes marciais, tudo em busca de atender a vontade de grande parte dos alunos de hoje em dia, que procuram na luta apenas uma forma de diversão, de melhorar o físico ou mesmo de se sentirem superiores aos seus semelhantes.

Não se tem mais a obrigação, em muitas academias, de se cumprimentar o mestre, limpar o tatame, cumprimentar os colegas de treino etc. A relação entre mestre e aluno se tornou estritamente comercial, onde quem paga deve receber apenas o que deseja e não está sujeito a nenhuma cobrança em relação àquilo que lhe é ensinado.

Não obstante, as artes marciais oferecem uma saída para que os participantes canalizem a energia em uma atividade produtiva e de autoaprimoramento. Também já foi comprovado que elas melhoram a concentração e a autoconsciência em crianças e

(15) Uma sala ou salão para a prática de artes marciais.

(16) *Bushido* é o código de princípios morais que os guerreiros japoneses eram obrigados ou instruídos a observar. Não é um código escrito; na melhor das hipóteses, consiste em algumas máximas transmitidas de boca em boca ou vindas da pena de algum guerreiro ou sábio conhecido. Mais frequentemente é um código não dito e não escrito, possuindo ainda mais a poderosa sanção de um ato verdadeiro e de uma lei escrita nas tábuas carnais do coração. Ele não foi fundado na criação de um único cérebro, por mais capaz que seja, ou na vida de um único personagem, por mais renomado que seja. Foi um crescimento orgânico de décadas e séculos de carreira militar. Talvez ele ocupe a mesma posição na história da ética que a Constituição inglesa ocupa na história política. Tradução nossa. NITOBE, Inazo. *Bushido the Soul of Japan*, 13. ed. Franklin Classics Trade Press, 2018.

(17) "Guerreiro" em japonês.

ajudam as funções executivas, inclusive o automonitoramento, a consciência e a regulação cognitiva.[18]

Tradicionalmente, as lutas envolvem valores e modos de comportamento relacionados ao respeito, à dedicação, à confiança, à autoestima, visando ao desenvolvimento integral do ser humano.[19]

Todavia, se esses valores permanecerem na perspectiva da tradição e do discurso dos professores e não forem desenvolvidos procedimentalmente durante a prática pedagógica, terão pouca representatividade no processo da aprendizagem e da assunção de posturas positivas frente à vida.[20]

Há que se ter o cuidado para que a prática desportiva educacional, uma vez que ministrada a crianças e adolescentes, não resulte em desvio de suas principais finalidades (orientadas pela CF/1988 e Lei n. 9.615/1998); em especial, quando em contato com competições (como no desporto de rendimento) cuja busca pela vitória a todo custo e por qualquer meio pode implicar caros prejuízos para aqueles em desenvolvimento.[21]

Os professores são sujeitos ativos fundamentais nesse processo e precisam compreender que o estímulo às práticas de lutas e artes marciais deve estar relacionado com a busca pelo respeito durante todas as ações. As atividades de reflexão durante as aulas devem então não apenas possibilitar que os alunos possam pensar sobre as ações desenvolvidas, mas que elas possam provocar também uma ampliação para se pensar na questão dos valores, sejam eles vinculados às próprias práticas, sejam eles relacionados à sociedade como um todo. Como uma construção, o desenvolvimento da cidadania se dá por meio de uma série de ações realizadas paulatinamente. Os processos de ensino e aprendizagem devem contribuir com isso, dentro de suas possibilidades e limites.[22]

Em 2023, foi aprovado na Comissão do Trabalho da Câmara dos Deputados o Projeto de Lei n. 3.649/2020,[23] de autoria do deputado Júlio Cesar Ribeiro, que dispõe sobre o exercício da profissão de professor de artes marciais ou esportes de combate.

---

(18) HARWOOD, Anna *et al.* "Reducing aggression with martial arts: A meta-analysis of child and youth studies". *Aggression and Violent Behavior*, v. 34, p. 96-101, 1º maio 2017. DOI https://doi.org/10.1016/j.avb.2017.03.001. Disponível em: https://www.sciencedirect.com/science/article/abs/pii/S1359178917300976. Acesso em: 16 nov. 2023.

(19) RUFFINO, Luiz Gustavo Bonatto *et al* (Org.). *Fundamentos pedagógicos do esporte educacional — lutas —* volume 1: aspectos pedagógicos das lutas e as vivências múltiplas em jogos de luta e atividades de oposição dirigida. Curitiba: CRV, 2022. p. 29.

(20) *Idem.*

(21) CASSETARI, Álvaro Augusto. *O Judô e os princípios gerais do direito desportivo.* Curitiba: CRV, 2022. p. 109.

(22) *Ibidem*, p. 78.

(23) BRASIL. Congresso. Câmara dos Deputados. Constituição (2022). *PLS n. 3.649, de 6 de julho de 2022.* Dispõe sobre o exercício da profissão de professor de artes marciais ou de esportes de combate. Projeto de Lei. Brasília, DF, Disponível em: https://www.camara.leg.br/proposicoesWeb/prop_mostrarintegra?codteor=1949863. Acesso em: 30 dez. 2023.

O PL ora em discussão foi abordado em artigo[24] escrito em conjunto com o amigo Rafael Ramos, dileto jurista desportivo, tratando da questão da invalidação das certificações de professores de pequenas associações sem vínculos com federações ou confederações nos moldes que a lei exige, o que impediria o exercício da profissão por parte dos professores de artes marciais ou de esportes de combate que estejam vinculados somente a elas.

Tal impedimento ainda se faz presente no texto legal atual do projeto, pelo que a ressalva feita no artigo anterior, em forma de substitutivo, não afetaria a eficácia da lei, privilegiando os professores que, a despeito de não pertencerem aos modelos de entidades delineados no texto, ainda deteriam condições para atuar por já terem seu grau reconhecido em algum momento pelas mesmas entidades.

Não obstante, cumpre destacar um aspecto muito positivo do PL, se não, vejamos:

> Art. 4º No exercício da profissão, os professores de artes marciais ou de esportes de combate devem observar:
>
> I – os princípios norteadores do desporto brasileiro e do estado democrático de direito;
>
> II – as especificações técnicas, mecânicas e éticas atinentes à modalidade ou modalidades de sua certificação;
>
> III – a saúde e a segurança dos atletas e demais pessoas envolvidas nos treinamentos e práticas corporais da modalidade.
>
> Parágrafo Único. *Os professores de artes marciais ou de esportes de combate que na inobservância do disposto neste artigo, forem considerados culpados por sentença judicial, transitada em julgado, de causar dano, seja de natureza material ou moral, a terceiros e à sociedade, perderão as prerrogativas de que tratam o art. 3º*[25] *desta lei, devendo a respectiva Confederação determinar a suspensão ou cancelamento da certificação, bem como, seu prazo.* (Grifo nosso)

Como vimos, o projeto de lei traz implicações cruciais acerca dos limites da sala de treinamento, pois consigna que os professores de artes marciais ou de esportes de combate que, no exercício da profissão forem considerados culpados por sentença judicial, transitada em julgado, de causar dano, seja de natureza material ou moral, a terceiros e à

(24) COSTA, Elthon José Gusmão da; RAMOS, Rafael Teixeira. "As artes marciais e o projeto de Lei Geral do Esporte". *Lei em Campo*, 11 abr. 2022. Disponível em: https://leiemcampo.com.br/as-artes-marciais-e-o-projeto-de-lei-geral-do-esporte. Acesso em: 30 dez. 2023.

(25) Art. 3º São atribuições do professor de artes marciais ou de esportes de combate, dentro da modalidade ou modalidades em que for certificado nos termos do art. 2º desta lei:

I – ministrar aulas teóricas e práticas;

II – dar aulas de demonstrações;

III – coordenar, organizar, dirigir e executar treinamentos e competições;

IV – coordenar, organizar, dirigir e chefiar equipes de competições nacionais ou internacionais; e

V – lecionar em seminários;

sociedade, perderão as prerrogativas de que tratam o art. 3º da lei, devendo a respectiva confederação determinar a suspensão ou cancelamento da certificação, o que inabilitará o professor para dar aulas de artes marciais.

Cumpre ressaltar também que a proposta de lei teria o condão de rechaçar certos modelos de treinamento, onde o maior risco ocorre na academia, com uma cultura de *sparring*(26) equivocada, na qual o professor expõe o atleta a um treino que pode se transformar em uma briga, estimulando os alunos a nocautearem uns aos outros.

Nesses moldes, um aluno que se sinta prejudicado e tenha sequelas físicas do treinamento poderia muito bem acionar o mestre judicialmente, o que, caso resulte em condenação do profissional, poderia incapacitá-lo para o ensino.

Sobre o tema da responsabilização do profissional de artes marciais e esportes de combate acerca de lesão de aluno em aula, convém trazer à baila outro interessante julgado do Colendo STJ:

> RECURSO ESPECIAL N. 473.085 – RJ (2002/0129879-1)
>
> RELATOR: MINISTRO CASTRO FILHO
>
> R.P/ACÓRDÃO: MINISTRO ANTÔNIO DE PÁDUA RIBEIRO
>
> RECORRENTE: RUI NUNO NUNES FERNANDES
>
> ADVOGADO: LEONARDO ORSINI DE CASTRO AMARANTE E OUTRO
>
> RECORRIDO: ASSOCIAÇÃO ATLÉTICA BANCO DO BRASIL – AABB RIO
>
> ADVOGADO: ORLANDO BARROS DA CUNHA
>
> EMENTA
>
> Indenização. *Vítima de acidente ocorrido durante treinamento de judô, ministrado por preposto da recorrida, que a deixou tetraplégica. Acidente ocorrido em virtude de negligência do professor. Comprovados a conduta, os danos e o nexo de causalidade, presente o dever de indenizar da recorrida que responde pelos atos do seu preposto.* Código de Defesa do Consumidor, art. 14, § 3º Aplicação.
>
> Recurso especial conhecido e parcialmente provido. (Grifo nosso)

In casu, entendeu o Superior Tribunal de Justiça que a culpa foi do professor, que deixou de adotar regras que ele próprio seguia nos seus ensinamentos na academia a que pertencia, vindo a ocorrer o acidente que provocou as lesões em decorrência das quais o autor ficou tetraplégico (inclusive sem conseguir respirar sem a ajuda de aparelhos).

Isto posto, muito embora as sutilezas legais não controlem estritamente a conduta de uma pessoa durante uma luta dentro do dojô ou ringue, o professor deve reservar um tempo para refletir sobre as consequências legais da forma como leciona suas aulas.

---

(26) Consiste numa forma livre de treino para combate, com o mínimo de regras ou arranjos informais.

Considerações finais

A existência de um código moral nas artes marciais tenta regular o comportamento daqueles que podem fazer um uso desmedido de seu poder ou de suas habilidades em combate, submetendo-os a essas normas morais.

De certa forma, poderíamos considerar os regulamentos esportivos atuais como um prolongamento substituto desse código, convertido em uma manifestação normativa que também abrange tanto os bens jurídicos a serem protegidos quanto os valores mais elevados que o esporte moderno pretende transmitir a seus praticantes.(27)

Vincular tais normas ao praticante, quando da análise de sua conduta perante a sociedade, pode ser uma forma interessante de se coibirem determinados excessos por parte do artista marcial, desde que seja avaliado de maneira adequada o grau que ele tem de domínio de sua arte.

Bons professores de artes marciais lideram pelo exemplo. Eles treinam com afinco, cuidam dos alunos e mantêm seu lugar em boa ordem. Sua dedicação é evidente. Parte de ser um bom professor é ser alguém a quem os outros possam aspirar ser.

Isso significa treinamento. Os professores inspiram seus alunos mostrando-lhes o que podem alcançar com anos de prática consistente. É um prazer treinar com um artista marcial que é diversificado em suas habilidades, inteligente em sua abordagem e que trabalha duro.

Esse tipo de profissional verá as mudanças jurídicas aqui expostas como a materialização daquilo que sempre buscou ressaltar no exercício de seu mister.

Ao final, é sempre importante lembrar da lição do Sensei Yasuhiro Konishi, mestre de karatê, acerca do ensino da luta, ensinamento esse que vale para todas as artes marciais: *"O karatê tem como objetivo formar o caráter, melhorar o comportamento humano e cultivar a modéstia. No entanto, ele não garante isso"*.(28)

Referências

BRASIL. Congresso. Câmara dos Deputados. Constituição (2022). *Pl n. 3.649, de 6 de julho de 2022.* Dispõe sobre o exercício da profissão de professor de artes marciais ou de esportes de combate.

(27) CARRASCOSA, Julián Hontangas. *El deporte no competitivo en España*. Espanha: Bosch, 2012. p. 122.

(28) *"Karate aims to build character, improve human behaviour, and cultivate modesty. It does not, however, guarantee it."*. ROUSSEAU, James. In: Yasuhiro Konishi. "Finding Karate: Journey of a Karateka". 25 jan. 2023. Disponível em: http://findingkarate.com/wordpress/yasuhiro-konishi/. Acesso em: 31 dez. 2023. Tradução nossa. Um dos mais notáveis mestres japoneses de Karaté do século XX, Yasuhiro Konishi era já um kendoka de alto nível e praticante de Jujutsu quando começou a aprender Karatê. Reconheceu que o Karatê era uma arte marcial legítima e fez muito para que fosse reconhecido no Japão. É indiscutível que, sem ele, o Karatê poderia não ter sido aceito no Japão continental. Treinou com muitos dos melhores mestres de Karaté de Okinawa de seu tempo e ajudou-os a introduzir os seus estilos no Japão continental.

Projeto de Lei. Brasília, DF, Disponível em: https://www.camara.leg.br/proposicoesWeb/prop_mostrarintegra?codteor=1949863. Acesso em: 30 dez. 2023.

BRASIL. Superior Tribunal de Justiça. *AREsp 2053119/SC*. 6ª Turma, relator Ministro Jesuíno Rissato (Desembargador convocado do TJDFT), DEJT 30/06/2023. Disponível em: https://processo.stj.jus.br/processo/julgamento/eletronico/documento/mediado/?documento_tipo=integra&documento_sequencial=196459249&registro_numero=202200218428&peticao_numero=202200655398&publicacao_data=20230630&formato=PDF&_gl=1%2a1advea7%2a_ga%2aMTMxNTk1MDcwNC4xNTcwNTc0Mjcx%2a_ga_F31N0L6Z6D%2aMTY5NzgzODgzMy4xOTAuMS4xNjk3ODM4ODcyLjIxLjAuMA. Acesso em: 16 nov. 2023.

CARRASCOSA, Julián Hontangas. *El deporte no competitivo en España*. Espanha: Bosch, 2012.

CASSETARI, Álvaro Augusto. *O Judô e os princípios gerais do direito desportivo*. Curitiba: CRV, 2022.

COSTA, Elthon José Gusmão da; RAMOS, Rafael Teixeira. "As artes marciais e o projeto de Lei Geral do Esporte". *Lei em Campo*, 11 abr. 2022. Disponível em: https://leiemcampo.com.br/as-artes-marciais-e-o-projeto-de-lei-geral-do-esporte. Acesso em: 30 dez. 2023.

ESPANHA. Tribunal Supremo. Sentencia n.: 1068/2010. 28 dez. 2010. Disponível em: https://www.iustel.com/diario_del_derecho/noticia.asp?ref_iustel=1046624. Acesso em: 8 jan. 2024.

FARIAS, Seledon Said Dias de. *O direito penal e as artes marciais:* a relação entre a lesão esportiva e a responsabilização criminal do professor de artes marciais. Orientadora: Keity Mara Ferreira de Souza e Saboya. 2022. 57f. Trabalho de Conclusão de Curso (Graduação em Direito) – Departamento de Direito, Universidade Federal do Rio Grande do Norte, Natal, 2023, p. 30. Disponível em: https://repositorio.ufrn.br/bitstream/123456789/51088/1/DireitoPenalArtesMarciais_Farias_2022.pdf. Acesso em: 16 nov. 2023.

HARWOOD, Anna *et al.* Reducing aggression with martial arts: A meta-analysis of child and youth studies. *Aggression and Violent Behavior*, v. 34, p. 96-101, 1 maio 2017. DOI https://doi.org/10.1016/j.avb.2017.03.001. Disponível em: https://www.sciencedirect.com/science/article/abs/pii/S1359178917300976. Acesso em: 16 nov. 2023.

NITOBE, Inazo. *Bushido the Soul of Japan*. 13. ed. Franklin Classics Trade Press, 2018.

OKAZAKI, Teruyuki. *Perfection of Character:* Guiding Principles for the Martial Arts & Everyday Life. EUA: Gmw Pub, 2006.

ROMEO, Michael R. A Puncher's Chance: Assessing the Classification of Martial Artists' Hands as Deadly Weapons. *Jeffrey S. Moorad Sports L.J.* V. 24, n. 1, p. 23-47, 24 jan. 2017. Disponível em: https://digitalcommons.law.villanova.edu/mslj/vol24/iss1/2. Acesso em: 31 dez. 2023.

RUFFINO, Luiz Gustavo Bonatto *et al* (Org.). *Fundamentos pedagógicos do esporte educacional* — lutas — volume 1: aspectos pedagógicos das lutas e as vivências múltiplas em jogos de luta e atividades de oposição dirigida. Curitiba: CRV, 2022.

TEIXEIRA, Antonio Claudio Engelke Menezes. Esporte e violência no jiu-jitsu: o caso dos pitboys. 2008, p. 18. DOI https://doi.org/10.17771/PUCRio.acad.11860. Disponível em: https://www.maxwell.vrac.puc-rio.br/projetosEspeciais/ETDs/consultas/conteudo.php?strSecao=resultado&nrSeq=11860@1#:~:text=Resumo%3A,brigas%20e%20atos%20de%20vandalismo. Acesso em: 16 nov. 2023.

Sites consultados

ROUSSEAU, James. In: Yasuhiro Konishi. *Finding Karate*: Journey of a Karateka. 25 jan. 2023. Disponível em: http://findingkarate.com/wordpress/yasuhiro-konishi/. Acesso em: 31 dez. 2023.

10 Guam Code §§ 62100 – 62106. 2022 Guam Statutes Title 10 – Health & Safety Division 3 – Public Safety Chapter 62 – Karate and Judo Experts: Guam Code. In: Justia: US Law. 2022. Disponível em: https://law.justia.com/codes/guam/2022/title-10/division-3/chapter-62/#:~:text=Effect%20of%20Registration.-,%C2%A7%2062100.,of%20Revenue%20and%20Taxation. Acesso em: 31 dez. 2023.

Era Digital no Futebol Brasileiro: Tecnologia, Segurança e Direito na Perspectiva da Proteção de Dados

Fernando Bonilha Silva

1. Introdução

O esporte é um fenômeno único, capaz de unir pessoas de diferentes origens, etnias, crenças, servindo como uma poderosa ferramenta de inclusão e coesão social em escala global e, de maneira significativa, no Brasil. Entre as mais diversas modalidades, o futebol se destaca como uma das mais populares e emocionantes do mundo, impactando profundamente os âmbitos social, cultural e econômico de um país. Atualmente, o futebol está no centro de uma revolução sem precedentes, impulsionada pela adoção de tecnologias digitais avançadas, o que reforça sua posição como líder no mundo esportivo em inovação e engajamento.

No Brasil, a evolução dos esportes, e especialmente a do futebol, tem sido marcada por significativa trajetória, culminando na sua expressa inclusão na Constituição Federal do Brasil de 1988. Essa inclusão não apenas reafirmou o futebol, mas elevou o esporte, de modo geral, a um patamar de direito constitucional, integrando-o de forma indelével ao arcabouço jurídico nacional. Esse ato reflete o reconhecimento da relevância do esporte como um pilar fundamental da identidade e do bem-estar social brasileiros.

Reconhecendo a importância de incorporar formalmente o esporte ao texto constitucional, o legislador brasileiro reconhece sua significância fundamental e evidencia a necessidade de legislação que se adapte continuamente, capaz de acompanhar a velocidade e a complexidade desse setor. Tal abordagem legislativa busca assegurar o desenvolvimento do esporte, em todas as suas facetas. Ela destaca o empenho em estabelecer um arcabouço jurídico complexo e dinâmico, por meio de leis específicas que regulamentam de forma eficaz o domínio esportivo, garantindo que os benefícios do esporte e, especialmente do futebol, continuem sendo fontes de inspiração e união para a sociedade. Assim, reflete-se a abrangência e complexidade do desporto, reafirmando seu papel essencial na promoção social.

Com o avanço contínuo da tecnologia, é evidente que o mundo futebolístico está se adaptando a esse novo cenário. Esse movimento de mudança gera diversas opiniões. Por um lado, alguns torcedores mais tradicionalistas expressam nostalgia, relembrando tempos em que o futebol, segundo eles, era "melhor" antes da intensa comercialização e envolvimento financeiro. Esses saudosistas muitas vezes veem com ceticismo a crescente monetização do esporte.

No entanto, como Rodrigo Capelo habilmente discute em seu livro, é essencial reconhecer o esporte, e particularmente o futebol, como um importante motor econômico.(1) O futebol não é apenas uma paixão nacional; ele também é capaz de influenciar significativamente o Produto Interno Bruto (PIB) de um país. O engajamento dos torcedores, combinado com as várias fontes de receita geradas pelo esporte — desde direitos de transmissão até *merchandising* —, atesta o poder econômico do futebol. O entusiasmo e o fanatismo dos brasileiros pelo futebol não são apenas uma característica cultural, mas também um fenômeno que impulsiona a economia de maneiras diversas e significativas:

> [...] Para citar Nelson Rodrigues, corresponderia, talvez, à visão do "idiota da objetividade" adaptada ao futebol moderno. O indivíduo que olha para o clube e não vê nada além de um veículo para satisfazer interesses econômicos. Há muito mais do que mercantilismo em uma atividade humana com a qual as pessoas se envolvem de maneira tão passional. [...](2)

Portanto, enquanto o romantismo do futebol "das antigas" tem seu lugar na memória dos torcedores, a realidade contemporânea do esporte como uma influente força econômica não pode ser negligenciada. O futebol moderno, impregnado de inovações tecnológicas e estratégias comerciais, reflete a dinâmica e a complexidade do mundo atual.

Exemplificando, os clubes de futebol que, historicamente, eram geridos de maneira questionável por dirigentes tradicionais, atualmente estão se adaptando às novas demandas do mercado esportivo. Essa adaptação transcende a nova atrativa possibilidade da transformação de um clube de futebol do modelo associativo ("Associação Civil") para clube-empresa ("SAF"), com a introdução da Lei n. 14.193/21 ("Lei da SAF"), que tem uma redação mais benéfica para essa transição, englobando também uma gestão mais integrada e alinhada com as necessidades contemporâneas.

---

(1) CAPELO, Rodrigo. *O futebol como ele é:* as histórias dos clubes brasileiros, investigadas em seus meandros políticos e econômicos, explicam como e por que se ganha (e se perde) neste jogo. Campinas, SP: Editora Grande Área, 2021. p. 13.

(2) *Idem*.

Além dessa, ao redor do mundo, pode-se analisar uma revolução tecnológica desportiva. Como mencionado acima, o universo do futebol tem se manifestado de maneiras diversas e inovadoras, refletindo um amplo espectro de avanços.

Uma dessas inovações se apresentou no México, quando a Corona realizou uma campanha, chamada *Corona Jersey Pay*, com o Club América (México), que permitiu uma forma de pagamento integrada às camisetas dos clubes de futebol. Essa tecnologia permite que os torcedores façam compras usando simplesmente a camiseta de futebol do seu time favorito, combinando moda e funcionalidade de uma maneira nunca vista antes.(3)

Igualmente, ao redor do mundo, há alguns *cases* interessantíssimos do uso da tecnologia. Como se sabe, a Inteligência Artificial (IA) está revolucionando a maneira como os clubes gerenciam o desempenho de suas equipes. Sistemas *softwares* baseados em IA analisam uma grande quantidade de dados em tempo real, desde a saúde e condição física dos jogadores até padrões táticos durante as partidas. Essas análises permitem que os técnicos tomem decisões mais informadas e estratégicas, melhorando assim a eficácia dos treinamentos e a *performance* nos jogos, como é possível ver o trabalho da *Infinite Athlete* com o Chelsea (Inglaterra).(4)

Outro avanço notável é a implementação de *QR code* em várias funções dentro do esporte. Esses códigos podem ser usados para uma variedade de propósitos, como a rápida compra de ingressos, acesso a informações exclusivas sobre jogadores e clubes de futebol, e até mesmo na própria camisa do clube com o intuito de promover o *marketing* orgânico, tudo isso para aprimorar a interatividade dos torcedores durante os eventos.(5)

Algumas das inovações tecnológicas, ao mesmo tempo que prometem melhorar significativamente a segurança nos estádios e enriquecer a experiência dos torcedores, também trazem à tona questões jurídicas relevantes.

A principal preocupação reside na privacidade e proteção de dados pessoais dos envolvidos. Com o aumento do uso de tecnologias que coletam e processam grandes volumes de dados, os clubes e organizações esportivas enfrentam o desafio de garantir que essas informações sejam utilizadas de forma ética e estejam em conformidade com a Lei Geral de Proteção de Dados (Lei n. 13.709/18).

---

(3) COMMERCE MEXICO, VMLY&R. Jersey Pay. México, 2023. Disponível em: https://www.dandad.org/awards/professional/2023/236745/jersey-pay/. Acesso em: 17 jan. 2024.

(4) FOOTBALL CLUB, CHELSEA. *Infinite Athlete*. Londres, Inglaterra. 2023. Disponível em: https://www.chelseafc.com/en/infinite-athlete. Acesso em: 19 jan. 2024.

(5) UOL ESPORTE, UOL. "Rival do Flamengo na Copinha usa uniforme com QR Code". São Paulo, 2024. Disponível em: https://www.uol.com.br/esporte/futebol/ultimas-noticias/2024/01/05/rival-do-flamengo-usa-uniforme-com-qr-code-na-copinha-veja.htm?cmpid=copiaecola. Acesso em: 16 jan. 2024.

2. Tecnologias inovadoras no futebol

Como mencionado anteriormente, a tecnologia desempenha um papel fundamental no futebol, não só durante as partidas, mas também em sua gestão e segurança. O esporte "bretão" tem incorporado ativamente inovações tecnológicas em diversos aspectos.

2.1. No Brasil

No Brasil, um marco significativo ocorreu em 2018, durante a Copa do Brasil, com a introdução do *Video Assistant Referee* (*VAR*) nos campeonatos nacionais.(6) Apesar das opiniões divididas entre os torcedores sobre o uso desse equipamento eletrônico, é indiscutível que o *VAR* reduziu significativamente a margem de erros de arbitragem nas partidas.

Outra evolução considerável aconteceu em 2022. Uma inovação pioneira veio do Internacional de Limeira, que implementou uma nova tecnologia, permitindo aos torcedores acessarem o estádio com a camisa do clube funcionando como "ingresso".(7) Desenvolvida pelos irmãos Calucho Jamelli e Paulo Jamelli, essa inovação promete transformar o mercado no Brasil. O *chip* implantado na camisa, uma complexa inovação da *Total Player* em parceria com a *Alluri Sports* e a Companhia Ipiranga de Futebol, simplifica o acesso ao estádio e já foi adotado no Campeonato Paulista.

O CEO do Internacional de Limeira, Thiago Gasparino, acolheu com entusiasmo essa nova tecnologia, destacando a agilidade e o conforto proporcionados ao torcedor. O sistema, nomeado *Future Pass*, não se limita apenas ao futebol, mas tem o potencial de ser utilizado em outras modalidades esportivas e eventos diversos, como *shows* e eventos corporativos. Devido ao seu uso prático e versátil, seu criador, Calucho Jamelli, promete que o sistema será adotado amplamente devido à sua facilidade e eficiência:

> "A praticidade na operação é um grande destaque, já que a pessoa precisa somente de sua camisa para acessar o local. E apesar de nosso DNA ser o esporte, o chip pode ser implantado em qualquer peça. Pensando nisso, temos um produto pronto para ser utilizado em uniformes escolares, em trajes de empresas para controle de ponto, em itens para um camarote exclusivo em um show, e até mesmo no carnaval, como em um abadá."(8)

---

(6) GLOBOESPORTE. "VAR estreia em torneios nacionais nesta quarta; veja como o árbitro de vídeo pode ser usado". São Paulo, 2018. Disponível em: https://ge.globo.com/sp/futebol/copa-do-brasil/noticia/var-estreia-no-brasil-nesta-quarta-veja-como-o-arbitro-de-video-pode-ser-usado.ghtml. Acesso em: 28 jan. 2024.

(7) LANCE. Com tecnologia inovadora, torcedores passam a acessar estádio com a camisa como 'ingresso'. *Lance*, Brasil, 30 jan. 2022. Disponível em: https://www.terra.com.br/esportes/futebol/com-tecnologia-inovadora-torcedores-passam-a-acessar-estadio-com-a-camisa-como-ingresso,a00862bdffdbf6b50c465b090d5992af6jdw6ppa.html?utm_source=clipboard. Acesso em: 19 jan. 2024.

(8) *Idem*.

Além do *VAR*, da camisa como ingresso, mais um avanço tecnológico relevante ocorreu durante esse mesmo período, entre 2022 e 2023. Diversos clubes brasileiros como Goiás, Vasco, Atlético-MG e Palmeiras começaram a implementar sistemas de reconhecimento facial nos estádios.(9)

Essa tecnologia tem sido uma ferramenta valiosa na identificação de indivíduos envolvidos em atividades criminosas, contribuindo para a prevenção de violência, coibição da venda ilegal de ingressos e, consequentemente, aumento da segurança nos eventos esportivos.

Em setembro de 2023, a CBF e o governo federal assinaram um acordo,(10) por meio de um projeto denominado "Estádio Seguro", para tentar aumentar a segurança nos estádios. O clube que aderir terá que adotar medidas para monitorar os dados dos torcedores desde a venda dos ingressos até o acesso às arquibancadas.

Um exemplo disso aconteceu com o Vasco da Gama, que, para voltar a jogar em São Januário com o apoio da torcida após uma punição, fez um Termo de Ajustamento de Conduta (TAC), comprometendo-se a instalar um sistema de reconhecimento facial de torcedores logo nas catracas. O Atlético Mineiro aderiu à mesma ferramenta nas catracas do novo estádio desde julho de 2023. A tecnologia também já é utilizada no estádio do Palmeiras, desde janeiro de 2023. O monitoramento ajudou a Secretaria de Segurança Pública de São Paulo a identificar 28 criminosos, que foram presos em quatro jogos. Outra prisão foi feita graças ao reconhecimento facial de um torcedor do Flamengo, suspeito de jogar uma garrafa que atingiu e matou uma palmeirense durante uma confusão entre torcidas no entorno da Allianz Parque.

O reconhecimento facial, já em uso no estádio do Goiás desde outubro de 2022, exige um cadastro prévio dos torcedores e tem sido eficaz em barrar o acesso de pessoas proibidas de entrar no estádio, explicou Paulo Rogério Pinheiro, presidente do Goiás:(11)

> "Em primeira mão, o Ministério da Justiça nos procurou. No jogo contra o Vasco, vai estar todo mundo do Ministério da Justiça, Polícia Federal e demais envolvidos para entender como funciona isso tudo, porque eles querem que o Goiás seja o clube parceiro deles para desenvolver todo um projeto para 2025, junto com a CBF."

(9) JORNAL HOJE, Globo. "Clubes da Série A do Brasileirão começam a aderir ao reconhecimento facial nas portas dos estádios". Brasil, 2023. Disponível em: https://g1.globo.com/jornal-hoje/noticia/2023/10/18/clubes-da-serie-a-do-brasileirao-comecam-a-aderir-ao-reconhecimento-facial-nas-portas-dos-estadios.ghtml. Acesso em: 18 jan. 2024.

(10) CBF, Assessoria. "CBF e Ministério da Justiça assinam acordo de cooperação para implantação do Projeto Estádio Seguro". Brasil, 2023. Disponível em: https://www.cbf.com.br/a-cbf/informes/index/cbf-e-mini-assinam-acordo-de-cooperacao-para-implantacao-do-projeto-e. Acesso em: 2 fev. 2024.

(11) JORNAL HOJE, Globo. *Op. cit.*

Essas inovações tecnológicas no futebol brasileiro refletem uma evolução importante do esporte, mostrando como a integração de novas tecnologias pode melhorar a experiência tanto dos jogadores quanto dos torcedores, garantindo um ambiente mais seguro e justo para todos.

Em 2024, foi a vez de o Clube São José do Rio Grande do Sul inovar. O clube gaúcho, que enfrentou o Flamengo, estreou na Copinha(12) com um uniforme com *QR Code* na estampa.(13) O clube de Porto Alegre utilizou uma camisa com *design* xadrez, com *QR Code* no lugar dos quadrados azuis. O modelo, lançado em 2023, também é utilizado pelo time profissional. O intuito de demonstrar o *QR Code* é apresentar uma nova forma de *marketing* desportivo em rede nacional, pois no momento em que direciona a câmera do celular para a imagem, tem-se o redirecionamento para o perfil do clube no Instagram.

2.2. No mundo

No mundo, também, está acontecendo uma evolução significativa com a tecnologia. A Corona, cerveja de origem mexicana da empresa belga-brasileira Anheuser-Busch InBev, após realizar uma pesquisa, identificou uma queda nas vendas de cerveja nas proximidades do estádio Azteca, na Cidade do México, onde patrocina o Club América do México.(14) Esse fato ocorreu devido aos frequentes furtos e roubos sofridos pelos torcedores dentro e fora dos estádios, levando-os a deixar celulares e carteiras em casa, privando-se assim da oportunidade de comprar cerveja durante os jogos, levando apenas o documento pessoal.

A solução para esse problema recebeu o nome de *Jersey Pay* (pagamento pela camisa) e foi desenvolvida em parceria com a VMLY&R Commerce. Essa solução consiste na integração de um *chip* discreto atrás do escudo das camisas dos torcedores, conectado às suas carteiras digitais. Durante os jogos, o pagamento é realizado simplesmente escaneando o escudo da camisa.

---

(12) A Copa São Paulo de Futebol Júnior, conhecida como Copinha, é um torneio de futebol masculino juvenil no Brasil, organizado pela Federação Paulista de Futebol (FPF) desde 1969, envolvendo clubes nacionais e, por vezes, estrangeiros. Inicialmente chamada de Taça São Paulo de Juvenis, a competição foi renomeada em 1981 para a categoria Juniores com limite de idade de 20 anos, sendo anteriormente gerida pela Prefeitura de São Paulo. Desde 1971, abriu-se para equipes de todo o país, tornando-se vital para revelar novos talentos do futebol. Realizada anualmente em janeiro, com a final no dia 25 (aniversário de São Paulo), no Pacaembu, a Copinha sofreu alterações no regulamento ao longo dos anos, com a FPF ajustando a categoria para Sub-18 em 2010 e retornando para Sub-20 em 2013. Desde 2021, permite até três jogadores de até 21 anos. O regulamento especifica que a idade mínima dos atletas é de 15 anos.

(13) UOL ESPORTE, UOL. "Rival do Flamengo na Copinha usa uniforme com QR Code". São Paulo, 2024. Disponível em: https://www.uol.com.br/esporte/futebol/ultimas-noticias/2024/01/05/rival-do-flamengo-usa-uniforme-com-qr-code-na-copinha-veja.htm?cmpid=copiaecola. Acesso em: 21 jan. 2024.

(14) COMMERCE MEXICO, VMLY&R. Jersey Pay. México, 2023. Disponível em: https://www.dandad.org/awards/professional/2023/236745/jersey-pay/. Acesso em: 20 jan. 2024.

Desde sua implementação em abril de 2022, durante o jogo entre o Club América e o Juarez pela Liga Mexicana, o *Jersey Pay* impulsionou as vendas da Corona nos estádios, registrando um aumento de 35% na primeira semana, com mais de 30 mil *chips* integrados às camisas nesse período, segundo informações da VMLY&R Commerce. Ou seja, foi integrada a tecnologia RFID em camisetas de futebol, ela permite aos torcedores pagarem por produtos e serviços de maneira rápida e segura, melhorando significativamente a experiência do usuário.

A parceria entre Corona e VMLY&R Commerce tem sido elogiada por sua inovação e pelo impacto positivo na experiência dos torcedores, abrindo novas possibilidades de interação entre marcas e consumidores. Talvez não seja apenas no setor de bebidas que esse serviço possa ser implementado, mas em todas as compras possíveis nos estádios (camisas do clube, comida e estacionamento).

Além disso, a Inteligência Artificial (IA) tem se tornado uma ferramenta revolucionária no mundo dos esportes, oferecendo possibilidades antes inimagináveis para aprimorar tanto a experiência dos fãs quanto o desempenho dos atletas. Para clubes como o Chelsea, a incorporação da IA, por meio de iniciativas como o patrocínio da *Infinite Athlete*, representa uma oportunidade sem precedentes de ganhar vantagem competitiva.

O Chelsea, atualmente com a ajuda da *Infinite Athlete*, poderá analisar em detalhes o desempenho dos jogadores durante os jogos. Isso inclui aspectos como padrões de movimento, eficácia em diferentes táticas e respostas físicas e psicológicas sob pressão. Essas análises permitem aos treinadores e jogadores ajustarem estratégias e treinamentos de forma mais eficaz. Segundo a *Infinite Athlete*, ela é capaz de identificar padrões que indicam um risco aumentado de lesões, permitindo intervenções preventivas. Isso é crucial para manter jogadores-chave disponíveis durante toda a temporada, bem como, segundo informações da patrocinadora master do Chelsea, seu sistema pode acompanhar o progresso dos jogadores ao longo do tempo, fornecendo dados essenciais para o desenvolvimento individualizado dos atletas. Isso é especialmente útil nas academias de jovens, onde o potencial pode ser maximizado.

Outrossim, com tecnologias como a *MVX*, da *Infinite Athlete*, os fãs dos "*Blues*" podem personalizar suas experiências de visualização, escolhendo as informações que desejam ver durante as transmissões dos jogos. Isso não apenas aumenta o engajamento, mas também atrai um público mais amplo e diversificado.

A *Infinite Athlete* também promete que seu *software* poderá ser usado para analisar os pontos fortes e fracos dos adversários, fornecendo *insights* valiosos para a preparação de jogos. Essa análise detalhada pode dar ao Chelsea uma vantagem tática significativa.

Em resumo, a IA está redefinindo o futebol moderno. A IA abre caminho para experiências totalmente personalizadas para os fãs, desde a compra de ingressos até interações durante o jogo. Isso fortalece a lealdade dos fãs e aumenta a base de fãs global do

Chelsea, e adotar essa tecnologia não apenas melhora a experiência dos fãs e o desempenho em campo, mas também posiciona o clube na vanguarda da inovação esportiva global.

3. Desafios jurídicos e éticos à luz da LGPD

Conforme destacado previamente, embora as inovações tecnológicas apresentem um potencial significativo para impulsionar o avanço do esporte, elas igualmente suscitam importantes questões jurídicas, especialmente no que tange à privacidade e à proteção de dados pessoais dos indivíduos envolvidos. Diante da crescente adoção de tecnologias capazes de coletar e processar vastos volumes de informações, clubes e entidades esportivas veem-se diante do desafio de assegurar a utilização ética desses dados, garantindo sua conformidade com a Lei Geral de Proteção de Dados (Lei n. 13.709/2018).

A Lei Geral de Proteção de Dados (LGPD), a Lei n. 13.709/2018, inspirada na *General Data Protection Regulation* (*GDPR*) da União Europeia, inaugura uma era transformadora no manejo de dados pessoais no Brasil. A referida lei visa principalmente proteger os direitos fundamentais à liberdade e privacidade, estabelecendo normas para o tratamento de dados pessoais, incluindo etapas desde a coleta até o compartilhamento e armazenamento desses dados.

A Lei Geral de Proteção de Dados Pessoais (LGPD) confere, em seu art. 11, especial proteção aos denominados dados sensíveis, que englobam, *inter alia*, elementos biométricos, impondo rigorosas restrições ao seu processamento em razão de sua intrínseca sensibilidade. Os dados biométricos, em virtude de sua capacidade distintiva de identificar univocamente os sujeitos, requerem atenção especializada e reforçada, considerando o elevado potencial de intrusão na esfera privada do indivíduo e o consequente risco de abusos, consoante o referido art. 11 da lei:

> LEI N. 13.709, DE 14 DE AGOSTO DE 2023
>
> (...)
>
> "Art. 11. O tratamento de dados pessoais sensíveis somente poderá ocorrer nas seguintes hipóteses:
>
> I – quando o titular ou seu responsável legal consentir, de forma específica e destacada, para finalidades específicas;
>
> II – sem fornecimento de consentimento do titular, nas hipóteses em que for indispensável para:
>
> *a)* cumprimento de obrigação legal ou regulatória pelo controlador;
>
> *b)* tratamento compartilhado de dados necessários à execução, pela administração pública, de políticas públicas previstas em leis ou regulamentos;
>
> *c)* realização de estudos por órgão de pesquisa, garantida, sempre que possível, a anonimização dos dados pessoais sensíveis;

d) exercício regular de direitos, inclusive em contrato e em processo judicial, administrativo e arbitral, este último nos termos da Lei n. 9.307, de 23 de setembro de 1996 (Lei de Arbitragem);

e) proteção da vida ou da incolumidade física do titular ou de terceiro;

f) tutela da saúde, em procedimento realizado por profissionais da área da saúde ou por entidades sanitárias; ou

f) tutela da saúde, exclusivamente, em procedimento realizado por profissionais de saúde, serviços de saúde ou autoridade sanitária; ou

g) garantia da prevenção à fraude e à segurança do titular, nos processos de identificação e autenticação de cadastro em sistemas eletrônicos, resguardados os direitos mencionados no art. 9º desta Lei e exceto no caso de prevalecerem direitos e liberdades fundamentais do titular que exijam a proteção dos dados pessoais."

Adicionalmente, outro ponto passível de reflexão é o equilíbrio estabelecido pela LGPD entre a salvaguarda da privacidade, o progresso tecnológico e o crescimento econômico. As inovações tecnológicas, exemplificadas pelo reconhecimento facial, ilustram o dilema entre os benefícios de segurança e eficiência e as consideráveis inquietações quanto à privacidade e ao consentimento.

Nesse contexto, a legislação, em seus arts. 37 a 41, delineia os procedimentos para a coleta e gestão de dados pessoais por entidades. No âmbito esportivo, especificamente no futebol, observa-se a adoção de medidas similares com a contratação de profissionais especializados em Proteção de Dados (*Data Protection Officer* — *DPO*) pelos clubes, visando assegurar o tratamento adequado das informações.

A incumbência do *DPO*, definida de maneira explícita pela normativa, consiste na supervisão da proteção dos dados pessoais de cidadãos, sejam eles colaboradores da entidade ou terceiros. Destarte, a LGPD impõe a nomeação de um *DPO* pelas instituições que manipulam dados pessoais em grande escala, reforçando o compromisso com a proteção da privacidade:

LEI N. 13.709, DE 14 DE AGOSTO DE 2023

(...)

"Art. 37. O controlador e o operador devem manter registro das operações de tratamento de dados pessoais que realizarem, especialmente quando baseado no legítimo interesse."

"Art. 38. A autoridade nacional poderá determinar ao controlador que elabore relatório de impacto à proteção de dados pessoais, inclusive de dados sensíveis, referente a suas operações de tratamento de dados, nos termos de regulamento, observados os segredos comercial e industrial.

Parágrafo único. Observado o disposto no *caput* deste artigo, o relatório deverá conter, no mínimo, a descrição dos tipos de dados coletados, a metodologia utilizada para a coleta e para a garantia da segurança das informações e a análise do controlador com relação a medidas, salvaguardas e mecanismos de mitigação de risco adotados."

"Art. 39. O operador deverá realizar o tratamento segundo as instruções fornecidas pelo controlador, que verificará a observância das próprias instruções e das normas sobre a matéria."

"Art. 40. A autoridade nacional poderá dispor sobre padrões de interoperabilidade para fins de portabilidade, livre acesso aos dados e segurança, assim como sobre o tempo de guarda dos registros, tendo em vista especialmente a necessidade e a transparência."

"Seção II

Do Encarregado pelo Tratamento de Dados Pessoais

Art. 41. O controlador deverá indicar encarregado pelo tratamento de dados pessoais.

§ 1º A identidade e as informações de contato do encarregado deverão ser divulgadas publicamente, de forma clara e objetiva, preferencialmente no sítio eletrônico do controlador.

§ 2º As atividades do encarregado consistem em:

I – aceitar reclamações e comunicações dos titulares, prestar esclarecimentos e adotar providências;

II – receber comunicações da autoridade nacional e adotar providências;

III – orientar os funcionários e os contratados da entidade a respeito das práticas a serem tomadas em relação à proteção de dados pessoais; e

IV – executar as demais atribuições determinadas pelo controlador ou estabelecidas em normas complementares.

§ 3º A autoridade nacional poderá estabelecer normas complementares sobre a definição e as atribuições do encarregado, inclusive hipóteses de dispensa da necessidade de sua indicação, conforme a natureza e o porte da entidade ou o volume de operações de tratamento de dados."

Dessa maneira, percebe-se que o *DPO* deve ter consciência das formas de obtenção desse dado pessoal do cidadão. Assim sendo, no mundo do esporte bretão, como ensina o professor Oerton Fernandes, a coleta é específica e carregada de várias fases:[15]

> "1. O torcedor compra o ingresso online ou presencialmente, informando seus dados pessoais e cadastrais, e autorizando o tratamento de seus dados biométricos;
>
> 2. O torcedor recebe um código QR ou um token, que contém o seu identificador e o seu ingresso;
>
> 3. O torcedor se dirige ao estádio, onde há câmeras instaladas nas entradas, nas saídas e nas áreas internas;

(15) FERNANDES, Oerton. "Biometria facial nos estádios de futebol: benefícios, riscos e os desafios para a segurança pública e a proteção de dados pessoais". Brasil, 2023. Disponível em: https://www.linkedin.com/pulse/biometria-facial-nos-est%C3%A1dios-de-futebol-benef%C3%ADcios-e-msc-com-or-c0jlf/?originalSubdomain=pt. Acesso em: 20 jan. 2024.

> 4. O torcedor apresenta o seu código QR ou token na catraca, que aciona a câmera para capturar a sua face.
>
> 5. A câmera envia a imagem da face do torcedor para um servidor, que compara a imagem com a base de dados dos torcedores cadastrados e dos torcedores proibidos ou procurados.
>
> 6. O servidor retorna uma resposta positiva ou negativa para a catraca, que libera ou bloqueia a entrada do torcedor, respectivamente.
>
> 7. O servidor também armazena e processa as imagens e os dados dos torcedores, podendo compartilhá-los com os organizadores dos eventos e com as autoridades públicas de segurança, conforme a legislação e os termos de uso."

O avanço tecnológico possibilitou à população brasileira a adoção de sistemas de reconhecimento facial em espaços públicos, incluindo estádios de futebol. Esses sistemas trazem benefícios notáveis, como aprimoramento da segurança e eficácia na gestão de grandes públicos. No entanto, o processamento de dados biométricos, classificados como sensíveis pela LGPD, requer uma análise criteriosa sob a perspectiva da proteção de dados e da privacidade individual.

Um desafio crucial na implementação da biometria facial em estádios é a salvaguarda da privacidade dos indivíduos. A coleta e processamento de dados biométricos frequentemente ocorrem sem um consentimento explícito e informado, uma exigência essencial da LGPD. O jurista Rodrigo Vianna afirma:(16)

> "Não se pode negar que a leitura biométrica tem diversas vantagens, tais como auxiliar na segurança de espaços, agilidade em identificações de pessoas. Câmeras de monitoramento, por exemplo, conectadas a sistemas de reconhecimento facial para melhorar a segurança pública, ou mesmo de empresas privadas, são muito importantes. No entanto, há questionamentos sobre as vulnerabilidades deste tipo de sistema. Aliás, com o advento da LGPD, tendo em vista o seu potencial de restrição à liberdade individual, de violação da privacidade e de uso para fins discriminatórios, esta análise ganhou ainda mais força.
>
> A rigor, o uso da tecnologia encontra fundamento no inciso II, "*g*", art. 11, da LGPD, que autoriza o tratamento de dados pessoais sensíveis para a garantia da prevenção à fraude e à segurança do titular, nos processos de

(16) VIANNA, Rodrigo. "LGPD e reconhecimento facial nos estádios: importância e vulnerabilidade". Brasil, 2023. Disponível em: https://www.conjur.com.br/2023-nov-04/opiniao-lgpd-reconhecimento-facial-estadios-futebol/. Acesso em: 17 jan. 2024.

> identificação e autenticação de cadastro em sistemas eletrônicos, exceto no caso de prevalecerem direitos e liberdades fundamentais do titular que exijam a proteção dos dados pessoais."

A falta de transparência quanto à finalidade, armazenamento e utilização desses dados eleva o risco de seu uso indevido ou vazamento.

Assim sendo, embora haja vantagens em termos de segurança, os sistemas de reconhecimento facial apresentam vulnerabilidades, incluindo a violação da privacidade e o potencial uso discriminatório dos dados. Tais preocupações desafiam os princípios da LGPD, em especial as restrições à liberdade individual e a potencial violação da privacidade.

A nova Lei Geral do Esporte (Lei n. 14.597/2023) é um passo importante no alinhamento com a LGPD, focando no uso ético e seguro dos dados coletados nos estádios de futebol. Ela realça a necessidade de comunicação clara aos torcedores sobre o uso de seus dados, consoante o seu art. 148:

> LEI N. 14.597, DE 14 DE JUNHO DE 2023
>
> (...)
>
> "Art. 148. O controle e a fiscalização do acesso do público a arena esportiva com capacidade para mais de 20.000 (vinte mil) pessoas deverão contar com meio de monitoramento por imagem das catracas e com identificação biométrica dos espectadores, assim como deverá haver central técnica de informações, com infraestrutura suficiente para viabilizar o monitoramento por imagem do público presente e o cadastramento biométrico dos espectadores.
>
> Parágrafo único. O disposto no caput deste artigo deverá ser implementado no prazo máximo de até 2 (dois) anos a contar da entrada em vigor desta Lei."

No dia 10 de janeiro de 2024, a Comissão do Esporte da Câmara dos Deputados aprovou o Projeto de Lei n. 2.745/23,(17) que estabelece diretrizes para o uso da tecnologia de reconhecimento facial em estádios de futebol e arenas esportivas.(18) O Projeto de Lei altera uma parte específica da redação da Lei Geral do Esporte, assim, o reconhecimento facial deverá ser implementado no prazo máximo de até dois anos a contar da entrada em vigor da futura norma. Atualmente, a Lei n. 14.597/2023 exige a adoção da medida já em 2025, como se pode analisar no art. 148, parágrafo único.

---

(17) CAMBALE, Rodrigo. Câmara dos Deputados – Projeto de Lei n. 2.745/23, 23 de maio de 2023: "Institui obrigatoriedade a todos os estádios de futebol, ginásios, arenas e demais locais de competições de esportes profissionais, credenciados para realização de jogos/competições oficiais a implementação de tecnologia de câmeras e sistemas de videomonitoramento com reconhecimento facial ou não".

(18) BRASIL, Câmara dos Deputados. "Comissão aprova projeto de lei que define diretrizes para o uso de reconhecimento facial em estádios". Brasil, 2024. Disponível em: https://www.camara.leg.br/noticias/1030878-comissao-aprova-projeto-de-lei-que-define-diretrizes-para-o-uso-de-reconhecimento-facial-em-estadios/. Acesso em: 18 jan. 2024.

Segundo o deputado Rodrigo Gambale,(19) autor da proposta, o reconhecimento facial ajudará na elucidação de crimes:

> "Um dos problemas que temos é quanto à identificação de quem comete atos de vandalismo e de racismo nos estádios."

Contudo, as vantagens da biometria facial em estádios, como a melhoria da segurança e a prevenção de fraudes, devem ser equilibradas com os riscos à privacidade e segurança dos dados. A tecnologia não é isenta de falhas, e preocupações sobre identificações incorretas e uso inadequado dos dados coletados são pertinentes.

O futuro do reconhecimento facial, especialmente em espaços públicos como estádios, requer um debate contínuo e profundo. Legisladores, empresas, grupos de defesa da privacidade e o público devem colaborar para assegurar que os benefícios dessa tecnologia sejam colhidos sem comprometer direitos e liberdades fundamentais.

Ao implementar sistemas de reconhecimento facial, clubes de futebol e organizadores de eventos devem assegurar a conformidade com a LGPD. Isso implica estabelecer sistemas adequados de gestão de dados, comunicar de forma clara aos torcedores as práticas de coleta e uso de dados, e garantir mecanismos para o exercício dos direitos dos titulares dos dados.

Essa abordagem colaborativa e cuidadosa é essencial para harmonizar os avanços tecnológicos com o respeito à privacidade e aos direitos individuais, assegurando um futuro em que a tecnologia sirva ao bem-estar e à segurança de todos.

4. O papel do Estado e a regulamentação do uso de dados biométricos

O papel do Estado como ente regulador e promotor de práticas tecnológicas sustentáveis é fundamental. A adoção de sistemas de reconhecimento facial nos estádios, por exemplo, deve ser criteriosamente alinhada às políticas públicas que garantam a salvaguarda dos direitos individuais, em estrita observância às legislações de proteção de dados vigentes.

No entanto, é preciso reconhecer os desafios que emergem da aplicação dessas inovações, particularmente no que tange à segurança em ambientes esportivos. Embora a intenção legislativa ao introduzir mecanismos de identificação biométrica nos estádios seja louvável, visando reforçar a segurança dos torcedores, enfrenta-se um obstáculo pragmático.

---

(19) BRASIL, Câmara dos Deputados. "Comissão aprova projeto de lei que define diretrizes para o uso de reconhecimento facial em estádios". Brasil, 2024. Disponível em: https://www.camara.leg.br/noticias/1030878-comissao-aprova-projeto-de-lei-que-define-diretrizes-para-o-uso-de-reconhecimento-facial-em-estadios/. Acesso em: 18 jan. 2024.

A maioria dos clubes de futebol brasileiros carece de recursos financeiros necessários para a implementação efetiva dessas tecnologias, conforme estabelecido pela Lei n. 14.597/2023. Assim, esse cenário expõe um descompasso entre a legislação e a realidade financeira dessas entidades desportivas, resultando em uma adesão subótima às normativas desportivas.

Diante das circunstâncias, torna-se imperativo explorar mecanismos alternativos de financiamento e parcerias estratégicas que possibilitem aos clubes de futebol brasileiros não apenas aderir às exigências legais, mas também avançar no uso de tecnologias inovadoras de forma sustentável e segura.

Uma abordagem complexa, envolvendo a colaboração entre o setor público, privado e organizações não governamentais, pode ser uma alternativa viável, através de incentivos fiscais, financiamento coletivo, parcerias tecnológicas, investimentos diretos, entre outras.

Além da boa intenção do Projeto de Lei n. 2.745/23, sobre o uso de reconhecimento facial, o legislador poderia desenvolver algum marco que possibilitasse abordar as especificidades de cada entidade desportiva, permitindo a adaptação às novas tecnologias de forma progressiva e em consonância com suas capacidades financeiras e estruturais, bem como a criação de um fundo de desenvolvimento tecnológico desportivo, gerido em colaboração entre o governo e as federações esportivas, pode ser uma medida eficaz para distribuir recursos de maneira equitativa e focada nas necessidades específicas de cada clube.

Por fim, a conscientização e a educação sobre a importância da proteção de dados e privacidade dentro do contexto esportivo devem ser ampliadas. Os programas de treinamento e capacitação de gestores esportivos, atletas e torcedores sobre as melhores práticas de segurança da informação e conformidade legal são essenciais para criar um ambiente esportivo que respeite os direitos individuais enquanto se beneficia das inovações tecnológicas.

5. Conclusão

A incorporação de tecnologias digitais no universo do futebol é um passo inovador que promete revolucionar a experiência nos estádios. Contudo, é essencial que essa transição seja acompanhada por uma reflexão e adaptação às normativas legais vigentes, principalmente no que diz respeito à privacidade e à proteção de dados pessoais. A evolução da legislação e a conscientização dos clubes e entidades envolvidas são fundamentais para assegurar que os benefícios da tecnologia não comprometam os direitos e liberdades individuais, construindo assim um ambiente de futebol mais seguro, agradável e responsável.

A integração de tecnologias avançadas no universo do futebol tem o potencial de enriquecer a experiência dos torcedores, otimizar o desempenho dos atletas e, em última análise, transformar a gestão e o *marketing* dos clubes. Contudo, essa evolução traz consigo uma complexidade jurídica significativa, particularmente em relação à Lei Geral de Proteção de Dados Pessoais (LGPD), conforme incorporado pela Emenda Constitucional n. 115/2022, que organiza e fiscaliza a proteção e o tratamento de dados pessoais.

A proteção de dados pessoais, especialmente dados sensíveis como biométricos, exige uma abordagem equilibrada, que considere tanto as vantagens em termos de segurança e eficiência quanto os riscos para a privacidade e liberdades individuais. Os clubes e organizadores de eventos devem estar atentos às suas responsabilidades jurídicas e éticas, garantindo que a implementação dessas tecnologias seja feita de forma transparente, segura e respeitosa aos direitos dos indivíduos.

Além disso, o papel do Estado é importantíssimo, como regulador que garante as práticas tecnológicas, o alinhamento às normativas vigentes, além de promover um equilíbrio entre segurança, privacidade e inovação. Novamente, a lacuna entre a legislação e a capacidade financeira dos clubes para implementar as exigências tecnológicas evidencia a necessidade de políticas públicas que ofereçam suporte e diretrizes claras para a transição digital no esporte.

Resumidamente, o futuro no qual o futebol e a tecnologia estarão cada vez mais entrelaçados torna inquestionável a colaboração contínua entre todas os *stakeholders* do mercado para navegar pelas complexidades jurídicas, éticas e técnicas. Esse esforço mútuo não somente protegerá os direitos dos indivíduos, mas também assegurará que o futebol continue evoluindo de forma sustentável e inclusiva, preservando seus princípios básicos.

Referências

BRASIL, Câmara dos Deputados. *Comissão aprova projeto de lei que define diretrizes para o uso de reconhecimento facial em estádios.* Brasil, 2024. Disponível em: https://www.camara.leg.br/noticias/1030878-comissao-aprova-projeto-de-lei-que-define-diretrizes-para-o-uso-de-reconhecimento-facial-em-estadios/. Acesso em: 18 jan. 2024.

CAMBALE, Rodrigo. Câmara dos Deputados. *Projeto de Lei n. 2.745/23, 23 de maio de 2023.* Institui obrigatoriedade a todos os estádios de futebol, ginásios, arenas e demais locais de competições de esportes profissionais, credenciados para realização de jogos/competições oficiais a implementação de tecnologia de câmeras e sistemas de videomonitoramento com reconhecimento facial ou não.

CAPELO, Rodrigo. *O futebol como ele é:* as histórias dos clubes brasileiros, investigadas em seus meandros políticos e econômicos, explicam como e por que se ganha (e se perde) neste jogo. Campinas: Editora Grande Área, 2021. p. 13.

CBF. Assessoria. *CBF e Ministério da Justiça assinam acordo de cooperação para implantação do Projeto Estádio Seguro.* Brasil, 2023. Disponível em: https://www.cbf.com.br/a-cbf/informes/index/cbf-e-mini-assinam-acordo-de-cooperacao-para-implantacao-do-projeto-e. Acesso em: 2 fev. 2024.

COMMERCE MEXICO, VMLY&R. Jersey Pay. México, 2023. Disponível em: https://www.dandad.org/awards/professional/2023/236745/jersey-pay/. Acesso em: 17 jan. 2024.

FERNANDES, Oerton. *Biometria facial nos estádios de futebol:* benefícios, riscos e os desafios para a segurança pública e a proteção de dados pessoais. Brasil, 2023. Dsiponível em: https://www.linkedin.com/pulse/biometria-facial-nos-est%C3%A1dios-de-futebol-benef%C3%ADcios-e-msc-com-or-c0jlf/?originalSubdomain=pt. Acesso em: 20 jan. 2024.

FOOTBALL CLUB, CHELSEA. *Infinite Athlete*. Londres, Inglaterra. 2023. Disponível em: https://www.chelseafc.com/en/infinite-athlete. Acesso em: 19 jan. 2024.

GLOBOESPORTE. Globo. *VAR estreia em torneios nacionais nesta quarta; veja como o árbitro de vídeo pode ser usado*. São Paulo, 2018. Disponível em: https://ge.globo.com/sp/futebol/copa-do-brasil/noticia/var-estreia-no-brasil-nesta-quarta-veja-como-o-arbitro-de-video-pode-ser-usado.ghtml. Acesso em: 28 jan. 2024.

JORNAL HOJE, Globo. *Clubes da Série A do Brasileirão começam a aderir ao reconhecimento facial nas portas dos estádios*. Brasil, 2023. Disponível em: https://g1.globo.com/jornal-hoje/noticia/2023/10/18/clubes-da-serie-a-do-brasileirao-comecam-a-aderir-ao-reconhecimento-facial-nas-portas-dos-estadios.ghtml. Acesso em: 18 jan. 2024.

LANCE, Terra. *Com tecnologia inovadora, torcedores passam a acessar estádio com a camisa como 'ingresso'*. Brasil, 2022. Disponível em: https://www.terra.com.br/esportes/futebol/com-tecnologia-inovadora-torcedores-passam-a-acessar-estadio-com-a-camisa-como-ingresso,a00862bdffdbf6b50c465b090d5992af6jdw6ppa.html?utm_source=clipboard. Acesso em: 19 jan. 2024.

UOL ESPORTE. UOL. *Rival do Flamengo na Copinha usa uniforme com QR Code*. São Paulo, 2024. Disponível em: https://www.uol.com.br/esporte/futebol/ultimas-noticias/2024/01/05/rival-do-flamengo-usa-uniforme-com-qr-code-na-copinha-veja.htm?cmpid=copiaecola. Acesso em: 16 jan. 2024.

VIANNA, Rodrigo. *LGPD e reconhecimento facial nos estádios:* importância e vulnerabilidade. Brasil, 2023. Disponível em: https://www.conjur.com.br/2023-nov-04/opiniao-lgpd-reconhecimento-facial-estadios-futebol/. Acesso em: 17 jan. 2024.

A Influência das Apostas e do Regramento Europeu no Futebol e Legislação Brasileira

Gabriel dos Santos Baptista

1. Introdução

Ao longo dos anos, o esporte mais famoso do mundo passou por diversas mudanças significativas em seus públicos, clubes, regulamentos, campeonatos e patrocinadores. Competições tradicionais tiveram seus formatos alterados para se tornar comercialmente mais atrativas, e países com menor tradição futebolística passaram a sediar torneios e receber massivos incentivos financeiros nas ligas nacionais.

Seguindo a tendência, a FIFA e as federações continentais e nacionais atentaram para essa questão e partiram para a ofensiva. Novas competições foram criadas em diversos continentes, como a UEFA Conference League e a Copa das Nações na Europa, a Supercopa no Brasil, a Finalíssima entre campeões da Copa América e Europa.

Na mesma toada, o mercado publicitário desportivo também passou por mudanças. As grandes multinacionais que tradicionalmente patrocinavam os clubes mais famosos e os campeões, começaram a perder espaço para as casas de apostas, que repentinamente captaram quase todos os clubes das principais séries do campeonato nacional, chegando até a patrocinar competições oficiais e canais televisivos detentores do direito de transmissão.

A influência das casas de apostas no cotidiano futebolístico chegou ao ponto de que atletas profissionais foram descobertos em investigação policial, ao aceitarem participar de esquema prejudicando o próprio clube, os demais colegas de profissão e os torcedores que têm o clube como sua paixão.

Valendo-se do histórico de casos similares nas ligas europeias e influenciado pelo regramento jurídico europeu, o legislador brasileiro precisou agir, regulamentando as casas de apostas visando à proteção desportiva e financeira e criando maiores mecanismos de proteção e fiscalização não só das casas que já operam, mas também dos seus apostadores.

2. As apostas esportivas nas grandes ligas europeias

2.1. Inglaterra

O país inventor do futebol foi um dos primeiros a ter de lidar com o surto e expansão das casas de apostas desportivas para proteger os seus interesses econômicos, esportivos e sociais, a fim de evitar eventual comprometimento de partidas, transferências e campeonatos, que poderiam acarretar a perda de patrocínios e de prestígio mundial com outras federações, além de, principalmente, sanções da entidade máxima do futebol (FIFA).

De início, o regulamento oficial sobre apostas em âmbito de competições nacionais, a FA Betting Guidelines, já explicita a intenção da federação inglesa em preservar a grandeza e beleza do jogo, criando regras sobre apostas no futebol que visem também à integridade e ao futuro do futebol,(1) e segue de maneira clara que tais regras se aplicam a todos os envolvidos diretamente em partidas oficiais — dos jogadores aos juízes e bandeiras — que apostem não só nas partidas em si, mas em todo o ecossistema futebolístico, por meio de informações privilegiadas em razão do cargo que ocupa, como por exemplo: transferências de jogadores ou treinadores.(2)

Jogadores de grandes clubes foram descobertos, investigados e devidamente punidos pela liga, como por exemplo Joey Barton, em 2017, Daniel Sturridge da seleção inglesa e Liverpool, em 2020. Mais recentemente, Ivan Toney, um dos então artilheiros da edição de 2023 da Premier League, foi condenado ao pagamento de 50 mil libras em multa e a 8 meses de suspensão de atividades esportivas profissionais, inclusive treinamento no clube.(3)

Esses atletas foram investigados em diferentes anos e por condutas diversas vedadas pelo regulamento, de vazamento de informação para terceiros apostarem em suas contas com intenção de burlar eventuais denúncias e investigações, apostas em si próprios sobre a marcação de gols na partida do dia, cartões amarelos ou vermelhos recebidos, número final de gols no campeonato e até o clássico do vencedor da partida.

Assim como em uma investigação criminal, a FA poderá solicitar extratos bancários, ligações telefônicas, mensagens de aplicativos, e-mails, e convocação para depoimento dos suspeitos, colegas de trabalho e até familiares para que sanem eventuais dúvidas. Por fim, o regulamento traz punições para os condenados, como multa, podendo passar de suspensão de meses até vitalícia, em casos graves ou recorrência.

---

(1) FA Betting Rules. Know The Rules: Betting, Matching Fixing and Inside Information. *TheFA*. Disponível em: https://www.thefa.com/football-rules-governance/policies/betting-rules. Acesso em: 10 jan. 2024.

(2) FA Betting Rules. Know The Rules: Betting, Matching Fixing and Inside Information. *TheFA*. Disponível em: https://www.thefa.com/football-rules-governance/policies/betting-rules. Acesso em: 10 jan. 2024.

(3) ITATIAIA. "Destaque da Premier League é suspenso por oito meses por violar regras de apostas". *Cnn Brasil*. Disponivel em: https://www.cnnbrasil.com.br/esportes/destaque-da-premier-league-e-suspenso-por-oito--meses-por-violar-regras-de-apostas/. Acesso em: 10 jan. 2024.

O governo do Reino Unido também precisou se movimentar devido aos acontecimentos, na busca de resguardar os cidadãos, o campeonato nacional e até mesmo a própria economia, já que uma eventual desvalorização da liga geraria jogos com menos público e menos dinheiro circulando, criando assim um regulamento geral para o mercado de apostas, inclusive as esportivas, conhecido como Gambling Act 2005, além de um órgão oficial para emitir licenças para os interessados em explorar esse mercado, a British Gambling Commission, que conta com uma área de apoio para a população com vício em jogos.

Um grande temor inicial por parte dos clubes seria a eventual proibição de qualquer tipo de patrocínio direto, os presentes nos uniformes dos atletas ou em ambientes do estádio que possuem maior veiculação midiática, ou indiretos, por meio de comerciais ou ações pontuais, por parte da federação inglesa de futebol ou até mesmo do governo, o que não ocorreu. Até os tempos atuais, as empresas de apostas seguem como patrocinadores principais de clubes tradicionais da Premier League.

O sistema de licenciamento britânico para apostas é um dos mais complexos e detalhados em vigor, diferenciando os tipos de casas, jogos explorados e o meio em que se encontram, sejam virtuais ou físicos, e consequentemente, com regras e valores diversos para emissão das licenças de operação, especificamente sobre as consideradas *"bettings"* via *remote gambling* ou seja, apostas virtuais remotas.

Para solicitar a licença, os interessados deverão cumprir requisitos como: ser maior de idade, especificar as atividades que serão comercialmente exploradas, ter endereço dentro do Reino Unido, apresentar certidão de não condenação em nenhum tipo de crime (Reino Unido, 2005).[4] O regulamento ainda diz que será cobrada uma taxa anual de renovação na data de "aniversário" da licença, ou seja, da concessão, sendo que o valor será estipulado pelo secretário de Estado (Reino Unido, 2005).[5]

Com referência aos valores, o aplicante terá de arcar com a taxa de entrada no momento da inscrição, a primeira anuidade com 30 dias de operação, e após esse período, será cobrada uma taxa anual de renovação na data de "aniversário" da licença, ou seja, da concessão. Embora não haja valores específicos, o *site* da Gambling Commission conta com uma calculadora para auxiliar com os cálculos. (Reino Unido, 2005).[6]

No final de todo o processo, após permitido o funcionamento, as empresas pagam anualmente 15% de taxa GGR (Gross Gaming Revenue), que é calculada conforme o

(4) REINO UNIDO. Gambling Act 2005, UK Public General Acts2005. c. 19 Part 5. Issue Section 69. Disponível em: https://www.legislation.gov.uk/ukpga/2005/19/section/69. Acesso em: 11 jan. 2024.

(5) *Idem.*

(6) COMMISSION, Gambling. *Fees you need to pay and when you should pay them.* Gambling Commission. Disponivel em: https://www.gamblingcommission.gov.uk/licensees-and-businesses/page/fees-you-need-to-pay-and-when. Acesso em: 11 jan. 2024.

montante apostado por todos os usuários, descontados os valores pagos como prêmio pela casa, ou seja, sobre o resultado da receita obtida pelos *sites*, valor menor que o cobrado pelo governo italiano, que é de 22%.[7]

2.2. Itália

Outro membro do continente, a Itália, também enfrentou problemas com seus jogadores e campeonatos. Sabidamente, o histórico de envolvimento da máfia nas mais diversas estruturas do país, da política, polícia, serviços públicos chegou até ao futebol, afinal o esporte mais famoso do mundo não ficaria longe desse terceiro poder, e uma série de resultados levantou essas suspeitas.

Clubes tradicionais foram investigados e severamente condenados. Um dos primeiros registros data de 1927, quando o Torino foi punido por suspeita de "comprar" o jogador do time adversário e chegou a perder o título conquistado; a Udinese perdeu a segunda colocação e foi rebaixada em 1955, e um dos exemplos mais notórios vem de 2006, ano em que a Juventus foi rebaixada para a 2ª divisão com um elenco estrelado.[8]

Anos mais tarde, o Ministério Público italiano, em parceria com as empresas controladoras de casas de apostas em funcionamento no país, encontrou dezenas de *"bets"* de valores elevados em situações muito específicas para apostadores comuns, que tradicionalmente jogam em resultados e não em número exato de gols num jogo.[9]

Uma das medidas tomadas pelo governo, em conjunto com a federação, foi a proibição da veiculação das casas de apostas no campeonato pelas empresas de transmissão, bem como quaisquer tipos de patrocínios para todos os envolvidos no ecossistema do futebol profissional, uma dura medida com impactos financeiros nas equipes, diferentemente da relação inglesa com o assunto.

Ao fim das investigações e do pente fino no futebol do país, a federação italiana aplicou diversas sanções aos infratores identificados. Aqueles considerados pela liga como "beneficiários diretos" perderam pontos no campeonato, chegando a culminar além do rebaixamento no corrente ano, mais uma passagem sem volta ao ostracismo do futebol em nível nacional e, consequentemente, continental.[10]

Os italianos, vítimas de sucessivos escândalos em sua principal liga, incluindo jogadores da Azzurra, correram para se organizar e criar um regulamento nacional para

(7) SCHREIBER, Mariana. "Apostas esportivas: o que mudará para apostadores e empresas com novas regras?" *BBC News Brasil*. Disponível em: https://www.bbc.com/portuguese/articles/cekyr8dn3xlo. Acesso em: 11 jan. 2024.

(8) OLIVEIRA Nelson. "Os tentáculos da máfia e do crime organizado no futebol italiano: o jogo subterrâneo". *Calciopédia*. Disponível em: https://calciopedia.com.br/2018/05/mafia-crime-organizado-futebol-italiano.html. Acesso em: 11 jan. 2024.

(9) *Idem*.

(10) *Idem*.

as apostas desportivas online. Foi estabelecido que as empresas interessadas em atuar no mercado deveriam solicitar e adquirir licença ao órgão regulamentador nacional criado.

Em 2018, o governo italiano, por meio da autoridade responsável pelas comunicações, criou o Decreto 87, mais conhecido como "Decreto pela Dignidade". De forma geral, tratou sobre as formas de publicidade em todo o território nacional, das apostas de qualquer tipo que envolvam pagamento de dinheiro como prêmio, estabelecendo que, a partir da data de publicação do regramento, estariam proibidas a veiculação dos anúncios e propagandas de casas de apostas ou jogos com premiação em dinheiro por todos os meios de comunicação em solo italiano. (Itália, 2018).[11]

> Para explorar o mercado de apostas, e se candidatar a uma das 200 licenças válidas que possuem validade de 9 anos contados da emissão, as empresas e seus aparatos tecnológicos que fazem parte da estrutura de funcionamento, como servidores e hardware, devem estar situadas em algum país membro dos Estados do Espaço Económico Europeu (EEE), estando legalmente constituídas conforme a legislação italiana, comprovar capacidade financeira por pelo menos dois anos da data do pedido da licença, para arcar com custas e seguros com valor de 1 milhão e meio de euros, além do pagamento de taxa única de 300 mil euros acrescidos de IVA. (Itália, 2009)[12]

O código de justiça desportiva da Itália (CGS), no art. 24, além de proibir as apostas, estipulou a necessidade de denúncia imediata por parte daqueles que tivessem conhecimento da infração, sob risco de incorrer na mesma pena do infrator (Itália, 2023).[13] Ademais, não trouxe distinção hierárquica entre os implicados, cabendo a aplicação a todos os envolvidos no ecossistema do futebol, do presidente ao roupeiro.

A abrangência das punições se estende para partidas oficiais da FIFA ou UEFA, e também para as categorias de base e amadores. Em casos de infrações cometidas por pessoas em cargos de direção, a pena base é de pelo menos 3 anos de suspensão e multa mínima de 25 mil euros. Já em casos de omissão ao não informar a liga ou ministério público federal sobre a ilegalidade em andamento, as penas são de a partir de 6 meses de suspensão e multa mínima de 15 mil euros.[14]

(11) ITÁLIA. DECRETO-LEGGE 12 luglio 2018, n. 87. Disponível em: https://www.gazzettaufficiale.it/eli/id/2018/07/13/18G00112/sg. Acesso em: 12 jan. 2024.

(12) ITÁLIA. LEGGE 7 luglio 2009, n. 88. Art 24, Incisos 13, Alínea A e Inciso 15, Alíneas A ao F da Lei n. 88 de 7 de Julho de 2009. Disponível em: https://www.normattiva.it/uri-res/N2Ls?urn:nir:stato:legge:2009-07-07;88. Acesso em: 14 jan. 2024.

(13) ITÁLIA. Codice Di Giustizia Sportiva FIGC Modifica Aggiornato Al 21 Dicembre 2023. Art. 24, Inciso 1. Disponível em: https://www.figc.it/media/221425/codice-di-giustizia-sportiva-figc_modifica_-aggiornato-al-21-dicembre-2023.pdf. Acesso em: 14 jan. 2024.

(14) ITÁLIA. Codice Di Giustizia Sportiva FIGC Modifica Aggiornato Al 21 Dicembre 2023. Art. 24, Incisos 3 e 5. Disponível em: https://www.figc.it/media/221425/codice-di-giustizia-sportiva-figc_modifica_-aggiornato-al-21-dicembre-2023.pdf. Acesso em: 14 jan. 2024.

3. As apostas *online* no futebol brasileiro

3.1. Casos, punições e regulamentação

Acompanhando a tendência do futebol europeu, as grandes ligas brasileiras, seus clubes e torcedores passaram a presenciar a migração das casas de apostas que atuavam no mercado exterior e priorizavam as ligas comercialmente mais famosas e os esportes americanos, como por exemplo o basquete e o futebol americano.

Os sites conhecidos por aqueles que tinham TV por assinatura ou PPV que pudessem acompanhar o campeonato inglês passaram a contar com a versão em português e a se valer das mídias digitais e redes sociais para maior publicização da "novidade" e sair na frente das concorrentes no mercado brasileiro.

Seguindo a onda de crescimento, começaram a surgir casas focadas totalmente para o público brasileiro, que passaram não somente a patrocinar clubes tradicionais como o Atlético-MG e o Fluminense, chegando até mesmo às competições do calendário nacional, a Copa do Brasil e o Campeonato Brasileiro série B(15), e consequentemente passando uma imagem de credibilidade para a população e futuros consumidores.

Em decorrência do surgimento e crescimento exponencial de casas de apostas *online*, não demorou para que começassem a haver implicações dentro de campo. No final de 2022, o Ministério Público de Goiás deflagrou a operação Penalidade Máxima, após denúncia do presidente do clube Vila Nova de que um dos seus atletas teria recebido e aceitado quantia para cometer um pênalti na partida contra o Sport pela série B do Campeonato Brasileiro.(16)

Seguindo as investigações, foi descoberto que a organização criminosa se dividia por núcleos financeiros e de captação de atletas, funcionários e empresários para que participassem dos esquemas nas séries A e B. Os jogadores que tiveram seus nomes citados pela investigação foram denunciados na justiça comum também pelo art. 41-D do estatuto do torcedor, e pelo procurador geral do STJD, com base no art. 243 do CBJD, para que sofressem as devidas sanções punitivas na esfera desportiva.(17)

Em decorrência dos fatos, o governo precisou agir e colocou em pauta a regulamentação das apostas desportivas em nível nacional, mediante o projeto de Lei n. 14.790/2023,

---

(15) MAGATTI, Ricardo. "Como os sites de apostas se tornaram o maior financiador do futebol brasileiro". *Estadão*. Disponível em: https://www.estadao.com.br/esportes/futebol/como-os-sites-de-apostas-se-tornaram-o-maior-financiador-do-futebol-brasileiro/. Acesso em: Acesso em: 18 jan. 2024.

(16) GOMES, Michel. "Penalidade Máxima: Entenda as fases da operação que investiga manipulação de jogos de futebol". *G1*. Disponível em: https://g1.globo.com/go/goias/noticia/2023/11/28/entenda-as-fases-da-operacao-que-investiga-manipulacao-de-jogos-de-futebol.ghtml. Acesso em: 18 jan. 2024.

(17) FERNANDEZ, Martín. "Procurador do STJD diz que jogadores envolvidos em casos de manipulação podem ser banidos". GE. Disponível em: https://ge.globo.com/futebol/noticia/2023/05/10/procurador-do-stjd-diz-que-jogadores-envolvidos-em-casos-de-manipulacao-podem-ser-banidos.ghtml. Acesso em: 19 jan. 2024.

criando uma nova modalidade lotérica, surgindo assim as apostas de quota fixa, popularmente conhecidas como apostas *online* ou *bets*.

Nos dois primeiros artigos, o legislador tratou de conceituar as espécies de apostas existentes, plataformas, apostadores e os tipos de jogos ou eventos mais comuns, cabendo destaque para a proibição de apostas em eventos de categorias de base ou predominantemente envolvendo menores de idade, de qualquer esporte presente no parágrafo único do art. 3º[18]

Assim como a legislação italiana, as casas de apostas deverão estar constituídas conforme legislação nacional, seguindo parâmetros de segurança, *compliance* e capacidade para seleção dos membros dos cargos de direção, como conhecimento prévio em jogos, ou apostas lotéricas, além de ter que contar com um diretor específico para o setor de atendimento ao consumidor (Brasil, 2023).[19]

Ainda sobre a constituição das empresas, destacam-se a obrigatoriedade de um brasileiro como detentor de pelo menos 20% do capital social, o ingresso da empresa aos mecanismos de proteção e integridade esportiva, para conter eventuais fraudes futuras, e vedação expressa de que sócios ou acionistas sejam dirigentes desportivos ou participem das sociedades anônimas do futebol (SAF) (Brasil, 2023).[20]

As grandes ligas do mundo, buscando aperfeiçoar o *compliance* desportivo e lisura, passaram a contar com serviço de empresas que, através do estudo de algoritmos, observação das partidas, súmulas e movimento de apostas suspeitas em jogos, fazem levantamentos e relatórios para embasar eventuais denúncias. Sobre o tema, "Há empresas com atuação global que monitoram as casas e *sites* de aposta e alertam os organizadores de partidas e campeonatos quando o volume de dinheiro apostado em um determinado evento esportivo foge do padrão" (Pinheiro; Veiga, 2019, p. 107-108).[21]

O regramento não estipula um valor mínimo de pagamento para se candidatar à licença de autorização de exploração do mercado de apostas; entretanto, delimita um teto máximo de 30 milhões de reais, com validade de até 6 anos,[22] seguindo a tendência dos países da Europa, que utilizam como parâmetro o faturamento da empresa.

---

(18) BRASIL. *Lei n. 14.790, de 29 de dezembro de 2023*. Art. 3º, parágrafo único. incisos I, II, III e VI. Disponível em: https://www.planalto.gov.br/ccivil_03/_Ato2023-2026/2023/Lei/L14790.htm. Acesso em: 22 jan. 2024.

(19) BRASIL. *Lei n. 14.790, de 29 de dezembro de 2023*. Art. 7º, § 1º incisos I, II, III e VI. Disponível em: https://www.planalto.gov.br/ccivil_03/_Ato2023-2026/2023/Lei/L14790.htm. Acesso em: 22 jan. 2024.

(20) BRASIL. *Lei n. 14.790, de 29 de dezembro de 2023*. Art. 7º, § 1º incisos VIII e IX; § 2º Disponível em: https://www.planalto.gov.br/ccivil_03/_Ato2023-2026/2023/Lei/L14790.htm. Acesso em: 23 jan. 2024.

(21) PINHEIRO, Luciano Andrade. VEIGA, Mauricio de Figueiredo Corrêa da. *Símbolos do Desporto*. Ed. Nobilitar, 2019. p. 107-108.

(22) BRASIL. *Lei n. 14.790, de 29 de dezembro de 2023*. Art. 5º inciso III e art. 12º parágrafo único. Disponível em: https://www.planalto.gov.br/ccivil_03/_Ato2023-2026/2023/Lei/L14790.htm. Acesso em: 26 jan. 2024.

As seções II e III do capítulo V e a seção I do capítulo VII da lei trazem os pontos mais correlatos ao Direito Desportivo, uma vez que versam respectivamente sobre publicidade e propaganda, integridade das apostas e as pessoas impedidas de apostar.(23) Alguns dos tópicos envolvem diretamente os clubes, dirigentes, atletas e pessoas com influência em hipóteses que sejam objeto de apostas.

Diferentemente da Itália, os clubes não foram proibidos de firmar parcerias comerciais com as empresas; entretanto, deverão seguir as delimitações dos arts. 16 ao 18, em destaque a proibição de anúncios que venham a instigar o consumidor a eventuais ganhos possíveis ou a probabilidade de ganhos infundados que venham a causar expectativas,(24) como costumeiramente ocorridos em publicidades realizadas por influenciadores ou em redes sociais.

Seguindo o regulamento desportivo nacional e as vedações impostas pela FIFA no caso do futebol, as casas não deverão aceitar apostas de pessoas ligadas a todo o ecossistema desportivo, do dirigente ao árbitro até o funcionário de "menor escalão" dos clubes, incluindo-se "os cônjuges, os companheiros e os parentes em linha reta e colateral, até o segundo grau, inclusive, das pessoas impedidas de participar, direta ou indiretamente, na condição de apostador" (Brasil, cap. VII, art. 26, § 2º 2023).(25)

Os casos mais comuns de atletas pegos em casos de apostas se dão pelo mesmo *modus operandi*, independentemente do país onde são aliciados por colegas de equipe ou seleção, para que façam aquilo que o apostador principal e seus comparsas apostaram, e assim repassem parte para os atletas que aceitaram fazer parte do esquema fraudulento.

Além das punições desportivas já cabíveis aos atletas, a nova lei trouxe modalidades de punições civis em seu art. 41, para aqueles que descumpram as regras, cabendo destaque ao inciso III, segundo o qual se aplicam multas que podem chegar até a 2 bilhões de reais, às pessoas físicas ou jurídicas membros de entidades ou não, que forem flagradas cometendo ilicitude (Brasil, 2023).(26)

Seguindo o padrão europeu, o legislador brasileiro também se preocupou com os consumidores, determinando que as casas possuam atendimento gratuito em todos os canais comuns, internet ou telefone, realizados em língua portuguesa, e ainda, disponham de anúncios informando a possibilidade de que a prática frequente do jogo pode

---

(23) BRASIL. *Lei n. 14.790, de 29 de dezembro de 2023*. Seções II e III. cap. V e Seção I do cap. VII. Disponível em: https://www.planalto.gov.br/ccivil_03/_Ato2023-2026/2023/Lei/L14790.htm. Acesso em: 26 jan. 2024.

(24) BRASIL. *Lei n. 14.790, de 29 de dezembro de 2023*. Art. 17 inciso II. Disponível em: https://www.planalto.gov.br/ccivil_03/_Ato2023-2026/2023/Lei/L14790.htm. Acesso em: 27 jan. 2024.

(25) BRASIL. *Lei n. 14.790, de 29 de dezembro de 2023*. Art. 26, § 2º Disponível em: https://www.planalto.gov.br/ccivil_03/_Ato2023-2026/2023/Lei/L14790.htm. Acesso em: 27 jan. 2024.

(26) BRASIL. *Lei n. 14.790, de 29 de dezembro de 2023*. Art. 41, inciso III. Disponível em: https://www.planalto.gov.br/ccivil_03/_Ato2023-2026/2023/Lei/L14790.htm. Acesso em: 2 fev. 2024.

acarretar vício, a indicação da maioridade obrigatória para criação de conta no *site* e seu uso, e avisos frequentes sobre o tempo gasto em apostas, recomendando pausas temporárias pelo usuário (Brasil, 2023).(27)

4. Conclusão

É impossível falar dos esportes sem falar das apostas. Seja em uma brincadeira com amigos na infância, no campeonato de futebol da escola, videogame ou até mesmo com um colega torcedor de time rival, as apostas sempre estiveram presentes em nosso meio, passando a envolver dinheiro ou algum bem financeiro, acirrando a disputa que até então era algo saudável.

Acompanhando o avanço da internet, as casas de apostas também se modernizaram e se adaptaram ao novo mundo, trazendo a possibilidade de serem realizadas em qualquer lugar com conexão à rede, inclusive no decorrer das partidas, fazendo com que o foco do espectador seja outro além do esporte.

Ademais, evidenciaram aos apostadores esportes menos famosos em território nacional: beisebol, hóquei no gelo, dardos, boliche, bem como os novos *"e-sports"* e ainda opções inusitadas como corrida de cavalo, eliminados de reality shows ou vencedores de eleições como uma opção ao apostador.

Mudando a forma de torcer e assistir a esportes, as apostas trouxeram novo público para o mundo desportivo, aqueles com única intenção de que o resultado dos seus bilhetes ocorra e assim obtenha lucro. Uma vez que um simples jogo de futebol gerou uma gama quase infinita de probabilidade de apostas, seja no resultado do jogo pelo placar correto, número de cartões, quantidade de escanteios em cada tempo, passes realizados pelo jogador, finalizações defendidas, dentre várias outras.

A influência acabou chegando à principal liga brasileira em todas as suas divisões, manchando a imagem da competição, da CBF e da lisura do campeonato no ano corrente, já que até atletas da série A foram citados e condenados pelo STJD após investigação e denúncia a fim de resguardar as futuras edições dos campeonatos nacionais e gerar punições mais severas aos envolvidos em esferas diferentes.

Assim como as regulamentações dos países europeus citados no decorrer deste texto, o mandamento brasileiro não só cuidou dos interesses estatais no aspecto financeiro mediante cobrança para emissão da licença e cobrança de demais impostos cabíveis, mas também da saúde mental, financeira e física daqueles que consomem os serviços oferecidos pelas casas de aposta.

---

(27) BRASIL. *Lei n. 14.790, de 29 de dezembro de 2023.* Art. 16, incisos I, II e III; e art. 28 § 1º Disponível em: https://www.planalto.gov.br/ccivil_03/_Ato2023-2026/2023/Lei/L14790.htm. Acesso em: 3 fev. 2024.

Outro ponto em comum é a forma de cobrança tributária sobre o faturamento para manutenção da licença, e a criação de novas formas de sanções e punições para aqueles que porventura venham a burlar as regras, independentemente se for a empresa fornecedora dos serviços ou seus usuários.

Portanto, a regulamentação, além de trazer segurança jurídica e legalidade para a prática e exploração das apostas, foi um grande avanço para o desporto nacional, como ferramenta para tentar refrear eventuais novos escândalos e fraudes nos campeonatos, uma vez que o interesse principal do apostador é a vantagem financeira, mesmo que possa acarretar prejuízos aos demais envolvidos no esporte, que realmente se importam com o resultado do jogo por sua paixão e não pelo bolso.

Referências

BRASIL. *Lei n. 14.790, de 29 de dezembro de 2023*. Art. 16, incisos I, II e III; e art. 28 § 1º Disponível em: https://www.planalto.gov.br/ccivil_03/_Ato2023-2026/2023/Lei/L14790.htm. Acesso em: 3 fev. 2024.

______. *Lei n. 14.790, de 29 de dezembro de 2023*. Art. 17º inciso II. Disponível em: https://www.planalto.gov.br/ccivil_03/_Ato2023-2026/2023/Lei/L14790.htm. Acesso em: 27 jan. 2024.

______. *Lei n. 14.790, de 29 de dezembro de 2023*. Art. 26, § 2º Disponível em: https://www.planalto.gov.br/ccivil_03/_Ato2023-2026/2023/Lei/L14790.htm. Acesso em: 27 jan. 2024.

______. *Lei n. 14.790, de 29 de dezembro de 2023*. Art. 3º, parágrafo único. incisos I, II, III e VI. Disponível em: https://www.planalto.gov.br/ccivil_03/_Ato2023-2026/2023/Lei/L14790.htm. Acesso em: 22 jan. 2024.

______. *Lei n. 14.790, de 29 de dezembro de 2023*. Art. 41, inciso III. Disponível em: https://www.planalto.gov.br/ccivil_03/_Ato2023-2026/2023/Lei/L14790.htm. Acesso em: 02 fev. 2024.

______. *Lei n. 14.790, de 29 de dezembro de 2023*. Art. 5º inciso III e art. 12º parágrafo único. Disponível em: https://www.planalto.gov.br/ccivil_03/_Ato2023-2026/2023/Lei/L14790.htm. Acesso em: 26 jan. 2024.

______. *Lei n. 14.790, de 29 de dezembro de 2023*. Art. 7º, § 1º, incisos I, II, III e VI. Disponível em: https://www.planalto.gov.br/ccivil_03/_Ato2023-2026/2023/Lei/L14790.htm. Acesso em: 22 jan. 2024.

______. *Lei n. 14.790, de 29 de dezembro de 2023*. Art. 7º, § 1º, incisos VIII e IX; § 2º. Disponível em: https://www.planalto.gov.br/ccivil_03/_Ato2023-2026/2023/Lei/L14790.htm. Acesso em: 23 jan. 2024.

______. *Lei n. 14.790, de 29 de dezembro de 2023*. Seções II e III. cap. V e Seção I do cap. VII. Disponível em: https://www.planalto.gov.br/ccivil_03/_Ato2023-2026/2023/Lei/L14790.htm. Acesso em: 26 jan. 2024.

COMMISSION, Gambling. "Fees you need to pay and when you should pay them". Gambling Commission. Disponivel em: https://www.gamblingcommission.gov.uk/licensees-and-businesses/page/fees-you-need-to-pay-and-when. Acesso em: 11 jan. 2024.

FA Betting Rules. "Know The Rules: Betting, Matching Fixing and Inside Information". TheFA. Disponível em: https://www.thefa.com/football-rules-governance/policies/betting-rules. Acesso em: 10 jan. 2024.

______. "Know The Rules: Betting, Matching Fixing and Inside Information". TheFA. Disponível em: https://www.thefa.com/football-rules-governance/policies/betting-rules. Acesso em: 10 jan. 2024.

FERNANDEZ, Martín. "Procurador do STJD diz que jogadores envolvidos em casos de manipulação podem ser banidos". *GE*. Disponível em: https://ge.globo.com/futebol/noticia/2023/05/10/procurador-do-stjd-diz-que-jogadores-envolvidos-em-casos-de-manipulacao-podem-ser-banidos.ghtml. Acesso em: 19 jan. 2024.

GOMES, Michel. "Penalidade Máxima: Entenda as fases da operação que investiga manipulação de jogos de futebol". *G1*. Disponível em: https://g1.globo.com/go/goias/noticia/2023/11/28/entenda-as-fases-da-operacao-que-investiga-manipulacao-de-jogos-de-futebol.ghtml. Acesso em: 18 jan. 2024.

ITÁLIA. *Codice Di Giustizia Sportiva FIGC Modifica Aggiornato Al 21 Dicembre 2023*. Art. 24, Inciso 1. Disponível em: https://www.figc.it/media/221425/codice-di-giustizia-sportiva-figc_modifica_-aggiornato-al-21-dicembre-2023.pdf. Acesso em: 14 jan. 2024.

______. *Codice Di Giustizia Sportiva FIGC Modifica Aggiornato Al 21 Dicembre 2023*. Art. 24, Incisos 3 e 5. Disponível em:< Microsoft Word – Codice di giustizia sportiva FIGC_modifica_---aggiornato al 21 dicembre 2023. Acesso em: 14 jan. 2024.

______. *LEGGE 7 luglio 2009, n. 88*. Art 24, Incisos 13, Alínea A e Inciso 15, Alíneas A ao F da Lei n. 88 de 7 de Julho de 2009. Disponível em: https://www.normattiva.it/uri-res/N2Ls?urn:nir:stato:legge:2009-07-07;88. Acesso em: 14 jan. 2024.

ITATIAIA. "Destaque da Premier League é suspenso por oito meses por violar regras de apostas". *Cnn Brasil*. Disponivel em: https://www.cnnbrasil.com.br/esportes/destaque-da-premier-league-e-suspenso-por-oito-meses-por-violar-regras-de-apostas/. Acesso em: 10 jan. 2024.

MAGATTI, Ricardo. "Como os *sites* de apostas se tornaram o maior financiador do futebol brasileiro". *Estadão*. Disponível em: https://www.estadao.com.br/esportes/futebol/como-os-sites-de-apostas-se-tornaram-o-maior-financiador-do-futebol-brasileiro/. Acesso em: 18 jan. 2024.

OLIVEIRA Nelson. "Os tentáculos da máfia e do crime organizado no futebol italiano: o jogo subterrâneo". *Calciopédia*. Disponível em: https://calciopedia.com.br/2018/05/mafia-crime-organizado-futebol-italiano.html. Acesso em: 11 jan. 2024.

PINHEIRO, Luciano Andrade, VEIGA, Mauricio de Figueiredo Corrêa da. *Símbolos do Desporto*. Brasília: Nobilitar, 2019. p. 107-108.

REINO UNIDO. *Gambling Act 2005*. UK Public General Acts2005. c. 19 Part 5. Issue Section 69. Disponível em: https://www.legislation.gov.uk/ukpga/2005/19/section/69. Acesso em: 11 jan. 2024.

SCHREIBER, Mariana. "Apostas esportivas: o que mudará para apostadores e empresas com novas regras?". *BBC News Brasil*. Disponível em: https://www.bbc.com/portuguese/articles/cekyr8dn3xlo. Acesso em: 11 jan. 2024.

Lista de siglas e abreviações utilizadas

BET'S = Termo usado para se referir às apostas ou casas que exploram esse serviço.

FIFA = Federação Internacional de Futebol.

UEFA = União das Associações Europeias de Futebol.

PREMIER LEAGUE = Principal liga de futebol inglês.

FA = Associação de futebol inglesa.

BETTING GUIDELINES = Guia de apostas britânico.

GAMBLING COMMISSION = Comissão de apostas inglesa.

GGR/Gross Gaming Revenue = Receita bruta de jogos.

AZZURRA = Apelido da seleção italiana.

EEE = Estados do Espaço Económico Europeu.

CGS = Código de justiça desportiva italiano.

PPV = Pay per view, pagar para ver.

STJD = Superior Tribunal de Justiça Desportiva.

CBJD = Código Brasileiro de Justiça Desportiva.

Desafios da Gestão Esportiva Diante dos Limites Constitucionais do Art. 217

Gianluca de Araujo Francisco Moreira

1. Introdução

O esporte no Brasil, apesar de sua relevância social e cultural, enfrenta diversos desafios relacionados à sua gestão. Tais desafios se intensificam quando confrontados com os limites constitucionais impostos pelo art. 217 da Constituição Federal (CF), que estabelece diretrizes para a administração pública.

Como premissas elencadas da administração pública com foco na área administrativa, podemos destacar a gestão dos recursos públicos, que engloba a capitalização. O emprego correto desses recursos consiste na aplicação dos princípios da legalidade, impessoalidade, moralidade, publicidade e eficiência na gestão de recursos públicos destinados ao esporte, diante da inesgotável fonte de péssimos exemplos ocorridos na história deste país. Analisaremos os desafios e oportunidades para a profissionalização do esporte no Brasil, incluindo a formação de gestores esportivos qualificados, a implementação de boas práticas de governança e a busca por sustentabilidade financeira que serão analisados diante do aspecto da gestão desportiva. Discorrer sobre a participação da sociedade civil na gestão do esporte, com foco em mecanismos de controle social, como conselhos e fóruns, e exemplos de boas práticas de participação social.

Discorreremos sobre os desafios e oportunidades da relação entre o esporte e o mercado, incluindo a questão da comercialização do esporte, o impacto do marketing esportivo e a necessidade de regulamentação das atividades de marketing e patrocínio. Expor a importância do desenvolvimento do esporte de base para a formação de atletas e cidadãos, com foco em políticas públicas de incentivo ao esporte de base, a estruturação de projetos sociais e a formação de talentos.

Por fim, mas não menos importante, desenvolveremos o estudo defronte dos desafios e oportunidades para a inclusão social no esporte, com foco em políticas públicas de inclusão, o acesso ao esporte por pessoas com deficiência, a promoção da igualdade de gênero e o combate à discriminação.

Neste artigo, analisaremos os principais desafios da gestão esportiva no Brasil à luz do art. 217 da CF, buscando identificar as principais dificuldades e propor soluções para o desenvolvimento do esporte nacional, e que seu impacto seja cada vez maior na sociedade, pois é fato notório que a educação e o esporte podem mudar a vida de famílias e, se forem utilizados de forma correta e eficaz, podem alterar a rota de uma nação para que seja atingido o desenvolvimento econômico e social ideal de países superdesenvolvidos.

1.1. Gestão dos recursos públicos alinhada ao art. 217, II da Constituição Federal

Como disposto no art. 217, *caput*, da nossa Magna Carta: "é dever do Estado fomentar práticas desportivas formais e não formais",(1) portanto existe uma ordem cronológica e racional presente na linha normativa constitucional, desde o emprego dos recursos públicos ao esporte educacional e de formação e em casos específicos, o desporto de alto rendimento.

Hoje podemos afirmar sem nenhum tipo de hesitação que o esporte de alto rendimento possui grande importância para a movimentação econômica mundial, mas para que cada atleta em diferentes modalidades possa chegar ao ápice técnico e físico é vital que haja o investimento do poder público desde o período de formação do atleta profissional, que é de extrema relevância em sua trajetória.

Além do objetivo de formar atletas, a disciplina do esporte ajuda na construção do caráter e na formação do cidadão, tendo em vista que o sucesso esportivo não é destacado somente ao atleta que se torna o número um na sua modalidade, mas o desporto escancara oportunidades ao atleta, mesmo que não seja para futuramente competir em alto rendimento, transformando o investimento do recurso público em investimento social.

Além desses pontos supracitados, destaca-se um outro trecho do art. 217, precisamente no § 3º:

> § 3º O Poder Público incentivará o lazer, como forma de promoção social.

A promoção do esporte como lazer também é objeto de investimento de recursos por parte do poder público, o que é perfeitamente compreensível por conta do emprego da função social desses recursos.

Referente ao desporto de alto rendimento, as entidades de prática desportiva e os atletas não recebem diretamente o investimento estatal. O fomento do poder público a

(1) Art. 217, Constituição da República Federativa do Brasil de 1988.

atletas de alto rendimento ocorre por meio da mobilização da livre-iniciativa com incentivos fiscais para que se ofereça suporte aos atletas profissionais.

Toda a estrutura desportiva nacional apresenta previsão legal, desde a ponta do sistema piramidal até a sua base, sendo a Lei n. 9.615/98,(2) a Lei Pelé, a principal fonte normativa, que trata com especificidade do desporto no país e suas nuances. A referida lei é o produto final advindo de legislações já existentes, como a Lei n. 8.672/1993,(3) a Lei Zico, que já tratava de alguns aspectos importantes para o desporto, inclusive o sistema e as estruturas públicas que auxiliassem no cumprimento do objetivo disposto no art. 217 da Constituição Federal.

No seu art. 13, a Lei n. 9.615/98 versa sobre a instituição do Sistema Nacional do Desporto:

> "Art. 13. O Sistema Nacional do Desporto tem por finalidade promover e aprimorar as práticas desportivas de rendimento.
>
> Parágrafo único. O Sistema Nacional do Desporto congrega as pessoas físicas e jurídicas de direito privado, com ou sem fins lucrativos, encarregadas da coordenação, administração, normatização, apoio e prática do desporto, bem como as incumbidas da Justiça Desportiva e, especialmente: (Redação dada pela Lei n. 12.395, de 2011).
>
> I – o Comitê Olímpico Brasileiro-COB;
>
> II – o Comitê Paraolímpico Brasileiro;
>
> III – as entidades nacionais de administração do desporto;
>
> IV – as entidades regionais de administração do desporto;
>
> V – as ligas regionais e nacionais;
>
> VI – as entidades de prática desportiva filiadas ou não àquelas referidas nos incisos anteriores.
>
> VII – a Confederação Brasileira de Clubes. *(Incluído pela Lei n. 12.395, de 2011)"*

Como podemos verificar no artigo transcrito acima, no topo da pirâmide estão os Comitês Olímpicos e Paraolímpicos brasileiros, junto às entidades nacionais de administração do desporto, e na base da pirâmide encontram-se as entidades de prática desportiva, que representam a estrutura do desporto que nutre o seu funcionamento e regulação.

Dentre os órgãos criados está o próprio Ministério do Esporte, cuja instituição foi revogada durante alguns anos, e foi novamente instituído em 2003 (pela Lei n. 10.672/03),(4) além do Comitê Brasileiro de Clubes (CBC) e o Comitê Brasileiro de Clubes Paraolímpicos (CBCP), após a Lei n. 14.973/20.(5)

---

(2) Lei n. 9.615, de 24 de março de 1998, Lei Pelé.

(3) Lei n. 8.672/1993 de 6 de julho de 1993, Lei Zico.

(4) Lei n. 10.672, de 15 de maio de 2003.

(5) Lei n. 14.073, de 14 de outubro de 2020.

Cada ente mencionado anteriormente possui importância na fomentação do desporto no país e, consequentemente, no emprego de recursos para essa tarefa, assumindo papéis distintos de acordo com a previsão legal. A principal fonte normativa que faz jus ao destaque neste ponto é a própria Lei n. 9.615/98, no seu art. 56, que abre o capítulo VIII, cujo título é: DOS RECURSOS PARA O DESPORTO.

A Lei n. 9.615/98 sofreu diversas alterações, que ocorreram para preencher lacunas antes desconhecidas, por conta da evolução do tratamento ao desporto ou para tratar de temas inicialmente não presentes no texto final da lei. O art. 56 aborda o emprego de recursos públicos como fonte de fomento do esporte por parte do ente mais interessado nesse desenvolvimento, inicialmente citado neste artigo como aspecto social de desenvolvimento.

> "Art. 56. Os recursos necessários ao fomento das práticas desportivas formais e não formais a que se refere o art. 217 da Constituição Federal serão assegurados em programas de trabalho específicos constantes dos orçamentos da União, dos Estados, do Distrito Federal e dos Municípios, além dos provenientes de:
>
> I – fundos desportivos;
>
> II – receitas oriundas de exploração de loteria; *(Redação dada pela Lei n. 13.756, de 2018)*
>
> III – doações, patrocínios e legados;
>
> IV – (revogado); *(Redação dada pela Lei n. 13.756, de 2018)*
>
> V – incentivos fiscais previstos em lei;
>
> VI – (revogado); *(Redação dada pela Lei n. 13.756, de 2018)*
>
> VII – outras fontes. *(Renumerado do inciso VI pela Lei n. 10.264, de 2001)*
>
> VIII – 1/6 (um sexto) dos recursos destinados ao Ministério dos Esportes a que se refere o inciso II do art. 6º desta Lei, calculado após deduzida a fração prevista no § 2º do referido artigo.
>
> VIII – (Revogado). *(Redação dada pela Lei n. 13.756, de 2018)*
>
> IX – (VETADO). *(Incluído pela Lei n. 13.155, de 2015)*

Diversos incisos e parágrafos foram incluídos e retirados desta parte do texto normativo. Em seguida existem mais alguns exemplos de arts. 56, 56-A, 56-B e 56-C,[6] que saem da esfera teórica sobre o tema dos recursos e adentram no modo como as entidades de prática desportiva podem fazer a captação e como devem utilizar esses recursos.

No art. 56, o legislador nomeia as opções, e a partir daí nos artigos seguintes, já citados no tópico anterior, determinam os requisitos e condições para o recebimento desses recursos públicos. Um ponto que todos os artigos tratam em comum é o do contrato de desempenho, principalmente os recursos tipificados nos incisos I, II e III do art. 56.

---

(6) Arts. 56, 56-A, 56-B e 56-C, Lei n. 9.615, de 24 de março de 1998, Lei Pelé.

O contrato de desempenho regulamentado na Lei n. 13.934/2019, no seu art. 2º, caracteriza-o da seguinte forma: "Contrato de desempenho é o acordo celebrado entre o órgão ou entidade supervisora e o órgão ou entidade supervisionada, por meio de seus administradores, para o estabelecimento de metas de desempenho do supervisionado, com os respectivos prazos de execução e indicadores de qualidade, tendo como contrapartida a concessão de flexibilidades ou autonomias especiais".

Ou seja, os recursos empregados devem ser disponibilizados da forma correta e regulamentada em lei, para que seja evitada a má gestão ou até mesmo a corrupção dentro da máquina pública e de entes.

Um caso recente envolveu o ex-presidente da Federação Paulista de Luta Olímpica, Elísio Cardoso Macambira, que foi condenado a reembolsar a entidade pelo uso indevido de recursos na realização de competições.

Importante frisar que a própria legislação, neste caso, a Lei n. 9.615/98, a Lei Pelé, prevê em alguns dos seus dispositivos a relação dos dirigentes de entidades de prática desportiva na hipótese de gestão temerária, inclusive elencando um rol exemplificativo de atos de gestão temerária, conforme abaixo:

> "Art. 18-B. Os dirigentes das entidades do Sistema Nacional do Desporto, independentemente da forma jurídica adotada, têm seus bens particulares sujeitos ao disposto no art. 50 da Lei n. 10.406, de 10 de janeiro de 2002 (Código Civil).
>
> § 2º Os dirigentes de entidades desportivas respondem solidária e ilimitadamente pelos atos ilícitos praticados e pelos atos de gestão irregular ou temerária ou contrários ao previsto no contrato social ou estatuto. *(Incluído pela Lei n. 14.073, de 2020)*
>
> Art. 18-C. Consideram-se atos de gestão irregular ou temerária praticados pelo dirigente aqueles que revelem desvio de finalidade na direção da entidade ou que gerem risco excessivo e irresponsável para seu patrimônio, tais como: *(Incluído pela Lei n. 14.073, de 2020)*
>
> I – aplicar créditos ou bens sociais em proveito próprio ou de terceiros; *(Incluído pela Lei n. 14.073, de 2020)*
>
> II – obter, para si ou para outrem, vantagem a que não faz jus e de que resulte ou possa resultar prejuízo para a entidade desportiva; *(Incluído pela Lei n. 14.073, de 2020)*
>
> III – celebrar contrato com empresa da qual o dirigente, seu cônjuge ou companheiro, ou parente, em linha reta, colateral ou por afinidade, até o terceiro grau, sejam sócios ou administradores, exceto no caso de contratos de patrocínio ou doação em benefício da entidade desportiva; *(Incluído pela Lei n. 14.073, de 2020)*
>
> IV – receber qualquer pagamento, doação ou outra forma de repasse de recursos oriundos de terceiros que, no prazo de até 1 (um) ano, antes ou depois do repasse, tenham celebrado contrato com a entidade desportiva profissional; *(Incluído pela Lei n. 14.073, de 2020)*
>
> V – antecipar ou comprometer receitas em desconformidade com o previsto em lei; *(Incluído pela Lei n. 14.073, de 2020)*

VI – não divulgar de forma transparente informações de gestão aos associados; *(Incluído pela Lei n. 14.073, de 2020)*

VII – deixar de prestar contas de recursos públicos recebidos. *(Incluído pela Lei n. 14.073, de 2020)*

Ou seja, aplica-se subsidiariamente o Código Civil vigente, de acordo com o *caput* do art. 18 da Lei n. 9.615/98, para que não haja impunidade nesse sentido, diante das diversas gestões tenebrosas que presenciamos ao longo dos anos.

1.2. O dilema das dívidas: Um raio-x da situação financeira dos clubes de futebol brasileiros

Quando tratamos dos clubes de futebol brasileiros, principalmente do antigo Clube dos 13, que são os clubes do eixo de maiores torcida e destaque em âmbito nacional, ao longo das últimas décadas os objetivos esportivos eram a principal motivação dos clubes, com uma pitada de imediatismo, ou seja, o vencer agora sempre foi o mais importante, sem que fossem medidos as consequências e os riscos que poderiam ser causados para a gestão seguinte.

Logicamente a má gestão não foi a única causa do grande acúmulo de dívidas por parte dos grandes clubes do futebol brasileiro, mas sem dúvida a principal. A certeza da impunidade, assim como a alta carga política nos clubes, criavam ambientes perfeitos para que dirigentes mal-intencionados se aproveitassem dos clubes o máximo que pudessem.

Podemos demonstrar com dados de fontes especializadas no tema que grande parcela dos clubes brasileiros de futebol são detentores do maior percentual das entidades de prática desportiva que possuem alto endividamento. O relatório divulgado pelo Convocados/Galapagos Capital/Outfield de 2023 pode validar essa afirmação.

Os clubes de futebol têm como grande problema a má gestão, decorrendo dessa causa a maioria das dívidas atuais, cujo cálculo é composto pela soma de: empréstimos e financiamentos; fornecedores; valores a pagar a clubes e agentes; impostos parcelados; salários, direitos de imagem, encargos sociais, impostos e contribuições; disponibilidades. Segue abaixo tabela demonstrativa:

Clube	2021 (em milhões)	2022 (em milhões)	Variação	Var. %
Atlético MG	1315	1498	183	14%
Corinthians	963	1029	66	7%
Cruzeiro	723	800	77	11%
Vasco	710	715	5	1%
São Paulo	632	698	66	10%
Botafogo	465	614	149	32%
Fluminense	501	612	110	22%

Clube	2021 (em milhões)	2022 (em milhões)	Variação	Var. %
Internacional	578	604	27	5%
Athletico	450	601	151	34%
Bragantino	331	526	195	59%
Santos	448	482	35	8%
Palmeiras	449	462	13	3%
Grêmio	236	330	94	40%
Flamengo	450	327	-123	-27%
Bahia	176	276	100	57%
Coritiba	225	188	-37	-16%
América MG	101	133	32	32%
Avai	96	73	-23	-24%
Fortaleza	43	60	18	42%
Ceará	49	56	6	12%
Juventude	29	24	-5	-17%
Goias	44	24	-20	-45%
Atlético GO	7	12	5	71%
Cuiabá	11	3	-8	-73%

As dívidas são distribuídas em 3 tipos básicos: onerosas, que são com bancos, pessoas físicas e jurídicas não financeiras; operacionais, que são os salários, encargos, valores a pagar a clubes; impostos/acordos, que são os parcelamentos de todas as ordens, essencialmente de encargos trabalhistas, salários atrasados, e temas relacionados.

Não se pode lidar com situações como essa com desdém, e se engana quem pensa que as punições não podem acontecer aos responsáveis por entidades de prática desportiva privadas. Nesse caso, além da devolução de recursos financeiros, os dirigentes máximos também podem ser responsabilizados por gestões temerárias ou por atos contrários ao que prevê o estatuto social da entidade.

As estratégias para implementação de planejamento financeiro e austeridade devem agregar as boas práticas de governança para resultarem em uma gestão que preza pelo futuro e pela saúde financeira do clube, mantendo-se saneado e competitivo dentro e fora de campo.

Portanto, a utilização de recursos públicos para o fomento do esporte no âmbito nacional é necessária ao olho não só do atleta, mas da sociedade como linha de evolução do ser humano, traçando um objetivo de que o desenvolvimento social não é somente do atleta que participa das principais competições do mundo, mas que tenha impacto no aspecto educacional e disciplinar, demonstrando aos praticantes, formais ou não, que o esporte é um dos principais meios de convívio e saúde.

2. A profissionalização do esporte

A profissionalização do esporte no Brasil apresenta diversos desafios. Alinhado ao que se explanou no tópico anterior, a gestão desportiva carece de profissionalização, o que influencia, consequentemente, de forma direta na captação de talentos, formação de atletas, a fim de que as entidades de prática desportiva possuam a estrutura necessária para que o atleta em formação tenha que se preocupar somente com seu desempenho desportivo.

Um dos pontos que deve ser tratado com muita responsabilidade é a formação de profissionais capacitados, nos diversos setores que envolvem a gestão e administração de recursos, entidades e atletas.

Investimento em capacitação, além dos gestores, de cada profissional que participa da engrenagem: profissionais de saúde, advogados, analistas de desempenho, profissionais das áreas *compliance* e tecnologia/*software*. Apesar de todos esses ramos influenciarem na gestão de uma entidade, ainda vemos várias deficiências na formação desses profissionais. Podemos mencionar como exemplo o futebol, que, apesar dos diversos problemas desencadeados pela gestão que não olha para o futuro da CBF (Confederação Brasileira de Futebol), conta com a CBF Academy, que é uma instituição educacional do futebol brasileiro, ministrando cursos de formação de profissionais gabaritados e reconhecidos no ramo em que atuam no futebol, seja no direito, na gestão desportiva, ou na formação de treinadores e analistas. Entretanto, tais especializações são de alto custo para os padrões de profissionais recém-formados que ainda não adentraram no mercado de trabalho.

Há a necessidade de investimento das universidades no segmento esportivo, nas mais diversas carreiras que oferecem formação, e que as matérias que envolvam esporte não sejam apenas matérias de cunho opcional.

Por meio de investimento e qualificação contínua, poderemos observar a evolução do profissionalismo, podemos destacar a diferença das cifras que movimentam o mercado nacional e internacional. Com um amplo investimento em formação não só de atletas mas também de profissionais nos diversos âmbitos do mercado do esporte, a Europa é o grande centro financeiro do futebol por exemplo. No ano de 2023, a janela de transferências brasileira movimentou cerca de R$ 300 (trezentos) milhões de reais, em cifras internacionais, € 57,3 milhões de euros, dos 20 (vinte) times da série A do futebol brasileiro de acordo com matéria do portal do site UOL.

Em contrapartida, a Premier League, o modelo de liga dos sonhos do futebol europeu, movimentou € 843 milhões de euros, aproximadamente R$ 4,5 bilhões de reais, de acordo com matéria do portal do site Globoesporte. Isso se levarmos em consideração somente a janela de transferências, que é a comercialização de direitos econômicos de atletas.

A *Premier League* é o modelo a ser seguido e está totalmente correto, mas é um belo exemplo de como o esporte evoluiu ao longo dos anos. A Inglaterra se mostrou atrativa para investidores, sendo hoje grande parte dos clubes que estão na primeira divisão inglesa de grupos de investidores estrangeiros, pois se consegue viabilizar a implementação de boas práticas de governança e sustentabilidade financeira, o que engloba patrocínios, direitos de transmissão etc. Isso faz parte não só da realidade do clube, mas do entretenimento em nível mundial.

Hoje no Brasil não nos aproximamos sequer da qualificação dos profissionais, muitos inclusive saem do país para buscar a formação que desejam. No futebol, o produto brasileiro ainda deixa a desejar, mesmo sendo um dos países que mais exporta talentos, ou seja, a matéria-prima do futebol, que são os jogadores de qualidade, é um produto nacional, que na sua grande maioria é explorado somente por clubes estrangeiros, se considerados ao menos os atletas de grande destaque.

A criação de ligas, o pensamento de que o produto precisa ser mais forte, ainda não é unanimidade entre os clubes, e é fato notório, pelo menos até a data da produção do presente artigo, que os clubes das duas principais divisões do país não conseguem se reunir de forma a entender as nuances do mercado e idealizar que o produto deve ser colocado à frente dos interesses individuais de cada clube para que se crie uma forma justa e com potencial para ser consumido em todas as partes do mundo, assim como é a *Premier League*.

Com essa necessária mudança de pensamento e alinhamento de diretrizes, hoje o futebol brasileiro tem amparo legislativo para a criação de clubes empresa, através do modelo SAF (Sociedade Anônima do Futebol). A legislação nesse sentido é recente e não se sabe se é o perfeito modelo de gestão para o futuro, mas o que pode ser avaliado é que o profissionalismo é primordial para um investidor, que busca uma opção para investir seus recursos e não para fracassar.

A profissionalização do futebol envolve diversas mudanças, não havendo mais lugar para a impunidade, uma vez que dirigentes e gestores são responsabilizados pelos seus atos, e as entidades de prática desportiva que buscam esse caminho têm contabilizado sucessos recentes desportiva e administrativamente.

Dessa forma, o modelo antigo de gestão das entidades de prática desportiva começam a ser asfixiados financeiramente e o caminho a ser trilhado é o da austeridade e governança administrativa correta, como prismas essenciais em um empreendimento com tanto potencial. O pensamento imediatista deve ser deixado de lado para priorizar a sustentabilidade a longo prazo.

A gestão de recursos eficiente é uma arma para uma entidade de prática desportiva, no melhor dos sentidos, uma vez que dessa forma a entidade pode buscar a diversificação de receitas. Além de premiações pelo resultado desportivo e receitas de bilheteria, existem grandes opções para arrecadação, como por exemplo, a venda de direitos de transmissão, o desenvolvimento de projetos de marketing e comunicação para promover seus produtos e serviços, aumentar sua visibilidade, atrair novos públicos e patrocinadores, e utilizar de forma correta os recursos públicos, através dos patrocínios por intermédio de incentivos fiscais.

2.1. A relação entre o esporte e o mercado

Atualmente não existe mais o consumo de uma simples partida de basquete, de futebol, ou até mesmo da *Premier League* de críquete, o que perdura hoje é a experiência, o entretenimento que o esporte pode gerar, o seu impacto direto nas diversas camadas da sociedade.

O mercado hoje é cada vez mais atrativo ao olhar das grandes empresas para exposição da sua marca, e até mesmo para investimento próprio, na aquisição de entidades de prática desportiva, além de grupos que visem integralmente ao esporte.

Podemos elencar dois exemplos de expansão de marca que estão mergulhados hoje no esporte e que possuem grande destaque no mercado do esporte e entretenimento: o Grupo City e o Red Bull. Esses dois grupos emblemáticos detêm algumas similaridades, mas ao mesmo tempo muitas diferenças.

O grupo City é um exemplo de *Multi-Club Ownership*, que significa que um mesmo grupo econômico detém o controle de várias equipes de futebol, neste caso, clubes em diversos países, como Uruguai, Austrália, Estados Unidos, Índia, Espanha, França e por último e, não menos importante, agora o Brasil, com o Esporte Clube Bahia. Além de propagar a sua identidade visual e a sua marca pelo mundo, o poder sobre diversos clubes facilita a captação de talentos e amplia o leque de observação de atletas por todo o planeta.

Assim como o Grupo City, o Red Bull Group possui diversas equipes espalhadas pelo mundo, nos mais variados países, como Brasil, Alemanha, Áustria e Estados Unidos, um portfólio menor de equipes e uma pequena diferença em relação a objetivos desportivos. A Red Bull, além das equipes de futebol, participa na gestão de diversas equipes pelo mundo em diferentes esportes, como basquetebol, aviação esportiva e hóquei no gelo, mas principalmente em esportes de velocidade – motociclismo, Fórmula 1, Nascar, Stock Car (uma categoria brasileira) – e esportes radicais.

A Red Bull possui como características de marca o dinamismo, a energia e o empreendedorismo, que aplicados aos eventos esportivos fazem com que o público se aproxime de experiências amplas de consumo, resultando em estratégias inovadoras de *marketing* com apelo emocional. Por sua vez, o objetivo do Grupo City é teoricamente esportivo, para suprir as suas principais equipes de talentos espalhados pelo mundo, aparentemente diferente do grupo Red Bull, que promove e patrocina os eventos esportivos como uma forma de entreter o público que consumirá cada vez mais o seu produto. No final, os dois grupos vislumbram o lucro como objetivo principal, mesmo que por rotas divergentes.

Essa é a exploração do mercado no seu mais alto nível, hoje alinhado com o entretenimento, sendo o esporte parte dele. A demanda é crescente, por isso as ligas esportivas dos mais variados esportes pelo mundo buscam inovar o seu produto (esporte) para que o consumidor esteja cada vez mais interessado em consumir.

O objetivo atual pode fragmentar o esporte de uma forma na qual a busca pelo lucro seja mais importante do que a competição e a essência esportiva. Na verdade, em um mundo ideal esses dois objetivos deveriam andar lado a lado e não um em face do outro.

O *marketing* possui um papel de extrema importância nessa problemática, sendo um dos fatores que podem ser o diferencial no momento de fomentar o desejo do público em relação a determinado esporte, liga, ou entidade de prática desportiva. Obviamente, não somente o *marketing* é responsável por despertar esse interesse. Existem outros fatores culturais, dogmáticos, religiosos, familiares e geográficos que também devem ser considerados.

Isso se traduz quando trazemos o top 8 de ligas esportivas mais valiosas do mundo, de acordo com o portal Marketing Esportivo:

1 – NFL – US$ 5,14 bilhões

2 – NBA – US$ 4 bilhões

3 – MLB – US$ 2,36 bilhões

4 – Fórmula 1 – US$ 1,53 bilhões

5 – Premier League – US$ 1,51 bilhões

6 – NHL – US$ 1,31 bilhões

7 – MLS – US$ 678 milhões

8 – WNBA – US$ 66 milhões

Apesar de ser o esporte mais popular do planeta, das oito ligas apontadas somente duas de futebol estão entre as mais valiosas, a *Premier League* e a *Major League Soccer*. As três primeiras posições são ocupadas por ligas de esportes americanos que não possuem uma popularidade tão grande fora dos Estados Unidos. Seis dessas ligas são americanas, algo que chama muita atenção. Seria a América a terra prometida dos esportes?

Uma outra lista muito interessante do mesmo portal especializado é sobre as equipes esportivas mais valiosas do mundo, na qual se pode observar a imensa superioridade das equipes de esportes americanos em face dos outros esportes:

1. Dallas Cowboys (NFL) – US$ 9,2 bilhões

2. Golden State Warriors (NBA) – US$ 8,28 bilhões

3. New York Knicks (NBA) – US$ 7,43 bilhões

4. Los Angeles Lakers (NBA) – US$ 7,34 bilhões

5. New York Yankees (MLB) – US$ 7,13 bilhões

6. New York Giants (NFL) – US$ 7,04 bilhões

7. Los Angeles Rams (NFL) – US$ 6,94 bilhões

8. New England Patriots (NFL) – US$ 6,7 bilhões

9. San Francisco 49ers (NFL) – US$ 6,15 bilhões

10. New York Jets (NFL) – US$ 6,11 bilhões

11. Washington Commanders (NFL) – US$ 6,05 bilhões

12. Chicago Bears (NFL) – US$ 6 bilhões

13. Manchester United (PL) – US$ 5,95 bilhões

13. Philadelphia Eagles (NFL) – US$ 5,95 bilhões

15. Las Vegas Raiders (NFL) – US$ 5,77 bilhões

16. Houston Texans (NFL) – US$ 5,35 bilhões

17. Los Angeles Dodgers (MLB) – US$ 5,24 bilhões

17. Miami Dolphins (NFL) – US$ 5,24 bilhões

19. Real Madrid (LL) – US$ 5,23 bilhões

20. Boston Red Sox (MLB) – US$ 5,21 bilhões

21. Atlanta Falcons (NFL) – US$ 5,15 bilhões

22. Boston Celtics (NBA) – US$ 5,12 bilhões

23. Barcelona (LL) – US$ 4,95 bilhões

24. Denver Broncos (NFL) – US$ 4,87 bilhões

25. Chicago Bulls (NBA) – US$ 4,83 bilhões

26. Seattle Seahawks (NFL) – US$ 4,82 bilhões
27. Pittsburgh Steelers (NFL) – US$ 4,8 bilhões
28. Green Bay Packers (NFL) – US$ 4,75 bilhões
29. Liverpool (PL) – US$ 4,71 bilhões
30. Chicago Cubs (MLB) – US$ 4,69 bilhões

Na lista acima podemos definir que os esportes americanos realmente são os mais consumidos como entretenimento, pois as dez primeiras equipes esportivas são basicamente franquias da NBA e da NFL, basquete e futebol americano respectivamente.

É digno de nota um trecho da matéria sobre o *ranking*: "Avaliado em US$ 9,2 bilhões, o *Dallas Cowboys* é o time mais valioso do mundo, além de ser referência na forma como as franquias administram seus negócios nos Estados Unidos desde os anos 90. A receita de patrocínio da equipe chega a US$ 200 milhões anuais de parceiros como AT&T, Bank of America, Ford, Molson Coors, PepsiCo e SeatGeek".

Tomando como exemplo a liga de futebol americano, as franquias apresentam como objetivo, além de obter lucro, gerar impacto na comunidade onde estão situadas. Grande prova dessa afirmação são os prêmios entregues aos atletas no final da temporada, que na sua grande maioria são por desempenho desportivo, mas com uma grata exceção, o prêmio de homem do ano, ou *Walter Payton Man of the Year*, em homenagem ao ex *running back* dos *Bears* e vencedor do prêmio em 1977, surgiu em 1970, apenas com o nome Man Of the Year. A premiação consiste em cada uma das 32 equipes da NFL indicarem um de seus jogadores para concorrer ao *Walter Payton Man of the Year*, o jogador que, para a franquia, mais se destacou fora do campo em projetos e ações voltadas a ajudar os mais necessitados da comunidade, ou até fora dela. O vencedor é escolhido por uma equipe de jurados, dentre eles o comissário da NFL, o vencedor do ano anterior, alguns outros ex-jogadores e a viúva do ex-jogador Walter Payton, homenageado que dá nome ao prêmio. Além do troféu e a permissão de estampar a imagem dele na camisa ou no capacete, o vencedor também recebe uma premiação em cheque de 250 mil dólares, que poderá destinar a qualquer instituição que quiser, enquanto os outros 31 candidatos recebem uma quantia de 40 mil dólares para o mesmo propósito.

Esse é um ótimo exemplo de como o esporte pode impactar diretamente a vida de pessoas desconhecidas, mas que necessitam de auxílio. O lucro e o impacto social devem trabalhar em conjunto, proporcionando o acesso do esporte à sociedade em geral, não apenas para determinados grupos privilegiados.

3. O desenvolvimento do esporte de base e o seu impacto social

Como mencionado nos tópicos anteriores, o desenvolvimento do esporte de base tem grandes reflexos na sociedade como um todo, portanto os grandes investimentos das entidades de prática desportiva deveriam ser na formação de atletas de alto rendimento, não na sua contratação.

As entidades de prática desportiva possuem amparo normativo para se beneficiar dos recursos públicos e abordar tal problemática. A Lei n. 9.615/98, a Lei Pelé, especificamente no § 2º do art. 29, define o clube formador de atletas:

> "Art. 29. A entidade de prática desportiva formadora do atleta terá o direito de assinar com ele, a partir de 16 (dezesseis) anos de idade, o primeiro contrato especial de trabalho desportivo, cujo prazo não poderá ser superior a 5 (cinco) anos
>
> § 2º É considerada formadora de atleta a entidade de prática desportiva que:
>
> I – forneça aos atletas programas de treinamento nas categorias de base e complementação educacional;
>
> II – satisfaça cumulativamente os seguintes requisitos:
>
> *a)* estar o atleta em formação inscrito por ela na respectiva entidade regional de administração do desporto há, pelo menos, 1 (um) ano;
>
> *b)* comprovar que, efetivamente, o atleta em formação está inscrito em competições oficiais;
>
> *c)* garantir assistência educacional, psicológica, médica e odontológica, assim como alimentação, transporte e convivência familiar;
>
> *d)* manter alojamento e instalações desportivas adequados, sobretudo em matéria de alimentação, higiene, segurança e salubridade;
>
> *e)* manter corpo de profissionais especializados em formação técnico desportiva;
>
> *f)* ajustar o tempo destinado à efetiva atividade de formação do atleta, não superior a 4 (quatro) horas por dia, aos horários do currículo escolar ou de curso profissionalizante, além de propiciar-lhe a matrícula escolar, com exigência de frequência e satisfatório aproveitamento;
>
> *g)* ser a formação do atleta gratuita e a expensas da entidade de prática desportiva;
>
> *h)* comprovar que participa anualmente de competições organizadas por entidade de administração do desporto em, pelo menos, 2 (duas) categorias da respectiva modalidade desportiva; e
>
> *i)* garantir que o período de seleção não coincida com os horários escolares."

Destaca-se a quantidade de obrigações mínimas exigidas na legislação para que a entidade de prática desportiva seja considerada formadora de atletas. Na verdade, os requisitos relacionados pelo legislador são básicas, considerando a vida de um adolescente que precisa conciliar seus treinamentos da modalidade esportiva, mas sem relegar sua formação escolar.

Apesar de serem exigências mínimas, diversas entidades não possuem recursos para manter todas essas atividades, o que leva a crer que o esporte de alto rendimento é uma frequente "peneira", diante de todos os desafios que devem ser ultrapassados pelos atletas desde muito novos até a sua profissionalização, como a distância de casa, da família, dos amigos, a abdicação ao lazer para exclusivamente viverem o propósito do sonho de serem profissionais.

Outro dispositivo legal que determina condições mínimas para uma entidade de prática desportiva ser reconhecida como formadora de atletas é o Decreto n. 7.984/13, que regulamenta a Lei n. 9.615/98, no seu art. 49:

> "Art. 49. Caracteriza-se como entidade de prática desportiva formadora, certificada pela entidade nacional de administração da modalidade, aquela que assegure gratuitamente ao atleta em formação, sem prejuízo das demais exigências dispostas na Lei n. 9.615, de 1998, o direito a:
>
> I – programas de treinamento nas categorias de base e formação educacional exigível e adequada, enquadrando-o na equipe da categoria correspondente a sua idade;
>
> II – alojamento em instalações desportivas apropriadas à sua capacitação técnica na modalidade, quanto a alimentação, higiene, segurança e saúde;
>
> III – conhecimentos teóricos e práticos de educação física, condicionamento e motricidade, por meio de um corpo de profissionais habilitados e especializados, norteados por programa de formação técnico-desportiva, compatível com o desenvolvimento físico, moral e psicológico do atleta;
>
> IV – matrícula escolar e presença às aulas da educação básica ou de formação técnica em que estiver matriculado, ajustando o tempo destinado à efetiva atividade de formação do atleta, não superior a quatro horas diárias, aos horários estabelecidos pela instituição educacional, e exigindo do atleta satisfatório aproveitamento escolar;
>
> V – assistência educacional e integral à saúde;
>
> VI – alimentação com acompanhamento de nutricionista, assistência de fisioterapeuta e demais profissionais qualificados na formação física e motora, além da convivência familiar adequada;
>
> VII – pagamento da bolsa de aprendizagem até o décimo dia útil do mês subsequente ao vencido;
>
> VIII – apólice de seguro de vida e de acidentes pessoais para cobrir as atividades de formação desportiva, durante toda a vigência do contrato, incluindo como beneficiários da apólice de seguro os indicados pelo atleta em formação;
>
> IX – período de descanso de trinta dias consecutivos e ininterruptos, com a garantia de recebimento dos incentivos previstos na Lei coincidente com as férias escolares regulares;
>
> X – registro do atleta em formação na entidade de administração do desporto e inscrição do atleta em formação nas competições oficiais de sua faixa etária promovidas pela entidade; e
>
> XI – transporte."

É importante salientar que muitas das obrigações estabelecidas na legislação desportiva estão alinhadas com o que determina o Estatuto da Criança e do Adolescente — ECA (Lei n. 8.069/90)[(7)] no tocante à proteção social integral.

---

(7) Lei n. 8.069, de 13 de julho de 1990.

A competência para verificar o preenchimento desses requisitos e emitir tal certificado é da entidade nacional de administração do desporto, como preconiza o § 3º do art. 29 da Lei n. 9.615/98: certificar como entidade de prática desportiva formadora aquela que comprovadamente preencha os requisitos estabelecidos, de maneira a fazer jus aos direitos assegurados na legislação.

Considerando que apenas o futebol é, obrigatoriamente, organizado de modo profissional no país, e atendendo ao determinado na legislação, a Confederação Brasileira de Futebol — CBF, por meio da Resolução da Presidência (RDP) 01/2012, estabeleceu normas, procedimentos, critérios e diretrizes para emissão do Certificado de Clube Formador (CCF), delegando às Federações Estaduais poderes para emitir prévio parecer conclusivo quanto ao preenchimento dos requisitos legais pelos clubes interessados. De acordo com esse documento, resolveu a CBF que a emissão do CCF poderá ser de duas categorias, a saber:

> Categoria "A" - para os clubes que preencherem requisitos comprovadamente acima das exigências mínimas, concedido com validade de dois (2) anos;
>
> Categoria "B" - para os clubes que preencherem os requisitos mínimos, concedidos com validade de (1) ano.

Diante de todos os requisitos legislativos em relação à certificação de clube formador e os deveres competentes à entidade nacional de administração do desporto para emissão da certificação, além de analisar o cumprimento dos requisitos, destaca-se o papel enorme das entidades de prática desportiva, não só no aspecto esportivo, mas também social, visto que cada criança, cada adolescente que passa por esse processo está em busca do sonho de se tornar atleta profissional.

Em diversos incisos vemos como obrigações das entidades de prática desportiva o fornecimento de convívio familiar, o acompanhamento da saúde física e mental, a autoestima, a capacidade de concentração e a interação social.

Os valores éticos que devem compor o aprendizado e a formação desses atletas é um dos principais pontos a serem tratados, uma vez que longe do convívio familiar, sem qualquer possibilidade de uma orientação instantânea dos familiares durante a rotina pesada de atividades, e suporte do clube da entidade de prática desportiva, muitos desses atletas não conseguirão o objetivo de se tornarem profissiionais sem devida atenção a saúde mentel, além da forma física.

Infelizmente, houve um caso emblemático na formação de atletas de futebol no Brasil: a tragédia ocorrida no Centro de Treinamento Ninho do Urubu, pertencente ao Clube de Regatas do Flamengo. Dez jovens atletas da base rubro negra morreram devido a um incêndio em um dos alojamentos onde residiam. O fato ocorreu em 8.2.2019 e comoveu todo o país.

Muitos clubes de futebol possuem alojamentos, em ótimas condições, o que não significa que os centros de treinamento estão imunes a acidentes. De qualquer modo, a responsabilidade é total do clube. Por isso, ainda hoje o Flamengo enfrenta consequências judiciais referentes a divergências de valores em relação à condenação, propostas de acordo, pensionamento vitalício e diversas questões jurídicas sobre os processos movidos pelos familiares dos jovens atletas.

A base dos clubes de futebol brasileiros é muito famosa; potencialmente, o Brasil é o país que mais exporta talentos no mundo do futebol, segundo um estudo realizado pelo CIES Football: 1.289 atletas apenas em 2023 — número 5,6% maior em relação ao ano anterior. O último recorde havia sido em 2019, com 1.276 atletas expatriados.

Um fenômeno muito curioso acerca disso é o de grandes clubes de futebol europeus trazerem ao Brasil núcleos próprios para a captação de talentos, são eles: Barcelona, Inter de Milão, Juventus de Turim, e muitos outros. Na verdade, esse trabalho de *scout* e captação de talentos em diversas partes do mundo é muito antigo na Europa, mas não acontecia nesses moldes na América do Sul. Um caso famoso, fruto desse trabalho, é do argentino Lionel Messi, que aos treze anos, quando ainda fazia parte das divisões de base do Club Atlético Newell's Old Boys, foi levado por seu pai, Jorge Messi, para a Espanha, onde morava uma prima da família. Após passar por diversas categorias de base do Barcelona, Messi tornou-se um atleta vencedor e respeitado, que pode ser classificado como um dos maiores atletas da história da humanidade, um grande fruto da globalização.

Uma quantidade imensa de atletas sai do Brasil em busca do seu sonho e de sua independência financeira, oriundos das mais variadas regiões brasileiras, de diversos clubes. Os Meninos da Vila, a Base Forte Vascaína, os Moleques de Xerém são alguns exemplos de clubes da elite do futebol brasileiro que produzem atletas em larga escala, gerando grande impacto na vida dos próprios atletas, dos seus familiares e dos seus representantes.

A formação esportiva é um assunto de extrema importância que deve ser analisado cuidadosamente. A relação entre um atleta menor e seu representante ou empresário/agente é vital para a construção de uma carreira profissional saudável e bem-sucedida. Entretanto, os agentes muitas vezes são qualificados como "vilões", "sequestradores" de clubes, "donos terceirizados" de bases de formação de atletas. Tais profissionais precisam ser tratados de forma correta e, acima de tudo, devem respeitar os limites legislativos impostos.

Principalmente na assinatura do primeiro contrato de representação, muitos agentes buscam acompanhar a carreira de atletas no início, o que é perfeitamente compreensível. Contudo, cabe destacar que o atleta só pode assinar qualquer contrato de representação conforme preconiza a legislação. No caso do futebol, a CBF preconiza no Regulamento Nacional de Agentes de Futebol:

> "Art. 35 – É vedada qualquer Abordagem ou assinatura de Contrato de Representação com um atleta de futebol menor de idade e/ou seu responsável legal, relativamente à prestação dos Serviços de Representação, salvo se for iniciada pelo Agente de Futebol a partir de 6 (seis) meses antes da data em que o atleta em questão for completar 16 (dezesseis) anos de idade, e, deste modo, puder firmar o seu primeiro contrato especial de trabalho esportivo nos termos da legislação brasileira em vigor, sempre mediante o consentimento prévio e por escrito do responsável legal do menor.
>
> Art. 36 – O Agente de Futebol que pretenda representar o atleta menor de idade nos termos do art. 35 deste RNAF (ou, então, representar um Clube em uma Operação envolvendo este atleta menor), deverá, primeiramente, ter concluído com sucesso na Plataforma o curso do CPD designado pela FIFA para atuação com menores, assim como atender a quaisquer outros requisitos exigidos pela legislação brasileira, ou, caso aplicável, pela legislação do local onde o atleta desempenhará as suas atividades.
>
> Art. 37 – O Contrato de Representação firmado entre um Agente de Futebol e um atleta menor de idade somente será válido e eficaz se: a) o Contrato de Representação atender aos requisitos mínimos obrigatórios previstos no art. 25 deste RNAF; b) o Agente de Futebol atender ao disposto nos arts. 35 e 36 deste RNAF; e c) o Contrato de Representação for firmado tanto pelo atleta de futebol menor de idade, como por seu responsável legal, em consonância com a legislação brasileira, e, caso aplicável, com a legislação do local onde o atleta desempenhará as suas atividades."

O agente, ou intermediário, tem o dever de ser um facilitador na carreira do atleta, e não se aproveitar dela, por isso a legislação abre possibilidades para representação do atleta menor de idade, mas não aos dez anos, por exemplo, e apenas conforme os artigos supracitados do Regulamento Nacional de Agentes de Futebol.

Nessa seara, tratando-se da formação de atletas, o cenário mais positivo é quando um atleta já está alocado em alguma entidade de prática desportiva, mas também existem outros meios para essa formação.

Muitos atletas aposentados mantêm projetos sociais de prática desportiva, ou apoiam instituições desse formato, que possuem um valor ainda maior que as entidades de prática desportiva, tendo em vista que muitos atletas talentosos não têm condições de participar de testes em clubes, ou na sua localidade não existem entidades de prática desportiva disponíveis. Esse é o impacto devido pelo esporte, em todas as classes sociais, nas mais diversas regiões e localidades de um país tão vasto como um continente.

4. Conclusão

Os desafios da gestão desportiva são muitos e dos mais variados. O gestor deve estar preparado para a construção de um legado, seja à frente de uma entidade de prática desportiva, de uma entidade de administração do desporto, de um Comitê olímpico, ou de um projeto social para crianças de uma comunidade carente. Os projetos sociais avançam sobre localidades onde o poder público não chega por algum motivo — ou simplesmente não se dispõe a ir.

Alinhada ao amor e dedicação ao esporte deve estar toda perícia técnica do assunto. O esporte realmente é um meio de entretenimento que anualmente ao redor do mundo movimenta mais cifras do que qualquer outra atividade, nas mais diversas modalidades, mas isso só acontece quando pessoas competentes estão à frente de projetos que traduzem seriedade, que não somente estejam em busca do lucro, mas também do desenvolvimento social do atleta e de todos ao seu redor. É necessário, além da paixão própria que o esporte desperta, ter empatia e responsabilidade para lidar com os recursos.

Portanto, o gestor é uma figura de extrema importância no desporto, devendo sempre analisar todos os aspectos comuns ao mercado do esporte e entretenimento para que a coletividade evolua, e o produto que ele fornece, junto dos seus adversários, seduza cada vez mais o espectador, mas sem perder a essência e a paixão pela competitividade, baseando seus valores no *fair play* e no jogo limpo.

Referências

ALBUQUERQUE MOURA, F. "A responsabilidade dos dirigentes desportivos e a normatização de suas condutas sob o olhar da Lei n. 14.073 de 14 de outubro de 2020". Disponível em: https://ibdd.com.br/a-responsabilidade-dos-dirigentes-desportivos-e-a-normatizacao-de-suas-condutas-sob-o-olhar-da-lei-14-073-de-14-de-outubro-de-2020/?v=19d3326f3137. Acesso em: 25 fev. 2024.

ATAQUE MARKETING. "Clube Empresa no Brasil: os exemplos do Red Bull e City Football" Group. Disponível em: https://ataquemarketing.com/direitodesportivo/clube-empresa-no-brasil-os-exemplos-do-red-bull-e-city-football-group/. Acesso em: 26 fev. 2024.

BRASIL. *Lei n. 8.672, de 6 de julho de 1993*. Disponível em: https://www.planalto.gov.br/ccivil_03/leis/l8672.htm. Acesso em: 27 fev. 2024.

______. *Lei n. 9.615, de 24 de março de 1998*. Disponível em: https://www.planalto.gov.br/ccivil_03/leis/l9615consol.htm. Acesso em: 27 fev. 2024.

______. *Lei n. 13.934, de 11 de dezembro de 2019*. Disponível em: https://www.planalto.gov.br/ccivil_03/_ato2019-2022/2019/lei/L13934.htm. Acesso em: 22 fev. 2024.

______. *Decreto n. 7.984, de 8 de abril de 2013*. Disponível em: https://www.planalto.gov.br/ccivil_03/_ato2011-2014/2013/decreto/d7984.htm. Acesso em: 24 fev. 2024.

CIES Football Observatory. "Expatriates on the rise, records for the top three". Disponível em: https://football-observatory.com/WeeklyPost422. Acesso em: 25 fev. 2024.

CBF. "Regulamento Nacional de Agentes de Futebol (RNAF)". Disponível em: https://www.cbf.com.br/a-cbf/informes/index/cbf-publica-novo-regulamento-nacional-de-agentes-de-futebol-rnaf. Acesso em: 25 fev. 2024.

"Convocados Galapagos e Outfield. Investimentos de clubes em atletas crescem, mas dívidas preocupam". Disponível em: https://convocados.net/. Acesso em: 18 fev. 2024.

FACHINI T. "Lei Pelé: entenda os principais pontos da Lei n. 9.615/98". Disponível em: https://www.projuris.com.br/blog/lei-pele-9615/. Acesso em: 27 fev. 2024.

GLOBOESPORTE. "Premier League puxa freio, e janela de janeiro na Europa é discreta". Disponível em: https://ge.globo.com/futebol/futebol-internacional/noticia/2024/02/02/premier-league-puxa-freio-e-janela-de-janeiro-na-europa-e-discreta.ghtml. Acesso em: 26 fev. 2024.

MARKETING ESPORTIVO. "As ligas esportivas mais valiosas em 2024". Disponível em: https://www.mktesportivo.com/2024/02/as-ligas-esportivas-mais-valiosas-em-2024/. Acesso em: 22 fev. 2024.

______. "As equipes esportivas mais valiosas do mundo em 2024". Disponível em: https://www.mktesportivo.com/2024/02/as-equipes-esportivas-mais-valiosas-do-mundo-em-2024/. Acesso em: 19 fev. 2024.

MODESTO, P. "Contrato de desempenho e organização administrativa". Disponível em: https://www.conjur.com.br/2019-dez-19/interesse-publico-contrato-desempenho-organizacao-administrativa/. Acesso em: 23 fev. 2024.

RICARDO REZENDE, J. "Direitos e deveres do clube formador de atletas". Disponível em: http://www.incentiveprojetos.com.br/noticias/?url=direitos-e-deveres-do-clube-formador-de-atletas. Acesso em: 19 fev. 2024.

UOL. "Janela brasileira fecha com mais de R$ 300 mi; veja os reforços mais caros". Disponível em: https://www.uol.com.br/esporte/futebol/colunas/rafael-reis/2023/08/03/janela-brasileira-fecha-com-mais-de-r-300-mi-veja-os-reforcos-mais-caros.htm#:~:text=Janela%20brasileira%20fecha%20com%20mais%20de%20R%24%20300%20mi,veja%20os%20refor%C3%A7os%20mais%20caros&text=Os%20clubes%20da%20primeira%20divis%C3%A3o,segunda%20metade%20da%20temporada%202023. Acesso em: 15 fev. 2024.

Lei n. 14.597/23 e *Esports* — Aspectos da Relação Jurídica entre Atleta Profissional e Entidade de Prática Esportiva

Hudson de Paiva Barbosa Junior

Introdução

Devido à ausência de legislação específica, bem como à natureza *sui generis* da modalidade, o esporte eletrônico se desenvolveu de forma autônoma no Brasil, a exemplo do que ocorreu em outros países. Em razão disso, os principais envolvidos da modalidade buscaram consolidar suas relações esportivas com base na legislação convencional e nas diretrizes emitidas pelas *Publishers*/desenvolvedoras.(1) Tal consolidação se deve ao fato de o esporte eletrônico guardar grande semelhança com as modalidades esportivas convencionais, principalmente no que tange às organizações e atletas praticantes.

Embora tenha havido grande comoção da comunidade brasileira pelo reconhecimento dos esports como modalidade esportiva, a recém-instituída Lei n. 14.597/23 (Lei Geral do Esporte — LGE), foi sancionada com a exclusão do art. 4º, § 2º, do PL n. 1.153/22, que entendia o desporto virtual como "atividade que demanda exercício eminentemente intelectual e destreza, em que pessoas ou equipes disputam modalidade de jogo eletrônico com regras e prêmios predefinidos" (BRASIL, 2022). Contudo, a remoção — fruto de um boicote promovido pela ex-ministra do esporte, Ana Moser(2) — não impede que os atuantes no cenário formalizem suas relações esportivas com base

(1) *Publishers* são as empresas que distribuem o *game* para o mercado, enquanto desenvolvedoras são as empresas que criam o jogo. Por vezes, a empresa responsável por desenvolver é a mesma que o publica/distribui.

(2) Segundo a ministra, para não "correr o risco" de o esporte eletrônico ser considerado uma modalidade esportiva, esteve à frente da organização Atletas pelo Brasil em uma ação junto ao legislativo para alterar o projeto da nova Lei Geral do Esporte (antigo PL n. 1.153/19).

no que diz a LGE, uma vez que, de fato, a modalidade se apresenta como uma atividade de prática esportiva.

Patente que a principal relação existente dentro do ambiente de prática esportiva é aquela entre clube e atleta, formalizada por meio de um contrato que gera vínculo de natureza esportiva entre as partes. Esse vínculo pode ostentar — conforme preceitua a nova lei — caráter cível ou trabalhista, a depender dos pressupostos da relação entre as partes. Todavia, a LGE inovou ao elencar parâmetros objetivos para o reconhecimento da profissionalização do atleta, conquanto tenha mantido conceitos abertos para sua definição, dificultando a interpretação do texto legal. Não obstante, tem-se no art. 72, parágrafo único, a caracterização do atleta profissional como aquele que pratica esporte de alto nível, que se dedica permanentemente à atividade esportiva de forma remunerada e tem nela sua principal fonte de renda por meio do trabalho.

Logo, no que toca ao esporte eletrônico, pode-se afirmar que um atleta profissional da modalidade será aquele que cumprir com todos os requisitos acima elencados, independentemente da forma como receber sua remuneração e da natureza de seu vínculo com a organização esportiva representada. Assim, o presente artigo buscará analisar, à luz da Lei n. 14.597./23, os principais aspectos da relação jurídico-esportiva entre atleta profissional e organização, no âmbito dos esports, elucidando quais as principais características que qualificam a modalidade como esporte de alto nível e sua prática como atividade profissional, a fim de compreender quais são as principais modalidades contratuais utilizadas nesse mercado.

1. Esports como modalidade de prática esportiva

A melhor forma de compreender os esports como uma modalidade de prática esportiva é entender como as disputas funcionam, já que um dos principais preconceitos contra a modalidade advém do pensamento ingênuo de que, sendo as disputas realizadas em ambiente virtual coordenado por conjuntos de instruções e regras de um programa de computador (algoritmo), há uma previsibilidade do resultado e uma independência do fator humano dentro das competições.

Ademais, frequentemente se confunde o termo esporte eletrônico com o termo jogo eletrônico, ocasionando uma forte contraposição à configuração da modalidade como prática esportiva, sob o argumento de que os *esports* não passam de mero entretenimento, uma forma de diversão sem competitividade. Tal pensamento deriva da ausência de informação a respeito da diferença entre jogo e esporte, porquanto o primeiro — que dá origem ao segundo — fatalmente se apresenta majoritariamente como um passatempo.

Este capítulo, portanto, buscará esclarecer como os esports se apresentam como modalidade de prática esportiva, esclarecendo a importância do fator humano dentro das competições, a ausência de previsibilidade do resultado e a diferença entre jogo e esporte eletrônico. Além disso, o capítulo também elucidará como os esportes eletrônicos se enquadram como modalidade esportiva, malgrado o fato de não demandarem tamanho esforço físico como em modalidades tradicionais.

1.1. Jogo eletrônico x **Esport**

À primeira vista irrelevante, a distinção entre jogo eletrônico e esport se mostra extremamente importante para o entendimento de como este se apresenta como uma modalidade de prática esportiva, enquanto aquele é essencialmente uma forma de entretenimento. Conquanto possa ser difícil distinguir as duas modalidades, já que guardam grande semelhança aos olhos imperitos dos que não possuem afinidade com as práticas, pode-se dizer que jogo e esporte eletrônico são como gênero e espécie, na medida em que toda modalidade de esporte eletrônico deriva de algum jogo eletrônico.

A fim de ilustrar tal distinção, pode-se analisar o funcionamento do jogo eletrônico Tekken, cuja 8ª edição foi recém-publicada pela Bandai Namco Entertainment. O *game*, que pertence à modalidade dos jogos de luta, pode ser jogado individualmente ou em disputas contra outros jogadores. Na variante individual (*single player*), o *game* conta com um modo história, uma campanha, em que o jogador escolhe um dos personagens disponíveis e enfrenta outros personagens (controlados pela máquina) até chegar à última luta, contra o *boss*(3) final. O jogo possui também a modalidade *on-line*, em que o jogador se conecta e enfrenta outros jogadores reais, em disputas um contra um (conhecidas como x1).

Por outro lado, o *game* também possui um modelo competitivo, com torneios organizados ao redor do mundo pela Bandai Namco, em que jogadores se enfrentam dentro do jogo e competem para subir nos *rankings* do placar global e avançar para as finais.(4) Em sua última edição, o TWT (Tekken World Tour), principal campeonato da categoria, contou com a participação dos 19 melhores jogadores profissionais do mundo

(3) *Boss* é como um personagem inimigo poderoso é conhecido dentro de um jogo eletrônico.

(4) SPIERR, THAÍS. "Tekken: programação do World Tour 2023 é revelada". *Globo Esporte: Esports*. 28 mar. 2023. Disponível em: https://ge.globo.com/esports/noticia/2023/03/28/c-tekken-programacao-do-world-tour-2023-e-revelada.ghtml. Acesso em: 15 jan. 2024.

e distribuiu US$ 100,000 de premiação total. O vencedor do torneio, o paquistanês Aslan "Ash" Siddique, que representa as equipes Twisted Minds e Red Bull Esports, recebeu o prêmio máximo de US$ 50,000.(5) Nota-se que os torneios representam a modalidade esportiva existente dentro do *game*, na medida em que contam com disputas entre jogadores profissionais, que devem se manter em tal nível competitivo que jogadores casuais não conseguiriam alcançar, uma vez que exige grande dedicação, rotina de treinamentos, estudo e aplicação de estratégias. Ou seja, para conseguir se manter em uma boa posição dentro da tabela de classificação, os jogadores devem dedicar sua vida ao aperfeiçoamento competitivo na categoria do esporte eletrônico.

Assim, da mesma forma como o TWT é disputado dentro do jogo Tekken, o esporte eletrônico é disputado dentro do jogo eletrônico. Não é necessário manter uma rotina de treinos, tampouco traçar estratégias para jogar Tekken, qualquer pessoa com um videogame pode fazê-lo. Contudo, somente aqueles que se dedicarem profissionalmente ao game poderão se classificar para o TWT. O mesmo serve para o esporte eletrônico, uma vez que se apresenta como a categoria competitiva de certos games e que somente pode ser alcançada mediante esforço, estudo e treinamento dos jogadores que almejam se tornar atletas profissionais.

1.2. Previsibilidade do resultado nos esports

Esportes eletrônicos, em sua essência, são disputas que ocorrem dentro do ambiente virtual de um jogo eletrônico. Em razão disso, em um primeiro momento, pode parecer que as possibilidades sejam limitadas e o resultado de uma partida, previsível, considerando que o ambiente é coordenado por algoritmos. De fato, quando se trata de um jogo eletrônico de campanha, os resultados são previsíveis, uma vez que todo e qualquer jogador, ao chegar ao final do *game* terá, via de regra, passado pelas mesmas fases e dificuldades. Contudo, essa previsibilidade inexiste nos esportes eletrônicos.

Conforme demonstrado, há uma grande diferença entre jogo e esporte eletrônico, principalmente no que tange ao fator competitivo. Isto é, no esporte eletrônico os jogadores disputam entre si, de modo que a habilidade de cada um definirá o resultado de uma partida, diferente do que ocorre em um jogo eletrônico de campanha, onde os resultados e as possibilidades são limitadas. Em um jogo de futebol, por exemplo, a imprevisibilidade não está na bola ou no campo, mas nos jogadores. Do mesmo modo, no esporte eletrônico a imprevisibilidade do resultado não está no ambiente virtual (no jogo eletrônico), mas na habilidade daqueles que se enfrentam dentro dele.

Uma das categorias mais famosas de esports no mundo, o *League of Legends* (LoL), ocorre dentro de um mapa virtual, dividido em duas partes, onde duas equipes

---

(5) Informações retiradas do Liquipedia: "Fighting Games". Disponível em: https://liquipedia.net/fighters/Tekken_World_Tour_Finals/2023 . Acesso em: 15 jan. 2024.

compostas por cinco jogadores cada se enfrentam para destruir a base inimiga. Dentro do LoL, cada jogador deverá escolher 1 entre 167 avatares jogáveis para compor sua equipe. Dessa forma, em uma partida de LoL existem 122.272.643.160 combinações de personagens possíveis dentro de uma equipe, considerando que não é possível que mais de um jogador escolha o mesmo personagem. Tal número demonstra o quão imprevisível é uma partida dentro do jogo, uma vez que a gama de possibilidades é vasta e cada um dos jogadores tomará suas próprias decisões, assim como dependerá de sua própria destreza para conseguir alcançar um resultado favorável para sua equipe.

Assim, afirmar que há previsibilidade nos esports, em razão do ambiente virtual do jogo, é o mesmo que afirmar que há previsibilidade no basquete, pois os jogadores estão limitados às quatro linhas da quadra. A imprevisibilidade do esporte eletrônico advém do mesmo fator de qualquer outra modalidade esportiva, o fator humano. O fato de ocorrer dentro de um jogo eletrônico em nada se diferencia de um conjunto de regras que define uma partida de futebol ou de basquete, limitando a atuação dos jogadores, mas sem interferir na previsibilidade do resultado.

1.3. **Esports** *como esporte de habilidade*

À luz da Lei Geral do Esporte, com o intuito de conceber aqueles que praticam os *esports* de forma profissional como atletas, deve-se aceitar a modalidade intrinsecamente como esportiva. Para Valdir José Barbanti,[(6)] uma atividade terá natureza esportiva quando se tratar de “atividade competitiva institucionalizada que envolve esforço físico vigoroso ou o uso de habilidades motoras relativamente complexas, por indivíduos, cuja participação é motivada por uma combinação de fatores intrínsecos e extrínsecos” (BARBANTI, 2006). A definição, apesar de simples, é precisa ao apresentar as características principais que diferenciam uma atividade recreativa de esporte.

Analisando os conceitos trazidos por Barbanti, tem-se que, malgrado o esporte eletrônico não ser uma atividade que demande esforço físico tão vigoroso como dos esportes tradicionais, ele exige a utilização de habilidades motoras extremamente complexas, uma vez que os praticantes, para alcançar um nível competitivo, devem tomar decisões e realizar diversas ações em um curtíssimo espaço de tempo. A unidade de medida criada para mensurar a quantidade de ações de um jogador de esports é a APM[(7)] (ações por minuto), de modo que o valor da APM de um jogador é determinado pelo número de ações realizadas em um determinado minuto dentro do jogo, podendo ser uma ação de

(6) Graduado em Licenciatura em Educação Física pela Universidade de São Paulo (1970), mestrado (Master of Science In Physical Education) University of Iowa (1980) e doutorado (Ph D In Physical Education) University of Iowa (1982).

(7) Dicio, TechTerms.com, 6 jun. 2020. Disponível em: https://techterms.com/definition/apm. Acesso em: 20 jan. 2024.

mover seu personagem, utilizar uma habilidade, construção de alguma estrutura etc. A título de comparação, dentro do jogo StarCraft,[(8)] um jogador iniciante terá um número médio de APM abaixo de 50, enquanto atletas profissionais têm uma média de 300 e que ultrapassam a marca de 400 durante alguns momentos de uma partida. Jogadores profissionais notáveis possuem uma média acima de 400 APM.

Dessa forma, não há de se afirmar que esports não podem ser enquadrados como uma modalidade esportiva pelo fato de sua prática não demandar tamanho esforço físico como em esportes convencionais, uma vez que exige de seus praticantes aprimoramento de suas habilidades motoras a fim de alcançar a excelência. Trata-se de um esporte de habilidade, no qual o principal fator de destaque dos atletas de alto nível está em sua capacidade de raciocinar extremamente rápido e conseguir se movimentar, dentro do jogo, com destreza tal que lhe permita acompanhar seu raciocínio.

Pode-se comparar o atleta de esports a um maratonista: duas modalidades antagônicas na prática, mas similares na essência, uma vez que, enquanto uma exige imensa resistência física e pouca destreza, a outra exige grande destreza e pouca resistência física. Contudo, ambas são modalidades competitivas que somente podem ser praticadas por aqueles que superam o nível ordinário de aperfeiçoamento de suas habilidades e alcançam a excelência esportiva. Para Antonio Carlos Bratefixe Junior:[(9)]

> "Podemos identificar uma prática esportiva como sendo aquela de natureza ordenada de exercícios físicos e mentais, de caráter competitivo e com regras claras sobre o seu desenvolvimento e competição. (...) Dessa forma, sendo o Esports dotado de uma forma organizada de competição, possuindo regras específicas, contribuindo para o desenvolvimento das atividades sociais e culturais, não há como afastá-lo das características de efetivo esporte" (BRATEFIXE JR., 2021).

Logo, o esporte eletrônico se apresenta como uma modalidade de prática esportiva de habilidade, praticada dentro de um ambiente virtual, que possui a destreza como principal característica e exige grande esforço de seus praticantes que buscam alcançar a excelência esportiva. Além disso, guarda grande similitude com modalidades esportivas tradicionais, uma vez que se trata de um esporte competitivo, com um conjunto de regras bem elaborado, resultado imprevisível e sistema de recompensas para seus praticantes.

---

(8) *StarCraft* é um jogo de estratégia em tempo real que se passa no futuro, no ano de 2499. O jogo possui um circuito de competição profissional ativo, particularmente na Coreia do Sul. Os dois principais canais de jogos da Coreia do Sul, Ongamenet e MBCGame, administravam cada um uma Starleague (Longamente Starleague, MBCgame Starleague), visualizada por milhões de fãs.

(9) Advogado. Especialista em Direito Processual Civil pela PUC/SP. Especialista em Direito e Processo do Trabalho pela PUC/SP. Membro da Comissão de Direito Desportivo da OAB/SP – Seccional Santana. Sócio de Có Crivelli Advogados.

2. Atleta profissional na lei geral do esporte

Uma das principais alterações trazidas pelo legislador na nova Lei Geral do Esporte diz respeito ao conceito de atleta profissional. Enquanto a Lei Pelé estabeleceu a atividade do atleta profissional como "aquela caracterizada pela remuneração em contrato especial de trabalho esportivo, firmado com entidade de prática esportiva"(10) (BRASIL, 1998), a LGE trouxe um conceito mais abrangente, considerando atleta profissional "o praticante de esporte de alto nível que se dedica à atividade esportiva de forma remunerada e permanente e que tem nessa atividade sua principal fonte de renda por meio do trabalho, independentemente da forma como recebe sua remuneração"(11) (BRASIL. 2023). Em suma, manteve-se a remuneração como uma das principais características de reconhecimento da profissão de atleta, mas sem determinar a forma com que lhe deve ser paga. Portanto, a nova lei permite que determinado atleta seja considerado profissional, ainda que não tenha contrato de trabalho com a organização esportiva que representa, desde que pratique, permanentemente, esporte de alto nível e dele retire sua principal fonte de renda.

À luz da Lei Geral do Esporte, para entender como o atleta de esports se enquadra no conceito de atleta profissional é fundamental compreender como a profissão é concebida e quais requisitos devem ser preenchidos para seu reconhecimento. À vista disso, este capítulo buscará esclarecer detalhadamente os conceitos trazidos pela LGE, isto é, o que se entende por esporte de alto nível, dedicação permanente e quais as formas de remuneração de um atleta.

2.1. Esporte de alto nível

O primeiro requisito para o reconhecimento de um atleta como profissional é a prática do esporte de alto nível. Contudo, a LGE não traz especificações a respeito do que se entende como "alto nível", de modo que o conceito se mostra indeterminado, uma abstração do legislador em delimitar uma definição legal. Não obstante, a lei define, em seu art. 6º, III, o esporte de alto rendimento, isto é, aquele com "treinamento especializado para alcançar e manter o desempenho máximo de atletas em competições nacionais e internacionais" (BRASIL, 2023). De fato, ao associar os dois conceitos pode-se inferir que o inciso III se refira ao esporte praticado no mais alto nível da excelência esportiva, uma vez que esta é caracterizada por "ser disputada por atletas de alto rendimento esportivo".(12)

O esporte de alto rendimento pode ser entendido como aquele no qual o atleta busca alcançar os melhores níveis de desempenho e a obtenção de bons resultados coletiva e/ou individualmente (DE ROSE *et al*, 1999). Dessa forma, considerando que o alto

(10) Art. 28-A, Lei Pelé.

(11) Art. 72, parágrafo único, Lei Geral do Esporte.

(12) Art. 173, Lei Geral do Esporte.

rendimento se encontra atrelado ao treinamento especializado para alcance e manutenção do desempenho máximo dos atletas, é possível afirmar que os atletas dessa categoria praticam o esporte de alto nível. Portanto, atleta profissional é aquele que pratica sua modalidade esportiva de alto rendimento estruturado, orientado e com demanda de comprometimento e esforço, sendo esse o nível que define o esporte profissional e o ápice da carreira esportiva (DIMANDE, 2010 *apud* CAMPOS *et al*, 2017).

Portanto, tem-se como esporte de alto nível aquele praticado mediante treinamento direcionado para o alto rendimento e, consequentemente, para atuação profissional e construção de carreira esportiva. Assim, o esporte de alto nível remete à extração e manutenção do máximo desempenho dos atletas dentro das principais competições nacionais e internacionais, dentro de determinada modalidade, razão pela qual se apresenta como requisito fundamental para o reconhecimento da prática profissional esportiva.

2.2. Dedicação permanente

O segundo requisito para o reconhecimento da profissão de atleta profissional é a dedicação à atividade esportiva de forma permanente. Isso significa que, para um atleta ser considerado profissional, deverá se dedicar ao esporte de forma continuada, não esporádica, de modo que seu empenho à determinada modalidade esportiva seja duradouro. A simplicidade do conceito está diretamente relacionada aos demais requisitos da atividade profissional, considerando que a frequência da prática esportiva é requisito essencial para o alcance do alto rendimento.

Ademais, é necessário se atentar ao fato de que a dedicação permanente não se confunde com o requisito da não eventualidade da relação de emprego, uma vez que a LGE deixa claro a desnecessidade de contrato de trabalho para a caracterização do atleta profissional. Logo, a hipótese de o atleta se dedicar permanentemente à determinada atividade em prol de certa organização esportiva não infere a existência de um vínculo empregatício, uma vez que há outros requisitos a serem preenchidos concomitantemente.

Portanto, à luz da LGE, a profissionalização será reconhecida àquele atleta que se dedicar a atividade de modo duradouro, independentemente do vínculo com entidade de prática esportiva, desde que exerça atividade com frequência suficiente a alcançar rendimento necessário para participar de disputas em alto nível.

2.3. Remuneração

A Lei Geral do Esporte estabelece como último requisito para a profissionalização a dedicação remunerada à atividade esportiva, devendo o atleta extrair dela sua principal fonte de renda, independentemente da forma como recebe sua remuneração.[13] Assim, não são abarcados pelo escopo do artigo aqueles atletas que se dedicam ao esporte de

(13) Art. 72, parágrafo único, Lei Geral do Esporte.

forma gratuita, ainda que em prol de determinada entidade de prática esportiva. Da mesma forma, atletas que obtêm sua renda predominante em fonte alheia à atividade esportiva praticada não se classificam como profissionais.

Diferentemente do que ocorre na Lei Pelé, na qual a atividade profissional é caracterizada por remuneração pactuada em contrato especial de trabalho esportivo, na LGE, apesar de a contraprestação financeira ser requisito indispensável para o reconhecimento da prática profissional, o salário é apenas uma das formas de fazê-lo. Isso porque existem outras modalidades de remuneração, conforme dispõe o § 9º do art. 86 da LGE.

> "Art. 86. (...).
>
> § 9º Não constituirá nem gerará vínculo de emprego a remuneração eventual de atleta de qualquer modalidade por participação em prova ou partida, inclusive as premiações por resultado alcançado, concedidas eventualmente e em razão de desempenho superior ao ordinariamente esperado no exercício de suas atividades, bem como a percepção de auxílios na forma de bolsas ou de remuneração não permanente por meio de patrocínios ou direito sobre a exploração comercial de sua imagem. (BRASIL, 2023)"

Desse modo, o atleta profissional poderá obter sua remuneração por meio de contratos de natureza cível, seja na forma de bolsas, patrocínios, exploração de imagem, premiações e/ou remuneração não eventual[14] por participação em prova ou partida. Logo, o modo como o profissional esportivo aufere sua remuneração está pautado na liberdade de contratação, respeitadas as disposições legais.

A liberdade de contratação permite que as partes regulem seus interesses de diversas formas, de modo que são livres para determinar não só o conteúdo dos contratos, mas os limites legais do contratado (SARDAS, 2008). Consequentemente, o simples fato de o atleta receber contraprestação financeira por representar determinada organização esportiva não traduz a existência de relação empregatícia. Nesse sentido, entendeu o legislador ao estabelecer, no art. 82 da LGE, o seguinte:

> "Art. 82. A atividade assalariada não é a única forma de caracterização da profissionalização do atleta, do treinador e do árbitro esportivo, sendo possível também definir como profissional quem é remunerado por meio de contratos de natureza cível, vedada a sua participação como sócio ou acionista da organização esportiva.
>
> Parágrafo único. A atividade profissional do atleta, do treinador e do árbitro esportivo não constitui por si relação de emprego com a organização com a qual ele mantenha vínculo de natureza meramente esportiva, caracterizado pela liberdade de contratação" (BRASIL, 2022).

---

(14) Importante destacar que a remuneração eventual não se confunde com a dedicação eventual à prática esportiva, uma vez que se trata de modalidade de contraprestação que busca remunerar atletas profissionais por determinada participação esporádica — representando a organização de prática esportiva — em competições, provas ou partidas. Dessa forma, determinado atleta que se dedica permanentemente a certa prática esportiva de alto nível, ainda que receba sua remuneração de forma eventual, será considerado profissional, desde que tenha na atividade sua principal fonte de renda.

Nota-se, portanto, uma grande diferença em relação à remuneração do atleta profissional na Lei Pelé, uma vez que não mais há a exigência de que seja pactuada em contrato de trabalho. *Contrario sensu*, a LGE esclarece que as relações esportivas são pautadas na liberdade de contratação e a contraprestação financeira por si só não possui o condão de qualificar vínculo empregatício, não obstante se apresentar como requisito essencial para a qualificação da atividade como profissional.

3. *Esports*: contratos esportivos na Lei Geral do Esporte

Com o objetivo de fazer com que o ecossistema dos esports funcione perfeitamente e para proteger as partes nele envolvidas, é prudente a formalização de contratos entre organizações esportivas e jogadores profissionais (TAYLOR, 2012). No entanto, na ausência de uma entidade regulamentadora do esporte que estabeleça padrões contratuais a serem seguidos, como ocorre nos esportes convencionais, as equipes profissionais encontram dificuldades para oficializar seus vínculos com os atletas (LEWIN, 2016). Conforme posto no primeiro capítulo, o esporte eletrônico é uma modalidade esportiva *sui generis* que se apresenta fundamentalmente como um esporte de habilidade, devido às principais características inerentes à sua prática. Em razão disso, sob a ótica da Lei Geral do Esporte, imperioso categorizar seus praticantes como atletas profissionais, na hipótese de preenchimento dos requisitos do art. 72. Desse modo, devem as organizações esportivas formalizar o vínculo com seus atletas nos termos da *lex sportiva*.

Ao estabelecer o princípio da liberdade de contratação como basilar para a formalização dos contratos de atleta profissional, a LGE permite à organização e ao jogador formalizarem seu vínculo livremente, regulando seus interesses por formas diversas, baseadas, primordialmente, na autonomia da vontade. Este último capítulo, portanto, abordará quais as principais formas de formalização da relação entre o atleta profissional de esports e a organização esportiva, discorrendo sobre as principais singularidades inerentes à profissão e sobre qual a natureza do contrato a ser elaborado, de acordo com as peculiaridades do caso concreto.

3.1. Contratos de natureza cível

O contrato pode ser definido como o acordo de duas vontades, realizado por duas ou mais partes em conformidade com a ordem jurídica, que tem por objetivo estabelecer uma regulamentação de interesses entre as partes (DINIZ, 2008). Os contratos são classificados de acordo com as obrigações que originam, de sua formação, dos requisitos específicos e particulares, bem como das prestações geradas para as partes contratantes (PERES, 2014). No entanto, conquanto amplo, o reconhecimento da validade e eficácia do contrato não é ilimitado, já que a liberdade contratual encontra alguns limites que devem ser respeitados para que o contrato seja considerado válido. Dessa forma, devem os contratos respeitar a ordem pública, uma vez que não se admite a eficácia de um acordo cujo objeto seja ilícito. Portanto, os contratos devem ser exercidos nos limites da lei e da ordem pública (ULIANA, 2017).

Ao analisar, em conjunto, a *lex sportiva* brasileira e a Consolidação das Leis Trabalhistas (CLT), é possível concluir que o vínculo esportivo entre atleta e organização esportiva possuirá, obrigatoriamente, natureza trabalhista quando preencher os requisitos previstos no art. 3º da CLT, isto é, prestação de serviço de natureza não eventual, por pessoa física a empregador, sob a dependência deste e mediante salário (BRASIL, 1943). Dessa forma, na ausência de qualquer desses requisitos, poderão as partes contratantes formular contrato de natureza cível, seja nominado ou atípico, respeitados os limites do ordenamento jurídico.

Uma das facetas únicas do mercado dos esportes eletrônicos é a forma com que seus componentes interagem, bem como o modo como formalizam essas interações entre si. Enquanto existem muitas formas diferentes de oficializar relação contratual, apenas algumas delas são exploradas. Essas combinações incluem algumas nas quais jogadores profissionais, treinadores e *gaming influencers* assinam acordos com organizações esportivas profissionais (JACOBSON, 2021). No que toca ao atleta profissional, a melhor forma de formalizar o vínculo é por meio de um contrato de natureza esportiva, uma vez que o contrato esportivo oferece características suficientes e reconhece que se está diante de um texto de obrigações perfeitamente diferenciadas e que não se amolda, em pauta alguma, dentro da codificação do direito convencional[(15)] (LYRA FILHO, 1952).

Os contratos cíveis de natureza esportiva entre atletas profissionais e organizações podem ser elaborados de diversas formas, a depender das peculiaridades do caso concreto. Ainda assim, existem modelos principais que podem ser seguidos. A própria LGE traz, em seu art. 86, § 9º, exemplos de contratos que podem ser elaborados com atletas profissionais sem gerar vínculo empregatício, como: contrato de remuneração eventual por participação em prova ou partida; contrato de atleta profissional com a concessão de bolsa-auxílio ou remuneração não permanente por meio de patrocínio; bem como contrato de exploração comercial de direitos de imagem (BRASIL, 2023). Além disso, também podem ser elaborados acordos em relação ao licenciamento de marca de determinada organização esportiva, sem contraprestação financeira, seja a um atleta individualmente ou a toda uma equipe já formada.

3.1.1. Contrato de remuneração eventual por participação em prova ou partida

Diferentemente do que ocorre no futebol brasileiro, onde existem poucos campeonatos disputados ao longo de uma temporada, a maioria das modalidades[(16)] de esporte

(15) Em sua magnífica obra, Lyra Filho se refere ao Direito Trabalhista. No entanto, aplica-se perfeitamente a regra ao direito convencional, de modo geral.

(16) Para Antonio Bratefixe: "Modalidade é o que atribui a característica de modo e estilo de jogo, o que fornece ao atleta condições de desenvolvimento de forma mais natural às atividades em categorias, criando características próprias de evolução, adaptação e imersão em um universo competitivo. Podemos conceituar

eletrônico não possui torneios consolidados, sendo comum uma organização esportiva disputar diversos campeonatos menores ao longo do ano, em várias categorias[17] diferentes. Muitos desses campeonatos ocorrem em um final de semana ou ao longo de um a três meses, de modo que não é viável para a entidade de prática esportiva manter uma equipe formada para aquela categoria ao longo de todo um ano, pois existe risco de sequer vir a existir algum torneio. Isso ocorre porque o cenário de esporte eletrônico no Brasil ainda se encontra em desenvolvimento e, apesar de já existirem categorias consolidadas, com torneios prestigiados,[18] grande parte delas ainda não se firmou no cenário. Em razão disso, os desenvolvedores e/ou organizadores elaboram eventos casuais, a fim de consolidar a categoria no cenário esportivo brasileiro.

No entanto, tais eventos ocorrem de forma infrequente e imprevisível, o que faz com que as organizações esportivas participantes tenham pouquíssimo tempo para montar uma equipe ou contratar um atleta para a disputa daquele torneio, uma vez que não mantêm um quadro de jogadores para aquela categoria. Dessa forma, não é incomum a contratação de atletas para a disputa única de uma prova, partida ou torneio específico.

Nessa modalidade contratual, não se encontra presente o requisito da não eventualidade, necessário para o reconhecimento de vínculo de emprego. Ela tampouco se confunde com o trabalhador intermitente, uma vez que se trata de atleta profissional contratado especificamente para uma determinada disputa, por um curtíssimo período de tempo e que pode ocorrer de nunca mais ser convocado a jogar por aquela equipe. Note-se que a remuneração também é eventual, de sorte que o jogador receberá uma vez apenas e a contraprestação financeira ocorrerá em virtude da participação do atleta naquela competição.

3.1.2. Concessão de bolsa-auxílio

Conforme supramencionado, a LGE trouxe, dentro do escopo de remunerações de natureza cível, a bolsa-auxílio como uma forma de contraprestação ao atleta profissional.

---

modalidades de Esports as constituídas por elementos únicos de capacidade física e psíquica, desenvolvidas em um mesmo ambiente, com conceitos próprios e sistemáticas de disputas similares, as quais não requerem uma total adaptação do atleta para o exercício de sua atividade competitiva em suas diversas categorias. São algumas das modalidades de Esports mais conhecidas: o FPS (First Person Shooter ou Tiro em Primeira Pessoa); MOBA (Multiplayer Online Battle Arena); RTS (Real Time Strategy); Battle Royale; Card Games;" (BRATEFIXE JR., 2021).

(17) Segundo Antonio Bratefixe: "As categorias são as subdivisões competitivas existentes nas modalidades, as quais, mesmo sendo desenvolvidas no mesmo ambiente de experiência de disputa, possuem dinâmicas, regramento e especificidades próprias, criadas pelas organizações ou pela própria desenvolvedora, por meio das features dos jogos e das engines de jogabilidade. As categorias são os jogos propriamente ditos, os produtos das desenvolvedoras utilizados pelo praticante. São exemplos de algumas famosas categorias de jogos eletrônicos: League of Legends, Free Fire, Fifa Soccer e Counter-Strike Global Offensive — CSGO." (BRATEFIXE JR., 2021).

(18) Como exemplo, pode-se citar o CBLOL de League of Legends, a LBFF de Free Fire, o VCB de Valorant etc.

A lei traz duas modalidades de bolsa: bolsa-atleta e bolsa-aprendizagem. Considerando que a concessão da primeira para modalidades não olímpicas/paralímpicas, nos termos dos arts. 51 e 54, deverá ser, posteriormente, objeto de deliberação do Ministério do Esporte, tratar-se-á neste artigo apenas da bolsa-aprendizagem.

A bolsa-aprendizagem, disposta no art. 99, § 3º da LGE replica o que dispõe o art. 29, § 4º da Lei Pelé, uma vez que trata da remuneração do atleta não profissional em formação, maior de quatorze e menor de vinte anos de idade, pela organização esportiva formadora. Nessa modalidade remuneratória, deverá a organização esportiva satisfazer os requisitos dos incisos I e II do art. 99, § 1º da LGE.

Conquanto trate de modalidade de prática esportiva não profissional, a bolsa--aprendizagem se apresenta como uma das formas de contratação mais adequadas dentro dos esportes eletrônicos, uma vez que grande parte das organizações mantêm em seus quadros jogadores das categorias de base, comumente chamadas de *"academy"*, onde a maior parte dos atletas possui idade entre quatorze e vinte anos. Ademais, considerando que a média de idade dentro do cenário dos esports é relativamente baixa e que muitos jogadores não praticam a atividade esportiva em alto nível ou com dedicação permanente, o contrato de atleta não profissional com a concessão de bolsa-auxílio é pertinente. Ocorre que esse tipo de contrato concede benefícios para ambos, organização e jogador, uma vez que permite ao atleta em formação se aperfeiçoar no esporte, dentro de uma equipe profissional, enquanto completa sua educação e possibilita à organização esportiva contar com uma base sólida de jogadores de baixo custo e revelar talentos para o futuro.

3.1.3. Contrato de patrocínio esportivo

O patrocínio esportivo se caracteriza como um contrato atípico, no qual uma parte se obriga a uma prestação pecuniária ou à entrega de bens fungíveis a outrem, que, por sua vez, se obriga a divulgar o nome ou a marca de outro enquanto realiza sua atividade, incorporando, até mesmo, em certos casos, a denominação do patrocinador à sua própria (VILLANUEVA, 2005 *apud* STUMPF, 2012). No entanto, em que pese o laço formado entre as partes, imperioso destacar que se mantém separação em relação à gestão de seu próprio negócio, cada qual se preocupando com seu objeto social e área de atuação, inexistindo ingerência de um na atividade de outro. Há uma verdadeira autonomia de ambos os contratantes, sob pena de, em não havendo, ver configurada uma relação jurídica diversa, como uma relação empregatícia, por exemplo. (USTARROZ, 2011 *apud* STUMPF, 2012).

Em relação aos esports, nos últimos anos tem havido um aumento substancial no número de patrocinadores, bem como no valor total dos patrocínios (HEITNER, 2017), incluindo grandes aportes realizados por empresas endêmicas e não endêmicas, de uma grande gama de indústrias (FISCHER, 2018 *apud* JACOBS, 2021). Embora grande parte dos aportes seja realizado entre grandes empresas e organizações esportivas e/ou influencers, não é incomum a realização de contratos de patrocínios com atletas profissionais, como ocorre nas modalidades esportivas convencionais. Nessas situações, caso o atleta tenha contrato com alguma organização esportiva, via de regra, o patrocínio individual estará sujeito à aprovação desta. No entanto, mesmo nessa circunstância, só é permitido ao jogador trabalhar com marcas que não são concorrentes diretos dos patrocinadores das organizações esportivas, podendo, inclusive, haver outras proibições (JACOBS, 2021).

Ademais, há a possibilidade de a própria organização de prática esportiva firmar contrato de patrocínio com atletas ou influenciadores, individual ou coletivamente. Nessa hipótese de contratação, o atleta ou a equipe deverá participar de campeonatos, ativações, campanhas e/ou realizar *lives* em nome da entidade esportiva patrocinadora em troca de uma contraprestação financeira periódica e do licenciamento da marca. Note-se que a modalidade não se apresenta como relação de emprego, uma vez que as partes detêm total autonomia. Não há subordinação, uma vez que apenas fica estipulado como obrigação do atleta/equipe um número fixo de entregas em troca de retribuição financeira e licenciamento da marca da organização esportiva. Além disso, esse tipo de contrato se mostra bastante vantajoso para as partes, pois atletas/equipes conseguem aumentar sua visualização e engajamento ao filiar sua imagem à de uma grande organização, enquanto as entidades esportivas se beneficiam ao ter sua marca – e, consequentemente, seus patrocinadores – exposta em mais categorias esportivas, sem o ônus de ter de gerenciar atletas para isso.

3.1.4. Contrato de uso e exploração do direito de imagem

Consagrado pelo art. 5º, X, da Constituição Federal da República do Brasil (CFRB), o direito de imagem é aquele que protege o indivíduo contra a exposição e/ou mercantilização de sua imagem sem o seu consenso, bem como o de não ter sua personalidade alterada material ou intelectualmente (DINIZ, 2004). Tal direito, nos termos do art. 64 da Lei Geral do Esporte, pode, pelo atleta profissional ou não profissional, ser "cedido ou explorado por terceiros, inclusive por pessoa jurídica da qual seja sócio, mediante ajuste contratual de natureza civil e com fixação de direitos, deveres e condições inconfundíveis com o contrato especial de trabalho esportivo" (BRASIL, 2023).

Nos esports é comum a exploração da imagem dos jogadores pelas entidades de prática esportiva. Via de regra, essa exploração se dá de duas maneiras distintas: com a imagem de atletas vinculados às equipes profissionais de esporte eletrônico (que possuem contrato esportivo com a organização) e com a imagem de jogadores influenciadores, que firmam apenas contrato de patrocínio e/ou exploração comercial da imagem. No primeiro caso, é essencial que as instituições firmem com seus atletas contrato de cessão do direito de uso da imagem, acessoriamente, uma vez que a imagem do jogador representando sua marca e exibindo seus eventuais patrocinadores será amplamente veiculada, acarretando em uma exploração comercial passiva. Além disso, é normal que as organizações elaborem campanhas publicitárias e ativações comerciais com seus jogadores, bem como imponham que estes utilizem uniforme da equipe quando fizerem lives etc. Já no caso dos influenciadores, o contrato de imagem se apresenta como o contrato principal, pois não há entre as partes uma relação esportiva, mas meramente comercial.

A LGE, entretanto, impõe parâmetros para a exploração comercial da imagem dos jogadores. O primeiro deles, disposto no § 1º do art. 164, estabelece que, firmado concomitantemente com contrato especial de trabalho esportivo (CETE), não poderá a remuneração pela cessão de direito de imagem substituir a remuneração devida quando configurada relação de emprego entre atleta e organização contratante. Além disso, quando houver contrato de natureza esportiva, a remuneração devida a título de imagem não poderá ser superior a 50% da remuneração do atleta.[19] Ademais, a organização esportiva deverá efetivamente realizar o uso e exploração do direito de imagem do atleta, de modo a combater a simulação e a fraude.[20]

Considerando que há grandes e expressivas organizações que, pautadas no poderio econômico e grande nome no cenário, utilizam os contratos de prestação de serviços ou apenas contratos baseados em cessão de uso da imagem dos atletas para realizar o pagamento dos valores de contratação (BRATEFIXE JR., 2021), os parâmetros do art. 164 se mostram uma tentativa de o legislador impedir lesão aos direitos dos atletas, bem como a concorrência desleal com as demais instituições que atuam dentro dos limites legais.

3.1.5. Licenciamento de marca

Semelhante ao que ocorre no contrato de patrocínio, atletas e organizações esportivas podem também firmar contrato gratuito de licenciamento de marca. A ideia dessa modalidade contratual é aumentar a visibilidade de ambas as partes, de modo que os atletas se beneficiam ao se vincular a uma grande organização e as organizações, em contrapartida, conseguem exibir sua marca e patrocinadores gratuitamente e sem custos para gerir novos atletas. Esse tipo de contratação permite que instituições esportivas adentrem categorias em estado embrionário, no qual o investimento na montagem de uma equipe ou contratação de um atleta se mostra inviável devido ao risco. Por outro lado, o atleta tem a possibilidade de aumentar sua visibilidade e ter acesso à base de fãs de uma organização já consolidada em outras categorias de *esports*.

3.2. Contrato especial de trabalho esportivo

Conforme supramencionado, na hipótese de a relação entre jogador e organização preencher os requisitos presentes no art. 3º da CLT, ostentará, inevitavelmente, natureza

---

(19) Art. 164, § 2º, Lei Geral do Esporte.

(20) Art. 164, § 4º, Lei Geral do Esporte.

trabalhista. Dessa forma, o vínculo entre as partes deverá ser formalizado por meio de contrato de trabalho.[21] No que toca ao esporte, a Lei n. 14.597/23 conta com uma seção acerca da modalidade e, em seu art. 85, dispõe que:

> "Art. 85. A relação do atleta profissional com seu empregador esportivo regula-se pelas normas desta Lei, pelos acordos e pelas convenções coletivas, pelas cláusulas estabelecidas no contrato especial de trabalho esportivo e, subsidiariamente, pelas disposições da legislação trabalhista e da seguridade social" (BRASIL, 2023).

Pode-se extrair da letra do artigo que o vínculo empregatício entre atleta e organização deverá ser pautado no que diz a Lei Geral do Esporte sobre o tema, sendo a CLT uma fonte subsidiária, que somente será utilizada para dirimir eventuais conflitos de natureza trabalhista onde a LGE se mostre omissa. Isso ocorre porque o legislador entende as especificidades das relações esportivas, de modo que a aplicação uniforme da legislação laboral ordinária pode ser inadequada em uma série de situações. Além disso, a lei esportiva por vezes apresenta divergência em relação à CLT, como é o caso da vigência máxima do contrato de trabalho por prazo determinado.[22]

O CETE (antigo CETD — contrato especial de trabalho desportivo[23]) é a modalidade contratual que considera a excepcionalidade da relação de emprego entre atleta e clube e que possui os elementos legais exigidos pela legislação esportiva (ZAINAGHI, 1998 *apud* SIMÕES e FERREIRA, 2022). Dessa forma, apresenta-se como a espécie contratual apropriada para regulamentar o vínculo entre atleta profissional e organização esportiva. A especialidade desta modalidade se dá em razão de aspectos esportivos (como treinos, períodos de concentração e disciplina tática); pessoais (como alimentação balanceada, peso, horas de sono); íntimos (como uso de medicamentos específicos); convencionais (como vestimentas e comportamentos com fãs/torcedores); e disciplinares (como ofensas físicas e verbais a colegas de trabalho, árbitros, dirigentes, recusa de entrevistas) (MELO FILHO, 2012 *apud* SIMÕES e FERREIRA, 2022).

No que toca aos esports, conquanto inexista uma lei específica que regulamente a prática como uma atividade profissional, deixando seus participantes em uma área de eventual não proteção jurídica, é possível o estabelecimento de uma relação direta entre a análise de suas atividades e a estrutura atual do esporte (BRATEFIXE JR., 2021). Conforme demonstrado nos capítulos anteriores, há a possibilidade de que o jogador de esports preencha todos os requisitos para a equiparação à atividade de atleta profissional, hipótese em que — presentes os requisitos da relação de emprego — deverá firmar CETE com a entidade de prática esportiva representada. O contrato, nos termos do art. 86 da LGE, deverá ser formalizado por escrito, por prazo determinado (cuja vigência não

(21) Arts. 442 e 443, CLT.

(22) Art. 86, Lei Geral do Esporte e Art. 445, CLT.

(23) Art. 28, Lei Pelé.

poderá ser inferior a 3 meses nem superior a 5 anos), conter a remuneração pactuada, bem como cláusulas indenizatória e compensatória (BRASIL, 2023).

Importante destacar que, baseado no princípio da primazia da realidade sobre a forma (que rege as relações de trabalho), a formalização do contrato pela entidade esportiva é compulsória, porquanto — via de regra — a legislação entende o trabalhador como parte vulnerável na relação de emprego.(24) Ademais, o CETE pode se apresentar como uma forma de proteção não só ao atleta, mas à organização esportiva. Assim pontua Antonio Bratefixe Jr.:

> "O Contrato de Trabalho encontra justificativa, ainda, na redução de riscos, tendo em conta que atualmente as equipes são organizadas em suas preparações nos centros de treinamento (*gaming house* ou *gaming offices*) e a inobservância de regras trabalhistas claras poderão resultar em condenam ções de altos valores de consignatários legais típicos de um contrato de trabalho" (BRATEFIXE JR., 2021).

Portanto, o contrato especial de trabalho esportivo se apresenta como a modalidade adequada para formalizar as relações em que o atleta, pessoa física, desenvolve atividade pessoal, onerosa, não eventual e subordinada à organização, pessoa jurídica, enquadrada como entidade de prática esportiva. Dessa forma, em que pese o princípio da liberdade de contratação, balizador das relações jurídico-esportivas, de acordo com a Lei Geral do Esporte, deverá a organização esportiva respeitar, na formalização do contrato, todas as normas dispostas na lei sobre as características principais de início e término da relação contratual, da cessão dos atletas a outras organizações esportivas, bem como as normas sobre direitos econômicos desses jogadores.

4. Conclusão

A ausência de uma legislação que reconheça os esportes eletrônicos como uma modalidade de prática esportiva não impede que atletas profissionais e organizações pautem suas relações jurídicas com base na Lei n. 14.597/23. Isso ocorre porque a aplicação da *lex sportiva* brasileira independe do reconhecimento formal da modalidade, desde que se trate de uma atividade competitiva institucionalizada, onde seus praticantes desenvolvam e apresentem qualidades excepcionais. No entanto, importante desmistificar os *esports* como um jogo eletrônico previsível e monótono, demonstrando a similitude guardada com o esporte tradicional.

(24) Para Amauri Cesar Alves: "vulnerabilidade é situação de inferioridade contratual agravada por fatores de risco laboral ou pela condição pessoal do trabalhador, seja ele empregado ou não, que poderá resultar em lesão em sua esfera patrimonial ou existencial. A vulnerabilidade para fins de Direito do Trabalho está necessariamente vinculada à inserção laborativa contratual do trabalhador (relação de trabalho ou emprego), sem a qual não se justifica a análise específica (ALVES, 2019).

Verificaram-se quais os requisitos para o reconhecimento da profissionalização da atividade, uma vez que é com base nessa classificação que ocorrerá a formalização das relações esportivas entre atletas e organizações. A nova Lei Geral do Esporte trouxe uma série de inovações quanto ao reconhecimento do atleta profissional, com conceitos abertos que devem ser estudados a fim de melhor compreender como a lei esportiva distingue o atleta profissional. No que toca aos esports, tal entendimento se apresenta ainda mais importante, uma vez que se trata de uma modalidade ainda em ascensão, que enfrenta desafios para sua consolidação.

Portanto, compreender os aspectos das relações jurídicas existentes no âmbito dos esports é fundamental para a formalização adequada do vínculo entre jogador profissional e entidade de prática esportiva. Ademais, considerando que a Lei n. 14.597/23 introduziu a liberdade de contratação como princípio basilar das relações jurídicas dentro do esporte, imperioso entender as diferenças entre as principais espécies de contratos, a fim de formalizar adequadamente o vínculo entre as partes, estipulando direitos e obrigações e fornecendo maior segurança jurídica para os envolvidos.

Referências

ALVES, A. C. "Direito, trabalho e vulnerabilidade". *Revista da Faculdade de Direito da UFPR*, Curitiba, v. 64, n. 2, p. 111-139, maio/ago. 2019. Disponível em: https://revistas.ufpr.br/direito/article/view/63907. Acesso em: 25 fev. 2024.

BARBANTI, V. "O que é esporte?". *Rev. Bras. Ativ. Fís. Saúde*, 11(1):54-58, 2006.

BRASIL. *Decreto-lei n. 5.452, de 1º de maio de 1943*. Aprova a Consolidação das Leis do Trabalho. *Diário Oficial da União*, 1943. Disponível em: https://www.planalto.gov.br/ccivil_03/decreto-lei/del5452.htm. Acesso em 15 fev. 2024.

______. *Lei n. 14.597, de 14 de junho de 2023*. Institui a Lei Geral do Esporte. Brasília/DF: Diário Oficial da União, 2023. Disponível em: https://www.planalto.gov.br/ccivil_03/_ato2023-2026/2023/lei/L14597.htm. Acesso em: 15 jan. 2024.

______. *Lei n. 9.615, de março de 1998*. Institui normas gerais sobre o desporto e dá outras providências. *Diário Oficial da União*, 2023. Disponível em: https://www.planalto.gov.br/ccivil_03/leis/l9615consol.htm. Acesso em: 17 jan. 2024.

______. *PL n. 1.153, de agosto de 2022*. Substitutivo da Câmara dos Deputados ao Projeto de Lei n. 1.153-B de 2019 do Senado Federal, que "Altera a Lei n. 9.615, de 24 de março de 1998 (Lei Pelé), para dividir em seções o Capítulo V e para conferir direitos aos atletas de base".

______. Ministério da Cidadania. *"Esporte educacional" [Recurso digital-HTML5]*. Ministério da Cidadania; Secretaria Nacional de Esporte, Educação, Lazer e Inclusão Social. Goiânia: Cegraf UFG, 2021.

BRATEFIXE JR., Antonio Carlos. *Introduçao ao estudo do* esports law. Leme: Mizuno, 2021.

DE ROSE, D. J.; DESCHAMPS, S.; KORSAKAS, P. "Situações causadoras de '*stress*' no basquetebol de alto rendimento: fatores competitivos". *Revista Paulista de Educação Física*, v. 13, p. 217-229, 1999.

DIMANDE, A. L. "Os Conceitos de Trabalho, Profissão e Ocupação". Recuperado em 2 de janeiro de 2014, de: http://pt.scribd.com/doc/37782989/OS-CONCEITOSDETRABALHO-PROFISSAO-E-OCUPACAO. *Apud* CAMPOS, Rafaella Cristina; CAPPELLE, M. C. A., MACIEL, L. H. R. "Carreira esportiva: O esporte de alto rendimento como trabalho, profissão e carreira". *Rev. bras. orientac. Prof.*, vol. 18, n. 1, Florianópolis, jun. 2017. Universidade Federal de Lavras. Disponível em: http://pepsic.bvsalud.org/scielo.php?script=sci_arttext&pid=S1679-33902017000100004. Acesso em: 05 fev. 2024.

DINIZ, Maria Helena. *Curso de direito civil brasileiro.* v. 1, 21. ed. São Paulo: Saraiva, 2004. p. 127.

______. *Curso de direito civil brasileiro.* vol. 3. São Paulo: Saraiva, 2008.

FISCHER, Ben. "MSG's Counter Logic Gaming Signs Deal with Watch Brand MVMT". *The Esports Observer* (Jun. 21, 2018), https://esportsobserver .com/clg-mvmt; *apud* JACOBSON, J. M. "The Essential Guide to the Business & Law of Esports & Professional Video Gaming". *CRC Press.* Taylor & Francis Group, Boca Raton, FL, 2021.

HEITNER, Darren. "More than 600 Esports Sponsorships Secured Since Start of 2016". *Forbes* (Oct. 3, 2017), Disponível em: https://www.forbes.com/sites/darrenheitner/2017/10/03/more-than-600-esports-sponsorships-secured-since-start-of -2016/#6130fcce75e5;Observer.

JACOBSON, J. M. "The Essential Guide to the Business & Law of Esports & Professional Video Gaming". *CRC Press*, Taylor & Francis Group, Boca Raton, FL, 2021.

LEWIN, Pete. "Why Every Esports Player Needs a Contract". *The Esports Observer*, 2016.

LYRA FILHO, João. *Introdução ao Direito Desportivo.* Rio de Janeiro: Pongetti, 1952.

MELO FILHO, Álvaro. "Balizamentos jus-laboral-desportivos". In: BASTOS, Guilherme Augusto Caputo (Coord.). *Atualidades sobre Direito Esportivo no Brasil e no Mundo*, tomo II. Brasília, p. 22/23 *apud* SIMÕES, André Galdeano; FERREIRA, Gabriela Messetti. "Contratos Desportivos". *Conteúdo Jurídico*, Brasília, 26 ago. 2022. Disponível em: https://conteudojuridico.com.br/consulta/Artigos/59070/contratos-desportivos. Acesso em: 25 fev. 2024.

PERES, Julia. "Teoria Geral dos Contratos". *Jusbrasil*, fev. 2014. Disponível em: https://www.jusbrasil.com.br/artigos/teoria-geral-dos-contratos/119525832. Acesso em: 20 jan. 2024.

REDAÇÃO DO GE. "Ministra Ana Moser diz que *esports* não são esportes". *Globo Esporte: Esports.* 1º jan. 2023. Disponível em: https://ge.globo.com/esports/noticia/2023/01/10/ministra-ana-moser-diz-que-esports-nao-sao-esporte.ghtml. Acesso: em 15 jan 2024.

SARDAS, Letícia de Faria. "A modelação dos contratos no novo código". *Editora JC*, 5 maio 2004, ed. 46. Disponível em: https://www.tjrj.jus.br/c/document_library/get_file?uuid=8c3d4ac7-55f7-42a3-b4d9-097dcfd6053c&groupId=10136#:~:text=A%20liberdade%20de%20contratar%20permite,os%20limites%20legais%20do%20contratado. Acesso em: 10 fev. 2024.

STUMPF, Guilherme Chitto. *O Contrato de Patrocínio no Esporte.* Unisinos – Unidade Acadêmica de Educação Continuada Curso de Especialização em Direito dos Contratos e Responsabilidade Civil. Porto Alegre, 2012. Disponível em: http://repositorio.jesuita.org.br/bitstream/handle/UNISINOS/5849/Guilherme%20Chitto%20Stumpf_.pdf?sequence=1&isAllowed=y. Acesso em: 18 fev. 2024.

TAYLOR, T.L. *Raising the Stakes:* E-Sports and the Professionalization of Computer Gaming, 178, The MIT Press, 2012.

ULIANA, Maria Laura. "Direito Civil. Contratos. Princípios contratuais: dos princípios tradicionais aos modernos". *Jusbrasil*, fev. 2017. Disponível em: https://www.jusbrasil.com.br/artigos/direito-civil-contratos-principios-contratuais-dos-principios-tradicionais-aos-modernos/450052172. Acesso em: 23 jan 2024.

USTARRÓZ, Daniel. "O contrato de patrocínio no direito brasileiro (e o dever de coerência na sua execução)". *Revista de Direito Empresarial*, n. 19, p. 7-34, mar./abr. 2011 *apud* STUMPF, Guilherme Chitto. *O Contrato de Patrocínio no Esporte*. Unisinos – Unidade Acadêmica de Educação Continuada Curso de Especialização em Direito dos Contratos e Responsabilidade Civil. Porto Alegre, 2012. Disponível em: http://repositorio.jesuita.org.br/bitstream/handle/UNISINOS/5849/Guilherme%20Chitto%20Stumpf_.pdf?sequence=1&isAllowed=y. Acesso em: 18 fev. 2024.

VEIGA, Maurício Corrêa. "Contrato Especial de Trabalho Desportivo". *Lei em Campo*, 30 set. 2020. Disponível em: https://leiemcampo.com.br/contrato-especial-de-trabalho-desportivo/. Acesso em: 16 fev. 2024.

VILLANUEVA, Pedro Alfonso. "Atipicidad del contrato y esponsorizaciéon o patrocinio publicitario. In: Derecho Privado". *Memoria del Congreso Internacional de Culturas y Sistemas Juridicos Comparados*, 2005 *apud* STUMPF, Guilherme Chitto. *O Contrato de Patrocínio no Esporte*. Unisinos – Unidade Acadêmica de Educação Continuada Curso de Especialização em Direito dos Contratos e Responsabilidade Civil. Porto Alegre, 2012. Disponível em: http://repositorio.jesuita.org.br/bitstream/handle/UNISINOS/5849/Guilherme%20Chitto%20Stumpf_.pdf?sequence=1&isAllowed=y. Acesso em: 18 fev. 2024.

ZAINAGHI, Domingos Sávio. *Os atletas profissionais de futebol no direito do trabalho.* São Paulo: LTr, 1998 *apud* SIMÕES, André Galdeano; FERREIRA, Gabriela Messetti."Contratos Desportivos". *Conteúdo Jurídico*, Brasília, 26 ago 2022. Disponível em: https://conteudojuridico.com.br/consulta/Artigos/59070/contratos-desportivos. Acesso em: 25 fev. 2024.

A Essencialidade da Cláusula *Sell-On*, Sobretudo nas Negociações de Transferências de Atletas Advindos de Mercados Emergentes, e o Aumento de sua Utilização Após a Proibição do *Third-Party Ownership-Tpo*

Igor Gabriel Kruger Poteriko
Mário Rodolfo Chaves da Silva

1. Introdução

Protagonizado por um julgado do Tribunal de Justiça da União Europeia (TJUE), o ano de 1995 reservou o grande marco mercadológico da história do futebol: a decisão relativa ao *Caso Bosman*, responsável pela revolução nos mecanismos de negociação de atletas, a qual, entre outros prontos, passou a promover a livre circulação de jogadores entre clubes, rompendo com o que chamávamos de instituto do passe.

Daí em diante, em um recorte de aproximadamente 30 anos, o mercado da bola se consolidou como uma indústria multibilionária em todos os seus departamentos, sobretudo no que concerne às transferências de atletas.

Nesse sentido, em janeiro de 2024, a Federação Internacional de Futebol — FIFA publicou o *Global Transfer Report*, responsável por contabilizar todas as transferências internacionais (entre clubes de diferentes países) que ocorreram nos mundos do futebol profissional e amador nos 12 meses anteriores.

Os dados mostram que o ano passado foi um ano recorde, tanto em termos de número de transferências como de dinheiro gasto. Foram concluídas 74.380 transferências entre diferentes federações, das quais 31,7% foram jogadores profissionais masculinos e femininos. Foram gastos US$ 9,63 bilhões em contratações, um aumento de 48% em relação a 2022. O valor mais alto anterior, estabelecido em 2019, tinha sido US$2 bilhões a menos, ano anterior ao início da pandemia da COVID-19.

Diante de tamanha e constante movimentação financeira, a disparidade entre os mercados emergentes e os ocidentais se torna cada vez mais expressiva. Enquanto países como o Brasil e Argentina, que juntos reúnem 8 Copas do Mundo, passaram a ser exportadores de atletas de maneira cada vez mais precoce, países como Portugal, em que pese o baixo histórico de conquistas em competições internacionais, tornou-se um dos principais destinos de sul-americanos, costumeiramente em troca de salários astronômicos — quando comparados aos que os atletas recebem no Brasil —, mas por valores de transferência não tão expressivos, quando comparados às cifras das movimentações realizadas entre os clubes europeus.

O aludido contexto estimula a urgência de debater mecanismos que tragam mais equilíbrio às relações entre os *players*, tendo em vista a necessidade de alimentar a competitividade e a atratividade nos campeonatos emergentes, estimulando também a cultura de futebol local que tanto agrega ao desenvolvimento dos atletas e supõe-se ter sido fator determinante para o vitorioso futebol brasileiro.

Dessa maneira, após o banimento de alguns institutos como o *Third-Party Ownership-TPO*, a validação de mecanismos como a cláusula *sell-on* surge como oportunidade de trazer mais equilíbrio às relações, diminuindo, ao menos financeiramente, os prejuízos deixados pelas quase inevitáveis investidas de grandes clubes europeus aos atletas emergentes, tendo em vista que a aludida cláusula permite ao clube vendedor receber uma parte das futuras transferências de um jogador que ele vendeu anteriormente.

Sendo assim, por se apresentar como tema fundamental para a garantia do *fair play* financeiro no futebol, o presente artigo busca reunir em breve síntese o contexto histórico por trás da evolução de mercado do esporte mais popular do mundo, suas consequências para o cenário atual, e mecanismos utilizados no decorrer do processo, como o TPI e o TPO — atualmente banidos, no que isso afetou mercados emergentes como o da América Latina, e a importância de os aludidos mercados observarem institutos como a cláusula *sell-on*, os quais podem ser agentes ativos da diminuição da disparidade de auferimento de recursos na venda de atletas, considerando uma comparação entre negócios da América Latina com a Europa, e da Europa com a própria Europa.

1. O mercado do futebol e seu processo de evolução histórica

Em meados do século XVII, aquele que viria a ser o esporte mais popular do mundo começou a ser praticado. No início, o futebol era predominantemente amador, em que a receita para a sua prática vinha, principalmente, de doação, bilheteria e patrocínios locais. Vale ressaltar que auferir qualquer recurso para jogar futebol era completamente imoral.

O aludido contexto sofreu alteração a partir do século XX, em que os jogadores passaram a ser remunerados pelo seu desempenho, o que ensejou o surgimento de ligas profissionais em todo o mundo, tendo em vista o aumento na comercialização do esporte.

Com o advento da televisão, o futebol passa de vez a ser um esporte de efetivo consumo, devido à sua capacidade de movimentar massas. Nesse contexto, surge o constante crescimento da presença de patrocinadores, o que construiu um fluxo financeiro expressivo e formou uma cadeia de *stakeholders* cada vez mais lucrativa, objeto de interesse daqueles que ainda não estavam inseridos.

Quanto ao mercado de transferência de atletas, o emblemático *Caso Bosman* surge como grande protagonista da "grande revolução".

Em 1990, quando o jogador de futebol belga Jean-Marc Bosman entrou com uma ação legal contra seu clube, o RFC Liège, devido a restrições impostas pelo sistema de transferência da FIFA, relativas às regras que limitavam a liberdade dos jogadores de se transferirem livremente após o término de seus contratos, abria-se a porta mais emblemática daquilo que viria a movimentar anualmente valores equiparáveis ao PIB de grandes países.

Julgada em 1995 pelo Tribunal de Justiça da União Europeia (TJUE), a ação consolidou entendimento de que as restrições à livre circulação de jogadores violavam os princípios de livre movimento de trabalhadores dentro da União Europeia, extinguindo o que se chamava de instituto do passe e promovendo uma cadeia de alterações normativas/legislativas nos países praticantes do futebol. No Brasil, o resultado do julgamento foi minutado através da Lei Pelé (9.615/1998), considerada a Lei Geral do Esporte antes da recente promulgação da Lei n. 14.597/2023.

A partir da decisão, houve um impacto significativo no futebol, levando à abolição de muitas das restrições de transferência que estavam em vigor anteriormente e impediam que ligas, sobretudo as europeias, se fortalecessem de grandes jogadores. O caso Bosman é amplamente considerado como uma das decisões mais importantes na história do futebol moderno.

No presente, associado a fatores como a globalização e a expansão de mercado, a comercialização intensificada entre setores internacionais, além do investimento em tecnologia e inovação, aquilo que se iniciou em contexto amador, tornou-se indústria multibilionária, capaz de atrair o interesse e os olhos de todos os continentes do Planeta e sendo ativo de novas tendências, sobretudo voltadas à responsabilidade social corporativa e à sustentabilidade.

Todavia, por ser realidade inerente ao capitalismo, o mercado do futebol tornou-se economicamente desproporcional, em que clubes do eixo ocidental detêm recursos muito maiores, o que os habilita a aplicarem competição desleal com clubes do eixo emergente que veem suas jovens promessas migrarem cada vez mais cedo para outras ligas, em especial as europeias.

3. O enfraquecimento do mercado sul-americano e o *third-party ownership*

Após o reconhecimento do direito da livre circulação do trabalhador europeu, e as mudanças quanto à compreensão sobre o atleta estrangeiro na Europa, os clubes do velho continente passaram a ser cada vez mais atrativos ao olhar de atletas ao redor do mundo. A grande exposição midiática, os grandes salários favorecidos pelo câmbio, e o padrão de vida que os clubes europeus oferecem aos atletas vindos de países emergentes fizeram com que no decorrer dos anos o futebol europeu concentrasse os grandes craques do futebol mundial, em especial nas cinco principais ligas, *Premier League* (Inglaterra), *La Liga* (Espanha), Série *A* (Itália), *Bundesliga* (Alemanha) e *Ligue 1* (França).

Esse movimento do grande êxodo de atletas do mercado, principalmente sul-americano para o europeu, que já teria sido iniciado no ano de 1996 — a exemplo do *Real Madrid* e *Barcelona*, que naquela altura já contavam com 5 latino-americanos vestindo a camisa merengue, 4 latino-americanos e um jogador africano vestindo as cores culés —, passou a ser potencializado ao longo dos anos.

Já nos anos 2000, os clubes latino-americanos passaram a ver com mais frequência os seus grandes atletas migrando cada vez mais cedo ao mercado europeu e suas equipes ficando cada vez mais para trás, aumentando a disparidade entre os clubes da América Latina com os grandes clubes do mercado europeu. Naquele momento, a atuação no mercado dos grandes clubes europeus, que antes era, por vezes, um sonho dos atletas que poucos conseguiam alcançar, passou a se tornar um objetivo de carreira tanto para os atletas quanto para seus intermediários, objetivo esse que estaria ficando cada vez mais acessível.

Diante desse novo cenário, os clubes sul-americanos precisavam, cada vez mais, se tornar atrativos para manterem seus principais jogadores, buscando competir economicamente com as propostas que vinham do mercado europeu. Àquela altura, a concentração dos grandes atletas em território europeu era tão grande que não mais apenas os clubes gigantes eram vistos como ameaças aos clubes pelos grandes atletas, mas também clubes emergentes da Europa.

Dessa forma, devido à necessidade de fortalecer o caixa para poder manter seus grandes jogadores e reforçar os seus plantéis, muitos clubes viam com bons olhos "vender a expectativa de lucro" de uma transferência futura de um ou mais atletas por um valor antecipado. Assim, o clube recebia um certo valor enquanto ainda detinha o atleta em seu plantel, sob acordo de pagar a porcentagem pactuada no caso de uma futura transferência do atleta.

A partir desse modelo de negócio, diversos empresários e investidores passaram a adquirir parcelas dos então chamados "direitos econômicos" dos atletas ou até mesmo de uma "cesta de atletas", afinal, o mercado de transferências estava cada vez mais ativo e os atletas sendo negociados por valores cada vez maiores.

Entretanto, a prática de compra e venda dos direitos econômicos trouxe grandes problemas ao mercado, dentre eles a influência de terceiros nas relações trabalhistas entre clube-atleta, sendo a principal delas a interferência desses agentes do mercado nas transferências.

As referidas interferências se davam de diversas formas, como, por exemplo: a) exigir uma facilitação de negociação, tornando o clube refém da vontade desses investidores, acabando por ceder seus atletas por valores abaixo do que o clube normalmente aceitaria; b) situações de terceiros impedindo certas transferências de acontecer, devido à sua parcela não alcançar o valor que agradava ao investidor, forçando o clube a retornar certo valor ao investidor ou permanecer com o atleta até chegar uma oferta que o satisfaria; e c) a interferência se dava perante o atleta, com terceiro incentivando o atleta a "forçar transferência", por meio de atos de indisciplina.

3.1. Os casos Tevez e Mascherano como protagonistas das mudanças referentes ao TPI e TPO

No ano de 2006, um caso envolvendo os atletas argentinos Carlos Tevez e Javier Mascherano, ambos tendo seus direitos econômicos pertencentes ao fundo de investimento MSI (*Media Sports Investments*), protagonizou transferências que serviram de paradigma para uma mudança quanto às regras e quanto à negociação referentes aos direitos econômicos.

Após os atletas participarem da campanha do título brasileiro do Sport Club Corinthians Paulista em 2005, ambos migraram ao futebol inglês com destino ao *West Ham United*. Os atletas chegaram ao clube sem custos, pois era de interesse dos investidores que o clube servisse como uma vitrine aos atletas para os gigantes do futebol europeu. Entretanto, como os clubes não tinham adquirido os direitos econômicos dos atletas, os Hammers também não teriam direito à participação financeira em venda futura, tampouco a qualquer poder de decisão sobre a transferência dos atletas.

O modelo de negócio foi extremamente contestado, passando o clube londrino a ser investigado, pois contrariava o regulamento de competição, o qual previa que os direitos econômicos dos jogadores que atuassem deveriam estar vinculados às entidades desportivas. Ademais, o contrato com o clube inglês continha cláusulas em que a MSI poderia exercer, de maneira abusiva e indevida, influência sobre o contrato de trabalho e sobre a transferência, como, por exemplo, uma cláusula que obrigava o clube inglês a vender os jogadores se recebesse uma proposta atrativa aos olhos do fundo de investimento, mesmo durante a competição.

Naquela mesma temporada, Mascherano migrou para o gigante *Liverpool*. Já Carlos Tevez permaneceu até o final da temporada, sendo peça chave e responsável direto pela permanência do clube na primeira divisão. Anotou sete gols e quatro assistências nas últimas 10 partidas, sendo protagonista da retirada de uma diferença de 10 pontos. Dentre esses gols, um dos mais emblemáticos foi o da vitória frente ao *Manchester United* na última rodada, decretando a permanência dos *Hammers* na primeira divisão.

Diante disso, o *Sheffield United*, clube que fora rebaixado naquela edição, apelou à Premier League para que não fosse consolidado o seu rebaixamento, e que o *West Ham* deveria obter sua despromoção devido às comprovadas irregularidades nas transferências de Tevez e Mascherano, sobretudo a de Tevez, por sua evidente e decisiva interferência no campeonato.

Após o escândalo, no ano de 2007, a Federação Inglesa impôs a condenação ao *West Ham* de indenizar o *Sheffield United* por perdas e danos no valor de 30 milhões de libras, que foi reduzida através de acordo para 20 milhões. Ademais, em resposta à polêmica, no início da temporada 2008/2009 a FA proibiu oficialmente a figura do terceiro investidor nas negociações dos jogadores de futebol, conhecida como *Third Party Ownership* (TPO).

A referida decisão teve grande importância e imponência no mercado inglês, sendo fundamental para que aumentasse a pressão de alguns clubes sobre a FIFA, o que desencadeou a mudança no regulamento no ano seguinte, com a introdução do art. 18bis do RSTP.

3.2. A criação dos arts. 18-Bis e 18-Ter no RSTP e o banimento do **Third-Party Influence** ***e*** **Third-Party Ownership** ***no futebol global***

Após os escândalos envolvendo principalmente o caso Tevez e Mascherano e a pressão por uma regulamentação que limitasse a interferência de terceiros no futebol, a FIFA, em dezembro de 2007, inseriu em seu regulamento de transferências (RSTP) o art. 18-Bis, no qual previa que "*Nenhum clube pode celebrar um contrato que permita a qualquer outra parte desse contrato ou qualquer terceiro adquirir capacidade de influência em questões relacionadas com o emprego e as transferências a sua independência, as suas políticas ou o desempenho de suas equipes*".

Dessa forma, naquele momento, a FIFA proibiu o TPI. Entretanto, havia um vácuo legal quanto à negociação dos direitos econômicos, que ainda continuava sendo uma prática muito utilizada, principalmente no mercado latino-americano. Isso, pois, os clubes que se beneficiavam das negociações de direitos econômicos dos atletas alegavam ausência de conceituação quanto ao que a FIFA entendia como influência.

Diante desse cenário, apesar de proibida a referida interferência, esses terceiros, muitas vezes empresários ou investidores financeiros, continuaram sendo detentores de direitos econômicos de atletas, o que de certa forma mantinha suas ingerências sobre as decisões dos clubes de futebol. Contudo, no ano de 2013, foi iniciado um movimento pelo então secretário-geral da *Union of European Football Associations* ("UEFA") junto ao presidente da FIFA, Gianni Infantino, solicitando a extinção do TPO por questões éticas e integridade, e para garantir a efetivação da estabilidade contratual nas relações existentes entre clubes e atletas.

Por fim, no ano de 2015, o art. 18-Ter foi incluído no RSTP, banindo assim a prática do TPO no ambiente do futebol. A partir daquele momento, o novo dispositivo dispunha que:

> "Nenhum clube ou jogador deve celebrar um acordo com terceiros pelo qual um terceiro tem o direito de participar, total ou parcialmente, das compensações em relação à futura transferência de um jogador de um clube para outro, ou que estejam sendo cedidos quaisquer direitos em relação a uma futura transferência ou compensação de transferência."

Incomodados com a nova regra, alguns clubes reclamavam que os arts. 18-Bis e 18-Ter violavam diversas normas do Direito da União Europeia, como, por exemplo, a liberdade de movimentação de capitais do Tratado de Funcionamento da União Europeia, a liberdade de circulação de trabalhadores, e a livre concorrência, devido ao uso de posição dominante no mercado.

Após diversas reclamações, o Tribunal Arbitral do Esporte (TAS ou CAS), sede recursal das decisões emanadas da FIFA, foi instado a se manifestar sobre o tema, e nos anos de 2016 e 2017 publicou dois importantes laudos que serviram como base para as decisões mais recentes.

Em 2016, o tribunal decidiu, por meio do laudo CAS 2016/A/4490 – RFC Seraing *vs* FIFA, que a introdução dos arts. 18-Bis e 18-Ter, apesar de conter aspectos que possam restringir a livre concorrência, não chegavam a violar a legislação europeia, e que uma eventual restrição estaria justificada por um interesse legítimo e geral. Julgando assim que os dispositivos, mesmo sendo limitadores, eram extremamente necessários para que a FIFA pudesse alcançar os objetivos desejados, como a manutenção da integridade do esporte.

Por sua vez, o laudo CAS 2017/A/5463 Sevilla FC *vs* FIFA, referente ao 18-Bis, dispôs que o termo "influência" deveria ser analisado a cada caso concreto, de maneira real e efetiva e não meramente de modo hipotético ou teórico, fixando assim o entendimento de que incorreria na proibição prevista pelo art. 18-Bis o contrato que oferecesse a um terceiro uma capacidade real de produzir efeitos, condicionar ou afetar o comportamento ou conduta dos clubes nos contratos laborais ou de transferência, de tal maneira que o clube visse sua independência limitada.

3.3. O efeito do banimento do TPO para os clubes da América Latina

Até o ano de 2015, o TPO era um mecanismo considerado essencial para a manutenção da atividade do futebol na América Latina, pois, por muitas vezes, somente com investimento de agentes externos os clubes conseguiam manter-se competitivos e atrativos aos jogadores.

Naquele momento, as negociações dos direitos econômicos estavam presentes desde o início da carreira dos atletas, seja como uma forma de bonificação ao agente ou clube inferior que levava o jogador ao clube-fim, dedicando a ele um percentual de transferência futura, seja como mecanismo de captação de receitas externas para cumprir compromissos financeiros dos clubes, atraindo investidores que pudessem assumir o risco de adquirir o direito a uma participação dos valores de uma transferência futura.

As aludidas negociações também serviam para reforçar o plantel dos clubes, negociando a redução da pedida do atleta ou clube cedente mediante uma participação dos valores de transferência futura, bem como para conseguir manter seus grandes atletas, oferecendo participação nos valores de transferência futura para que o atleta aceitasse manter seus salários dentro da realidade do clube.

Dessa forma, a vedação da participação de terceiros acabou sendo um duro golpe para os clubes sul-americanos, que a partir daquele momento não poderiam mais negociar os direitos econômicos dos atletas com esses agentes externos. Em consequência dessa decisão, o primeiro grande impacto sentido foi a dificuldade de manter seus grandes jogadores por mais tempo, como se fazia anteriormente.

Como exemplo, no ano de 2010, o Santos F.C. conseguiu rejeitar oferta de saída de seu atleta Neymar Jr. por meio do TPO, mesmo diante de uma oferta de 20 milhões de euros vindo do Chelsea — ING, e valores muito maiores quanto aos vencimentos recebidos pelo atleta no Santos. O mecanismo utilizado foi a formalização de acordos de venda dos direitos econômicos de Neymar, o que possibilitou ao alvinegro propor e manter um projeto e condições ao atleta, garantindo mais três anos em Santos daquele que viria a ser o maior artilheiro da Seleção Brasileira.

Esse cenário se tornou ainda mais adverso devido à desvalorização da moeda e à instabilidade econômica vivenciada nos últimos anos pelos países latino-americanos, além da inflação do mercado do futebol na Europa. Essa nova realidade colocou os clubes das grandes ligas europeias numa posição de superioridade devido ao seu forte poder econômico e à concentração dos grandes jogadores mundiais, trazendo um cenário cada vez mais atrativo aos jovens jogadores. As aludidas vantagens, junto à impossibilidade do apoio externo para que os clubes sul-americanos competissem com as ofertas, davam aos clubes europeus um forte poder de barganha, precisando eles oferecer valores muito abaixo dos praticados em solo europeu para conseguirem tirar um atleta de mercados mais vulneráveis.

Os impactos não se tornaram ainda mais devastadores aos latino-americanos pela compreensão da FIFA quanto a quem é ou não terceiro nas relações. Diante dos questionamentos, no dia 1º de junho de 2019, a FIFA estabeleceu um novo conceito para o termo "terceiro", previsto no art. 18-Ter do RSTP, que passou a compreender o terceiro como "qualquer outra parte que não seja o jogador sendo transferido, os dois clubes transferindo o jogador de um para o outro, ou qualquer clube no qual o jogador tenha sido registrado anteriormente".

Essa compreensão deu um grande fôlego aos mercados emergentes, reconhecendo a validade da utilização da cláusula sell-on-fee, e permitindo que o atleta pudesse ser detentor de parte de seus direitos econômicos. Ademais, a compreensão de o atleta não ser considerado terceiro adequaria o regramento da FIFA às leis e regras já presentes em muitos países sul-americanos, visto que, em muitos deles, a oportunidade de um jogador lucrar com sua própria transferência é configurada como um direito trabalhista.

No ano de 2020, através de um compilado de decisões, a FIFA elaborou o Manual do TPI e do TPO, visando dar transparência às resoluções aplicadas pela entidade e para ajudar a esclarecer quais cláusulas infringiriam o conceito de influência. As cláusulas estão divididas em seis grupos, sendo eles: a) Cláusulas restritivas ao novo clube com respeito à futura transferência do jogador;[(1)] b) Cláusulas relativas ao contrato de trabalho entre jogador e clube;[(2)] c) Cláusulas que pudessem influir na escalação de jogadores

---

(1) Cláusulas restritivas ao novo clube com respeito à futura transferência do jogador:

- Cláusulas que proíbam a transferência do jogador sem o consentimento de outro clube ou de terceiro (2ª mais sancionada, com 13 clubes sancionados)
- Cláusulas que proíbam ou imponham preço da transferência mais alto se o jogador for a um clube que dispute o mesmo campeonato ou a um rival, conhecida como cláusula anti-rival (2a mais sancionada, com 13 clubes sancionados)
- Cláusulas que proíbam a transferência do jogador até que se pague a totalidade do valor da transferência
- Cláusulas que exijam a autorização para transferências de maneira temporária.
- Cláusulas que proíbam a cessão de direitos económicos de um jogador a um outro clube sem o consentimento de outro clube ou de um terceiro
- Cláusulas que imponham que ambos os clubes (ou o novo clube e o terceiro) tenham direito a negociar a transferência do jogador.

(2) Cláusulas relativas à relação laboral entre o clube e o jogador:

- Cláusulas que tragam incapacidade de negociar livremente os termos de contratação do jogador/obrigação do clube de impedir que o jogador se torne um agente livre;
- Cláusulas que impõem dificuldades à celebração de acordos de transferência/contratos de trabalho;
- Cláusulas que impõem obrigação de manter uma apólice de seguro contra o risco de lesão ou morte do jogador.

nas partidas;[(3)] d) Cláusulas que obrigassem a comunicação sobre certas informações;[(4)] e) Cláusulas que contenham obrigações de transferir/liberar um jogador sob certas condições;[(5)] f) Cláusulas que concedem outros tipos de influencia.[(6)]

4. A utilização da cláusula *sell-on* nos contratos de transferências e seus benefícios para clubes de mercados emergentes

Presente em diversos acordos de transferências de atletas, a cláusula *sell-on* ainda não tem uma clara definição no RSTP, mas o documento que versa sobre as regras de transferências e inscrição de jogadores compreende a existência da prática de tal instituto. Entretanto, o CAS descreve que o instituto tem como principal finalidade "proteger" um clube (o "antigo clube") que transfere um jogador para outro clube (o "novo clube") contra uma valorização inesperada do valor de mercado dos serviços do jogador após a sua transferência. Dessa forma, o antigo clube recebe um pagamento adicional caso o jogador seja "vendido" do novo clube para um terceiro clube por um valor superior ao pago pelo novo clube ao antigo clube.

Por esse motivo, nos contratos de transferências, uma cláusula *sell-on* é combinada com a disposição que define a taxa de transferência, geralmente, dividindo a contrapartida a ser paga pelo novo clube em duas modalidades, sendo elas: a) o montante fixo a ser pago no momento da transferência do jogador para ao novo clube; b) e um montante variável e negociado, a ser pago ao antigo clube em caso de posterior transferência onerosa do jogador do novo clube a um terceiro clube.

---

(3) Cláusulas vinculadas à seleção nas partidas:

- Garantir que o jogador transferido (permanentemente ou por empréstimo) esteja em campo regularmente.

(4) Cláusulas que obrigam o clube a comunicar determinadas informações:

- Cláusulas que obrigam informar sobre a lesão de um jogador;
- Cláusulas que obrigam divulgar todas as ofertas de transferência;

(5) Cláusulas com obrigações de transferir/liberar um jogador sob certas condições:

- Cláusulas com obrigação de aceitar uma oferta de uma taxa de transferência específica, sujeita a multa;
- Cláusulas com obrigação de transferência do jogador antes de determinada data, sujeita a multa;
- Cláusulas que impeçam o clube de ter voz na futura transferência do jogador;
- Cláusulas com obrigação de transferência do jogador em caso de rebaixamento;
- Cláusulas com obrigação de liberar o jogador para treino e amistoso.

(6) Cláusulas que concedem outros tipos de influência:

- Cláusula que preveja possibilidade de seleção conjunta, entre o novo clube e o terceiro, de novos jogadores para reforço do plantel do clube;
- Cláusulas que permitam que o clube e o terceiro decidirão mutuamente sobre o valor de mercado do jogador;
- Cláusulas que permitam que terceiros ou o outro clube podem obrigar o novo clube a adquirir a sua parte nos direitos económicos do jogador;
- Cláusulas que obriguem o terceiro comprar jogadores para o clube, cobrir as suas despesas, manter os seus direitos económicos e tomar a decisão de os transferir.

Nesse modelo de negócio, o clube destino do atleta tem a vantagem de poder concluir a transação por um valor inferior ao que pagaria sem a possibilidade de um ganho futuro por parte do clube de origem, que, por sua vez, detém a expectativa de receber um valor maior no futuro, comparado ao que está "abrindo mão" no presente, por meio de uma valorização do atleta no clube destino.

Diante do exposto, nota-se que as transferências envolvendo a cláusula *sell-on* podem trazer um bom retorno principalmente aos clubes menores ou de ligas menos desenvolvidas quando negociam seus atletas para um clube de uma liga mais valorizada, que possa auxiliar seu desenvolvimento e servir de vitrine para os clubes maiores e de ligas mais desenvolvidas.

Comumente, esse tipo de cláusula é mais utilizada em casos de negociações com atletas relativamente desconhecidos, mas que teriam potencial de se tornarem grandes jogadores nas maiores competições, aumentando, assim, o seu valor de mercado e impactando nas transferências futuras, as quais podem ser acertadas por valores muito maiores do que a anterior.

4.1. A cláusula sell-on *e seu impacto financeiro em clubes de mercados emergentes*

Devido à concentração dos grandes jogadores e do poder econômico das equipes europeias, o modelo de transferências com a previsão da cláusula *sell-on* trata-se de uma grande oportunidade de reforçar o caixa dos clubes de mercados menos desenvolvidos, por meio de uma bonificação da valorização do atleta negociado através da atuação dele em mercados mais consolidados.

Por vezes, a aludida valorização traz impactos significativos nos cofres dos clubes de mercados menores, pois devido à sua menor exposição e menor capacidade de gerar receitas, são mercados acostumados a praticarem valores mais baixos, comparado aos parâmetros das grandes ligas europeias, afinal, são mercados que para se adaptarem à nova realidade trazida pela decisão do caso Bosman dependem da formação desportiva e da "venda" de seus grandes atletas para se reforçarem e se manterem competitivos.

Devido à realidade trazida ao futebol após a resolução do caso Bosman, a centralização do futebol foi crescendo ano a ano, e com isso os mercados foram obtendo impactos distintos. Logo o futebol europeu consolidou-se como o grande cenário do futebol mundial, detendo verdadeiras seleções globais, além de que sua influência financeira, midiática e competitiva acarretaram um impacto de supervalorização dos atletas que estão inseridos no contexto da elite do futebol europeu, bem como a infravalorização dos atletas que porventura não conseguiram inserir-se nesse cenário.

Quando examinada a plataforma mais popular de análise de valor de mercado e transferências, o *site* alemão Transfermarkt, nota-se que dentre as suas estimativas há uma grande discrepância entre os valores de mercado de atletas atuando nas grandes ligas europeias com as de mercados menos desenvolvidos. Para exemplo de comparação, a Premier League (primeira divisão inglesa), liga mais valorizada na Europa atualmente, compõe um valor de mercado 10 vezes maior que o Campeonato Brasileiro Série A (primeira divisão brasileira), liga mais valorizada das Américas, tendo um valor aglomerado de 10,85 bilhões de euros, enquanto os da liga brasileira compõem um valor global de 1,47 bilhão de euros. Segundo a mesma plataforma, a S.E. Palmeiras, clube brasileiro mais bem avaliado em 2024, tem um valor de mercado inferior a 17 dos 20 clubes que compõem a liga inglesa do mesmo ano.

Embora tais valores de mercado sejam de certa forma algo lúdico, não sendo determinado por uma ciência exata, os administradores da comunidade que compõem a plataforma reforçam que as análises realizadas por eles levam em consideração fatores como idade; desempenho no clube e na seleção nacional; expectativas futuras; nível e *status* da liga, tanto em termos esportivos quanto financeiros; reputação/prestígio; potencial de desenvolvimento; efeitos específicos da liga; valor de *marketing*; número e reputação dos clubes interessados; potencial de desempenho; nível de experiência; suscetibilidade a lesões; diferentes condições financeiras de clubes e ligas; demanda geral e "tendências" do mercado; desenvolvimento geral de taxas de transferência; fatores externos, como a pandemia de coronavírus e suas consequências; dentre outras situações.

Apesar de as análises quanto ao valor de mercado dos atletas não se tratarem de uma ciência exata, quando comparadas com os relatórios de transferências da FIFA, essas expectativas, muitas vezes, mostram-se presentes no caso concreto. Por meio do relatório de 10 anos do TMS da FIFA, que analisou as transferências internacionais entre o período de janeiro de 2011 a dezembro de 2020, nota-se que a partir desses dados pode-se concluir que de fato há uma clara divisão entre quais são os mercados destinos dos atletas e os mercados de origem.

No referido relatório, ao analisarmos as 10 nações que mais participaram de transferências internacionais de atletas no período de dez anos, estão presentes quatro das 12 nações sul-americanas, sendo Brasil o líder, com o total de 15.128 participações, seguido da Argentina com 7.444 participações. A Colômbia ocupa o 5º lugar com 4.287, e o Uruguai é o 9º país a obter mais participações em transferências de atletas no mundo, com 3.341 transferências.

Entretanto, mesmo obtendo dois dos países com mais participações em transferências internacionais, quais sejam Brasil e Argentina, a dupla sul-americana auferiu uma receita menor (4.120,4 bilhões de dólares) do que Portugal, que obteve um faturamento de 4.275,5 bilhões de dólares, sendo apenas o quinto maior faturamento por transferências entre os europeus, precisando de aproximadamente um terço da quantidade de "vendas" de atletas da dupla sul-americana para alcançar um faturamento superior.

A partir da comparação com Portugal, nota-se que enquanto a dupla Brasil e Argentina obtinha um faturamento médio de aproximadamente 354 mil dólares por venda de atleta, em Portugal tal faturamento passava a ser de 1.030 milhão de dólares por transferência, tendo assim, em média, um lucro três vezes maior por transferência. Essa diferença fica ainda maior quando comparamos com os líderes em faturamentos sobre transferências, como por exemplo Espanha, França e Itália, chegando o valor médio das transferências a até 4 vezes o valor médio praticado pelos sul-americanos.

Insta ressaltar que entre esses valores estão, por exemplo, transferências como a de Vinicius Jr., Rodrygo, Neymar e Lucas Moura, todas as quatro superando a marca de 45 milhões de dólares, o que faz o valor médio de transferência ser muito menor se desconsideradas as referidas transferências.

Por meio do Relatório anual de Transferências da FIFA, publicado no ano de 2023, essa diferença se mostrou ainda maior, visto que mesmo se mantendo como país que mais exporta atletas no mundo, o Brasil passou a ser apenas o 9º país que mais faturou com transferências internacionais, vendo também sua vizinha Argentina cair para a 10ª colocação.

Em nível continental essa diferença aumenta drasticamente: enquanto as 3.469 transferências internacionais que tinham como origem um país sul-americano geraram uma receita de 782.9 milhões de dólares, o continente europeu, por meio de suas 11.620 transferências, gerou uma receita de 8.43 bilhões de dólares, obtendo um valor médio de transferência equivalente a mais de três vezes o valor médio das transferências de atletas provenientes da América do Sul.

Diante dessa diferença entre os valores médios praticados, pode-se dizer que uma transferência com os clubes das principais ligas europeias que consiga a manutenção da cláusula *sell-on* pactuada entre 20 a 25 por cento de uma futura transferência tende a resultar para equipes sul-americanas o impacto equivalente ao de uma nova transferência quando ocorre essa segunda negociação, o que por si só já configura expressiva vantagem.

Como exemplos de supervalorização recente, ou seja, atletas que renderam grandes quantias para os clubes sul-americanos, pode-se citar o argentino Enzo Fernández e o brasileiro Anthony. Ambos saíram do futebol sul-americano para clubes de ligas intermediárias na Europa (Benfica e Ajax, respectivamente), tendo o brasileiro saído do São Paulo pelo valor de 15 milhões de euros em meados de 2020, para ser negociado, em menos de dois anos fora, com o Manchester United, da Inglaterra, pela quantia de 95 milhões de euros, garantindo à equipe paulista um valor de 14 milhões de euros por meio da cláusula *sell-on*, a qual "aprovisionou" ao tricolor 20% do valor de uma futura transferência. Já no caso de Enzo Fernandéz, o argentino saiu do River Plate para incorporar o plantel do Benfica por 10 milhões de euros em julho de 2022, e em menos de seis meses rumou a Londres para vestir a camisa do Chelsea por 121 milhões de euros, ocasião em que adicionou 35 milhões de euros aos cofres do clube argentino por meio da ativação da cláusula *sell-on* de 25% mais a quantia correspondente ao mecanismo de solidariedade.

Deve-se ressaltar que os ganhos financeiros também são potencializados pelo câmbio, pois, apesar de as negociações internacionais serem pactuadas em moedas mais sólidas como o euro, no caso dos europeus, libra no caso dos britânicos e dólares ao redor do mundo, quando os clubes sul-americanos buscam substitutos, ou até mesmo reforços no mercado interno, acabam obtendo um grande privilégio quanto ao câmbio, visto que suas moedas internas vêm sofrendo com a instabilidade econômica.

Dessa forma, nota-se que os clubes que são "bons exportadores" obtêm um posto privilegiado perante os demais clubes de seus países, podendo assim se reforçar com os melhores atletas locais, entrando em um ciclo virtuoso, mantendo-se sempre competitivos dentro da realidade nacional/continental e obtendo faturamento maior diante dos seus concorrentes locais.

5. O aumento da utilização da cláusula *sell-on* nos contratos de transferências

Devido a diversos fatores como a inflação quanto ao valor de mercado dos atletas, a diferença econômica, a necessidade de alguns clubes de se adequarem às regras de *fair play* financeiro, esse tipo de negócio envolvendo promessas de participação nos lucros de "venda" futura, bem como os gatilhos de bonificação, passou a ser cada vez mais utilizado nas negociações de transferências.

De acordo com o relatório emitido pela FIFA sobre os 10 anos do TMS em 2021, houve um aumento da utilização do referido modelo de negócio. Apesar de o registro das cláusulas *sell-on* na plataforma do TMS ter se tornado obrigatório somente em 2015, os registros mostram um crescendo quanto à utilização da cláusula e a influência dela quanto à onerosidade ou não das transferências de atletas.

Segundo o relatório, durante o período de 2015 a 2020, notou-se que dentre as transferências onerosas ocorridas ao longo do período, em 44,2% havia contratos com cláusulas *sell-on*, enquanto nas transferências não onerosas havia a presença desse tipo de cláusula em apenas 2,5% dos contratos.

No ano de 2020 foram celebrados 1.584 contratos (9,2% do total das transferências) com esse tipo de cláusula, estando presentes em 48,6% das transferências onerosas e 2,8% das não onerosas. Os percentuais mais comuns convencionados entre as partes eram: menores que 10% (459), entre 10 e 20% (546) e entre 20 e 30% (256).

Por meio do relatório, identificou-se que o perfil dos jogadores envolvidos nessa cláusula é majoritariamente jovem. Entre os menores de 18 anos, o percentual de uso da cláusula *sell-on* nos contratos de transferências foi de 24,2%, baixando um pouco o recorde de 29,6%, alcançado em 2018. Por sua vez, entre os jovens de 18 e 23 anos, o percentual se manteve estável, saindo de 16% (recorde) em 2019 para 15,9%, em 2020.

Apenas dois anos depois, o número de transferências com contratos em que constava a presença da cláusula *sell-on* obteve um aumento de 41,16% comparado com o ano de 2020, estando a cláusula presente em 2.236 contratos, marca essa que foi superada em 2023, ano em que a cláusula estava inserida em 2.726 contratos presentes em transferências internacionais, o que mostra um aumento de 21,91%, comparado ao ano anterior, e de 301,22%, quando comparado ao ano de 2016.

Além do crescimento na frequência quanto à presença da cláusula *sell-on*, sua participação em transferências onerosas, que inicialmente ocorria em 36% das transferências onerosas e em 10,7% das transferências não onerosas no ano de 2016, passou a estar presente em 60% das transferências onerosas de 2023, enquanto nas transferências não onerosas a cláusula estava presente em apenas 20,3% dos contratos. Dessa forma, nota-se que atualmente quase dois terços das transferências internacionais onerosas contêm contratos que preveem a *sell-on fee*, enquanto nas não onerosas a previsão da cláusula está em pouco a mais de um quinto.

Diante desse cenário, pode-se dizer que além do fato de que a utilização desse tipo de cláusula venha sendo mais frequente, há também uma propensão maior de ocorrer uma transferência onerosa quando presente a cláusula *sell-on*. A partir disso, há a construção de um panorama favorável para que esse modelo de negócio seja cada vez mais utilizado nas negociações de transferências de atletas, devido à sua possibilidade de ganho para ambos os lados.

6. Conclusão

Diante do exposto, nota-se que a cláusula *sell-on* é um modelo de negócio que, embora valorado recentemente, está presente desde antes do banimento do TPO. Afinal, o pagamento de *sell-on* advém da divisão da receita auferida correspondente aos direitos econômicos do atleta pela negociação da transferência, podendo essa divisão ser com um integrante do novo vínculo laboral que estaria se formando ou com o clube anterior, que por mais que seja um terceiro na relação "clube – destino – atleta", não se trata de um terceiro alheio à operação como um todo.

Dessa forma, a cláusula *sell-on*, na atual roupagem, foi a ferramenta que melhor se adaptou à nova realidade após o banimento do TPO, tendo em vista que sem o dinheiro de investidores externos e com a redução de condições de manterem seus grandes jogadores por muito tempo, os clubes de mercados emergentes se viram obrigados a apostar na esperança quanto à valorização futura do atleta para obterem uma compensação financeira mais vultosa.

Com o passar dos anos, essa ferramenta foi se mostrando eficiente e atualmente é essencial para as equipes sul-americanas e outras de mercados emergentes, visto que com a hipervalorização das grandes ligas europeias e a variação do câmbio monetário, os clubes que usufruem desse tipo de negócio atingem bons resultados, já que a presença da aludida cláusula vem se mostrando eficaz tanto para reforçar o caixa dos referidos clubes quando há uma transferência onerosa, quanto para influenciar a onerosidade das transferências.

Como anteriormente exposto, as saídas dos atletas de clubes em que o contrato contém a cláusula *sell-on* tendem a ocorrer por meio de transferências onerosas, e quando o atleta sai para um mercado mais desenvolvido, as transferências tendem a se concretizar por duas a quatro vezes o valor anterior negociado.

Dessa forma, o clube de origem, tendo uma cláusula *sell-on* de aproximadamente 25% do valor de uma futura venda, recebe o dobro do valor que receberia caso a transferência se concretizasse sem a presença da cláusula.

Sendo assim, é possível afirmar que sua utilização é essencial quando se está inserido em um mercado menos desenvolvido como o latino-americano, e os clubes que souberem utilizá-la da forma devida tendem a ter uma boa fonte de receitas extraordinárias e a lucrar mais do que os clubes que negociam seus atletas sem reservar uma parte de seus direitos econômicos.

Referências

CHEMOR, M. F. "Article 18bis of the FIFA Regulations on the Status and Transfer of Players: Redefining the influence standard". Football Legal. Disponivel em: https://www.football-legal.com/content/article-18bis-of-the-fifa-regulations-on-the-status-and-transfer-of-players-redefining-the-influence-standard. Acesso em: 19 fev. 2024.

CORREIA, Fabiano. *O mercado do futebol: dimensões institucionais e desempenho econômico*. Tese (Pós-Graduação em Economia e Desenvolvimento) – Universidade Federal de Santa Maria. Santa Maria-RS.

FIFA. *Global Transfer Report 2023*. Zurique. Disponível em: https://digitalhub.fifa.com/m/114622e4e17cf6a8/original/FIFA-Global-Transfer-Report-2023.pdf. Acesso em: 20 fev. 2024.

______. *Regulations on the Status and Transfer of Players*. Edition 2008. Zurique. Disponível em: https://digitalhub.fifa.com/m/4251a8474e1211d8/original/qpc3vstvdyjvrxghlsmi-pdf.pdf. Acesso em 20 fev. 2024.

______. *Regulations on the Status and Transfer of Players*. Edition 2024. Zurique. Disponível em: https://digitalhub.fifa.com/m/6a0797ec77cbc02c/original/Regulations-on-the-Status-and-Transfer-of-Players-February-2024-edition.pdf. Acesso em 20 fev. 2024.

______. *Ten years of international transfers a report on international football transfers worldwide 2011-2020.* FIFA Digital hub. Disponivel em: https://digitalhub.fifa.com/m/47c2f0047dd61f3b/original/FIFA-Ten-Years-International-Transfers-Report.pdf. Acesso em 19 fev. 2024.

______. *Manual on 'TPI' and 'TPO' in football agreements.* FIFA Digital hub. Disponível em: https://digitalhub.fifa.com/m/551aa176c9e142ac/original/ypkyca98svbpfxu1nawu-pdf.pdf. Acesso em: 19 fev. 2024.

KAMPFF, Andrei. Caso Bosman mudou relação de jogadores no mundo todo. *Lei em campo.* Disponível em: https://leiemcampo.com.br/caso-bosman-mudou-relacao-de-jogadores-no-mundo-todo/. Acesso em 28 fev. 2024.

PEREZ, J. P. D. A flexibilização do conceito de influência pelo Tribunal Arbitral do Esporte e suas consequências. *Lei em Campo.* Disponível em: https://leiemcampo.com.br/a-flexibilizacao-do-conceito-de-influencia-pelo-tribunal-arbitral-do-esporte-e-suas-consequencias/. Acesso em: 19 fev. 2024.

PEREZ, J. P. D. TMS 10 anos parte 2: O aumento do uso das cláusulas sell-on e a jurisprudência do Tribunal Arbitral do Esporte. *Lei em Campo.* Disponível em: https://leiemcampo.com.br/tms-10-anos-parte-2-o-aumento-do-uso-das-clausulas-sell-on-e-a-jurisprudencia-do-tribunal-arbitral-do-esporte/#:~:text=Entre%20os%20menores%20de%2018,%2C9%25%2C%20em%20 2020. Acesso em: 20 fev. 2024.

SICA, A., PEREZ, A. TPO e TPI — As mudanças regulamentares da FIFA e a interpretação da entidade em relação às cláusulas inseridas nos contratos firmados entre clubes de futebol. *Coluna Jusdesportiva IBDD.* Disponível em: https://ibdd.com.br/tpo-e-tpi-as-mudancas-regulamentares-da-fifa-e-a-interpretacao-da-entidade-em-relacao-as-clausulas-inseridas-nos-contratos-firmados-entre-clubes-de-futebol/?v=19d3326f3137. Acesso em: 20 fev. 2024.

Tevez no West Ham: um capítulo decisivo na história da Premier League. *Premier League Brasil.* Disponível em: https://premierleaguebrasil.com.br/tevez-west-ham/. Acesso em: 19 fev. 2024.

TPO & TPI: Hate the player and the game. *Lex Sportiva blog.* Disponível em: https://lexsportiva.blog/2019/05/24/tpo-tpi-hate-the-game-and-the-player/. Acesso em: 19 fev. 2024.

WEGER, F. Sell-on Clauses in Light of FIFA and CAS Jurisprudence. *FIFA Digital hub.* Disponível em: https://digitalhub.fifa.com/m/bfbd4144e9a26b0d/original/nrk5gbr1jfdgaqgf9nd2-pdf.pdf. Acesso em: 20 fev. 2024.

Os Mecanismos de Compensação por Formação e seu Papel de Irrigação na Formação de Atletas Após Resolução do Caso Bosman

Igor Gabriel Kruger Poteriko

1. Introdução

Quando comparado com as demais modalidades desportivas, o ambiente do futebol detém algumas peculiaridades devido ao modo em que se deram sua profissionalização e suas práticas, sendo um dos pontos mais destacáveis o modelo de transferências de atletas.

Desde o início de sua profissionalização, o formato pelo qual os atletas migravam de uma entidade desportiva para outra passou por grandes mudanças, desde pequenas alterações de regulamentos que abriram novas possibilidades até decisões externas que culminaram na modificação de todo o funcionamento de um sistema, como o famoso caso de Jean-Marc Bosman.

No decorrer dessas mudanças, muito se discutiu sobre os impactos que o sistema sofreria, quanto ao seu desequilíbrio, à fragilização das relações entre clube e atleta, e até mesmo ao desincentivo à formação desportiva, uma vez que, tendo sido modificada a forma em que se passou a enxergar tal relação, alteraram-se os efeitos do referido vínculo.

Entretanto, sempre que há alguma mudança legislativa ou quanto a regulamentos, o mercado tenta se adaptar, criando algumas práticas com a finalidade de ser o menos impactado possível. De tal forma, por vezes, são encontradas soluções dentro do próprio sistema.

No futebol, após a grande quebra de paradigmas ocasionada pelo caso Bosman, o sistema tratou de buscar soluções para amenizar os impactos decorrentes de tal decisão, desenvolvendo alguns mecanismos de compensação financeira pela formação dos atletas.

1.1. O instituto do "passe" e o modelo de transferência pré caso Bosman

Apesar de tal instituto ser comumente lembrado e citado até mesmo nos dias atuais, o "passe" teve sua derrocada após a decisão do caso Jean-Marc Bosman, em 1995. Entretanto, anteriormente à referida decisão, o instituto era encarado como um dos pilares de uma sólida relação entre clube e atleta.

O passe, também conhecido como direito de retenção, tratava-se de uma indenização ou compensação, estipulada pelo clube ao qual o atleta era vinculado, pelo investimento referente à formação e/ou qualificação e vitrine do atleta. Compreendia-se que, se algum clube estaria disposto a contar com os serviços do atleta, muito se dava em razão ao clube que detinha os direitos do atleta, que teria participado ativamente para a "construção" daquele jogador; portanto, teria o clube direito a receber uma quantia pela liberação do atleta para prestar seus serviços em outra agremiação.

Tal instituto estava previsto e conceituado em lei, como dispunha o art. 11 da Lei n. 6.354, de 1976:

> Art. 11. Entende-se por passe a importância devida por um empregador a outro, pela cessão do atleta durante a vigência do contrato ou depois de seu término, observadas as normas desportivas pertinentes.

Entretanto, a figura do "passe" foi muito contestada, pois na prática funcionava como verdadeiras "prisões" aos jogadores de futebol, uma vez que por meio de tal instituto considerava-se como prerrogativa dos clubes pedir um valor indenizatório para a liberação do atleta a outra agremiação, mesmo que a relação contratual com o atleta já houvesse expirado. Com isso, o passe, além de conferir um poder muito grande aos clubes, que por vezes ofereciam condições irrisórias ao atleta, principalmente em suas renovações de contrato; afinal, como o liame entre o atleta e a federação era por intermédio do clube, para que pudesse exercer seu trabalho, o atleta deveria ter vínculo federativo. Quando lhes convinha, os clubes utilizavam de tal prerrogativa como forma de punição aos atletas, já que sem o seu aceite, o atleta não poderia mais desempenhar seu trabalho em lugar algum.

Como anteriormente exposto, tal prática teve mudanças drásticas após a decisão do Tribunal Europeu em 1995. Entretanto, perdurou no Brasil até 1998, quando promulgada o que seria a "Lei Áurea" dos jogadores de futebol, a Lei n. 9.615/1998, denominada de Lei Pelé.

1.2. O caso Jean-Marc Bosman e as quebras de paradigmas no futebol

Jean-Marc Bosman era um jogador de futebol belga que atuava pelo clube de Liège, e no ano de 1990, após seu contrato chegar ao fim, recebeu uma proposta de renovação com uma redução de 75% de seu salário. Não contente com a proposta, o atleta tentou transferir-se para o Dunkerque da França. Contudo, o Liège, que até então detinha seu passe, exigiu a quantia de 11.743.000 francos belgas pela transferência do atleta.

Os clubes chegaram a firmar contrato, mas com receio da inadimplência, o Liège não solicitou à federação belga que enviasse o certificado de desvinculação à federação francesa, ficando o contrato sem efeito. Ademais, o clube belga suspendeu o atleta, impedindo-o assim de jogar durante a temporada.

Indignado com a situação, Bosman decidiu travar uma grande batalha com todo o sistema, incluindo tanto o clube, a federação belga, a UEFA e até mesmo a FIFA para que fosse respeitado seu desejo de não permanecer no clube, pleiteando que tanto a equipe quanto a federação não interferissem em sua ida para outro clube. A defesa do atleta defendia que o modelo praticado no futebol lesava o princípio de livre circulação de trabalhadores na União Europeia, previsto no tratado de Roma de 1957.

No dia 15 de dezembro de 1995, o Tribunal europeu proferiu a sua resolução do caso, que teve como base os princípios comunitários do ordenamento europeu, tendo sido compreendido que os regulamentos do sistema não poderiam restringir a liberdade de circulação dos trabalhadores na União Europeia, sendo determinado que as indenizações por transferências ao final dos contratos não eram legais. Ou seja, a partir daquele momento o cidadão europeu que não tivesse contrato vigente poderia vincular-se a qualquer agremiação.

Ademais, a partir daquele momento outro paradigma se quebrava, pois com o reconhecimento do direito à livre circulação do cidadão europeu, a decisão passou a considerar como "estrangeiro" somente aquele cidadão nascido fora dos limites da União Europeia, abolindo assim os limites de jogadores estrangeiros em se tratando de cidadãos da União Europeia.

1.3. A nova relação entre clubes e atletas pós-caso Bosman e seus impactos

A referida decisão trouxe uma nova perspectiva quanto à relação clube-atleta no futebol, pois após ter sido prolatada, as federações de futebol dos países europeus diretamente impactadas, juntamente com a UEFA, começaram a exercer pressão junto à FIFA que, por sua vez, passou também a pressionar as demais federações nacionais de futebol associadas para que se adequassem à decisão.

Desde então, deixou-se de enxergar o atleta como uma propriedade do clube, pois o vínculo federativo somente existia enquanto perdurasse o contrato, ou seja, a partir daquele momento todo jogador era livre, exceto nos momentos em que tivesse um contrato vigente.

Esse novo olhar para a relação trouxe ao atleta um empoderamento, pois sem a necessidade de uma indenização financeira ao clube anterior (tratando-se de um "*free agent*"),[1] os atletas passaram a ter um poder de barganha nas negociações, o que acarretou melhores condições de trabalho e salários mais altos. Esse novo modelo resultou na valorização tanto dos meios de remuneração do atleta quanto das cláusulas indenizatórias para a resolução antecipada do contrato, que até então eram o único meio de compensação financeira ao clube na relação.

Entretanto, se para um lado a mudança foi extremamente benéfica, para o outro tratou-se de um golpe duro, dado que muitos clubes acabaram por "perder" seus atletas, além de seu poder de negociação. Afinal, com a diferença econômica dos países, a variação do poderio financeiro dos clubes e a abolição da limitação de estrangeiros, ficou cada vez mais difícil para alguns clubes manter bons jogadores em seus plantéis, visto que a "mão de obra" qualificada passou a ser mais valorizada.

Neste cenário, os clubes mais endinheirados, por terem condições de apresentar melhores propostas, foram se tornando cada vez mais atrativos aos jogadores mais talentosos, situação que com o passar dos anos contribuiu para que alguns clubes se transformassem em verdadeiras seleções mundiais, centralizando o mercado e criando uma grande diferença quanto ao nível técnico de algumas ligas para outras.

As consequências das alterações foram rápidas. Já no ano de 1996, o Real Madrid, que contava até então com cinco atletas estrangeiros (Laudrup – Dinamarca, Zamorano – Chile, Rincón – Colômbia, Redondo e Esnáider – Argentina.), passou a também ter no elenco o alemão Ilgner, o italiano Panucci, o holandês Seedorf, o montenegrino Mijatovic, o croata Suker e os brasileiros Roberto Carlos e Zé Roberto. Por sua vez, seu rival Barcelona, que até aquela altura também tinha cinco atletas estrangeiros (Figo – Portugal, Kodro – Bósnia, Prosinecki – Alemanha, Popescu e Hagi – Romênia), passou a contar com os portugueses Vítor Baía e Couto, o francês Blanc, o argentino Pizzi, o nigeriano Amunike, os brasileiros Ronaldo e Giovanni, e o búlgaro Stoichkov, que se somaram a Figo (Portugal) e Popescu (Romênia).

Do outro lado da moeda, enquanto clubes endinheirados se reforçavam, clubes com menos recursos acabavam sofrendo verdadeiros "desmanches" como o caso do holandês Ajax, campeão europeu de 1995 e vice em 1996, que foi arrasado pelo mercado perdendo 14 jogadores em menos de três anos.

Isso acontecia devido à dificuldade que esses clubes enfrentavam para segurar seus atletas, visto que muitas vezes não conseguiam equiparar as propostas dos clubes de ligas e países mais desenvolvidos financeiramente e, como o vínculo tinha prazo estipulado, por muitas vezes os clubes se viam obrigados a aceitar propostas mais baixas para liberar o atleta de seu contrato ou se arriscavam a manter o atleta, apesar de que dentro de algum tempo ele poderia sair da mesma maneira, porém sem uma compensação financeira.

(1) Denominação utilizada ao atleta livre, ou aquele que está sem vínculo desportivo.

Por conta desse novo formato, muitos clubes se sentiram desmotivados a formar seus próprios talentos, afinal, a formação do atleta é um processo demorado e custoso, e o clube poderia contratar outro atleta "pronto" de graça, além de também poder perder seus talentos sem uma compensação pela sua formação.

Diante desse cenário de descontentamento de muitos clubes e federações devido às consequências trazidas por esse novo modelo, a FIFA viu-se obrigada a criar mecanismos que diminuíssem os impactos causados pela decisão e regulamentassem as transferências dentro do modelo associativo. Assim, no mês de setembro de 2001, por meio da circular 769, a entidade lançou sua primeira edição do *Regulations on the Status and Transfer of Players — RSTP.*

2. O *Regulations on the Status and Transfer of Players — RSTP* e seus novos mecanismos de compensação

Preocupada com o cenário que vinha se desenhando e com a pressão de clubes e federações, a FIFA buscou criar um regulamento pautado em regras e princípios tocantes à relação de emprego dos atletas, bem como às transferências. Logo em 1997, a FIFA enviou uma edição do seu novo regulamento à Comissão Europeia. Entretanto, a Comissão alegou que os regulamentos não estavam em conformidade com a legislação da UE. Após alguns anos discutindo e alinhando as perspectivas, a UE, UEFA e FIFA chegaram a um acordo, em março de 2001, surgindo então o *Regulations on the Status and Transfer of Players — RSTP.*

O novo regulamento trouxe diversos dispositivos que serviram de base do modelo atual de transferências como:

• A criação de um período de transferências por temporada, e ainda uma janela limitada ao meio da temporada, que na época apresentava o limite de uma transferência por jogador por temporada. Hoje esse limite é flexibilizado a três inscrições, podendo o jogador atuar por apenas dois clubes distintos na temporada;

• Duração mínima do contrato de 1 ano e máxima de 5 anos;

• Estabeleceu que cada associação devesse incluir em seus regulamentos meios apropriados para proteger a estabilidade contratual, respeitando a legislação nacional obrigatória e os acordos coletivos de trabalho. Ademais, tais regramentos deveriam seguir os princípios de que os contratos fossem respeitados; que contratos poderiam ser rescindidos por qualquer uma das partes sem consequências em caso de justa causa, além do princípio da rescisão contratual dos profissionais com justa causa desportiva.

• Período de proteção contratual pelos primeiros 3 anos, e sanções desportivas proporcionais que seriam aplicadas a jogadores, clubes ou agentes em caso de quebra unilateral de contrato sem justa causa, no período protegido;

• Limitação das transferências envolvendo atletas menores de 18 anos, em que a partir de então só seriam permitidas mediante condições acordadas e formalmente autorizadas pela *FIFA*, respeitando regramentos de conduta para garantir a formação desportiva, acadêmica e o convívio familiar;

• Criação de um mecanismo em que no caso de transferências jogadores com menos de 23 anos devesse ser instituído um sistema de compensação por formação que incentivasse e recompensasse o esforço de formação dos clubes, em particular dos pequenos clubes;

• Criação de mecanismos de solidariedade que distribuíssem uma parte significativa das receitas aos clubes envolvidos na formação e educação de um jogador, incluindo clubes amadores; dentre outros.

Tal documento se tornou o principal regulamento acerca de transferências no futebol mundial, perdurando até os dias atuais, passando por novas modificações todos os anos, com a finalidade de manter o mercado aquecido e regulamentado.

2.1. Os mecanismos de compensação FIFA

Certamente um dos pontos mais relevantes do RSTP trata-se dos mecanismos de compensação ou também chamados de *"Training Rewards"*, criados pela FIFA, pelo receio da desestimulação da formação, como um modo de recompensar a formação do atleta, sem que essa compensação privasse a liberdade laboral do jogador.

Diferentemente do "passe" ou direito de retenção, tais valores passariam a ser pagos aos clubes que já não detinham mais vínculo federativo ou trabalhista com o atleta, como meio de compensar os clubes pelos gastos e trabalho com a formação daquele esportista. Afinal, mesmo sendo contrário à ideia de privar a liberdade do trabalhador, o tribunal europeu, em sua decisão referente ao caso Bosman, compreendeu que a perspectiva de receber indenizações de transferências, de promoção ou de formação acabava por incentivar os clubes de futebol a procurarem os talentos e assegurarem a formação de jogadores.

Dessa forma, foram criados dois modelos de compensações, um chamado de *Solidarity Mechanism* e o outro de *Training Compensation*. Ambos preveem situações distintas de transferências, tendo causas de incidências, valores, requisitos e procedimentos diferentes.

2.1.1. *Solidarity Mechanism*

O *Solidarity Mechanism*, ou mecanismo de solidariedade, previsto no Art. 21 do RSTP e regulamentado pelo Anexo 5, trata-se de uma compensação por transferências onerosas envolvendo clubes de federações distintas, pelas quais os clubes que participaram da sua formação desde os 12 até os 23 anos completos recebem até 5% do valor da transferência. O valor de resultante da parte que cabe aos clubes que participaram da formação é dividido proporcionalmente ao período em que o atleta permaneceu no clube.

Basicamente, a proporção é a seguinte: 0,25% do valor da transferência será destinada aos clubes pelo qual o atleta passou cada temporada do 12º aniversário ao 15º aniversário (totalizando 1% do valor total da transferência); 0,5% será destinado aos clubes pelo qual o atleta passou cada temporada do 16º aniversário até a temporada do 23º aniversário (totalizando 4% do valor total da transferência), integrando, portanto, os 5% devidos a título de Mecanismo de Solidariedade.

A referida contribuição tem como incidência tanto a transferência de jogador profissional, a título definitivo ou por empréstimo, se os clubes envolvidos forem filiados de federações diferentes, e a partir de 2020 passou-se a compreender que também haverá incidência quando os clubes envolvidos na transferência são filiados à mesma associação, mas os clubes que participaram da formação do atleta são filiados em federação distinta.

Os requisitos para que um clube possa requerer o pagamento dos valores devidos referentes ao mecanismo são: estar vinculado a uma federação nacional filiada à FIFA e constar a participação do clube no Passaporte Desportivo do atleta nos anos referentes aos compreendidos como período de formação.

2.1.2. *Training Compensation*

Assim como o mecanismo anteriormente abordado, o *Training Compensation*, previsto no Art. 20 do RSTP e regulamentado pelo Anexo 4, também se trata de um modelo de compensação por formação inserido no sistema por meio do RSTP em 2001. Esse instituto tem como objetivo compensar os clubes que participaram da formação do atleta dos 12 até os 21 anos pelo seu primeiro registro como profissional, ou pelos primeiros registros do atleta em federações distintas até os seus 23 anos de idade.

A FIFA entende que a formação e a educação de um jogador ocorre entre a idade de 12 a 23 anos. Sendo assim, a entidade estipulou que o *Training Compensation* deve ser pago, via de regra, até o atleta atingir os 23 anos, sendo a compensação referente aos treinamentos ocorridos até os 21 nos de idade. Entretanto, o clube pode eximir-se de pagar tal compensação após registro, caso o atleta já tenha atingido os 21 anos, e que o novo clube consiga comprovar que seu período de formação já foi concluído antes de atingir a idade de 21 anos de idade.

Nesse modelo de compensação, o clube que efetua o registro do atleta é responsável pelo pagamento do *Training Compensation*, no prazo de 30 dias após a inscrição, a todos os clubes nos quais o jogador tenha sido inscrito anteriormente. O valor a ser pago é calculado de forma proporcional ao período de formação que o jogador passou em cada clube, seguindo uma tabela pré-estabelecida no próprio regramento, que presume os custos necessários para treinar um jogador por um ano.

Para que seja estipulado esse valor, as associações são instruídas a dividir seus clubes em no máximo quatro categorias de acordo com o investimento financeiro na formação de jogadores. Os custos de treinamento são definidos para cada categoria e correspondem ao valor necessário para treinar um jogador por um ano multiplicado por um "fator jogador" médio, que é a proporção de jogadores que precisam ser treinados para produzir um jogador profissional.

As categorias e custos são atualizados no final de cada ano civil, e publicados no site da FIFA. Para fins ilustrativos, segue a tabela referente aos custos por treinamentos do ano de 2022, publicado pela Circular n. 1.805 em julho de 2022.

Confederação	Categoria I	Categoria II	Categoria III	Categoria IV
AFC		USD 40,000	USD 10,000	USD 2,000
CAF		USD 30,000	USD 10,000	USD 2,000
Concacaf		USD 40,000	USD 10,000	USD 2,000
CONMEBOL	USD 50,000	USD 30,000	USD 10,000	USD 2,000
OFC		USD 30,000	USD 10,000	USD 2,000
UEFA	EUR 90,000	EUR 60,000	EUR 30,000	EUR 10,000

Para o cálculo utilizado na quantificação da compensação do primeiro registro, são considerados os custos com treinamento do novo clube do atleta, multiplicados pelo número de anos de formação, a princípio da temporada do 12º aniversário do jogador até a temporada do 21º aniversário do jogador. Por sua vez, no caso de novo registro em federação distinta, a compensação também é calculada considerando os custos com treinamento do novo clube, entretanto, multiplicados apenas pelo número de anos de treinamento no clube anterior.

3. As *Training Rewards* e sua importância na redistribuição financeira, no incentivo à formação de atletas e na tentativa de reequilibrar o sistema do futebol

Conforme abordado anteriormente, o mundo do futebol buscava amenizar os impactos sofridos pela decisão do caso Bosman, e pode-se falar que o sistema de formação de atletas era um dos setores mais vulneráveis àquela altura, afinal, um processo demorado, custoso e incerto não parecia ser um bom investimento para os clubes. Nesse cenário, os clubes de maior potencial financeiro acabavam por contratar os melhores jogadores do mundo sem muita resistência, gerando todo um desequilíbrio no sistema.

O cenário que foi se desenhando era propício a uma polarização do futebol, que por diversos motivos, como fatores geográficos, sociais e econômicos, influíram diretamente para que o mundo do futebol voltasse seus olhares para algumas ligas específicas, que começaram a concentrar os melhores jogadores do mundo.

Naquele momento, o futebol estava diante de ambientes extremos, em que para alguns clubes e ligas existia um ciclo virtuoso no qual, por conta de seu poderio econômico, conseguiam contar com os melhores atletas disponíveis no mercado, contribuindo assim para que fossem atingindo melhores resultados esportivos, que trariam mais dinheiro por meio de premiações e do aumento de interesse dos consumidores por aquele produto apresentado (futebol), podendo, portanto, cada vez mais se reforçarem com os melhores atletas de outros mercados. Do outro lado da moeda, alguns clubes e federações viviam em um ciclo vicioso, perdendo seus melhores atletas, vendo seus clubes cada vez menos potentes nas competições internacionais, perdendo relevância no cenário internacional e ficando mais pobres.

Esse movimento do mercado, somado ao desnivelamento das competições, influência das moedas e da arrecadação de cada clube e liga, começaram a se refletir nas transferências; com isso, os mecanismos de compensação por formação foram cada vez mais ganhando relevância no cenário mundial, visto que os clubes, a partir desse momento, poderiam ter mais uma fonte de receita extraordinária, que por muitas vezes igualava ou até superava os valores de uma transferência.

Com os valores praticados em transferências de alguns mercados, como as 5 principais ligas de futebol da atualidade (Alemanha, França, Inglaterra, Espanha, Portugal e Itália), e o poder de sua moeda, muitas vezes o clube se beneficia mais das próprias *Training Rewards* do que das transferências que consegue negociar, uma vez que, sendo o clube de uma liga considerada periférica e dependendo da força de sua moeda, muitos clubes não conseguem estar em boas condições de negociação. Entretanto, com o atleta performando bem em alguma liga mais reconhecida e forte economicamente, havendo futura transferência, esses 5% do valor da nova transferência equivalem ou até superam a quantia anteriormente recebida.

No último relatório publicado pela FIFA sobre as transferências internacionais, reportou-se que cerca de 85.2 milhões de dólares foram distribuídos por meio das *Training Rewards,* sendo USD 73.1 milhões referentes ao mecanismo de solidariedade e USD 12.1 milhões referentes ao *Training Compensation.* Para efeitos de comparação, o valor distribuído por meio de tais compensações se aproxima do faturamento por transferências internacionais realizados pelos clubes sérvios, que ocupam a 20º colocação dentre os países que mais faturaram com transferências internacionais no mundo em 2022, e o mecanismo de solidariedade por si só distribuiu quantias superiores ao total dos valores recebidos em transferências internacionais pelos clubes de todo o continente africano no ano de 2022.

4. Considerações finais

Diante do exposto no presente trabalho, nota-se a importância das *Training Rewards*, na tentativa de amenizar os impactos trazidos ao sistema desportivo após a decisão do caso Bosman, e na busca por reequilibrar o sistema, utilizando-se do próprio “problema” da época, a facilitação das transferências.

Os mecanismos que foram criados no ano de 2001, muito mais devido à pressão sofrida por clubes e federações que viam essas facilitações como extremamente prejudiciais, hoje têm um papel de estímulo principalmente aos clubes de mercados “periféricos” a “garimpar” seus talentos. Com o futebol cada vez mais globalizado, com as grandes ligas negociando suas transferências por valores voluptuosos e a influência do câmbio, encontrar um grande talento pode novamente ser como acertar na loteria para muitos clubes, pois por meio desse talento o clube pode receber um bom valor negociando sua transferência e com uma “pitada de sorte”, com seu atleta performando em um clube de liga mais influente, pode o atleta ser negociado posteriormente por valores que seriam inalcançáveis pelo clube de origem.

Sendo assim, atualmente muitos clubes e ligas passaram a enxergar com bons olhos as transferências e a atividade do mercado, visto que quanto mais seus atletas de origem se transferem de forma onerosa, mais vezes alguma quantia em dinheiro chegará aos cofres do clube, e por vezes essas quantias correspondem a uma parcela significativa de seu faturamento anual, auxiliando na manutenção das atividades do clube e até mesmo em novos investimentos.

Por fim, compreende-se que mesmo que não fosse esse o intuito das *Training Rewards* quando criadas, tais mecanismos atualmente têm mais que o poder de compensar o clube pela formação de um atleta, também desempenhando por vezes o papel de diminuir o abismo que há entre os clubes de diferentes federações, mesmo que de forma “sutil”, por meio da formação de atletas.

Referências

AUBERG, E. “History of FIFA transfer regulations”. *EA sports law*. Disponível em: https://www.easportslaw.com/news/history-of-fifa-transfer-regulations-rstp. Acesso em: 25 fev. 2023.

BÉLGICA. Court d’appel de Liège. *Union royale belge des sociétés de football association ASBL* vs *Jean-Marc Bosman, Royal Club liégeois* vs *Jean-Marc Bosman and others and Union des associations européenes de football (UEFA)* vs *Jean-Marc Bosman*. 15 dez. 1995. Disponível em: https://eur-lex.europa.eu/legal-content/PT/TXT/?uri=CELEX%3A61993CJ041.5. Acesso em: 25 fev. 2023.

BLANCO, J. ‘Os jogadores ganham milhões graças a mim, mas eu vivo na miséria’: Há 25 anos, Jean-Marc Bosman transformou o futebol. *ESPN*. Disponível em: https://www.espn.com.br/futebol/artigo/_/id/7908355/os-jogadores-ganham-milhoes-gracas-a-mim-mas-eu-vivo-na-miseria-ha-25-anos-jean-marc-bosman-transformou-o-futebol. Acesso em: 25 fev. 2023.

FIFA. *Global Transfer Report 2022*. Zurique. Disponivel em: https://digitalhub.fifa.com/m/2ee0b8943684e25b/original/FIFA-Global-Transfer-Report-2022.pdf. Acesso em: 25 fev. 2023.

______. *Regulations on the Status and Transfer of Players*. Edition 2001. Buenos Aires/Zurique. Disponivel em: https://digitalhub.fifa.com/m/32c1970589af6f92/original/maqzja40s2b90xdxik0k-pdf.pdf. Acesso em: 25 fev. 2023.

______. *Regulations on the Status and Transfer of Players*. March 2022 edition. Zurique. Disponivel em: https://digitalhub.fifa.com/m/1b47c74a7d44a9b5/original/Regulations-on-the-Status-and-Transfer-of-Players-March-2022.pdf. Acesso em: 25 fev. 2023.

______. *Regulations on the Status and Transfer of Players* — categorisation of clubs and registration periods. Circular n. 1805, 2022. Zurique. Disponivel em: https://digitalhub.fifa.com/m/52c4ddbd3a08ce16/original/Circular-No-1805-Regulations-on-the-Status-and-Transfer-of-Players-categorisation-of-clubs-and-registration-periods.pdf. Acesso em: 25 fev. 2023.

KAMPFF, A. Caso Bosman mudou relação de jogadores no mundo todo. *Lei em Campo*. Disponível em: https://leiemcampo.com.br/caso-bosman-mudou-relacao-de-jogadores-no-mundo-todo/. Acesso em: 25 fev. 2023.

MOURÃO, F.O. O caso Bosman como fundamento de existência e validade das *training rewards* estabelecidas no RSTP da FIFA. *Coluna jusdeportiva do IBDD*. Disponivel em: https://ibdd.com.br/o-caso-bosman-como-fundamento-de-existencia-e-validade-das-training-rewards-estabelecidas-no-rstp-da-fifa/?v=19d3326f3137. Acesso em: 25 fev. 2023.

POTERIKO, I. G. K. A proposta do retorno do passe, e por que essa discussão já deveria ter sido encerrada. *Medium*. Disponivel em: https://medium.com/@ikruger01/a-proposta-do-retorno-do-passe-e-o-por-que-essa-discuss%C3%A3o-j%C3%A1-deveria-ter-sido-encerrada-b20251cd0342. Acesso em: 25 fev. 2023.

POTERIKO, I. G. K. O método de escalonamento do Certificado de Clube Formador como alternativa de irrigação do sistema de formação de atletas no Brasil. *Coluna Jusdesportiva IBDD*. Disponivel em: https://ibdd.com.br/o-metodo-de-escalonamento-do-certificado-de-clube-formador-como-alternativa-de-irrigacao-do-sistema-de-formacao-de-atletas-no-brasil/?v=19d332-6f3137. Acesso em: 25 fev. 2023.

Evolução da Liberdade de Expressão nos Jogos Olímpicos e Perspectivas para Paris 2024

Leonardo Lucchese Meinerz
Ramon Tabosa Pinto

Introdução

A compreensão do conceito de liberdade de expressão pode ser dividida em duas acepções a partir dos vocábulos liberdade e expressão. Liberdade, do latim *Libertas*, representa a corporificação da deusa romana da liberdade e, intuitivamente, a essência livre do ser. Por outro lado, o termo "expressão" representa a forma de agir uma pessoa, seja de forma escrita e/ou oral. A junção gera um conceito presente na vida democrática e que resguarda a opinião dos indivíduos. Sua transcendência sob todos os aspectos da vida social está justamente relacionada com o seu exercício, uma vez que constitui importante veículo da vida política.

Historicamente, foi moldada de diferentes formas e com diferentes parâmetros, visto que, ciclicamente, os estados nacionais parecem flutuar politicamente em diferentes rumos. Assim, incialmente, coube à Revolução Francesa a pavimentação singular acerca da liberdade de expressão ainda no século XVIII, pois traços distintivos de seus postulados ecoaram no tempo por tratarem da organização do Estado e limitação do poder estatal.

O lema da Revolução Francesa "Liberdade, Fraternidade e Igualdade" está fortemente interligado à liberdade de expressão, uma vez que sem liberdade qualquer forma de expressão é inócua, sem fraternidade ela atua como um antípoda aos direitos e garantias de outrem e, por fim, sem igualdade, não há voz para as variadas classes e ideias que constituem uma sociedade democrática.

Sob este intuito de salvaguardar os direitos dos indivíduos frente a eventuais atuações despóticas do Estado, nos dias de hoje, a Corte Europeia de Direitos Humanos já ressaltou que a liberdade de expressão simboliza um pilar essencial à organização social e democrática, sendo uma condição, inclusive, de progresso e desenvolvimento (CORTE EUROPEIA DE DIREITOS HUMANOS, 2007).

A liberdade de expressão, valor tão caro à cultura moderna ocidental está permeada, irremediavelmente, em todos os setores da vida em sociedade, não sendo diferente quando se trata do esporte. Assim, nada mais oportuno do que tratar dessa temática às vésperas do maior torneio esportivo do mundo, as Olímpiadas, que acontecerá em um dos berços do constitucionalismo moderno, a França.

Na perspectiva do esporte, ganham destaque as questões inerentes às sanções e censura aos atletas por seus atos, notadamente, políticos. Sob esse ângulo, ressalta-se um ponto controvertido que ocorreu há pouco tempo no Brasil e sob a intensa polarização política que castiga a República, e, ainda que ocorrido fora do ambiente olímpico, mostra-se importante para o desenvolvimento da problemática.

Em primeiro lugar, trata-se do caso envolvendo a atleta de vôlei de praia, Carol Solberg, quando, durante uma entrevista após uma partida do Circuito Nacional no ano de 2020, a atleta gritou "Fora Bolsonaro" em protesto ao até então presidente do Brasil, Jair Messias Bolsonaro.

Após imensa repercussão, a atleta foi condenada em primeira instância por violar o art. 258 do Código Brasileiro de Justiça Desportiva por "assumir qualquer conduta contrária à disciplina ou à ética desportiva não tipificada pelas demais regras deste Código à atitude antidesportiva" (CONSELHO NACIONAL DO ESPORTE, 2009), restando absolvida na instância recursal.

O outro caso diz respeito ao jogador Wallace, também atleta de vôlei, que, no ano de 2023, fez uma publicação em sua rede social, no mínimo reprovável, com teor violento direcionado ao então atual presidente do Brasil Luís Inácio Lula da Silva, punido por infringir o Código de Ética do Comitê Olímpico Brasileiro, frisa-se.

Diante do exposto, resta perguntar até que ponto um atleta profissional pode expressar suas opiniões ou posições políticas? E ainda, até que ponto as sanções pelas entidades esportivas podem recair sobre os desportistas?

Para responder tais questionamentos, é preciso percorrer a evolução da liberdade de expressão no decurso do tempo e as mudanças ocorridas na Carta Olímpica. Isso porque há quem suscite questões acerca da (in)compatibilização entre o ramo privado e autônomo do Direito Desportivo e o Direito Público Internacional, mais especificamente no que tange aos Direitos Humanos, tratada, aqui, a liberdade de expressão. Nesse sentido, aponta-se o levantamento de Alexandre Miguel Mestre ao analisar o atual art. 50, n. 2 da Carta Olímpica (2023), na época constando como Regra 51.3 indicando que:

> O n. 3 da Regra 51 da Carta Olímpica, terá necessariamente de ser lido em concatenação com os Princípios Fundamentais do Olimpismo. Deverá, pois,

assegurar-se que a liberdade de expressão não contende com os princípios éticos fundamentais universais, com a promoção de uma sociedade pacífica preocupada com a preservação da dignidade humana, com a união entre os povos, com a não discriminação, com a amizade e a solidariedade entre atletas e entre países.

Assim, o primeiro exercício é entender a evolução da liberdade de expressão no decurso da História e, depois, ponderar sobre até que limite pode-se coligar liberdade de expressão com os princípios e regras olímpicos, a fim de que o esporte não fique em segundo plano, mas que a competição em si seja sua própria razão de ser. Semelhantemente a diversos direitos humanos que ganharam previsão após o pós-guerra, a liberdade de expressão foi prevista na Declaração dos Direitos Humanos (ONU, 1948), em seu art. 19, instituindo que:

> Todo o indivíduo tem direito à liberdade de opinião e de expressão, o que implica o direito de não ser inquietado pelas suas opiniões e o de procurar, receber e difundir, sem consideração de fronteiras, informações e ideias por qualquer meio de expressão.

Essa tendência de reafirmar os direitos do homem não se dá por acaso, mas sim, principalmente, pelos horrores perpetrados pelos regimes totalitários do século XX e a necessidade de reafirmar o valor intrínseco da pessoa humana e que cada um carrega dentro de si (PIOVESAN, 2015).

Muito se pode falar sobre os aspectos positivos que a previsão trouxe nos diversos ordenamentos jurídicos; todavia, ganham relevo as especificidades no que concerne ao exercício da liberdade de expressão no ambiente esportivo e olímpico. Isto pois, a relação ambivalente entre o Direito Desportivo e o Direito Público, apesar da coexistência e coparticipação normativa em muitos aspectos, não está plenamente pacificada.

Desta forma, mostra-se imprescindível analisar a evolução da Carta Olímpica no decurso da História e, consequentemente, analisar possíveis limitações ao exercício da liberdade de expressão no âmbito do esporte olímpico.

1. Evolução da Carta Olímpica como instrumento normativo e sua relação com os direitos humanos

Nas palavras de Alexandre Miguel Mestre (2008), em que pese fosse existente, à época dos jogos olímpicos da antiguidade, a previsão de um verdadeiro direito olímpico calcado nas Leis Fundamentais de Olímpia, o idealizador dos Jogos Olímpicos da modernidade, Pierre de Frédy, o Barão de Coubertin, não se preocupou, e até mesmo buscou afastar as regras do universo olímpico, sob a alegação de que inúmeros regulamentos engessariam a prática olímpica e desvirtuariam o verdadeiro objetivo dos eventos.

Por tais motivos, o direito permaneceria afastado até serem passados 10 anos, com a criação do Comitê Olímpico Internacional, e, posteriormente, mais 70 anos até a edição do primeiro documento intitulado Carta Olímpica, tendo passado pelo mundo esportivo anteriormente apenas documentos iniciais, como o chamado annuaire (em tradução nossa, anuário, primeira versão datada do ano de 1911), e os *Statuts du Comité International Olympique, Règlements et Protocole de la Célébration des Olympiades* (em tradução nossa, Estatutos do Comitê Olímpico Internacional, Regulamentos e Protocolo da Celebração das Olímpiadas, com primeira versão datada do ano de 1924), conforme base de dados do Comitê Olímpico Internacional (FRIEDRICH; MEINERZ, 2021).

Por fim, impõe citar que no dia 15 de outubro de 2023 foi publicada a versão mais recente da Carta Olímpica (COI, 2023).

Atualmente, conforme lecionou Ettinger (1992), a Carta Olímpica é a legitima fonte de poder do Comitê Olímpico Internacional, da mesma forma que seu *status* como uma Pessoa Jurídica de Direito Internacional depende da aceitação global do documento, reconhecido como regra de direito internacional costumeiro.

Nesse documento, no tocante específico aos direitos humanos, chamam a atenção especial o 4º e 6º princípios do Olimpismo, baluartes norteadores do espírito olímpico, em tradução nossa (COI, 2023):

> 4. A prática desportiva é um direito humano. Toda pessoa deve ter acesso à prática do desporto sem discriminação de nenhum tipo, em respeito aos direitos humanos reconhecidos internacionalmente e dentro do âmbito de competência do Movimento Olímpico. O espírito olímpico exige compreensão mútua, espírito de amizade, solidariedade e jogo limpo.
>
> 6. O desfrute dos direitos e liberdades estabelecidos nesta Carta Olímpica deve garantir-se sem nenhum tipo de discriminação, seja por raça, cor, sexo, orientação sexual, idioma, religião, opiniões políticas ou de outra índole, origem nacional ou social, riqueza, nascimento ou outra condição.[1]

Ademais, nota-se ao decorrer do tempo a evolução da Carta Olímpica no tratamento e observância de quesitos inerentes aos direitos humanos, principalmente após a promulgação da Declaração Universal dos Direitos Humanos, datada do ano de 1948 e de origem da Organização das Nações Unidas, como no tocante à participação feminina no palco olímpico, pela qual, embora lenta, extinguiu-se qualquer diferenciação

(1) Traduzido do original: *4. La práctica deportiva es un derecho humano. Toda persona debe tener acceso a la práctica del deporte sin discriminación de ningún tipo, en el respeto de los derechos humanos reconocidos internacionalmente y dentro del ámbito de competencia del Movimiento Olímpico. El espíritu olímpico exige comprensión mutua, espíritu de amistad, solidaridad y juego limpio.*

6. El disfrute de los derechos y libertades establecidos en esta Carta Olímpica debe garantizarse sin ningún tipo de discriminación, ya sea por raza, color, sexo, orientación sexual, idioma, religión, opiniones políticas o de otra índole, origen nacional o social, riqueza, nacimiento u otra condición. (COI, 2023)

entre sexos como forma de restrição na prática desportiva a partir da Carta Olímpica publicada no ano de 1995 (FRIEDRICH, MEINERZ, 2021).

Outro sinal de evolução do tratamento de matérias atinentes aos direitos humanos na atuação do Comitê Olímpico se deu pela inclusão da cláusula 13.2, Itens A e B, do Contrato de Cidade-Sede, devendo os candidatos à organização assumir o compromisso de respeito aos direitos humanos segundo os princípios guia delimitados pelas Nações Unidas, tendo sido o primeiro contrato assinado nestes termos no ano de 2017, direcionado aos Jogos Olímpicos de Verão de Paris a serem sediados no corrente ano (COI, 2017):

> 13.2. Nos termos das obrigações dadas pelo §13.1., a Cidade Sede, o CON sede e a COJO deverão, em suas atividades relacionadas a organização dos jogos:
>
> a. Proibir qualquer forma de discriminação com um país ou pessoa em razão de sua raça, cor, sexo, orientação sexual, idioma, religião, opinião política ou outra, origem nacional ou social, propriedade, nascimento ou outras formas;
>
> b. Proteger e respeitar os direitos humanos e assegurar que qualquer violação dos direitos humanos será remediada de maneira consistente aos acordos internacionais, leis e regulações aplicáveis no País Sede e de uma maneira consistente com todos os direitos humanos internacionalmente reconhecidos, padrões e princípios, incluindo os Princípios Guia das Nações Unidas para Negócios e Direitos Humanos, aplicáveis no País Dede; e
>
> c. Se abster de qualquer envolvimento com fraudes e corrupção, em uma maneira consistente com quaisquer acordos internacionais, leis e regulações aplicáveis no País Sede e todos os padrões reconhecidos internacionalmente anticorrupção aplicáveis no País Sede, inclusive estabelecendo e mantendo relatórios e compliance efetivos.(2)

Da mesma forma, importante citar que, com fins de dar mais efetividade e cobrança ao compromisso das cidades-sede na proteção dos direitos humanos, foi criada pelo Comitê Olímpico Internacional no ano de 2018 a Comissão de Direitos Humanos, com atuação a partir dos Jogos Olímpicos de Verão sediados pela cidade de Paris no ano de 2024 (GLOBO, 2018).

Dessarte, uma das inovações encontradas na versão mais recente da Carta Olímpica é a inclusão do direito à liberdade de expressão pela regra 40.2, conforme já havia

---

(2) Traduzido do original: *13.2. Pursuant to their obligations under § 13.1, the Host City, the Host NOC and the OCOG shall, in their activities related to the organisation of the Games:*

a. prohibit any form of discrimination with regard to a country or a person on grounds of race, colour, sex, sexual orientation, language, religion, political or other opinion, national or social origin, property, birth or other status;

b. protect and respect human rights and ensure any violation of human rights is remedied in a manner consistent with international agreements, laws and regulations applicable in the Host Country and in a manner consistent with all internationally-recognised human rights standards and principles, including the United Nations Guiding Principles on Business and Human Rights, applicable in the Host Country; and c. refrain from any act involving fraud or corruption, in a manner consistent with any international agreements, laws and regulations applicable in the Host Country and all internationally recognised anti-corruption standards applicable in the Host Country, including by establishing and maintaining effective reporting and compliance (COI, 2017).

sido acordado na 141ª Sessão do Comitê Olímpico Internacional (RECORD, 2023), ocorrida no ano de 2023, passando assim a ser previsto o seguinte texto (tradução nossa):

> 40. Participação nos Jogos Olímpicos
>
> 1. Para participar nos Jogos Olímpicos, um competidor, oficial de equipe ou outro membro da equipe deve se ajustar à Carta Olímpica, ao Código Mundial Antidopagem e ao Código do Movimento Olímpico sobre Prevenção de Manipulação de Competições, incluídas as condições de participação estabelecidas pelo COI, e o competidor, oficial de equipe ou outro membro da equipe deve ser inscrito por seu COM.
>
> 2. Todos os competidores oficiais da equipe ou outro membro da equipe nos jogos olímpicos gozarão de liberdade de expressão em conformidade com os valores olímpicos e os princípios fundamentais do Olimpismo, assim como com as diretrizes que a Comissão Executiva do COI estipule.(3)

Tal disposição, por sua vez, reforçou linha aparentemente já seguida no ano de 2018, quando foi aprovada a Declaração Dos Diretos e Responsabilidades dos Atletas, pela qual foi incluso o direito à liberdade de Expressão, *vide* seu art. 11 (COI, 2018).

Sinal de convergência e vínculo da Carta Olímpica aos Direitos Humanos é dado conforme entendimento de Lima e Dominguez (2021), de que há afinidade jurídica entre a Carta Olímpica e as convenções de direitos humanos, citando como exemplos a Convenção Europeia de Direitos Humanos, a Carta Africana de direitos Humanos e dos Direitos do Homem e do Cidadão, e, entre outras, a própria Declaração Universal de Direitos Humanos. Sobre tais similaridades, afirmaram os autores o seguinte:

> A similaridade de normas principiológicas da Carta Olímpica para com as convenções internacionais de direitos humanos não surpreende, uma vez que são ordenamentos que se desenvolveram ao longo do mesmo lapso temporal, século 20, o que vale dizer, são atores e expressões do mesmo processo cultural.

Por fim, e tendo em vista que, durante os Jogos Olímpicos, bem como em acontecimentos a eles vinculados, qualquer decisão tomada pelo COI poderá ser contestada em última instância pela *Court of Arbitration Of Sports*, conhecido como CAS, (CASINI,

---

(3) Traduzido do original: *40. Participación en los Juegos Olímpicos*

1. Para participar en los Juegos Olímpicos, un competidor, oficial de equipo u otro miembro del personal de equipo ha de ajustarse a la Carta Olímpica, al Código Mundial Antidopaje y al Código del Movimiento Olímpico sobre Prevención de Manipulación de Competiciones, incluidas las condiciones de participación establecidas por el COI, así como a las normas de la FI correspondiente aprobadas por el COI, y el competidor, oficial de equipo u otro miembro del personal de equipo debe ser inscrito por su CON.

2. Todos los competidores, oficiales de equipo u otro miembro del personal de equipo en los Juegos Olímpicos gozarán de libertad de expresión de conformidad con los valores olímpicos y los principios fundamentales del Olimpismo, así como con las directrices que estipule la Comisión Ejecutiva del COI. (COI, 2023)

2010), entendimento esse que, segundo relatório expedido pela própria Corte, acaba por vincular, de certa forma e por imposição da Lei Suíça, as disposições dadas pela Convenção Europeia de Direitos Humanos (CEDH) a ditas decisões, bem como atualmente possui árbitros em exercício com efetiva expertise em direitos humanos (CAS, 2023).

2. O exercício da liberdade de expressão no palco olímpico

2.1. A Regra 50.2 da Carta Olímpica e seus desdobramentos

Não seria um exagero dizer que os Jogos Olímpicos, como as arenas esportivas em eventos de grande porte, são um palco imensurável para disseminação de ideias e o poder de fala, tendo em vista o grande público e cobertura esportiva mundial que atraem, a citar como exemplo as palavras de Shahlaei (2017) em tradução nossa:

> Decorrente da difusão causada pela cobertura midiática, as arenas esportivas providenciam um poderoso fórum para a comunicação de ideias: "Metade da população mundial assistiu a cobertura dos "Jogos Olímpicos Rio 2016". De igual forma, 3.2 bilhões de pessoas ao redor do mundo assistiram a Copa do Mundo FIFA 2014. Como resultado, as arenas esportivas — e os atletas que jogam nelas — são conectados de forma única com pessoas de diversas nações, culturas, religiões e classes econômicas.

Este poder de profusão midiática, em síntese, demonstra um grande poder e impacto que manifestações em campo podem trazer, e por tal motivo, uma das maiores polêmicas atreladas ao direito à liberdade de expressão se concentra principalmente no dispositivo denominado Regra 50, que possui texto atual do qual se transcrevem neste momento os trechos vinculados ao tema em tradução nossa (COI, 2023):

> 50, Publicidade, Manifestações, Propaganda
>
> (...)
>
> 2. Não será permitido nenhum tipo de manifestação ou propaganda política, religiosa ou racial em nenhum local, instalação ou outro lugar que se considere parte dos locais olímpicos.[4]

As possíveis punições pela sua quebra, por sua vez, podem ser definidas conforme Mark (2022), em tradução nossa:

> Se um atleta é suspeito de violação à Regra 50, existem duas potenciais fontes de punição. Primeiro, o COI pode investigar e processar a violação,

(4) Traduzido do original: *50. Publicidad, manifestaciones, propaganda 2 No se permitirá ningún tipo de manifestación ni propaganda política, religiosa o racial en ningún emplazamiento, instalación u otro lugar que se considere parte de los emplazamientos olímpicos* (COI, 2023).

> com o poder para desqualificar e/ou remover o credenciamento do atleta ofensor. Em um segundo momento, a federação internacional do atleta pode impor sanções, como aconteceu com o judoca argelino Fethi Nourine. A partir daí, um apelo pode ser feito à Court of Arbitration for Sport (CAS).[5]

Sobre tal norma surge um formidável debate, na medida em que se discute até que ponto é favorável e possível a limitação do exercício da liberdade de expressão em favor da neutralidade política, mas não só, em convergência de princípios internos de direito olímpico e princípios externos a ele.

Tal regra surge no ano de 1955, em meio à Guerra-Fria e no período pós- Segunda Guerra mundial, momento no qual o Comitê Olímpico Internacional pela primeira vez efetivamente proibiu as manifestações políticas em estabelecimentos olímpicos, estabelecendo como requisito para sediar os jogos olímpicos tal observância, sob a premissa de que não poderia haver quaisquer eventos estranhos aos jogos olímpicos, particularmente os de natureza política (GRASSI, 2022).

No ano de 2008, o jurista Alexandre Miguel Mestre asseverou que a regra 50.2 (na época da obra enquadrada como regra 51.3, eis que estava vigente a Carta Olímpica publicada no ano de 2007), representa uma dificuldade na compatibilização entre o direito olímpico e direito estadual, necessitando, para a aplicação da norma, a realização de um exercício de concordância prática.

Assim como o entendimento exarado por Lima e Ramirez (2021), o jurista português também vincula em sua obra a Carta Olímpica às convenções de direitos humanos, mais especificamente na Declaração Universal de Direitos Humanos, pela qual aborda a necessidade de leitura não só do art. 19 do documento expedido pela ONU, pelo qual é positivada a liberdade de expressão como direito, mas também o Nº 2 do art. 29, em que são legitimadas as limitações estabelecidas por lei com o fim de reconhecer e respeitar os direitos e liberdades de outros indivíduos, mesmo pretexto aplicável ao art. 10 da Convenção Europeia de Direitos Humanos (MESTRE, 2008).

Ademais, sobre o tema, cita o seguinte:

> Dito por outras palavras, tentando interpretar a ratio da referida Regra, diremos que a mesma impõe restrições na estrita medida das exigências próprias da missão que os atletas estão a desempenhar nos JO. Quase que estamos numa situação passível de comparação com as restrições

---

(5) Traduzido do original: *If an athlete is suspected of breaching Rule 50, there are two potential sources of punishment. First, the IOC can investigate and prosecute the breach, with the power to disqualify and/or remove the accreditation of the offending athlete. Secondly, the athlete's international federation can impose sanctions, as happened with Algerian judoka Fethi Nourine. From here, an appeal can be made to the Court of Arbitration for Sport (CAS)* (MARK, 2022).

> impostas por partidos políticos, confissões religiosas ou clubes desportivos, diretamente ligadas com o objecto da instituição a natureza das funções desempenhadas ou o estatuto jurídico das pessoas envolvidas.

Por fim, completa dizendo que a aplicação da norma deverá ser realizada em concatenação com os Princípios Fundamentais do Olimpismo, não podendo o direito à liberdade de expressão atentar contra a promoção de uma sociedade pacífica, preocupada com a preservação da dignidade humana, com a amizade e solidariedade entre atletas e países, entre outros (MESTRE, 2008).

Entendimento parecido foi desposado por Richard Pound (2020), de longa carreira junto ao Comitê Olímpico Internacional, ao citar que a regra 50.2 busca uma restrição de lugares nos quais as manifestações podem ocorrer, e não impedir o direito de livre expressão por si só, defendendo ainda que não se trata de norma exclusiva da organização olímpica, sendo observado regramento parecido em federações internacionais e outros tipos de organização.

Ainda, em suas palavras (tradução nossa):

> A regra 50 é um lembrete de que, nos Jogos Olímpicos, a contenção é um elemento desse mútuo respeito. É inteiramente apropriado para o COI, que criou os Jogos, estabelecer regras que são consistentes com os princípios fundamentais subjacentes. Não é arrogância, como alguns críticos disseram, mas sim uma convicção de que um mundo melhor é possível com um equilíbrio de direitos e responsabilidades concomitantes.(6)

As limitações, por sua vez e segundo Lima e Martinez (2021), encontram fundamento no compromisso de neutralidade política, parte principiológica do Olimpismo, hoje não mais se tratando de sua versão clássica, mas sim de forma ampla e como referência de confraternização. Ainda, segundo suas palavras:

> Da mesma forma, a possibilidade de restrições à aplicação plena de direitos humanos ou fundamentais se constitui em realidade normativa admitida pelas principais convenções internacionais de direitos humanos, ainda que delimitada por situações fáticas excepcionais de perigo.
>
> Os festivais olímpicos não se enquadram como situações excepcionais de perigo que justifiquem mitigação de direitos humanos, no entanto, o entrelaçamento entre suas regras orientadas pelos princípios humanistas e seu

---

(6) Traduzido do original: *Rule 50 is a reminder that at the Olympic Games, restraint is na element of that mutual respect. It is entirely appropriate for the IOC, which created the Games, to establish rules that are consistente with te fundamental underlying principles. It is not hubris, as some critics have claimed, but Rather a conviction that a better world is possible with a balance of rights and concomitant responsibilities* (POUND, 2020).

compromisso para com os direitos humanos, lhes conferem reconhecimento para busca de ponderação de suas normas principais para com os direitos humanos consagrados neste século 21.

Sobre tal neutralidade, ainda, leciona Grassi (2022) que tal conceito (em sua forma clássica) deve ser repensado e sopesado conforme as circunstâncias caso torne menos eficaz a persecução da paz e justiça, dissertando ainda que liberdade de expressão e neutralidade política não são conceitos incompatíveis, devendo ser buscados em equilíbrio.

Doutra maneira, há divergência maior advinda de autores como Faraz Shahlaei (2022), que, embora concorde em partes com a tese de que o direito à liberdade de expressão não é ilimitado, podendo sofrer restrições, aduz que somente podem ser realizados se a norma declarar com precisão quais são essas limitações e o seu porquê de ser.

Sobre a Regra 50, afirma que a obscuridade e imprecisão em si encontradas não permitem e deslegitimam tal afastamento da liberdade de expressão, atrelado ainda ao fato de que, diferentemente do que as normas de direitos humanos lecionam, não demonstra seu motivo de existência, como por exemplo o objetivo ao qual a liberdade de expressão representa uma ameaça (SHAHLAEI, 2022).

O autor, no entanto, admite que as organizações atléticas (entre elas o COI) se encontram em situação delicada, eis que a mensagem pura e positiva é mais vantajosa também no ponto de vista econômico, uma vez que fortes manifestações poderiam acarretar uma grande queda de financiamento por diminuição de parcela de espectadores que não concordariam com o posicionamento exarado (SHAHLAEI, 2017).

3. Diretrizes/COI e a flexibilização da aplicação da Regra 50.2 da Carta Olímpica

Em meio a tais divergências da forma de interpretação e mesmo da legitimidade de tal regra — no ano de 2019 e em caráter preparatório dos Jogos Olímpicos de Verão de Tóquio (inicialmente a serem realizados no ano de 2020, mas em decorrência da pandemia da Covid-19 adiados para o ano seguinte) —, o Comitê Olímpico Internacional publicou a primeira versão da carta de diretrizes da aplicação da regra 50.2 nos Jogos Olímpicos de Tóquio (COMISSÃO DE ATLETAS DO COMITÊ OLÍMPICO INTERNACIONAL, 2021).

Posteriormente, no ano de 2021, conforme solicitação do Comitê Olímpico Internacional, a Comissão de Atletas do Comitê Olímpico Internacional, em parceria com a empresa Publicis Sport & Entertainment, realizou pesquisa de atletas de elite, nos quais se incluíram também atletas não olímpicos (COMISSÃO DE ATLETAS DO COMITÊ OLÍMPICO INTERNACIONAL; *PUBLICIS SPORT & ENTERTAINMENT*, 2021).

A pesquisa, que buscava analisar a percepção dos atletas quanto à extensão de seu direito à liberdade de expressão, e por conseguinte, a forma mais apropriada de aplicá-lo, chegou a um entendimento majoritário de que a suspensão desta em situações específicas é justificável e permitida (GRASSI, 2022).

Dessarte, foi entendimento majoritário como não apropriadas manifestações em cerimônias de abertura e encerramento dos jogos, cerimônias de premiação (o conhecido pódio), e em campo de jogo, tendo as duas últimas sido as de maior concordância, representado um percentual de 70% dos atletas ouvidos (COMISSÃO DE ATLETAS DO COMITÊ OLÍMPICO INTERNACIONAL; *PUBLICIS SPORT & ENTERTAINMENT*, 2021).

Esse foi o entendimento exarado não só de forma estatística, mas no próprio relatório de análise e considerações acerca da pesquisa, produzido pela mesma comissão de atletas, do qual se extraem as seguintes palavras, em tradução nossa (COMISSÃO DE ATLETAS DO COMITÊ OLÍMPICO INTERNACIONAL, 2021):

> Embora a restrição imposta pela Regra 50 possa parecer demasiado abrangente, especialmente se comparada com algumas organizações desportivas que permitem a expressão em apoio a causas sociais (em oposição a causas políticas), existem dificuldades significativas que uma organização tão diversa e universal como o COI enfrentaria. na distinção entre causas admissíveis e não admissíveis. Por esta razão, uma política geral de neutralidade é considerada uma solução apropriada e proporcional, inclusive do ponto de vista dos direitos humanos, dado o risco de politizar o COI e de alienar países e atletas.(7)

Em mesmo relatório, foram estabelecidas recomendações para o exercício do direito à liberdade de expressão em atinência à regra 50.2, aprovadas pelo Conselho Executivo do Comitê Olímpico Internacional, sendo publicadas no mesmo ano as diretrizes de aplicação da regra 50.2 nos Jogos Olímpicos de Tóquio revisadas, as quais Mark (2022) qualificou da seguinte forma (tradução nossa):

> Até as orientações publicadas em 2020, a Regra 50 determinava a absoluta proibição de todas as demonstrações e propagandas políticas. As orientações revisadas, publicadas em julho de 2021, continham significantes

(7) Traduzido do original: *Although the restriction imposed by Rule 50 may appear too sweeping, especially if compared to some sports organizations which allow expression in support of social (as opposed to political) causes, there are significant difficulties that an organization as diverse and universal as the IOC would face in distinguishing between admissible and inadmissible causes. For this reason, a blanket policy of neutrality is deemed an appropriate and proportionate solution, including from a human rights perspective, given the risk of politicising the IOC and alienating countries and athletes* (COMISSÃO DE ATLETAS DO COMITÊ OLÍMPICO INTERNACIONAL, 2021).

> relaxamentos autorizando os participantes olímpicos a realizarem expressões (incluindo gestos) na arena de jogo antes do início do evento. Demonstrações ainda eram proibidas, assim como eram expressões, demonstrações, e propaganda durante as cerimonias de premiação. Esta mudança de abordagem permitiu atletas a, por exemplo, se ajoelharem no campo antes do início de uma partida de futebol.[8]

Para serem aceitas, no entanto, as manifestações não podiam ser disruptivas, atacar a pessoas, grupos ou nações especificas, bem como deveriam ser consistentes com os princípios do olimpismo (COI, 2021).

Em retorno às diretrizes para a aplicação da Regra 50.2, tais normas foram mantidas para os Jogos Olímpicos de Inverno realizados em Pequim no ano de 2022. Mark (2022) chamou a atenção para eventuais limitações à liberdade de expressão direcionadas a políticos, ao Partido Comunista Chinês, ou mesmo ao governo chinês em si, especialmente no que tange ao tratamento e atitudes em face dos muçulmanos Uigures, Tibet, Hong Kong e Taiwan, temas sensíveis à opinião pública à época em que o país sediou os jogos.

Ressalta-se ainda que as questões relativas aos limites do exercício à liberdade de expressão e, consequentemente, à necessidade de neutralidade em questões políticas sensíveis têm que considerar duas questões paradigmáticas; a primeira, de aversão, em que se considera a neutralidade como um fracasso e a outra, contemporânea, reconhece a neutralidade como uma atenuante na deflagração de conflitos e mostra-se como uma força capaz de atuar no sistema internacional de relações e no multilateralismo, criando situações favoráveis à prosperidade de um mundo interligado e globalizado (GRASSI, 2022).

Sendo assim, não existe uma restrição absoluta da liberdade de expressão no ambiente olímpico, uma vez que a restrição visa a condutas políticas no apogeu do esporte, ou seja, no momento do pódio. Assim, reconhece-se que não haveria uma imposição ilimitada no sentido proibitivo do exercício de um direito humano, pois o Comitê Olímpico resguarda a manifestação dos atletas em outros lugares e momentos, fora dos ambientes restritos.

Sob essa perspectiva, a flexibilização da aplicação da Regra 50.2 coaduna com os princípios do olimpismo a fim de promover a interligação dos variados países, povos e

---

(8) Traduzido do original: *Until the guidance issued in 2020, Rule 50 provided for an absolute prohibition on all demonstrations and political propaganda. The revised guidance, published in July 2021, contained significant relaxations by allowing Olympic participants to make 'expressions' (including gestures) in the playing arena before the start of the event. Demonstrations were still prohibited, as were expressions, demonstrations, and propaganda during medal ceremonies. This changed approach allowed athletes to, for example, take the knee on the pitch before the start of a football match* (MARK, 2022).

continentes, tendo, por fim, essa mutabilidade de acordo com a cidade-sede um caráter de ponte de integração.

Todavia, salienta-se que sob a justificativa de integração dos povos através dos princípios olímpicos, não pode o Comitê Olímpico Internacional normatizar de forma imprecisa sobre a restrição da liberdade de expressão no ambiente das Olimpíadas, tampouco se pode, a partir de uma diretriz genérica, fazer uma falsa equivalência entre uma manifestação pacífica contra o racismo, o conflito, a guerra, a xenofobia ou a favor da inclusão, da paz, dos direitos humanos, por exemplo, com manifestações que atentem contra a unidade internacional e incitação à violência (SHAHLAEI, 2022).

Agora, chegados os momentos anteriores aos Jogos Olímpicos de Verão Paris 2024, foram publicadas as diretrizes de exercício do direito à expressão, que levaram em conta as alterações da Carta Olímpica ocorridas na 141ª Sessão do Comitê Olímpico Internacional, como a inclusão da liberdade de expressão como um direito do atleta em regra 40 do documento constitutivo (COI, 2024).

Nota-se que houve manutenção das diretrizes, exceto, por óbvio, em trecho destinado à transcrição dos Princípios Fundamentais, eis que sofreram alterações na mais recente versão da Carta Olímpica.

4. Considerações finais

O direito à liberdade de expressão encontrou assentamento nas democracias ocidentais principalmente a partir das Revoluções Burguesas do século XVIII e se sedimenta por todos os âmbitos da sociedade, formando laços e correntes de opinião.

Consequentemente, a discussão sobre o exercício e a restrição desse direito encontra no ambiente olímpico forte debate, uma vez que há quem defenda o exercício irrestrito desse direito, ainda que atente contra os preceitos e princípios fundamentais de uma cidade-sede e, por outro lado, há quem reconheça a possibilidade de compatibilizar o exercício da liberdade de expressão não só com o ordenamento jurídico do anfitrião, como também das entidades desportivas que estatuem as regras a serem seguidas.

O que se nota atualmente é que há uma necessidade de compatibilização dos preceitos normativos do anfitrião e dos Comitês Olímpicos, por exemplo, com o exercício da liberdade de expressão dos atletas. Isso porque, empiricamente, há uma corrente de opinião dos principais atores dos Jogos Olímpicos, ou seja, os atletas, em que há espaço para manifestações políticas, com a devida observância.

Nesse ponto, ressaltam-se as diretrizes propostas na 141ª Sessão do Comitê Olímpico Internacional em que foi reconhecido o livre exercício da liberdade de expressão pelos atletas, com a alteração da Regra 40 da Carta Olímpica, bem como na publicação no ano de 2018 da Declaração dos Direitos e Obrigações dos Atletas, e, desde 2020 (a partir de 2021 com propositura pelos atletas), das diretrizes e recomendações para cada edição dos jogos de verão e inverno, indicando as mídias sociais, as entrevistas, as zonas mistas, as reuniões de equipes, entre outros, como lugares adequados ao seu exercício.

Sendo assim, há necessidade da observância dos Princípios Fundamentais do Olimpismo, de modo que o exercício do direito à liberdade de expressão resulte em não atentado contra a unidade internacional, contra a promoção de uma sociedade pacífica, preocupada com a preservação da dignidade humana, com a amizade e solidariedade entre atletas e países, por exemplo.

Portanto, no decurso do tempo, percebe-se a evolução das diretrizes olímpicas quanto à liberdade de expressão dos atletas no sentido de observar e dar tratamento eficaz aos pressupostos inerentes dos direitos humanos, principalmente após a promulgação da Declaração Universal dos Direitos Humanos, datada do ano de 1948 e da origem da Organização das Nações Unidas.

Essa tendência se coliga à razão de compatibilizar e tornar realizável o exercício de um direito humano com os princípios e regras olímpicos, a fim de que o esporte não fique em segundo plano, mas que a competição em si seja sua própria razão de ser.

Logo, superadas eventuais zonas de imprecisão que restringem o exercício do direito aqui tratado, pode-se conceber que possíveis restrições à aplicação plena de determinado direito humano ou fundamental podem se coadunar com a imposição das entidades desportivas neste tocante, pois o afastamento da plenitude da liberdade de expressão tem como fim último o entrelaçamento da cooperação e integração dos povos por intermédio do esporte.

Em que pese uma possível restrição, ressalta-se que existe um movimento dentro do esporte olímpico de dar mais efetividade ao exercício de direitos humanos, além de uma rígida cobrança ao compromisso das cidades-sede na proteção dos direitos dos atores olímpicos, como por exemplo, a iniciativa da criação pelo Comitê Olímpico Internacional no ano de 2018 da Comissão de Direitos Humanos, com atuação a partir dos Jogos Olímpicos de Verão sediados pela cidade de Paris no ano de 2024 (GLOBO, 2018), bem como da publicação, no mesmo ano, da Declaração dos Direitos e Responsabilidades dos Atletas.

Por fim, surge a percepção de possíveis flexibilizações nos Jogos Olímpicos de Paris, eis que, embora as diretrizes de aplicação da regra 50.2 da Carta Olímpica sejam criteriosamente iguais às emanadas nos documentos anteriores (relativos à Pequim 2022 e Tóquio 2020), a regra deve ser lida em conjunto à nova redação da regra 40.2 da constituição do olimpismo.

Ademais, conforme narrado, impõe citar que, em meio ao ciclo olímpico marcado por guerras de grande repercussão, a exemplo dos conflitos Rússia X Ucrânia e Israel X Hamas, há expectativa de grande uso do direito à manifestação pelos atletas (KEITH, 2024), sendo esperada a atenção institucional sobre infração ou não aos limitadores dados pelas diretrizes próprias, como a vedação a protestos direcionados a alvos específicos.

Referências

CASINI, Lorenzo. "The making of a lex sportiva by the Court of Arbitration for Sport". *German Law Journal*, Frankfurt, v. 12, ed. 5, p. 1317-1340, 1º maio 2011. Disponível em: https://www.cambridge.org/core/services/aop-cambridge-core/content/view/2C6CAF230B302980A73466224662685A/S2071832200017326a.pdf/the-making-of-a-lex-sportiva-by-the-court-of-arbitration-for-sport.pdf. Acesso em: 12 fev. 2024.

COMISSÃO DE ATLETAS DO COMITÊ OLÍMPICO INTERNACIONAL. *Athlete Expression Consultation:* IOC Athletes' Commission Report. [*S. l.*], 2021. Disponível em: https://olympics.com/athlete365?attachment_id=35902. Acesso em: 8 fev. 2024.

______; PUBLICIS SPORT & ENTERTAINMENT. *Athlete Expression Consultation:* Quantitative Research Results. [S. l.], 2021. Disponível em: https://olympics.com/athlete365/app/uploads/2021/04/21042021-Athlete-Expression-Consultation-PSE.pdf. Acesso em: 8 fev. 2024.

COMITÊ OLÍMPICO INTERNACIONAL. *Carta Olímpica*. Lausanne, 2023.

______. *Athletes' Rights and Responsabilities Declaration*. Lausanne, 2018.

______. *Rule 50.2 Guidelines*— Olympic Games Tokyo 2020. Lausanne, 2 jul. 2021. Disponível em: https://olympics.com/athlete365?attachment_id=45550. Acesso em: 15 fev. 2024.

______. *Guidelines on Athlete Expression* — Olympic Games Paris 2024. Lausanne, nov. 2024. Disponível em: https://olympics.com/athlete365/app/uploads/2024/01/2023.12.01.-OC-Athlete-expression-guidelines-amendment-EN.pdf. Acesso em: 18 fev. 2024.

COMITÊ OLÍMPICO INTERNACIONAL. *Host city contract:* principles. Lausanne, 2017.

CONSELHO NACIONAL DO ESPORTE. *Resolução CNE n. 29, de 10.12.2009*. Código Brasileiro de Justiça Desportiva, Brasília, 10 dez. 2009. Disponível em: https://www.gov.br/mds/pt-br/pt-br/composicao/orgaos-colegiados/cne/arquivos/codigo_brasileiro_justica_desportiva.pdf. Acesso em: 8 fev. 2024.

COURT OF ARBITRATION FOR SPORT. *Sport and human rights:* Overview from A CAS perspective. Lausanne, 31 mar. 2021. Disponível em: https://www.tas-cas.org/fileadmin/user_upload/Human_Rights_in_sport__CAS_report_updated_31_03_2021_.pdf. Acesso em: 19 fev. 2024.

ETTINGER, David J. The Legal Status of the International Olympic Committee. *Pace International Law Review*, Nova Iorque, v. 4, p. 97-121, Jan. 1992.

FRIEDRICH, Pedro Henrique Bobek; MEINERZ, Leonardo Lucchese. A Carta Olímpica como instrumento na efetivação dos direitos humanos. In: FERNANDES, Aline Ouriques Freire; BEZERRA, Ana Keuly Luz; OLIVEIRA, Carolina Bessa Ferreira de; CORTE, Thaís Dalla (Orgs.). *Visões sobre direitos humanos e fundamentais* v. 1. Rio de Janeiro: Pembroke Collins, 2021, p. 417-432. ISBN 978-65-89891-09-3.

GLOBO. Comitê Olímpico Internacional cria comissão de direitos humanos ligada aos Jogos a partir de 2024. Rio de Janeiro, 1o dez. 2018. Disponível em: https://ge.globo.com/olimpiadas/noticia/comite-olimpico-internacional-cria-comissao-de-direitos-humanos.ghtml. Acesso em: 13 fev. 2024.

GRASSI, David. Olympic Rule 50 and political neutrality: is it time for a turning point? *Olimpianos: Journal of Olympic Studies*, Estados Unidos da América, v. 6, p. 188-214, 2022. Disponível em: https://journal.olimpianos.com.br/journal/index.php/Olimpianos/article/view/160/119. Acesso em: 14 fev. 2024.

JAMES, Mark. The Re-Emergence of the Athlete Activist: Rule 50 and the Precarious Position of Free Speech under the IOC's Guidelines. *Verfassunblog*, 10 fev. 2022. Disponível em: https://verfassungsblog.de/the-re-emergence-of-the-athlete-activist/. Acesso em: 13 fev. 2024.

LIMA, Mario Jorge P. C.; DOMINGUEZ, Ticiano Augusto C. L. Liberdade de expressão e olimpismo: a Regra N. 50 da Carta Olímpica e a transversalidade dos direitos humanos. *Revista de Direitos Humanos em Perspectiva*, *[s. l.]*, v. 7, ed. 2, p. 20-33, jul./dez. 2021.

KEITH, Braden. IOC will maintain looser athlete expression guidelines for Paris 2024 Olympic Games. [S. l.]. *Swim Swam*, 23 jan. 2024. Disponível em: https://swimswam.com/ioc-will-maintain-looser-athlete-expression-guidelines-for-paris-2024-olympic-games/. Acesso em: 21 fev. 2024.

MESTRE, Alexandre Miguel. *Direito e Jogos Olímpicos*. Lisboa: Almedina, 2008. 184p. ISBN 9789724035864.

ORGANIZAÇÃO DAS NAÇÕES UNIDAS. *Declaração Universal dos Direitos Humanos, 1948*. Disponível em: https://www.unicef.org/brazil/declaracao-universal-dos-direitos-humanos. Acesso em: 12 fev. 2024.

PIOVESAN, Flávia. *Direitos Humanos e o Direito Constitucional Internacional*. 15. ed. São Paulo: Saraiva, 2015. p. 195.

POUND, Richard Willian Duncan. Free Speech for Olympic Athletes. *Journal of Olympic History*, Londres, v. 28.1.2020. Disponível em: https://library.olympics.com/CNOSPA/doc/SYRACUSE/353431/free-speech-for-olympic-athletes-richard-w-pound?_lg=es-ES. Acesso em: 6 fev. 2024.

RECORD. Comitê Olímpico Internacional apresenta reforma da Carta Olímpica. Portugal, 8 set. 2023. Disponível em: https://www.record.pt/modalidades/detalhe/comite-olimpico-internacional-apresenta-reforma-da-carta-olimpica. Acesso em: 14 fev. 2024.

UNIÃO EUROPEIA. CORTE EUROPEIA DE DIREITOS HUMANOS. Sentença. *Queixa n. 41665/07* (Caso Alves da Silva *x* Portugal). 20 out. 2009.

SHAHLAEI, Faraz. Athletes and the Human Right to Freedom of Expression: Is it just 'Shut Up and Play'? *Verfassunblog*, 10 fev. 2022. Disponível em: https://verfassungsblog.de/athletes-and-the-human-right-to-freedom-of-expression/. Acesso em: 13 fev. 2024.

SHAHLAEI, Faraz. When Sports Stand Against Human Rights: Regulating Restrictions on Athlete Speech in the Global Sports Arena. *Loyola of Los Angeles Entertainment Law Review*, Los Angeles, v. 38, p. 99-119, 2017. Disponível em: https://digitalcommons.lmu.edu/cgi/viewcontent.cgi?article=1615&context=elr. Acesso em: 12 fev. 2024.

A Possibilidade da Rescisão Indireta do Contrato Especial de Trabalho Desportivo na Hipótese de Erro no Tratamento de Lesão do Atleta de Futebol

Lucas Mendes Pinheiro

1. Introdução

O Direito Desportivo é uma matéria multifacetada, com relações complexas, sendo necessário sempre um olhar multidisciplinar para podermos enfrentar situações que se apresentam no dia a dia.

O atleta de futebol profissional precisa da plena forma física para executar sua atividade, que é considerada de alto rendimento, pois na busca pela melhor performance e, sendo o esporte altamente competitivo, o seu desempenho se mostra intimamente ligado não apenas às suas habilidades técnicas, mas também à sua plena capacidade física.

Não é incomum ocorrerem lesões no mundo do futebol, que podem ser muito simples, ou demandarem tratamento longo e de maior complexidade. A rápida recuperação do atleta se mostra essencial para a continuidade da sua carreira, que, no futebol, não dura muito além dos quarenta anos de idade.

Nesse cenário de recorrentes lesões dos atletas de futebol e da necessidade urgente de tratamento, havendo responsabilidade da entidade desportiva contratante do atleta ou em caso de identificação de erro médico no tratamento, imperioso se faz discutir determinadas consequências jurídicas.

Cumpre destacar que tal temática vem ganhando diversas repercussões midiáticas com a reclamação de diversos atletas profissionais, que acusam diretamente o seu clube de ter cometido um erro médico no seu tratamento, aumentando ainda mais a importância da discussão sobre as possibilidades jurídicas nesse contexto.[1]

A situação hipotética discutida no presente trabalho seria a de um atleta profissional, que na vigência de contrato com o clube, sofresse uma lesão e, no curso do tratamento, ocorresse um erro médico, que como consequência causasse o agravamento da sua condição física ou até mesmo um retardo indevido do seu retorno ao gramado.

Nesse diapasão, o presente trabalho busca concentrar seus esforços em compreender efetivamente a relação de trabalho entre a entidade desportiva e o atleta profissional, além da caraterização do que poderia ser considerado como um erro médico e de seus potenciais reflexos no contrato de trabalho desportivo, em especial se seria causa para uma rescisão indireta, abrindo a possibilidade para o atleta assinar contrato com um novo clube.

2. Caracterização do contrato especial de trabalho desportivo como relação de emprego

O presente trabalho visa analisar e discutir situações jurídicas relacionadas ao possível erro de tratamento de atletas que praticam profissionalmente o desporto de rendimento, caracterizado pela remuneração e pelo contrato formal de trabalho entre o atleta e a entidade de prática desportiva, nos termos do art. 3º, § 1º, I, da Lei Pelé.[2] O recorte ocorre para que se tenha melhor entendimento sobre o instituto da rescisão indireta, situação jurídica inerente aos contratos de emprego.

Portanto, a análise da possibilidade da rescisão indireta do contrato de trabalho considera, em primeiro lugar, a existência ou não do vínculo de emprego entre a entidade desportiva e o atleta profissional.

O emprego encontra-se inserido em uma das modalidades de trabalho, sendo necessária a coexistência de múltiplos elementos para a identificação de vínculo empregatício. Luciano Martinez traz os seguintes requisitos caracterizadores: pessoalidade, onerosidade, não assunção (pelo prestador) dos riscos da atividade do tomador de serviços, duração contínua ou não eventual e subordinação.[3]

O contrato deverá ser sempre com pessoa física e, em regra, *intuitu personae*. A pessoalidade se configura diante da ideia de execução específica e pessoal, situação

(1) Disponível em: https://www.espn.com.br/futebol/artigo/_/id/9416100/ex-flamengo-detona-medicos-clube-pede-seriedade-atletas-diz-imagina-se-o-pedro-nao-procura-medico-confianca.

(2) Art. 3º, Lei Pelé: § 1º O desporto de rendimento pode ser organizado e praticado: I – de modo profissional, caracterizado pela remuneração pactuada em contrato formal de trabalho entre o atleta e a entidade de prática desportiva;

(3) MARTINEZ, Luciano. *Curso de Direito do Trabalho*: relações individuais, sindicais e coletivas do trabalho. 10. ed. São Paulo: Saraiva Educação, 2019. p. 53.

enquadrada claramente no aspecto do atleta de futebol, diante da individualidade das habilidades e aptidão de cada um.

Remuneração pactuada é um elemento definidor do desporto profissional, logo, em seu próprio conceito, a atividade enquadra-se no requisito da onerosidade.

A ideia da não assunção dos riscos da atividade do tomador de serviços é a isenção do empregado de assumir qualquer responsabilidade em caso de dificuldade financeira do seu contratante. Nos contratos dos atletas profissionais, as entidades desportivas funcionam como empregadoras,(4) não restando dúvidas para o preenchimento desse requisito.

A duração contínua ou não eventual, também conceituada por Bezerra de Leite como *ineventualidade*,(5) refere-se ao fato de que o empregado deverá estar inserido de maneira não acidental na prestação do trabalho, mas sim com a atividade essencial da empresa. Um atleta profissional, contratado por uma entidade desportiva para participar de competição, encontra-se inserido essencialmente na atividade econômica do empregador.

Um atleta profissional precisa seguir as ordens da diretoria, comparecer aos treinamentos e participar das partidas para as quais for relacionado, cumprir regimentos internos, sob pena de uma punição disciplinar; logo, ele é subordinado à entidade desportiva contratante. Juridicamente, a subordinação consiste na necessidade de o empregado cumprir o poder diretivo patronal. Cumpre salientar que não se trata de uma total submissão às ordens determinadas, mas sim sujeição aos poderes diretivo, regulamentar e disciplinar do seu empregador.

A doutrina ainda discorre sobre outros elementos que não são essenciais, mas que auxiliam na compreensão do enquadramento de determinada situação jurídica como sendo uma hipótese de relação de emprego. Para Bezzera Leite,(6) podem ser usados como identificadores da relação de emprego a "intenção de contratar" e a "alteridade". Neste, identifica-se que o trabalho deverá sempre ser prestado em benefício do outro, em nossa discussão, da entidade desportiva. A intenção de contratar de igual forma se mostra como outro elemento de claro enquadramento das relações jurídicas entre a entidade desportiva e o atleta profissional.

Assim, nota-se que com a análise legislativa e doutrinária, resta configurada a relação contratual entre a entidade desportiva e o atleta profissional, com remuneração e através do contrato formal de trabalho, permitindo-nos avançar no tocante à discussão da rescisão indireta desse vínculo.

---

(4) Art. 2º, CLT Considera-se empregador a empresa, individual ou coletiva, que, assumindo os riscos da atividade econômica, admite, assalaria e dirige a prestação pessoal de serviço.

(5) BEZERRA LEITE, Carlos Henrique. *Curso de Direito do Trabalho*. 15. ed. São Paulo: SaraivaJur, 2023. p. 271.

(6) *Ibidem*, p. 272.

3. Direito do atleta a um ambiente de trabalho digno e da função social do contrato

A dignidade da pessoa humana é trazida, na Constituição Federal de 1988, como um dos princípios fundamentais, sendo que a concepção moderna do ambiente de trabalho relaciona-se diretamente com os direitos humanos e o direito à vida, segurança e saúde.[7]

A Magna Carta, em seu preâmbulo, dispõe sobre a necessidade de serem assegurados a segurança e o bem-estar social, e por óbvio, tal proteção estende-se às relações de trabalho, em especial diante dos direitos sociais esculpidos no seu art. 6º.[8]

A Constituição Federal, não por acaso, trouxe expressa a proteção a um ambiente de trabalho seguro como sendo uma obrigação constitucional imposta ao empregador — neste caso, o clube — de proporcionar no momento de uma lesão do atleta uma estrutura digna para sua recuperação.

Em igual sentido, a Consolidação das Leis Trabalhistas, no *caput* do seu art. 444, CLT,[9] apresenta que independentemente da livre estipulação entre as partes, estas não podem se contrapor às disposições de proteção ao trabalho. Logo, mesmo que o contrato seja realizado com um jogador hipersuficiente, tal condição não afasta o dever de proteção ao trabalho e oferta de um ambiente seguro, em respeito à função social dos contratos, constitucionalmente estabelecida.

O doutrinador Bezerra Leite[10] analisa que essa execução deriva de uma constitucionalização do direito privado, que, além dos princípios da liberdade e da igualdade real que norteiam os contratos civis e trabalhistas, exigem uma hermenêutica nos princípios fundamentais da dignidade da pessoa humana, do valor social do trabalho e da livre-iniciativa. Destaca-se que todos os princípios compõem o sistema constitucional da ordem econômica, com corolário no art. 170 da CF.[11]

Na sequência, o doutrinador também apresenta que além de princípio, a função social também deve ser considerada uma cláusula geral do contrato e de ordem pública.

---

(7) BEZERRA LEITE, Carlos Henrique. *Curso de Direito do Trabalho*. 15. ed. São Paulo: SaraivaJur, 2023. p. 1.032.

(8) Art. 6º, CF: São direitos sociais a educação, a saúde, a alimentação, o trabalho, a moradia, o transporte, o lazer, a segurança, a previdência social, a proteção à maternidade e à infância, a assistência aos desamparados, na forma desta Constituição.

(9) Art. 444, CLT – As relações contratuais de trabalho podem ser objeto de livre estipulação das partes interessadas em tudo quanto não contravenha às disposições de proteção ao trabalho, aos contratos coletivos que lhes sejam aplicáveis e às decisões das autoridades competentes.

(10) BEZERRA LEITE, Carlos Henrique. *Curso de Direito do Trabalho*. 15. ed. São Paulo: SaraivaJur, 2023. p.1.028.

(11) Art. 170, CF – A ordem econômica, fundada na valorização do trabalho humano e na livre-iniciativa, tem por fim assegurar a todos existência digna, conforme os ditames da justiça social, observados os seguintes princípios:

Ele sustenta em sua argumentação que uma vez violados os direitos fundamentais dos trabalhadores ocorrerá uma violação tanto do princípio, como do próprio contrato de trabalho.

Assim, a função social do trabalho tem clara ligação com o correto tratamento e a disposição de uma estrutura eficaz para o cuidado do atleta, sendo de importante reflexão o aspecto do descumprimento de tais condições como causa de uma possível rescisão indireta do contrato de trabalho.

3.1. Dos deveres e obrigações recíprocas dos contratantes

Conforme ensina o professor Luciano Martinez,(12) o contrato de emprego é cumulativo e sinalagmático, no qual na lógica da relação entre o contratante e o contratado, os direitos e deveres são opostos e equilibrados, sendo que a obrigação de um traz fundamento jurídico à existência de outro direito, dever ou obrigação.

Ao lado do dever jurídico do empregado de prestar o serviço, surge o dever do empregador de realizar o pagamento do salário e ofertar um ambiente propício para a execução do serviço. Além disso, existem os deveres acessórios recíprocos que devem ser observados pelos atores da relação: colaboração, diligência, respeito, lealdade e fidelidade.(13)

Merece em nossa temática o destaque ao dever de colaboração, pois, com este, ocorre a necessidade de o empregador proporcionar o melhor ambiente de trabalho ao empregado, cumprindo as normas de segurança, higiene e medicina do trabalho, na construção de um ambiente de trabalho digno e seguro.

Dessa forma, uma estrutura precária no tratamento de um atleta fere o dever acessório de colaboração, verificando-se assim o enquadramento nesse pressuposto fundamental para a resolução do contrato de trabalho.

4. Rescisão indireta no contrato do atleta

A rescisão indireta trata-se da situação em que o empregado requer o fim do seu contrato devido por um justo motivo, sendo nada mais do que uma justa causa patronal.

---

(12) MARTINEZ, Luciano. *Curso de Direito do Trabalho:* relações individuais, sindicais e coletivas do trabalho. 10. ed. São Paulo: Saraiva Educação, 2019. p. 199.

(13) MARTINEZ, Luciano. *Curso de direito do trabalho:* relações individuais, sindicais e coletivas do trabalho. 10. ed. São Paulo: Saraiva Educação, 2019. p. 199. "Ao lado do dever jurídico principal, existem múltiplos deveres acessórios ou decorrentes. Nessa ordem de ideias, pode-se afirmar que, além do dever principal de prestar o trabalho ajustado, o empregado deve executá-lo com atenção ao cumprimento dos deveres acessórios de 'colaboração', 'diligência', 'respeito', 'lealdade' e 'fidelidade'. Por outro lado, tal como se existisse um espelho para dar contrariedade à análise, não basta que o empregador cumpra o dever principal de pagar o salário combinado. Cabe-lhe, também, o atendimento dos mesmíssimos deveres acessórios de 'colaboração', 'diligência', 'respeito', 'lealdade' e 'fidelidade'."

Dessa forma, identificando-se uma falta grave do empregador, resta justificada a rescisão indireta, podendo o atleta pleitear inclusive a devida indenização.

Nessa modalidade de rescisão do contrato de trabalho deverá ser analisado se houve penalidade empresarial que possa ser enquadrada no disposto do art. 483 da CLT (Consolidação das Leis do Trabalho).(14)

O ilustre ministro do TST Mauricio Godinho Delgado dispõe que esses critérios seriam objetivos; subjetivos e circunstanciais. O critério objetivo é demonstrado a partir da própria conduta infratora, enquanto o subjetivo analisa a relação do sujeito com a conduta. Os circunstancias, por sua vez, relacionam-se com a aferição da infração.(15)

Nos ensinamentos de Godinho, o primeiro requisito, o objetivo, indica a necessidade de prévia tipificação legal da conduta; no caso da rescisão indireta, a infração precisa necessariamente estar enquadrada no disposto nas alíneas *"a"* até *"g"* do art. 483 da CLT. (GODINHO, 2019).

O requisito subjetivo seria a comprovada autoria empresarial da infração, no caso representado pelo empregador, ou até mesmo por algum de seus prepostos. Deverá no mesmo requisito ser observado que o empregador assume o risco do negócio, logo, poderá ser responsabilizado pelo ato, mesmo não sendo o agente imediato que gerou a infração.(16)

Por fim, precisa-se analisar o requisito circunstancial, que no caso da rescisão indireta trata-se *"do nexo causal entre a falta e a penalidade; da adequação entre a falta e a pena aplicada; da proporcionalidade entre elas; da imediaticidade da punição; e, por fim, da ausência de perdão tácito"* (GODINHO, 2019).

---

(14) Art. 483, CLT – O empregado poderá considerar rescindido o contrato e pleitear a devida indenização quando: a) forem exigidos serviços superiores às suas forças, defesos por lei, contrários aos bons costumes, ou alheios ao contrato; b) for tratado pelo empregador ou por seus superiores hierárquicos com rigor excessivo; c) correr perigo manifesto de mal considerável; d) não cumprir o empregador as obrigações do contrato; e) praticar o empregador ou seus prepostos, contra ele ou pessoas de sua família, ato lesivo da honra e boa fama; f) o empregador ou seus prepostos ofenderem-no fisicamente, salvo em caso de legítima defesa, própria ou de outrem; g) o empregador reduzir o seu trabalho, sendo este por peça ou tarefa, de forma a afetar sensivelmente a importância dos salários.

(15) Dispõe o ilustre ministro, Mauricio Godinho Delgado: *Objetivos são os requisitos que dizem respeito à caracterização da própria conduta infratora cometida; subjetivos, os que concernem ao envolvimento ou não do sujeito contratual na respectiva conduta; por fim, circunstanciais são os requisitos que dizem respeito à aferição da infração e aplicação da respectiva penalidade* (GODINHO, 2019).

(16) Esclarecendo GODINHO acerca da responsabilidade do obreiro e do risco do empreendimento: Além disso, a ordem justrabalhista não autoriza, regra geral, a transferência do risco do empreendimento e do labor prestado para o próprio obreiro (alteridade): isso significa que motivos poderosos para o reiterado e grave inadimplemento contratual (recessão, mudança da política econômica, etc.), os quais, supostamente, poderiam reduzir a culpa do empregador, não têm esse efetivo poder, não sendo bastantes para afastar o tipo jurídico do art. 483, *"d"*, da CLT, por exemplo (GODINHO, 2019).

Sendo assim, é necessário analisar os critérios que devem ser adotados para o devido enquadramento da rescisão indireta, que podem ocorrer quando: a) forem exigidos serviços superiores às suas forças, defesos por lei, contrários aos bons costumes, ou alheios ao contrato; b) for tratado pelo empregador ou por seus superiores hierárquicos com rigor excessivo; c) correr perigo manifesto de mal considerável; d) não cumprir o empregador as obrigações do contrato; e) praticar o empregador ou seus prepostos, contra ele ou pessoas de sua família, ato lesivo da honra e boa fama; f) o empregador ou seus prepostos o ofenderem fisicamente, salvo em caso de legítima defesa, própria ou de outrem; g) o empregador reduzir o seu trabalho, sendo este por peça ou tarefa, de forma a afetar sensivelmente a importância dos salários; h) desempenho de obrigação legal; i) morte do empregador.

Mesmo diante das diversas opções de possibilidade de rescisão indireta, a melhor que se aplica ao caso de um possível erro no tratamento do atleta seria na alínea *"a"*: O não cumprimento das obrigações do contrato.

4.1. Não cumprimento da obrigação do contrato pelo empregador

O inadimplemento contratual, nos termos da CLT, é uma hipótese de rescisão indireta do contrato de trabalho. Na relação sinalagmática, contida no contrato de emprego, o contratante precisa realizar a devida contraprestação pecuniária, mas também precisa ofertar ao trabalhador um ambiente de trabalho digno e seguro, sob pena de incorrer no descumprimento contratual.

Em pensamento de análise contínuo, o ambiente de trabalho do atleta não se resume ao campo de jogo, mas em toda a estrutura do clube, sendo que, no momento da lesão e do tratamento pelo clube, aquele também consiste na extensão do local de trabalho do atleta, sobretudo pois aquele meio possui direta relação com o respeito à saúde e à incolumidade física do trabalhador.

A interpretação passa necessariamente pela função social do contrato e do meio ambiente de trabalho digno, corolários constitucionalmente trazidos.

Dessa forma, preenchidos os requisitos, será configurada a rescisão do vínculo do trabalho entre o empregador e o obreiro, tendo este os mesmos direitos nos casos de dispensa sem justa causa, inclusive com o recebimento de aviso prévio.(17)

Ademais, alguns posicionamentos jurisprudenciais já vêm trazendo a possibilidade de condenação do empregador em danos morais, como do brilhante e saudoso excelentíssimo ministro Walmir Oliveira da Costa.(18)

(17) Art. 487, § 4º CLT, § 4º – É devido o aviso prévio na despedida indireta.

(18) AGRAVO. AGRAVO DE INSTRUMENTO. RECURSO DE REVISTA. CERCEAMENTO DO DIREITO DE DEFESA. RESCISÃO INDIRETA. DANOS MORAIS. INDENIZAÇÃO. ADICIONAL DE INSALUBRIDADE. 1. A parte agravante não apresenta argumentos novos capazes de desconstituir a juridicidade da decisão agravada, no sentido de que

5. Caracterização da culpa médica no tratamento do atleta

A verificação do erro médico é fator primordial para a delimitação ou não da responsabilidade do clube e a consequente possibilidade de decretação de uma rescisão indireta. Tratando-se da responsabilidade civil do profissional médico, faz-se uma análise subjetiva para a caracterização do erro, nos termos dos Arts. 186[19] e 951[20] do Código Civil.

A doutrinadora Maria Helena Diniz[21] estabelece que a responsabilização civil pressupõe ação ou omissão, dano e nexo de causalidade.

No caso do tratamento ao atleta, e levando em consideração a temática exclusiva do erro de tratamento, faz-se necessário haver ação ou omissão do profissional médico do clube, que gere determinado dano. A materialização deste ocorre com a demonstração do prejuízo suportado pela vítima[22]; neste caso, é necessário o atleta ter sofrido efetivo prejuízo durante o tratamento.

Em análise ao aspecto do profissional médico, sendo a responsabilidade subjetiva, determinado insucesso no tratamento de um atleta e consequente demora do retorno às

---

o recurso de revista não observou pressuposto intrínseco previsto no art. 896 da CLT. 2. Na hipótese vertente, o Tribunal Regional, ao afastar a inépcia da inicial, sob o fundamento de que o reclamante descreveu os fatos e indicou os fundamentos da sua pretensão, possibilitando à reclamada defender-se, asseverou que a informalidade e a simplicidade são princípios norteadores do Processo do Trabalho, não havendo cogitar de defeito da petição inicial ou cerceamento de defesa. 3. A Corte Regional, valorando fatos e provas, concluiu que a reclamada se obrigou, por norma coletiva, a manter sanitários masculino e feminino para uso dos empregados, inclusive nos pontos de controle das linhas de ônibus. A inobservância do pactuado, ainda que parcial, ensejou a rescisão indireta do contrato de trabalho, na forma do art. 483, *"d"*, da CLT. A Corte de origem ressaltou que o descumprimento das referidas cláusulas resultou em constrangimentos ao reclamante, inclusive o de ter que fazer suas necessidades em ambientes com falta de higiene, o que ensejou a indenização por danos morais. 4. Não há como alterar, nesta fase, a decisão regional que reconheceu o direito ao adicional de insalubridade, fundamentada em laudo pericial conclusivo quanto à existência de agentes físicos danosos à saúde (ruído e vibração), porque não desconstituído ou infirmado por prova em sentido contrário. 5. Consoante a decisão agravada, não resultou demonstrada a literalidade dos arts. 5º e 7º, XV e XXVI, da Constituição Federal, 67, 193, 483 e 853-B da CLT, 426 do CPC, 1º da Lei n. 605/49, por incidência da Súmula n. 126 do TST. Agravo a que se nega provimento. (TST – Ag-AIRR: 20439620125030092, relator: Walmir Oliveira da Costa, Data de Julgamento: 25.3.2015, 1ª Turma, Data de Publicação: *DEJT* 31.3.2015)

(19) Art. 186 CC. Aquele que, por ação ou omissão voluntária, negligência ou imprudência, violar direito e causar dano a outrem, ainda que exclusivamente moral, comete ato ilícito.

(20) Art. 951 CC. O disposto nos arts. 948, 949 e 950 aplica-se ainda no caso de indenização devida por aquele que, no exercício de atividade profissional, por negligência, imprudência ou imperícia, causar a morte do paciente, agravar-lhe o mal, causar-lhe lesão, ou inabilitá-lo para o trabalho.

(21) DINIZ, Maria Helena. *Curso de Direito Civil Brasileiro*. Responsabilidade Civil, v. 7, 17. ed. São Paulo: Saraiva, 2003. p. 32.

(22) Somente haverá possibilidade de indenização se o ato ilícito ocasionar dano. Cuida-se, portanto, do dano injusto. Em concepção mais moderna, pode-se entender que a expressão dano injusto traduz a mesma noção de lesão a um interesse, expressão que se torna mais própria modernamente, tendo em vista o vulto que tomou a responsabilidade civil (...). A materialização do dano ocorre com a definição do efetivo prejuízo da vítima. (VENOSA, Silvio de Salvo. *Direito Civil*. Responsabilidade Civil. v.4, 3. ed. São Paulo: Atlas, 2003. p. 28)

atividades de alto rendimento não caracterizam erro, sendo essencial a demonstração de que o médico agiu com culpa.(23)

Imprudência, negligência e imperícia são os três pilares a partir dos quais pode ser demonstrada a culpa. A atitude imprudente ocorre quando restar caracterizado o descuido, intempestivo ou precipitado. A negligência passa necessariamente pela existência de um ato omissivo, diante da ocorrência de passividade e inércia em um cenário de dever agir. Por fim, a imperícia se demonstra diante da falta de conhecimento técnico.(24)

Nessa esteira, o erro médico pressupõe necessariamente a existência de uma lesão e de um ato médico, seja ele omissivo ou comissivo. Assim, o maior desafio para sua caracterização seria estabelecer o nexo de causalidade diante da ocorrência de culpa.

5.1. Dos problemas estruturais do clube como elemento caracterizador do erro no tratamento

Outro ponto importante é que para a identificação do erro médico não necessariamente precisam ser analisadas apenas questões de ordem exclusivamente pessoais, mas também estruturais. Esse é configurado quando a ocorrência se deu diante da estrutura deficitária em que o profissional se encontrava, não dispondo ele de condições de trabalho satisfatórias.(25)

Essa diferença é de extrema importância para a análise do erro médico no tratamento dos atletas dentro das entidades desportivas, nas quais a ação médica ao atleta ocorre, prioritariamente, no tratamento de alguma lesão dentro do ambiente do esporte em que aquele esportista precisa de atendimento para retorno de suas atividades.

Não só a conduta pessoal do médico deverá ser analisada, mas deve ser analisado se a entidade desportiva proporciona aos profissionais de saúde condições de trabalho e meios corretos necessários aos médicos para o pleno atendimento do atleta.

---

(23) Ensina Genival Veloso França que a caracterização do erro médico é identificada quase sempre nas situações de culpa, gerando assim um dano ao paciente diante da imperícia, negligência ou imprudência do tratamento. (FRANÇA, 2021).

(24) Nesse sentido: "Analisando o erro médico no campo da culpa, tem-se que imprudente é o profissional que age sem a cautela necessária, havendo um ato descuidado, intempestivo ou precipitado, sendo sempre ato comissivo. A negligência, por sua vez, caracteriza-se pela inércia, passividade, desídia e inação, faltando sempre a observância aos deveres que o cenário exige, apresentando-se como ato omissivo. Já a imperícia é a falta de observação às normas, falta de habilidade com a profissão, insuficiência de conhecimentos técnicos, incompetência e ignorância" (MONALISA, 2021).

(25) Diferencia França acerca das responsabilidades de ordem pessoal ou de ordem estrutural para caracterização do erro médico: "É estritamente pessoal quando o ato lesivo se deu, na ação ou na omissão, por despreparo técnico e intelectual, por grosseiro descaso ou por motivos ocasionais referentes às suas condições físicas ou emocionais. Pode também o erro médico ser procedente de falhas estruturais, quando os meios e as condições de trabalho são insuficientes ou ineficazes para uma resposta satisfatória" (FRANÇA, 2021).

Em caso hipotético, caso um jogador de futebol sofra uma lesão no joelho durante um treinamento e, no curso da intervenção médica esse atleta tenha seu retorno retardado ou até mesmo sua lesão expandida por uma ação ou omissão médica, é imperioso se analisar a presença do elemento culpa.

Entretanto, o citado elemento não pode ser analisado exclusivamente sob a ótica pessoal, de ação ou omissão do médico, mas também através de uma análise estrutural da entidade desportiva que está dispondo o tratamento.

Dessa forma, a caracterização de erro médico no tratamento do atleta passa pelo ato médico (comissivo ou omissivo) que gera um dano, sendo necessário o estabelecimento do nexo de causalidade e estabelecimento do elemento culpa, analisada em uma perspectiva não só pessoal, do profissional médico, mas também estrutural da entidade desportiva, uma vez que "sopesando-se as condições anteriores do paciente, a conduta médica e a consequência danosa, estabelecer-se-á a culpa" (KFOURI, 2021).

5.2. Responsabilidade da entidade desportiva em fornecer um ambiente de tratamento com saúde e segurança

A análise de uma falta grave cometida por um ato pessoal do empregador ou de um dos seus prepostos é de mais fácil percepção. Contudo, como já citado, o erro médico deverá ser analisado não somente no aspecto subjetivo, mas também no estrutural.

O empregador é responsável por manter um ambiente de trabalho seguro e saudável, protegendo sempre a integridade física de seus empregados. O inciso I do art. 157 da CLT dispõe que o empregador deverá "cumprir e fazer cumprir as normas de segurança e medicina do trabalho". O tema é de grande importância na doutrina e na jurisprudência trabalhista.[26]

No brilhante texto da doutrinadora Alice Monteiro de Barros, nota-se a responsabilidade do empregador pelo fornecimento de um ambiente de trabalho seguro e saudável, sendo este uma garantia constitucional e um direito fundamental do empregado.

---

(26) O doutrinador Henrique Correia fala da importância do tema: "As normas que tratam da proteção à saúde e à segurança do trabalho são de ordem pública, portanto, são normas de indisponibilidade absoluta, portanto não cabe flexibilização para redução de direitos dos empregados, nesse aspecto de segurança. Essas normas representam cláusulas implícitas ao contrato de trabalho, não havendo a necessidade de previsão expressa no contrato" (CORREIA, p. 771).
A ilustre e saudosa desembargadora Alice Monteiro de Barros também cita a importância de um ambiente de trabalho em que se protejam a saúde e a integridade do empregado: Um dos objetivos da República Federativa do Brasil consiste em promover o bem de todos (art. 3º, IV da Constituição vigente), garantindo-se no art. 6º, do Capítulo dos Direitos Sociais, o direito à saúde a todos, o qual corresponde a um dever do Estado. Daí se infere tratar-se a saúde de um direito subjetivo público, que se exige do Estado. Quando se reconhece constitucionalmente o direito à saúde e ao ressarcimento de danos físicos, o que ineditamente se protege é a saúde como integridade psicofísica (art. 7º, XXVIII). Além de constitucionalmente garantida, ela é um direito fundamental.

Notemos que no caso da entidade desportiva que realiza o tratamento do jogador, a necessidade da existência de um ambiente seguro e saudável se estende à estrutura médica para a recuperação do atleta. Ao dispor o tratamento do atleta, a entidade desportiva atrai para si a responsabilidade de fornecer um ambiente seguro para a evolução e recuperação do empregado lesionado.

Em plena atividade, o desportista precisa desempenhar sua atividade dentro do campo do jogo; contudo, ao utilizar sua força produtiva dentro da entidade desportiva para sua recuperação, seu ambiente de trabalho passa a incluir também os locais de recuperação do clube, estendendo-se assim a necessidade da estruturação de um ambiente de trabalho seguro e saudável.

6. Falta grave do empregador em casos de inobservância a um ambiente laboral saudável — Análise jurisprudencial do Tribunal Superior do Trabalho

A proteção ao meio ambiente de trabalho seguro e saudável também é objeto de constante análise de defesa do Tribunal Superior do Trabalho (TST), no qual é reconhecida a rescisão indireta diante de um descumprimento das obrigações do contrato quando não é garantida a proteção à saúde do trabalhador.

A Segunda Turma do Tribunal Superior do Trabalho, no julgamento do Recurso de Revista de n. 8084420145120005, da relatoria da ministra Maria Helena Mallmann, reconheceu a falta grave patronal diante da ausência de adoção de medidas capazes de garantir um ambiente de trabalho seguro e saudável ao trabalhador.[27]

Analisando o acórdão, nota-se inicialmente que o preenchimento do requisito objetivo ocorreu devido à infração patronal, tipificada no art. 483, *"d"*, qual seja, o descumprimento das obrigações do contrato.

---

(27) Vejamos uma parte da ementa: I – AGRAVO DE INSTRUMENTO. RECURSO DE REVISTA. LEI N. 13.015/2014. RESCISÃO INDIRETA. DOENÇA OCUPACIONAL EQUIPARADA A ACIDENTE DE TRABALHO. DESCUMPRIMENTO DE NORMAS DE HIGIENE E SEGURANÇA DO TRABALHO. Ante a possível violação ao art. 483, *"d"*, da CLT, deve ser provido o agravo de instrumento. Agravo de instrumento conhecido e provido. II – RECURSO DE REVISTA. LEI N. 13.015/2014. RESCISÃO INDIRETA. DOENÇA OCUPACIONAL EQUIPARADA A ACIDENTE DE TRABALHO. DESCUMPRIMENTO DE NORMAS DE HIGIENE E SEGURANÇA DO TRABALHO. O Tribunal Regional, não obstante o reconhecimento da doença ocupacional da reclamante (Síndrome do Manguito Rotador) e do nexo concausal com o trabalho, manteve a improcedência do pedido referente à rescisão indireta ao fundamento que não houve falta grave do empregador. Entretanto, o quadro fático traçado pelo Tribunal Regional evidencia a existência de falta grave que autorize a rescisão do contrato de trabalho por culpa do empregador, nos termos do art. 483, *"d"*, da CLT, consubstanciada na omissão do empregador na adoção de medidas capazes de garantir um ambiente de trabalho seguro e que preserve a saúde e higidez física de seus empregados. Precedentes. Recurso de revista conhecido e provido. DANOS MORAIS. DOENÇA (...) (TST – RR: 8084420145120005, relator(a): Maria Helena Mallmann, Data de Julgamento: 16.9.2020, 2ª Turma, Data de Publicação: 18.9.2020)

O requisito subjetivo é de percepção cristalina, pois a responsabilidade de promover o ambiente de trabalho é do empregador. Por fim, o requisito circunstancial encontra-se atendido conforme se verifica justamente *"na omissão do empregador na adoção de medidas capazes de garantir um ambiente de trabalho seguro e que preserve a saúde e higidez física de seus empregados"* (TST – RR: 8084420145120005, relator(a): Maria Helena Mallmann, Data de Julgamento: 16.9.2020, 2ª Turma, Data de Publicação: 18.9.2020).

Dessa forma, o descumprimento no que diz respeito a um ambiente saudável e seguro é ensejador de rescisão indireta.

7. Conclusão

O primeiro ponto de destaque é que a controversa proposta no presente trabalho não se resolve com a análise de uma única área do Direito, mas sim, sob uma perspectiva multidisciplinar, inerente ao próprio Direito Desportivo, que nesta matéria se relaciona com Direito do Trabalho, Constitucional, Civil e o Direito Médico.

Considera-se ainda que, à luz da legislação trabalhista, a relação contratual estabelecida entre o atleta profissional e a entidade desportiva, mediante remuneração, por meio do contrato especial de trabalho desportivo, preenche todos os requisitos necessários para o enquadramento no vínculo empregatício. Superado tal ponto, pode-se enfrentar a controvérsia acerca da rescisão indireta do contrato de trabalho diante de um erro médico no tratamento do atleta.

No contexto do vínculo de emprego e estando a entidade desportiva na condição de empregadora, é sua obrigação constitucional garantir um ambiente de trabalho saudável e seguro ao atleta, em respeito ao princípio constitucional fundamental da dignidade da pessoa humana e da função social do contrato.

Importante considerar que no momento do tratamento do atleta, este se encontra inserido ainda na função de empregado da entidade desportiva, gerando com isso mútuas responsabilidades. Ao empregador, incorre o dever de proporcionar um ambiente de trabalho seguro, e em uma recuperação entende-se como seguro aquele que dispõe dos meios necessários para o melhor tratamento.

Contudo, mesmo o tratamento sendo demorado e causando insatisfação ao jogador, não pode pura e simplesmente ser caracterizado como um erro médico, devendo ser adequadamente cercado de elementos probatórios.

As provas deverão demonstrar o preenchimento dos requisitos do erro médico, sobretudo o estabelecimento do nexo de causalidade e do elemento culpa. Esta deverá não apenas ser identificada na conduta do próprio profissional, mas também diante da ausência de estruturas necessárias para que o atleta obtenha a plena recuperação.

A comprovação do erro médico, portanto, poderá ocorrer tanto analisando-se a conduta do médico propriamente dita, como também a estrutura à qual o atleta é exposto no tratamento. Em relação somente ao sujeito, sendo estabelecidos a culpa do médico e o nexo de causalidade, restará configurado o erro médico.

Ainda, a demonstração da ausência do ambiente de trabalho saudável e apto para a recuperação do atleta caracteriza descumprimento contratual, situação taxativamente exposta como passível de rescisão indireta, nos termos da alínea *"d"* do art. 483 da CLT.

Um tratamento errôneo de um atleta profissional, pela análise doutrinária, legislativa e jurisprudencial, mostra-se caracterizador de uma rescisão indireta, haja vista que tanto o erro do sujeito como a ausência de um ambiente de trabalho plenamente saudável são hipóteses de descumprimento contratual por parte do empregador.

Portanto, a gravidade do ato de atrasar o retorno de um jogador profissional à carreira se soma ao desrespeito às normas de saúde cogentes à entidade desportiva e nos leva a entender que, uma vez caracterizado o erro médico, poderá o atleta pleitear a rescisão indireta.

Referências

BARROS, Alice Monteiro de. *Curso de Direito do Trabalho*. 10. ed. São Paulo: LTr, 2016.

BEZERRA LEITE, Carlos Henrique. *Curso de Direito do Trabalho*. 15. ed. São Paulo: SaraivaJur, 2023.

BRASIL. [Constituição (1988)]. *Constituição da República Federativa do Brasil de 1988*. Brasília, DF: Presidência da República, 2020.

______. *Lei n. 10.406, de 10 de janeiro de 2002*. Institui o Código Civil. Brasília, DF: *Diário Oficial da União*, 2002.

______. *Decreto-lei n. 5.452, de 1º de maio de 1943*. Institui o Código Civil. Brasília, DF: *Diário Oficial da União*, 1943.

______. *Lei n. 9.615, de 24 de março de 1998*. Institui normas gerais sobre desporto e dá outras providências. Brasília, DF: *Diário Oficial da União*, 1998.

CORREIA, Henrique. *Direito do Trabalho para os concursos de analista do TRT e MPU*. 8. ed. 2016.

DELGADO, Mauricio Godinho. *Curso de Direito do Trabalho:* obra revista e atualizada conforme a lei da reforma trabalhista e inovações normativas e jurisprudenciais posteriores. 18. ed. São Paulo: LTr, 2019.

FRANÇA, Genival Veloso. *Direito Médico*. 17. ed. Rio de Janeiro: Forense, 2021.

KFOURI NETO, Miguel. *Responsabilidade civil do médico*. 11. ed., rev., atual. e ampl. São Paulo: Thomson Reuters Brasil, 2021.

MARTINEZ, Luciano. *Curso de Direito do Trabalho:* relações individuais, sindicais e coletivas do trabalho. 10. ed. São Paulo: Saraiva Educação, 2019.

PIMENTEL, Monalisa Barbosa. "Estudo de casos em direito médico e da saúde: doutrina, jurisprudência e estratégias". In: Gabriela Sady, Lucas Macedo (Org.). Salvador: Editora Pagina, 2021.

TST. *RR: 8084420145120005*. Relator(a): Maria Helena Mallmann, Data de Julgamento: 16.9.2020, 2ª Turma, Data de Publicação: 18.9.2020.

Reconhecimento e Enquadramento do Esporte Eletrônico no Ordenamento Jurídico Brasileiro

Luis Felipe Ferraz

1. Introdução

Nas ultimas décadas, os jogos eletrônicos têm se tornado uma força no entretenimento, difundidos mundialmente e altamente lucrativos. Dentro desse cenário, as empresas donas dos jogos passaram a explorar o caráter competitivo, pensando e projetando jogos eletrônicos que fizessem os jogadores ter uma experiência competitiva rica e refinada.

Tomando forma e proporção de esportes tradicionais, os jogos eletrônicos competitivos, conhecidos como *e-Sports*, passaram a tomar forma, até que o termo "esporte eletrônico" passou a ser amplamente veiculado na mídia e difundido no cotidiano dos praticantes.

Rapidamente, várias preocupações jurídicas passaram a surgir, seja pelo interesse financeiro dos jogos eletrônicos, seja pelo apelo midiático que o desporto eletrônico possui, ou seja realmente pelo vácuo legislativo que paira sobre a prática.

Entre os vários questionamentos que o ordenamento jurídico traz para o esporte eletrônico, o mais comum é "esporte eletrônico é esporte ou um simples meio de entretenimento?". A partir dessa resposta, se é que é uma resposta fácil de ser dada, surgem outras perguntas, como quanto à jornada dos atletas, regulamentação, formação, tributação, entre outras.

Pela ótica do Direito Desportivo, podemos compreender que o esporte eletrônico ainda não possui uma regulamentação em âmbito nacional, entretanto, quando fazemos análise da pratica perante o ordenamento jurídico brasileiro, podemos ver que o desporto eletrônico está presente, em sua essência, na moldura jurídica pátria.

O presente estudo busca responder ao primeiro questionamento feito, iniciando o estudo nas bases da legislação brasileira no que tange ao regramento do esporte, partindo da Constituição Federal até a Nova Lei Geral do Esporte, a fim de traçar paralelos de aplicação com a prática desportiva eletrônica.

2. Da Constituição à Nova Lei Geral do Esporte

Para se debater como os jogos eletrônicos, ou *e-Sports*, se eles se enquadrariam em nosso ordenamento jurídico, do ponto de vista desportivo, é necessário partir da lei maior do ordenamento jurídico brasileiro e entender o nascimento do esporte como um direito.

A Constituição Federal contempla a prática desportiva de forma direta e enfática no seu art. 217. O dispositivo não só traz a obrigação do Estado de fomentar as práticas desportivas formais e não formais, como também traz o incentivo ao esporte como política pública de promoção social ligada ao lazer, se não, vejamos:

> Art. 217. É dever do Estado fomentar práticas desportivas formais e não formais, como direito de cada um, observados:
>
> I – a autonomia das entidades desportivas dirigentes e associações, quanto a sua organização e funcionamento;
>
> II – a destinação de recursos públicos para a promoção prioritária do desporto educacional e, em casos específicos, para a do desporto de alto rendimento;
>
> III – o tratamento diferenciado para o desporto profissional e o não profissional;
>
> IV – a proteção e o incentivo às manifestações desportivas de criação nacional.[(1)]

Entretanto, o texto constitucional não colabora muito com as definições, como por exemplo, a definição de "práticas desportivas não formais" ou "alto rendimento". Ao observar textos constitucionais de outros países, percebem-se definições mais concisas a exemplo do uso de termos como "cultura física", entre outros, assim como aponta o estudo realizado por Canan e Starepravo.[(2)]

O referido estudo concluiu, em análise teleológica da Constituição brasileira, que houve influência do chamado Movimento para Todos e de documentos internacionais como o Manifesto Mundial do Esporte e a Carta Europeia de Esporte para todos.

O texto constitucional passou por várias alterações na Assembleia Nacional Constituinte até que chegássemos ao que é hoje. Porém, para além de uma pesquisa teleológica

---

(1) BRASIL. *Constituição da República Federativa do Brasil de 1988*. Disponível em: https://www.planalto.gov.br/ccivil_03/Constituicao/Constituicao.htm. Acesso em: 19 jan. 2024.

(2) CANAN, F. *et al*. "O direito constitucional ao esporte em perspectiva comparada". *Cuestiones constitucionales*, n. 42, p. 103-135, 1 jun. 2020.

para entendermos o que os constituintes pretendiam com o texto, é necessário nos atermos às suas aplicações práticas atuais.

Importa perceber que, a partir de tal dispositivo, o esporte passa a não ser somente uma prática a ser fiscalizada, mas sim um direito garantido pelo Estado. Decorrente disso, outras legislações foram criadas para a melhor aplicação do texto constitucional. Assim, sobreveio, no ano de 1993, a chamada Lei Zico (Lei n. 8.672/93) que, por sua vez, melhor cobriu as lacunas deixadas pelo texto constitucional.

A referida lei veio para definir e caracterizar o esporte, que por sua vez passa a ser não somente uma atividade física de caráter competitivo, como delimitava a Lei n. 6.251, de 8 de outubro de 1975,(3) mas sim, como atividade física e intelectual de práticas formais e não formais. O texto passou a dar uma abrangência muito maior do que poderia ser esporte.

Entretanto, uma "espontaneidade" para o entendimento do que seria esporte veio com a lei sucessora à Lei Zico, revogando-a. Trata-se da Lei n. 9.615 de 1998, conhecida como Lei Pelé. Enquanto a Lei Zico trazia definições abertas pela Constituição, a Lei Pelé, por sua vez, difunde a força constitucional quanto à prática esportiva.

Em suma, a Constituição Federal institucionalizou o esporte como um direito, no qual teve suas definições circuladas pela Lei Zico, e já na Lei Pelé, com suas alterações, passou-se a dar amplitude e difusão a tal direito.(4)

Mais recentemente, a Lei n. 14.597, de 14 de junho de 2023, chamada Lei Geral do Esporte, bebendo das fontes citadas, passou a vigorar, trazendo princípios fundamentais e definições à pergunta: "o que é esporte?".

Ao se remeter ao texto da referida lei, em seu art. 1º, § 1º podemos observar a forma que a citada lei define esporte:

> Art. 1º É instituída a Lei Geral do Esporte, que dispõe sobre o Sistema Nacional do Esporte (Sinesp) e o Sistema Nacional de Informações e Indicadores Esportivos (SNIIE), a ordem econômica esportiva, a integridade esportiva e o Plano Nacional pela Cultura de Paz no Esporte.
>
> § 1º Entende-se por esporte toda forma de atividade predominantemente física que, de modo informal ou organizado, tenha por objetivo a prática de atividades recreativas, a promoção da saúde, o alto rendimento esportivo ou o entretenimento.(5)

---

(3) No texto legal, temos os seguintes dizeres: "Art. 2º Para os efeitos desta Lei, considera-se desporto a atividade predominantemente física, com finalidade competitiva, exercitada segundo regras pré-estabelecidas".

(4) SILVA, R. M.; SILVA, M. R. "O esporte como um direito: traços e tramas da constituição de uma verdade". *Movimento, [S. l.]*, v. 21, n. 1, p. 69–80, 2015. DOI: https://doi.org/10.22456/1982-8918.45935. Disponível em: https://seer.ufrgs.br/index.php/Movimento/article/view/45935. Acesso em: 19 jan. 2024.

(5) BRASIL. *Lei n. 14.597, de 1º de julho de 2023*. Lei Geral do Esporte. *DOU* de 2.7.2023, Seção 1, p. 1-5. Disponível em: https://www.planalto.gov.br/ccivil_03/_ato2023-2026/2023/lei/L14597.htm. Acesso em: 18 jan. 2024.

Assim, como a legislação passou a ter definições e princípios mais estreitos do que é esporte, ao mesmo passo que ampliou quais atividades se enquadrariam, vislumbra-se a possibilidade de traçar linhas perpendiculares entre o ordenamento jurídico e o esporte eletrônico.

3. O jogo eletrônico e o esporte eletrônico

Antes de passarmos à subsunção dos esportes eletrônicos no ordenamento jurídico, é necessário conceituar e exemplificar qual seria e a diferença entre jogos eletrônicos e esportes eletrônicos.

Jogos eletrônicos são *softwares* criados por empresas desenvolvedoras a mando ou não de empresas de publicação (*publishers*), com o escopo de produto de entretenimento que pode ou não ter caráter competitivo.

Em suma, todo esporte eletrônico é advindo de um jogo eletrônico, mas nem todo jogo eletrônico é um esporte eletrônico.

Para mérito exemplificativo, jogos como *Red Dead Redemption,* desenvolvido e publicado pela *RockStar,* e *The Last of Us*, desenvolvido pela *Naughty Dog* e publicado pela *Sony Interactive Enternainment,* são jogos eletrônicos que têm foco na narrativa e não são de essência competitiva, logo não seriam esporte, mas sim um produto de entretenimento. Desses jogos, ainda assim podem nascer formas diferentes de competir, a exemplo temos as *Speedruns.*(6)

Agora, quando falamos da série *Counter-Strike* (CS), desenvolvido e publicado pela *Valve*, *Rainbow Six Siege*, desenvolvido e publicado pela *Ubisoft* e *Street Fighter 6,* desenvolvido e publicado pela *Capcom*, estamos falando de jogos eletrônicos desenvolvidos com o intuito de proporcionar não só entretenimento, mas também uma experiência competitiva. Esses sim se enquadrariam na definição de esporte eletrônico, sendo cada um deles categorias de suas respectivas modalidades.(7)

Os esportes eletrônicos possuem várias diferenças entre si, com formas diferentes de se jogar devido à diferença dos jogos eletrônicos. Assim, passam a ter modalidades diferentes. Para destrinchar, iremos nos ater à modalidade *FPS* (*First Person Shooter*) e à modalidade *MOBA* (*Multiplayer Online Battle Arena*).

Enquanto no *FPS* se joga com ênfase em reflexo e precisão, com dinâmica rápida e cooperativa, e câmera posicionada na perspectiva de visão de um personagem, no *MOBA* se joga com ênfase em estratégia e coordenação com uma dinâmica mais lenta, com campo de visão amplo e câmera móvel. Dentro de cada uma dessas modalidades, podemos encontrar categorias diferentes. Para o *FPS* temos o citado *CS* e o *Rainbow Six Siege*, para o *MOBA* destacam-se *League of Legends* (*LOL*) e *Defense of the Ancients 2* (*DOTA2*).

---

(6) *Speedruns* são competições que consistem em terminar o jogo narrativo em menor tempo possível.

(7) CARLOS, A. *Introdução ao Estudo do Esports Law*. Leme: Editora Mizuno, 2022.

Existem jogos que não foram pensados inicialmente para ter um viés competitivo, "jogador contra jogador", mas, com o passar do tempo, jogadores se reuniram para organizar formas de competir entre si. Como exemplo, destaca-se *Tetris* de 1984, que possui o campeonato *Classic Tetris World Championship*, sendo realizado anualmente.(8)

A primeira competição de jogos eletrônicos ocorreu em 1972, quando a Universidade de Stanford organizou a chamada Olimpíada Intergaláctica de *Spacewar*.(9) Desse momento em diante, até os dias de hoje, a forma de organizar campeonatos mudou e se profissionalizou.

Mais recentemente, destaca-se o *IEM Rio Major 2022* de *CS-GO*, evento de maior destaque que ocorreu no Brasil até o momento, com um pico de audiência de 745 mil espectadores, somando-se as plataformas de *streaming*, além do público presente.(10) O evento trouxe muita visibilidade, abrindo portas para mais eventos virem ao Brasil como *IEM Rio Major 2023* e o *Six Invitational* de 2024.

O desenvolvimento do cenário competitivo reforça a ideia de esporte que os jogos eletrônicos de caráter competitivo possuem. Mas, para além do cenário e dos grandes eventos, existem outros elementos que elevam os jogos eletrônicos a esporte eletrônico.

Remetendo-nos ao texto do Estatuto do Conselho Federal de Educação Física (CONFEF), temos a seguinte definição de esporte:

> Art. 9º (...).
>
> § 2º O termo desporto/esporte compreende sistema ordenado de práticas corporais que envolve atividade competitiva, institucionalizada, realizada conforme técnicas, habilidades e objetivos definidos pelas modalidades desportivas segundo regras pré-estabelecidas que lhe dá forma, significado e identidade, podendo também ser praticado com liberdade e finalidade lúdica estabelecida por seus praticantes, realizado em ambiente diferenciado, inclusive na natureza (jogos: da natureza, radicais, orientação, aventura e outros). A atividade esportiva aplica-se, ainda, na promoção da saúde e em âmbito educacional de acordo com diagnóstico e/ou conhecimento especializado, em complementação a interesses voluntários e/ou organização comunitária de indivíduos e grupos não especializados.(11)

Baseando-se nessa definição, conseguimos perceber de pronto, pelo que já foi aqui estudado, que há viés competitivo nos jogos eletrônicos, especialmente naqueles que

---

(8) WINGFRYER. "Fractal Wins The 2023 Classic Tetris World Championship". *Tetris Interest*, out 2023. Disponível em: https://tetrisinterest.com/fractal-wins-the-2023-classic-tetris-world-championship. Acesso em: 18 jan. 2024.

(9) BOYLE, R. "From Spacewar! to Twitch.tv: The Influence of Competition in Video Games and the Rise of eSports". *Senior Theses and Capstone Projects*, 1º maio 2019.

(10) VASQUEZ, Ariela. "IEM Major Rio: primeiro dia quebra recorde de audiência". *GE*, nov. 2022. Disponível em: https://ge.globo.com/esports/csgo/noticia/2022/11/01/iem-major-rio-primeiro-dia-quebra-recorde-de-audiencia.ghtml. Acesso em: 18 jan. 2024.

(11) ESTATUTO DO CONSELHO FEDERAL DE EDUCAÇÃO FÍSICA — CONFEF. *CONFEF*. 2010. Disponível em: https://www.confef.org.br/confef/conteudo/471. Acesso em: 20 de fev. 2024.

buscam colocar jogador contra jogador com um objetivo predefinido e regras previamente estabelecidas, podendo ainda ser praticado de forma livre e lúdica.

Uma vez feita a diferenciação entre jogos eletrônicos e esporte eletrônico, e a forma com que o último se enquadra na definição do que seria esporte, poder-se-ia então entender como o esporte eletrônico se enquadra nos conceitos e princípios legais do ordenamento jurídico brasileiro.

4. Esporte eletrônico como esporte por princípio

A Nova Lei Geral do Esporte (Lei n. 14.597/2023) trouxe elencados em seu art. 2º os princípios fundamentais do esporte: autonomia; democratização; descentralização; diferenciação; educação; eficiência; especificidade; gestão democrática; identidade nacional; inclusão; integridade; liberdade; participação; qualidade; saúde e segurança.[12]

A nova LGE deixou de trazer o conceito do que seriam tais princípios, pois vários deles vieram da sua antecessora, a Lei Pelé, que em seu art. 2º trazia alguns desses princípios, bem como os definia em seu texto legal.[13]

Assim, diante de bases principiológicas, passemos a entender como o desporto eletrônico se encaixa no escopo de esporte.

Em primeiro lugar, temos a autonomia. Esse princípio reza pela liberdade das pessoas, físicas ou jurídicas, em se organizar para a prática desportiva. Tal princípio também confere ao esporte eletrônico a possibilidade de ter seu próprio sistema de organização para sua prática. Assim, cada uma das *publishers* e desenvolvedoras têm sua liberdade de como deve ser tratada tal categoria, até mesmo possuindo sua própria justiça desportiva.

Continuando, temos os princípios da democratização e da inclusão, que se destacam pela natureza dos esportes eletrônicos, pois conseguem ser mais fortes nesse esporte do que nos esportes tradicionais, onde também são aplicáveis.

O princípio da democratização preza pela garantia de que todos têm acesso à prática esportiva, sem discriminação. No esporte eletrônico, por mais que o jogo seja um produto privado, protegido por direitos autorais e licenças de uso, todo aquele que passa a jogar é tratado de forma equânime dentro de uma partida. Em regra, todos que tiverem o jogo, um console e conexão com a internet poderão jogar de forma igualitária com alguém com os mesmos aparatos. A difusão da tecnologia tem ajudado pessoas de várias classes sociais a cada vez mais praticar o *e-Sports*. Como exemplo disso, temos o jogo de celular *Free Fire*, desenvolvido pela *111dots* e publicado pela *Garena*.

---

(12) BRASIL. *Lei n. 14.597, de 1º de julho de 2023*. Lei Geral do Esporte. *DOU* de 2 de jul. 2023, Seção 1, p. 1-5. Disponível em: https://www.planalto.gov.br/ccivil_03/_ato2023-2026/2023/lei/L14597.htm. Acesso em: 20 jan. 2024.

(13) BRASIL. *Lei n. 9.615*. *DOU* 24 mar. 1998. Disponível em: https://www.planalto.gov.br/ccivil_03/Leis/L9615consol.htm. Acesso em: 20 jan. 2024.

O jogo *Free Fire*, da modalidade *Battle Royale*,(14) foi lançado em 2017, diferenciando-se no mercado pela possibilidade de poder ser jogado em modelos de aparelhos celulares mais acessíveis financeiramente e ser gratuito. Não obstante, a Central Única das Favelas (CUVA), em parceria com a *Garena*, organizou a Taça das Favelas de *Free Fire*, no qual agrega mais de 100 favelas, buscando a integração e profissionalização de jovens de comunidades.(15)

Portanto, qualquer um com um celular com conexão com a internet e com o jogo instalado pode praticar essa categoria de esporte eletrônico. Existem divergências de entendimento quanto à democratização, quando se aprofunda o estudo em questões como as licenças dos jogos ou mecânicas *pay to win*,(16) entretanto, quando se busca entender democratização como difusão sem distinção ou discriminação, os esportes eletrônicos acabam por abarcar tal princípio.

Já quanto ao princípio da inclusão, é nítido que o esporte eletrônico é diferente dos esportes tradicionais, levando a inclusão a outro nível. Por exemplo, os jogos eletrônicos não precisam de separação entre sexos, à exemplo do futebol de pessoas com deficiência (PCD).

Nesse ínterim, destacam-se Nicolle "*Cherrygumms*" Merhy e Gabriel Neves Poli. Nicolle Merhy, de alcunha "*Cherrygumms*" é empresária, *streamer*, dona do time *Black Dragons* e foi jogadora profissional de *Rainbow Six Siege*, sendo a primeira mulher na categoria em solo brasileiro a disputar campeonato em conjunto e contra homens.

"*Cherrygumms*" disputou campeonatos pelo seu time sendo a única mulher no cenário, destacando-se como capitã do time, abrindo as portas para várias outras meninas no cenário, e é amplamente reconhecida pelas suas conquistas como jogadora e como dona de time.(17) Hoje em dia, a Ubisoft, desenvolvedora e *publisher* do *Rainbow Six Siege*, promove campeonatos em que times masculinos e femininos competem entre si de forma igualitária, algo impensável na grande maioria dos esportes.

Já Gabriel Neves Poli, que perdeu sua visão com 2 anos de idade, é jogador de jogos da modalidade *Fighting Games* como *Tekken* e *The King of Fighters*. Gabriel se

(14) A modalidade *Battle Royale* consiste em agrupar um número elevado de jogadores em um mapa ou arena *online* para que todos batalhem sozinhos ou em grupo, até que apenas um competidor ou grupo sobre e assim vença a partida.

(15) CUFA. "Chega a Taça das Favelas Free Fire". *CUFA*. Disponível em: https://cufa.org.br/a-garena-e-a-central-unica-das-favelas-cufa-anunciam-a-taca-das-favelas-free-fire/. Acesso em: 21 jan. 2024.

(16) Mecânicas *Pay to win* são benefícios ou vantagens concedidos a determinado jogador por comprar determinado item de acesso restrito àquele que paga, que não tenha caráter apenas cosmético, e sim, com alteração de *status*.

(17) PACETE, Luiz Gustavo. "Cherrygumms e Grupo Dreamers lançam empresa de *marketing* para *e-sports* e games". *Forbes*. Disponível em: https://forbes.com.br/forbes-tech/2023/05/cherrygumms-e-grupo-dreamers-lancam-empresa-de-marketing-para-e-sports-e-games/. Acesso em: 21 jan. 2024.

orienta pelo som e pela vibração do controle, chegando a disputar o campeonato Arena dos Gamers.[(18)]

Para ajudar na inclusão de pessoas com deficiência, as empresas da indústria dos jogos há anos se movimentam para trazer equipamentos para ajudar a comunidade. Em 2023, a Sony lançou o *Access Controller*, controle para sua plataforma *Playstation 5*, que auxilia pessoas com diversas deficiências motoras a jogar.[(19)]

Além da inclusão de PCD, os jogos eletrônicos se destacam pela inclusão da comunidade LGBTQIA+, tendo como expoentes as jogadoras Julia "Jelly" Iris de *Valorant* e Olga Rodrigues de *CS:GO*.

Jelly é mulher trans e atua como jogadora profissional pelo time LOUD. Em entrevista no programa *FlowGames*, a *pro-player* ressaltou o acolhimento e inclusão no cenário dos jogos.[(20)]

Olga, também mulher trans, foi jogadora do time *Black Dragons*, e é referência no cenário feminino de *CS:GO*, sendo destaque internacional e disputando mundiais pelo time nacional FURIA.[(21)]

Nesse sentido, o princípio da inclusão se mostra extremamente forte e presente nos jogos eletrônicos, mais do que em qualquer outro esporte tradicional. Assim, com tais exemplos, também já se pode abraçar o princípio da liberdade, em que se vê que há liberdade das pessoas na livre-iniciativa para associar-se a federações ou confederações.

Para o esporte eletrônico, em território nacional, existem confederações que buscam regulamentar a prática, entretanto, nenhuma delas é aceita pela comunidade ou tem a aderência de jogadores profissionais de forma ampla. Assim, pelo princípio da autonomia e da liberdade, os jogadores não são obrigados a aderir às associações, o que, por sua vez, não invalida o esporte eletrônico como esporte.

Quanto ao princípio da diferenciação, há no desporto eletrônico a diferenciação entre o desporto profissional, em que as *publishers* organizam campeonatos profissionais,

---

(18) ZAMBARDA, Pedro. "Brasileiro deficiente visual disputa torneio de games contra profissionais". *TechTudo*. Disponível em: https://www.techtudo.com.br/noticias/2013/08/brasileiro-deficiente-visual-disputa-torneio-de-games-contra-profissionais.ghtml. Acesso em: 21 jan. 2024.

(19) PLAYSTATION. "Controle Access: Um controle para PlayStation5 personalizável criado para tornar os jogos mais acessíveis". *Playstation*. Disponível em: https://www.playstation.com/pt-br/accessories/access-controller/. Acesso em: 21 jan. 2024.

(20) MITKE, Pedro. "Valorant: Jelly, da LOUD, fala sobre entrada no cenário inclusivo: 'Não sabia se era possível ser eu mesma'". *Maisesports*. 2023. Disponível em: https://maisesports.com.br/valorant-jelly-da-loud-fala-sobre-entrada-nocenario-inclusivo-nao-sabia-se-era-possivel-eu-ser-eu-mesma. Acesso em: 21 jan. 2024.

(21) VHPORTO. "Alvo de organização internacional, Olga deixa a FURIA". *Dust2*. Disponível em: https://www.dust2.com.br/noticias/34325/alvo-de-organizacao-internacional-olga-deixa-a-furia. Acesso em: 21 jan. 2024.

promovendo o desenvolvimento competitivo de alto rendimento, e o não profissional, no qual os praticantes podem apenas desfrutar da competição sem estar em ambiente profissional.

A exemplo disso, o jogo *Rainbow Six Siege* tem o campeonato *R6 Brazil League* destinado exclusivamente para os *pro-players*, com regras específicas para tal, que além da premiação, gera vaga para o mundial, assim como há um ambiente dentro do jogo, de caráter competitivo, desvinculado ao cenário profissional, chamado *Ranked 2.0.*

Sobre o princípio da educação, é necessário destacar o caráter educacional do esporte e o desenvolvimento do participante. Os jogos eletrônicos possuem mecanismos que proporcionam a chamada gamificação.

A gamificação é o uso dos mecanismos dos jogos para engajamento do jogador para determinada função. Segundo a Teoria *Flow*, os jogos eletrônicos conseguem ser muito emissivos, tornando-se terrenos férteis para motivação de alunos na realização de determinadas atividades.[22]

Em conclusão, diante de breve análise principiológica do Direito Desportivo, sem exaurir o tema, levando em consideração as bases atribuídas pela Lei Pelé e a Nova Lei Geral do Esporte, o desporto eletrônico está amparado pelos mencionados princípios, sendo, portanto, esporte por princípio.

5. Esporte eletrônico como prática relacionada à atividade física

Como estudado, o esporte eletrônico se enquadra nos princípios que definem a prática como esporte. Entretanto, ainda há debate a respeito da falta de predominância motora na prática desse esporte.

O debate, implantado em grande parte pelo senso comum, é o mesmo que atinge o xadrez e o automobilismo. Discute-se que no xadrez não há esforço físico, que a forma como o jogador segura o bispo não influencia no jogo, tratando-se de uma prática apenas intelectual, e o automobilismo, por sua vez, pelo uso de motores, não poderia ser esporte. Entretanto, não há como assumir que o esporte eletrônico seja meramente intelectual e que o uso de aparato tecnológico o desclassifique como esporte.

Falar da corporalidade do esporte eletrônico importa no sentido de desmistificar a ideia criada pelo senso comum de que esporte é aquele em que há predominância de esforço físico.

Conforme já abordado no segundo tópico deste capítulo, desde a Assembleia Nacional Constituinte até a Nova Lei Geral do Esporte, a definição de esporte foi se lapidando. A Lei

(22) FADEL, Luciane Maria; ULBRICHT, Vania Ribas; BATISTA, Claudia Regina; VANZIN, Tarcísio. *Gamificação na educação*. São Paulo: Pimenta Cultural, 2014. p. 39-50.

n. 6.251, de 8 de outubro de 1975, em seu art. 2º, determinava que desporto seriam aquelas atividades predominantemente físicas com atividade competitiva.[23] Essa lei colaborou com o pensamento que, sem corporalidade e sem competição, não havia desporto.

A sua sucessora, Lei Zico, manteve os conceitos da predominância física, assim, a legislação continuava a reforçar quais práticas deveriam ser consideradas como esporte. A abrangência começou a mudar com as definições que foram dadas com a Lei Pelé.

A demora na transição da legislação, e consequentemente de pensamento, corroboraram com um entendimento que dificulta o fácil reconhecimento esportivo que outros esportes têm.

Nesse sentido, esportes que já não possuem uma demonstração de força física ou movimentos plásticos têm dificuldades em serem vistos socialmente como esportes. Não obstante, os esportes eletrônicos passam a sensação inicial de serem completamente desprovidos de qualquer desempenho físico.[24]

Entretanto, por mais que o uso do raciocínio seja predominante nos *e-Sports*, há uma gama de movimentos milimétricos, quase imperceptíveis, que são dotados de grande precisão, reflexo e agilidade.

Em modalidades como o *FPS* ou *MOBA* essas características físicas são postas à prova de forma mais frequente durante uma partida, pelo uso das articulações, membros superiores, visão e mãos.

Segundo a Organização Mundial da Saúde (OMS), toda atividade em que há movimento corporal produzido por músculos que requeira energia pode ser definido como atividade física.[25]

Acerca do assunto, um estudo apresentou resultados interessantes, que dão conta que um jogador casual de jogos eletrônicos pode gastar 40% mais energia jogando do que apenas sentado em frente ao computador, bem como sua frequência respiratória pode aumentar em 32%, e que os jogadores casuais podem atingir 120 ATM (Ações por Minuto) durante uma partida de *MOBA*, enquanto que um atleta pode chegar a 600 ATM.[26]

---

(23) BRASIL. *Lei n. 6.251. DOU* 8 de out. 1975. Disponível em: https://www.planalto.gov.br/ccivil_03/leis/1970-1979/l6251.htm. Acesso em: 22 jan. 2024.

(24) HAMARI, Juho; SJÖBLOM, Max. "What is eSports and why do people watch it?". *Internet Research*, [S.L.], v. 27, n. 2, p. 211-232, 3 abr. 2017. Emerald. Disponível em: http://dx.doi.org/10.1108/intr-04-2016-0085. Acesso em: 22 jan. 2024.

(25) WORLD HEALTH ORGANIZATION. *Physical Activity*. 23 fev. 2018. Disponível em: http://www.who.int/en/news-room/fact-sheets/detail/physical-activity. Acesso em: 23 jan. 2024.

(26) KOCAK, Ziya Umit. "Are eSports more than just sitting? A study comparing energy expenditure". *Journal of Comparative Effectiveness Research*, vol. 11, n. 1. Disponível em: https://doi.org/10.2217/cer-2021-022. Acesso em: 23 jan. 2024.

Outro número impressionante, porém sem cunho científico, são os registros realizados pelo jogador de alcunha "R3as0n", que, em uso de *software* de monitoramento de seu *mouse*, registrou todos os cliques dados em sua trajetória no ambiente ranqueado em *League Of Legends* (da modalidade dos *MOBAS*).

Destaque-se que a modalidade ranqueada não se destina para jogadores profissionais, mas sim para jogadores casuais. "R3as0n" registrou sua progressão do início de suas partidas, até atingir o ranque "diamante", que não é o último dos ranques possíveis. Em sua jornada, o aplicativo de monitoramento acusou incríveis 3.439.140 ações e que o jogador teria movimentado seu *mouse* por mais de 12 mil pés de distância.(27)

O doutor em Biomedicina Luciano Rosa atuou juntamente com a desenvolvedora de *League Of Legends*, a Riot, para monitorar o desempenho dos atletas durante o Campeonato Brasileiro de League Of Legends (CBLOL) 2016.(28) Para a análise, foram captados os movimentos dos jogadores, monitorando-se seus batimentos cardíacos e respiratórios. A partir dos indicadores de *performance* física e biomecânica, identificou-se em quais momentos o atleta estava tendo respostas equivalentes a uma atividade física.

Dessa forma, ao contrário do que entende o senso comum, a prática desportiva eletrônica exige corporalidade, como também há diferenciação do quanto de energia é usada por um jogador casual em comparação com um profissional.

Portanto, por mais que a Lei Pelé e a Nova Lei Geral do Esporte já entendam que não há obrigatoriedade de predominância física para ser esporte,(29) pela existência comprovada de esforço físico no esporte eletrônico, ele deveria ser considerado como tal, se comparado às classificações pretéritas.

6. Esporte eletrônico como desporto de rendimento

Além das definições e enquadramento encontrados para os esportes eletrônicos, enquadrá-lo como desporto de rendimento não só reforça seu *status* de esporte como o eleva à prateleira de modalidades mais comuns e difundidas.

---

(27) ROX, Maximilian. "Quantos cliques um jogador de League of Legends precisa pra virar Diamante?" *TecMundo*. Abr. 2015. Disponível em: https://www.tecmundo.com.br/video-game-e-jogos/77785-quantos-cliques-jogador-league-of-legends-precisa-pra-virar-diamante.htm. Acesso em: 23 jan. 2024.

(28) CBLOL. "CBLOL 2016 – FINAL 1ª ETAPA". *Youtube*. Disponível em: https://www.youtube.com/watch?v=WeK_sRvaM6I a partir do minuto 02:06:28. Acesso em: 23 jan. 2024.

(29) O texto da Nova LGE em seu art. 2º traz *in verbis*: "São princípios fundamentais do esporte: I – autonomia; II – democratização; III – descentralização; IV – diferenciação; V – educação; VI – eficiência; VII – especificidade; VIII – gestão democrática; IX – identidade nacional; X – inclusão; XI – integridade; XII – liberdade; XIII – participação; XIV – qualidade; XV – saúde; XVI – segurança. Parágrafo único. Considerado o esporte como de alto interesse social, sua exploração e gestão sujeitam-se à observância dos seguintes princípios: I – transparência financeira e administrativa e conformidade com as leis e os regulamentos externos e internos; II – moralidade na gestão esportiva; III – responsabilidade social de seus dirigentes."

O desporto de rendimento é diretamente ligado ao caráter competitivo, buscando resultados em vitórias, taças e recordes. Não tem ênfase na educação, na saúde ou no lazer, mas, sim, na competição de mais alto nível.

Nesse sentido, competições com regras claras e organizadas, ordenadas em grande parte com um sistema de justiça desportiva próprio, são características presentes nos esportes eletrônicos, o que também se espera de uma modalidade de alto rendimento.

Acerca da questão, a Lei Geral do Esporte (Lei n. 14.597/23), em seu art. 26, § 2º, traz um requisito:

> Art. 26. A autonomia é atributo da organização esportiva em todo o mundo, na forma disposta na Carta Olímpica, e limita a atuação do Estado, conforme reconhecido pela Assembleia Geral da Organização das Nações Unidas (ONU) e inscrito na Constituição Federal, e visa a assegurar que não haja interferência externa indevida que ameace a garantia da incerteza do resultado esportivo, a integridade do esporte e a harmonia do sistema transnacional denominado *Lex Sportiva*.
>
> **§ 2º** *O esporte de alto rendimento é regulado por normas nacionais e internacionais e pelas regras de prática esportiva de cada modalidade, aceitas pelas respectivas organizações nacionais de administração e regulação do esporte.* (Grifo nosso)

Portanto, o reconhecimento de órgãos de regulação do esporte também é uma das características que podem compor o que é um esporte de rendimento, mas não de maneira excludente.

Quanto a esse reconhecimento, o Comitê Olímpico Internacional (COI), em 5 de maio de 2023, em colaboração com Federação Internacional de Esporte de Tiro, incluiu o jogo *Fortnite* como jogo da categoria de tiro. Além de *Fortnite*, *Gran Turismo* e *Just Dance* compuseram a lista de jogos disputados na *Olympic eSportes Series,* disputada em junho de 2023.(30)

O órgão máximo do esporte mundial deu um passo importante no sentido de reconhecimento dos esportes eletrônicos como esportes de rendimento. Levar os esportes eletrônicos ao patamar olímpico demonstra como, aos poucos, seu enquadramento como esporte quebra as barreiras do senso comum e pacifica o entendimento de ser o que é, um esporte como os outros.

7. Conclusão

O esporte eletrônico encontra suas bases na Nova Lei Geral do Esporte, quando olhamos os princípios que regem o que pode ser determinado esporte. Não obstante,

(30) INTERNATIONAL OLYMPIC COMMITTEE. "The first Olympic Esports Week, taking place in Singapore from 22-25 June 2023, marks an important milestone in the IOC's ambition to support the growth of virtual sports within the Olympic Movement". *Olympics*. Disponível em: https://olympics.com/ioc/esports-faq. Acesso em: 23 jan. 2024.

a Constituição Federal trata a prática como um direito, mesmo que não havendo uma legislação específica nacional.

Diferentemente do que prega o senso comum, exemplificado na fala da ex-ministra do esporte, Ana Moser,[(31)] o esporte eletrônico vai muito além do mero entretenimento, com raízes competitivas que são o pontapé inicial de qualquer esporte, encontrando amparo no ordenamento jurídico.

Não é incomum ver que países como China e Coreia do Sul já possuem legislações que não só reconhecem diretamente o esporte eletrônico como esporte, como regulamentam as profissões que cercam todo o ecossistema.[(32)]

No Brasil ainda se engatinha para uma legislação nacional, por hora, a competência concorrente dos estados para legislar sobre a matéria tem tomado a frente, com algumas legislações surgindo aqui e ali, como no Acre (Lei n. 4.324/2024) e no Distrito Federal (Lei n. 7.390/2024).

Entretanto, mesmo sem uma lei federal que regulamente a prática e a institua diretamente como esporte, reconhecendo-o legalmente, o desporto eletrônico já possui análises colaterais suficientes e conceitos que o equiparam.

O esporte, para além da legislação, é uma manifestação social, sendo reconhecido pela difusão de sua prática pela coletividade, assim como pela sua essência competitiva, com regras traçadas, cenário profissional e medidas fiscalizadoras punitivas.

Referências

BRASIL. *Constituição da República Federativa do Brasil de 1988*. Disponível em: https://www.planalto.gov.br/ccivil_03/Constituicao/Constituicao.htm. Acesso em: 19 jan. 2024.

______. *Lei n. 14.597, de 1º de julho de 2023*. Lei Geral do Esporte. *DOU* de 2 de jul. 2023, Seção 1, p. 1-5. Disponível em: https://www.planalto.gov.br/ccivil_03/_ato2023-2026/2023/lei/L14597.htm. Acesso em: 18 jan. 2024.

______. *Lei n. 6.251*. *DOU* 8 de out. 1975. Disponível em: https://www.planalto.gov.br/ccivil_03/leis/1970-1979/l6251.htm. Acesso em: 22 jan. 2024.

BOYLE, R. "From Spacewar! to Twitch.tv: The Influence of Competition in Video Games and the Rise of eSports". *Senior Theses and Capstone Projects*, 1º maio 2019.

CANAN, F. *et al.* "O direito constitucional ao esporte em perspectiva comparada". *Cuestiones constitucionales*, n. 42, p. 103-135, 1 jun. 2020.

---

(31) LANCE!. "Ana Moser reafirma que *eSport* não é esporte e pondera evento do COI: 'Sem tiro e bomba'". Mar. 2023. Disponível em: https://www.lance.com.br/fora-de-campo/ana-moser-reafirma-que-esport-nao-e-esporte-e-pondera-evento-do-coi-sem-tiro-e-bomba.html. Acesso em: 24 jan. 2024.

(32) MARTINS, Emanuelli Paro; TERRON, Leticia Lourenço Sangaleto. "Regulamentação dos Jogadores de Esportes Eletrônicos". *Anais do Seminário de Pesquisa e Extensão do Curso de Direito do Unifunec* — XII SEMPEX do Centro Universitário de Santa Fé do Sul - UNIFUNEC de 5 a 9 de setembro, Santa Fé do Sul (SP), v. 4, n. 4, 2022.

CARLOS, A. *Introdução ao Estudo do* Esports Law. Leme: Editora Mizuno, 2022.

CBLOL. "CBLOL 2016 – FINAL 1ª ETAPA". *Youtube*. Disponível em: https://www.youtube.com/watch?v=WeK_sRvaM6I a partir do minuto 02:06:28. Acesso em: 23 jan. 2024.

CUFA. "Chega a Taça das Favelas Free Fire". *Cufa*. Disponível em: https://cufa.org.br/a-garena-e-a-central-unica-das-favelas-cufa-anunciam-a-taca-das-favelas-free-fire/. Acesso em: 21 jan. 2024.

ESTATUTO DO CONSELHO FEDERAL DE EDUCAÇÃO FÍSICA — CONFEF. *CONFEF*. 2010. Disponível em: https://www.confef.org.br/confef/conteudo/471. Acesso em: 20 fev. 2024.

FADEL, Luciane Maria; ULBRICHT, Vania Ribas; BATISTA, Claudia Regina; VANZIN, Tarcísio. *Gamificação na educação*. São Paulo: Pimenta Cultural, 2014. p. 39-50.

FERREIRA, Alice Inêis Urzêda. *Jogos eletrônicos e direito:* a realidade do *e-sport* no Brasil e no âmbito jurídico. Trabalho de Conclusão de Curso. PUC – Goiás. Nov. 2022. Disponível em: https://repositorio.pucgoias.edu.br/jspui/handle/123456789/5286.

HAMARI, Juho; SJÖBLOM, Max. "What is eSports and why do people watch it?". *Internet Research*, [S.L.], v. 27, n. 2, p. 211-232, 3 abr. 2017. Emerald. Disponível em: http://dx.doi.org/10.1108/intr-04-2016-0085. Acesso em: 22 jan. 2024.

INTERNATIONAL OLYMPIC COMMITTEE. "The first Olympic Esports Week, taking place in Singapore from 22-25 June 2023, marks an important milestone in the IOC's ambition to support the growth of virtual sports within the Olympic Movement". *Olympics*. Disponível em: https://olympics.com/ioc/esports-faq. Acesso em: 23 jan. 2024.

KOCAK, Ziya Umit. "Are eSports more than just sitting? A study comparing energy expenditure". *Journal of Comparative Effectiveness Research*, vol. 11, n. 1. Disponível em: https://doi.org/10.2217/cer-2021-022. Acesso em: 23 jan. 2024.

LANCE!. "Ana Moser reafirma que eSport não é esporte e pondera evento do COI: 'Sem tiro e bomba'". Mar. 2023. Disponível em: https://www.lance.com.br/fora-de-campo/ana-moser-reafirma-que-esport-nao-e-esporte-e-pondera-evento-do-coi-sem-tiro-e-bomba.html. Acesso em: 24 jan. 2024.

MARTINS, Emanuelli Paro; TERRON, Leticia Lourenço Sangaleto. "Regulamentação dos Jogadores de Esportes Eletrônicos". *Anais do Seminário de Pesquisa e Extensão do Curso de Direito do Unifunec* – XII SEMPEX do Centro Universitário de Santa Fé do Sul – UNIFUNEC de 5 a 9 de setembro, Santa Fé do Sul (SP), v. 4, n. 4, 2022.

MITKE, Pedro. "Valorant: Jelly, da LOUD, fala sobre entrada no cenário inclusivo: 'Não sabia se era possível ser eu mesma'". *Maisesports*. 2023. Disponível em: https://maisesports.com.br/valorant-jelly-da-loud-fala-sobre-entrada-nocenario-inclusivo-nao-sabia-se-era-possivel-eu-ser-eu-mesma. Acesso em: 21 jan. 2024.

PACETE, Luiz Gustavo. "Cherrygumms e Grupo Dreamers lançam empresa de marketing para e-sports e games". *Forbes*. Disponível em: https://forbes.com.br/forbes-tech/2023/05/cherrygumms-e-grupo-dreamers-lancam-empresa-de-marketing-para-e-sports-e-games/. Acesso em: 21 jan. 2024.

SILVA, Natália Pimenta. *Esportes eletrônicos (e-sports):* aplicabilidade da legislação atual aos atletas de esportes eletrônicos (cyberatletas). 2020. Monografia (Bacharelado em Direito) – Faculdade de Ciências Jurídicas e Sociais, Centro Universitário de Brasília, Brasília, 2020.

SILVA, R. M.; SILVA, M. R. "O esporte como um direito: traços e tramas da constituição de uma verdade". *Movimento, [S. l.]*, v. 21, n. 1, p. 69-80, 2015. Disponível em: https://seer.ufrgs.br/index.php/Movimento/article/view/45935. Acesso em: 19 jan. 2024.

ROX, Maximilian. "Quantos cliques um jogador de League of Legends precisa pra virar Diamante?". *TecMundo*. Abr. 2015. Disponível em: https://www.tecmundo.com.br/video-game-e-jogos/77785-quantos-cliques-jogador-league-of-legends-precisa-pra-virar-diamante.htm. Acesso em: 23 jan. 2024.

VASQUEZ, Ariela. "IEM Major Rio: primeiro dia quebra recorde de audiência". *GE*. Nov. 2022. Disponível em: https://ge.globo.com/esports/csgo/noticia/2022/11/01/iem-major-rio-primeiro-dia-quebra-recorde-de-audiencia.ghtml. Acesso em: 18 jan. 2024.

VHPORTO. "Alvo de organização internacional, Olga deixa a FURIA". *Dust2*. Disponível em: https://www.dust2.com.br/noticias/34325/alvo-de-organizacao-internacional-olga-deixa-a-furia. Acesso em: 21 jan. 2024.

WINGFRYER. "Fractal Wins The 2023 Classic Tetris World Championship". *Tetris Interest*. Out. 2023. Disponível em: https://tetrisinterest.com/fractal-wins-the-2023-classic-tetris-world-championship/. Acesso em: 18 jan. 2024.

WORLD HEALTH ORGANIZATION. *Physical Activity*. 23 fev. 2018. Disponível em: http://www.who.int/en/news-room/fact-sheets/detail/physical-activity. Acesso em: 23 jan. 2024.

YOUSEF, Nur Fawzi Ali Said Nimer. *A regulamentação dos esportes eletrônicos no Brasil*. 2023. Monografia (bacharelado em Direito) – Faculdade de Ciências Jurídicas e Sociais, Centro Universitário de Brasília, Brasília, 2023.

ZAMBARDA, Pedro. "Brasileiro deficiente visual disputa torneio de games contra profissionais". *TechTudo*. Disponível em: https://www.techtudo.com.br/noticias/2013/08/brasileiro-deficiente-visual-disputa-torneio-de-games-contra-profissionais.ghtml. Acesso em: 21 jan. 2024.

A Nova Lei Geral do Esporte e a Regulamentação do Bolsa Atleta

Mariana Araújo Evangelista

1. Introdução

É senso comum na sociedade brasileira que ser atleta é sinônimo de facilidade e ostentação. Todavia, são raras as pessoas que sabem que a maioria dos atletas abandona suas atividades esportivas em decorrência da impossibilidade de proverem seu próprio sustento apenas com o esporte.

Foi pensando nisso que o governo brasileiro criou o incentivo denominado Bolsa Atleta. Desde 2005, o Brasil mantém um dos maiores programas de patrocínio individual de atletas no mundo, sendo que o público-alvo e beneficiário do programa são atletas de alto rendimento que tenham obtido bons resultados em competições nacionais e internacionais de sua modalidade. Posto isso, o intuito do Bolsa Atleta é garantir condições mínimas para que esses atletas de ponta se dediquem, com suposta exclusividade e tranquilidade, aos treinamentos e às competições locais, sul-americanas, pan-americanas, mundiais, olímpicas e/ou paralímpicas.

Sendo assim, esse artigo tem como objetivo analisar as leis que permeiam esse programa e, por meio de um formulário aplicado entre alguns atletas, demonstrar a realidade do esportista brasileiro e como o auxílio do Bolsa Atleta influencia na rotina de cada um.

2. O Bolsa Atleta e sua regulamentação

2.1. Lei n. 10.891/2004: O pontapé inicial para a instituição do programa Bolsa Atleta

No ano de 2004, a Lei n. 10.891 instituiu o programa Bolsa Atleta ("Lei do Bolsa Atleta"). Nos termos dessa lei, o Ministério da Cidadania/Secretaria Especial do Esporte seria o responsável pelo pagamento de uma quantia — em dinheiro — aos atletas que praticassem esportes de alto rendimento em modalidade olímpicas e paralímpicas e que tivessem obtido até o terceiro lugar em competições nacionais e internacionais de sua modalidade.

Esse benefício foi criado pelo governo com o objetivo de garantir condições, ainda que mínimas, para que os atletas pudessem se dedicar aos seus treinamentos e competições.

Contudo, é importante mencionar que a Lei do Bolsa Atleta teve algumas de suas disposições alteradas em decorrência da sanção da Lei n. 14.597/2023 ("Lei Geral do Esporte"), de modo que, para que possamos entender como o benefício funciona atualmente, será necessário que seja realizada uma análise da antiga Lei do Bolsa Atleta em conjunto com a Lei Geral do Esporte.

Pois bem, passemos à análise.

2.1. O contexto do Bolsa Atleta na antiga lei e na nova Lei Geral do Esporte

Como dito anteriormente, a Lei n. 10.891/2004 instituiu o programa Bolsa Atleta, de modo que, esse benefício foi criado com o objetivo de ser um impulso ao desenvolvimento das carreiras dos atletas brasileiros (tanto atletas da base como do alto rendimento). Todavia, a partir da sanção da Lei Geral do Esporte, a Lei do Bolsa Atleta acabou sofrendo algumas modificações importantes.

Como consequência dessas mudanças, o art. 1º da Lei do Bolsa Atleta(1) acabou sendo revogado. Esse artigo estipulava que os recursos provenientes do benefício do Bolsa Atleta deveriam ser destinados aos "atletas praticantes de desporto de rendimento", ou seja, os "atletas de rendimento". Na época, o significado de "atletas de rendimento" deveria ser interligado ao conceito previsto no art. 3º(2) da Lei n. 9.615/98 ("Lei Pelé") que, conceituava como "desporto de rendimento" todo aquele que fosse praticado conforme as normas gerais da Lei Pelé e das regras, nacionais e internacionais, de prática desportiva de cada esporte, tendo como objetivo principal o de obter resultados, integrar pessoas e comunidades do País e de outras nações.

Sendo assim, para que fosse possível a concessão do benefício do Bolsa Atleta o governo deveria observar a Lei Pelé, bem como as leis e requisitos das próprias entidades federais ou nacionais em que o atleta estivesse inscrito e, consequentemente, os campeonatos em que esse atleta participasse.

---

(1) Art. 1º Fica instituída a Bolsa Atleta, destinada aos atletas praticantes do desporto de rendimento em modalidades olímpicas e paraolímpicas, bem como naquelas modalidades vinculadas ao Comitê Olímpico Internacional — COI e ao Comitê Paraolímpico Internacional.

(2) Lei n. 9.615, art. 3º O desporto pode ser reconhecido em qualquer das seguintes manifestações: III – desporto de rendimento, praticado segundo normas gerais desta Lei e regras de prática desportiva, nacionais e internacionais, com a finalidade de obter resultados e integrar pessoas e comunidades do País e estas com as de outras nações.

Dito isso, em que pese o art. 1º da Lei do Bolsa Atleta tenha sido revogado, os arts. 50 e 51 da Lei Geral do Esporte[(3)] o substituíram de maneira eficaz e abrangeram ainda mais o tema.

O art. 50 da Lei Geral do Esporte concedeu ao poder público a obrigatoriedade de fomentar o desenvolvimento e a manutenção dos atletas em formação e de rendimento por meio de auxílios diretos denominados bolsa, enquanto o art. 51, da mesma lei, dispõe que o Bolsa Atleta se destina, prioritariamente, aos atletas praticantes do esporte de alto rendimento em modalidades olímpicas, paralímpicas e surdolímpicas. Em outras palavras, o art. 50 da Lei Geral do Esporte, além de mencionar que o benefício do Bolsa Atleta deve ser destinado aos atletas de rendimento, ampliou a extensão do benefício aos atletas em formação, enquanto o art. 51 da mesma lei incluiu a modalidade surdolímpica no contexto de ganho do benefício.

Além disso, o Anexo presente tanto na Lei do Bolsa Atleta quanto na Lei Geral do Esporte dispõe que os atletas beneficiados receberão valores mensais que irão variar entre R$ 370,00 (trezentos e setenta reais) e R$ 15.000,00 (quinze mil reais) mensais, contemplando atletas que estejam na categoria de base até atletas que tenham subido ao pódio nas Olímpiadas, os denominados "atletas pódio".

Nesse sentido, destaca-se que as categorias que foram criadas para a instituição do benefício estão dispostas no art. 51, § 2º da Lei Geral do Esporte[(4)] (e são as mesmas

(3) Lei. 14.597, Art. 50. O poder público fomentará a formação, o desenvolvimento e a manutenção de atletas em formação e de rendimento por meio de auxílios diretos denominados bolsa.

Art. 51. É instituída a Bolsa-Atleta, destinada prioritariamente aos atletas praticantes do esporte de alto rendimento em modalidades olímpicas, paralímpicas e surdolímpicas, sem prejuízo da análise e deliberação acerca das demais modalidades, a serem feitas de acordo com o art. 54 desta Lei.

(4) Lei n. 14.597. Art. 51, § 2º Para efeito do disposto no § 1º deste artigo, são criadas as seguintes categorias de Bolsa-Atleta:

I – categoria atleta de base: destinada aos atletas que participem com destaque das categorias iniciantes, a serem determinadas pela respectiva organização nacional que administra e regula a modalidade esportiva, em conjunto com o Ministério do Esporte;

II – categoria estudantil: destinada aos atletas que tenham participado de eventos nacionais estudantis reconhecidos pelo Ministério do Esporte;

III – categoria atleta nacional: destinada aos atletas que tenham participado de competição esportiva em âmbito nacional, indicada pela respectiva organização nacional que administra e regula a modalidade esportiva e que atende aos critérios fixados pelo Ministério do Esporte;

IV – categoria atleta internacional: destinada aos atletas que tenham participado, integrando seleção brasileira ou representando o Brasil em sua modalidade, de competição esportiva de âmbito internacional reconhecida pela respectiva organização esportiva internacional e indicada pela organização nacional que administra e regula a modalidade esportiva;

V – categoria atleta olímpico, paralímpico ou surdolímpico: destinada aos atletas que tenham participado de jogos olímpicos, paralímpicos ou surdolímpicos e cumpram os critérios fixados pelo Ministério do Esporte em regulamento;

VI – categoria atleta pódio: destinada aos atletas de modalidades individuais olímpicas, paralímpicas e surdolímpicas, de acordo com os critérios a serem definidos pelas respectivas organizações nacionais que administram e regulam a modalidade esportiva em conjunto com o COB, o CPB, a CBDS e o Ministério do Esporte, obrigatoriamente vinculados ao Programa Atleta Pódio.

atribuídas pela antiga lei da Bolsa Atleta), quais sejam: (i) Categoria Atleta de Base, destinada aos atletas que participem com destaque das categorias iniciantes; (ii) Categoria Estudantil, destinada aos atletas que tenham participado de eventos nacionais estudantis, reconhecidos pelo Ministério do Esporte; (iii) Categoria Atleta Nacional, destinada aos atletas que tenham participado de competição esportiva em âmbito nacional, indicada pela respectiva entidade nacional de administração do desporto e que atenda aos critérios fixados pelo Ministério do Esporte; (iv) Categoria Atleta Internacional, destinada aos atletas que tenham participado de competição esportiva de âmbito internacional integrando seleção brasileira ou representando o Brasil em sua modalidade, reconhecida pela respectiva entidade internacional e indicada pela entidade nacional de administração da modalidade; (v) Categoria Atleta Olímpico, Paraolímpico ou Surdolímpico, destinada aos atletas que tenham participado de jogos olímpicos, paraolímpicos ou surdolímpicos e cumpram os critérios fixados pelo Ministério do Esporte em regulamento; e, por fim, (vi) Categoria Atleta Pódio, destinada aos atletas de modalidades individuais olímpicas, paralímpicas e surdolímpicas.

Destarte, a partir da distinção de quais atletas podem pleitear o benefício e em quais categorias poderiam vir a se enquadrar, é importante que passemos ao fato de que: a concessão do benefício é, na realidade, um processo burocrático e que permeia inúmeros requisitos, alguns dos quais serão elencados abaixo.

O art. 52 da Lei Geral do Esporte traz os requisitos cumulativos que os atletas devem seguir para que possam pleitear o Bolsa Atleta: (i) possuir no mínimo 14 (quatorze) anos de idade para a obtenção das Bolsas-Atletas Nacional, Internacional, Olímpico, Paraolímpico ou Surdolímpico e Pódio, e possuir idade máxima de 20 (vinte) anos para a obtenção da Bolsa-Atleta Estudantil; (ii) estar vinculado a alguma entidade de prática desportiva; (iii) estar em plena atividade esportiva (com exceção à novidade inserida pela Lei Geral do Esporte e que será mais bem destrinchada no tópico 2.2.1); (iv) apresentar declaração sobre valores recebidos a título de patrocínio de pessoas jurídicas públicas ou privadas, incluindo-se todo e qualquer montante percebido eventual ou regularmente, diverso do salário, assim como qualquer tipo de apoio em troca de vinculação de marca; (v) ter participado de competição esportiva em âmbito nacional ou internacional no ano imediatamente anterior em que tiver sido pleiteada a concessão da Bolsa Atleta, com exceção da Categoria Atleta Pódio; (vi) no caso de atletas que pleitearem o Bolsa Atleta Estudantil, esses deverão estar regularmente matriculados em instituições de ensino públicas ou privadas; (vii) encaminhar, para aprovação, plano esportivo anual, contendo plano de treinamento, objetivos e metas esportivas para o ano de recebimento do benefício, conforme critérios e modelos a serem estabelecidos pelo Ministério do Esporte; e por fim, (viii) no caso dos atletas da Categoria Pódio, deverão estar ranqueados na sua respectiva entidade internacional entre os 20 (vinte) primeiros colocados do mundo em sua modalidade ou prova específica.

Notem que o inciso II do art. 52, supra, dispõe que o vínculo dos atletas deverá ser com a entidade de prática desportiva. Contudo, o texto legal deixa dúvidas, uma vez que não define, totalmente, o que seria de fato esse "vínculo" existente entre atleta e a entidade desportiva. Isso porque, de acordo com o dicionário jurídico,[5] a palavra vínculo pode ter os seguintes significados:

> "VÍNCULO. S. m. (Lat. *Vinculum*) Nexo, ligação, subordinação, liame. Cognatos: vincular (v.); vinculado (adj.), relativo a vínculo; vinculador e vinculativo (adj.), que estabelece vínculo.
>
> VÍNCULO JURÍDICO. (Lat. *Vinculum iuris*) Filos. Laço que, no domínio dos fatos jurídicos, une o sujeito, ou titular da prerrogativa, à coisa ou à obrigação, ou seja, o objeto do poder de agir do sujeito. Relação jurídica."

Nesse sentindo, o art. 28, § 5º,[6] da Lei Pelé prevê a diferenciação entre o vínculo empregatício, ou seja, trabalhista, e o vínculo desportivo, ao estabelecer que o vínculo desportivo tem natureza acessória ao vínculo empregatício entre o atleta e a entidade de prática desportiva. Portanto, apesar de a lei não conceituar vínculo desportivo, prevê a sua existência, mesmo que o fazendo para diferenciar o vínculo esportivo do vínculo trabalhista.

Já o inciso III do art. 52 da Lei Geral do Esporte dispõe sobre a necessidade de o atleta estar em "plena atividade esportiva" para que possa pleitear e receber o benefício. O problema é que, a partir dessa redação ampla, se torna possível interpretar e entender que os atletas lesionados ou até mesmo atletas que participarem de algum "*reality show*", por exemplo, perderiam o direito ao benefício durante o período de inatividade.

Fato é que os requisitos cumulativos possuem redação abrangente e acabam dando margem a diversas interpretações, sendo que somente os atletas que se encaixarem em alguma das categorias citadas acima e preencherem os requisitos cumulativos — nos termos do arts. 51, § 2º e 52 da Lei Geral do Esporte, respectivamente — terão o Bolsa Atleta concedido pelo prazo de 1 (um) ano. O valor do benefício deverá ser pago em até 12 (doze) parcelas mensais, conforme dispõe o art. 53 da Lei Geral do Esporte.

Ainda levando em consideração a redação ampla para a concessão do benefício, o art. 54 da Lei Geral do Esporte, em consonância com a Lei do Bolsa Atleta, dispõe que haverá a possibilidade de concessão do benefício para um esportista que pratique modalidade não olímpica, não paraolímpica e não surdolímpica, sendo que, para que isso possa

---

(5) KOSCIANSKI; SOARES, 2007, p. 289.

(6) Lei n. 9.965, art. 28, § 5º O vínculo desportivo do atleta com a entidade de prática desportiva contratante constitui-se com o registro do contrato especial de trabalho desportivo na entidade de administração do desporto, tendo natureza acessória ao respectivo vínculo empregatício (...)

ocorrer, o ministro de Estado do Esporte deverá submeter o caso específico ao Conselho Nacional do Esporte ("CNE") para análise e deliberação. Casos como esse devem ser considerados excepcionais, já que é necessário que se leve em consideração tanto o Plano Nacional do Esporte como as disponibilidades financeiras do governo no momento.

Todavia, a indicação da concessão do benefício pelo critério mencionado no art. 54 da Lei Geral do Esporte causa estranheza e subjetividade ao processo de escolha dos atletas beneficiados, isso porque não demonstra ao certo quais seriam os requisitos para que esse atleta pudesse vir a ser elegível ao recebimento do Bolsa Atleta, situação essa que pode vir a causar injustiças e inseguranças no meio esportivo. Somado a isso, o artigo não menciona as entidades dirigentes (confederações e/ou federações) de cada modalidade e isso teria grande importância, considerando que essas entidades poderiam ser as responsáveis por indicar atletas, levando em consideração seus desempenhos nos campeonatos ou até mesmo criando outros critérios palpáveis para a tomada de tal decisão.

Consequentemente, a redação – tanto da antiga Lei do Bolsa Atleta quanto o disposto na Lei Geral do Esporte – não é clara ao definir os critérios objetivos que serão adotados pelos órgãos responsáveis para a avaliação dos atletas, seja no caso, por exemplo, dos atletas que "não estiverem em plena atividade" ou dos atletas que possam vir a ser "indicados" para pleitear do benefício.

De mais a mais, os fundamentos acima apresentados evidenciam que o Bolsa Atleta não visa, em princípio, ao fomento da atividade esportiva na base da sociedade como um incentivo para o surgimento de novos atletas, mas sim beneficiar atletas ora "ranqueados" ou que tenham um destaque em sua modalidade, pelo prazo de 1 (um) ano, sendo renovado, somente, caso o atleta venha a ser campeão de outra competição ranqueada.

Decerto, é extremamente necessário a criação de incentivos financeiros voltados aos atletas, como é o caso do Bolsa Atleta, pois só assim os atletas poderão, de alguma forma, continuar no esporte e poder vê-lo, efetivamente, como seu trabalho.

2.2.1. Das mudanças circunstanciais no Bolsa Atleta com a Lei Geral do Esporte

As primeiras mudanças significativas no Bolsa Atleta advindas com a Lei Geral do Esporte encontram-se nos requisitos necessários para que o atleta possa pleitear o benefício.

Todos os requisitos cumulativos para a concessão do benefício estão no art. 52 da Lei Geral do Esporte, como já mencionados acima. Contudo, a nova lei inovou, especificamente no § 1º do art. 52(7), quando proibiu que atletas condenados por *doping* possam

(7) Art. 52, § 1º Não poderá candidatar-se à Bolsa Atleta o atleta que tiver sido condenado por dopagem, na forma do regulamento.

se candidatar ao Bolsa Atleta, isto é, a lei não mais delimita o tempo que um atleta com sentença transitada em julgado por *doping* deverá ficar sem pleitear esse benefício. Desse modo, uma vez sendo o atleta condenado por *doping*, ele não poderá — de forma alguma — ser parte dos beneficiários do programa de auxílio do governo.

Outra grande inovação advinda da Lei Geral do Esporte foi a prioridade de renovação do benefício para atletas gestantes ou puérperas, conforme inciso III, parágrafo único do art. 53[(8)]. Antes dessa inserção, a mulher, além de ter as preocupações comuns de toda e qualquer atleta (conciliar os treinos e a maternidade, manter a excelência física depois de um período de afastamento e a volta ao alto rendimento), também precisaria se preocupar com a possibilidade de perder o benefício, pois não estaria em plena atividade esportiva, contrariando, portanto, um dos requisitos para pleitear o benefício.

Diante disso, o art. 53-A[(9)] dispõe que o Ministério do Esporte garantirá às atletas gestantes e puérperas, no âmbito do Bolsa Atleta, o respeito à maternidade e aos direitos que as protegem. Assim, os parágrafos desse artigo, basicamente, estabelecem que a atleta receberá regularmente as parcelas do Bolsa Atleta durante o período da gestação, acrescido de até seis meses após o nascimento da criança, desde que o período adicional do benefício não exceda quinze parcelas mensais consecutivas, isso porque, conforme a lei atual, o Bolsa Atleta é concedido somente pelo prazo de um ano, e não há exceção prevista para essas atletas.

Ainda, durante o período de prestação de contas, não será exigido dessas atletas comprovação de plena atividade esportiva dos recursos recebidos durante o período de gestação ou puerpério.

Todavia, em que pese a inclusão do art. 54-A e de que seus parágrafos sejam extremamente necessários e fundamentais para a mulher atleta, a concessão desse direito está condicionada à disponibilidade orçamentária e financeira do Ministério do Esporte, de modo que, mais uma vez, a lei inova, mas deixa as atletas em certa insegurança, principalmente jurídica.

3. Dados globais da política pública

Por meio da Lei de Acesso à informação obtivemos acesso ao banco de dados com informações do Programa Bolsa Atleta — dados esses que se encontram no site do Instituto de Pesquisa e Inteligência Esportiva[(10)] (IPIE). Esses dados globais da política

(8) Art. 53. A Bolsa Atleta será concedida pelo prazo de 1 (um) ano e deverá ser paga em até 12 (doze) parcelas mensais. Parágrafo único. Encerrado o prazo previsto no *caput* deste artigo, terão prioridade para a renovação da Bolsa-Atleta: III – as atletas gestantes ou puérperas.

(9) Art. 53-A. O Ministério do Esporte garantirá às atletas gestantes ou puérperas, no âmbito da Bolsa Atleta, o respeito à maternidade e aos direitos que as protegem.

(10) Disponível em: http://www.inteligenciaesportiva.ufpr.br/site/index.php/nossos-relatorios-de-bi/.

pública foram desenvolvidos por meio de pesquisa em *Diário Oficial da União*, com dados fornecidos pela Secretaria Especial do Esporte e pesquisa específica de atletas na internet.

De acordo com o disposto no IPIE, o Bolsa Atleta já beneficiou em torno de 34.678 (trinta e quatro mil seiscentos e setenta e oito) atletas, isso significa dizer, portanto, que já foram investidos R$ 1.640.541.060,00 (um bilhão seiscentos e quarenta milhões e quinhentos e quarenta e um mil e sessenta reais).

É importante mencionar que no *site* são compartilhados os dados referentes aos atletas contemplados pelo Programa Bolsa Atleta a partir de 2005 — ano da criação do programa federal, de maneira geral separados por tipo de bolsa, modalidade e categoria (olímpica, paralímpica e não olímpica), com os respectivos valores previstos de investimento. Ainda, em uma aba mais específica, há o comparativo referente ao valor investido no programa ao longo dos anos.

Dessa forma, para melhor análise, inicialmente utilizaremos os anos de 2018 a 2023 — período que engloba o governo atual, a pandemia causada pela Covid-19 e o "novo" ciclo olímpico.

Posto isso, observe o Gráfico 1 abaixo:

Gráfico 1 – Quantidade de Bolsas por tipo.

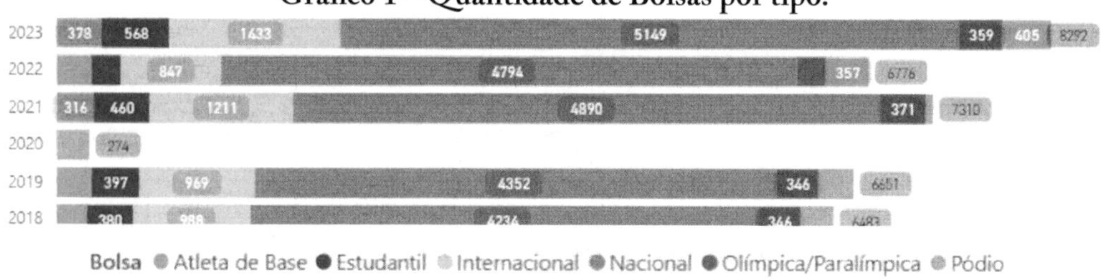

Fonte: Instituto de Inteligência Esportiva — Programa Bolsa Atleta (2024).

Com os dados expostos no Gráfico 1 acima, é perceptível que no ano de 2020 — período em que a pandemia do Covid-19 se alastrou pelo Brasil e pelo mundo — foram investidos apenas R$ 36,7 milhões e em uma modalidade específica do Programa, o Bolsa Atleta Pódio.[11] Esse foi o ano que a política pública sofreu maior impacto, com

(11) Em momento algum o relatório justifica o porquê do decréscimo do auxílio no ano de 2020. Entretanto, sabe-se que nesse ano foi uma opção do governo de não lançar o edital do Bolsa Atleta, unificando, portanto, as edições 2020 e 2021 do programa. Na prática isso significou dizer que os atletas que possuíam há anos o direito ao benefício completariam 12 meses não consecutivos sem receber a bolsa, em processo que já vinha se iniciado no governo Michel Temer (PMDB) e havia chegado ao limite. Assim, a Secretaria Especial do Esporte não utilizou mais dinheiro do orçamento de 2020 no programa – até porque o dinheiro de 2020 já havia sido comprometido com o edital de 2019. Esses dados encontram-se disponíveis na matéria de Vecchioli, Demétrio. "Governo faz manobra e, na prática, não pagará Bolsa Atleta por 2020". Disponível em: uol.com.br/esporte/colunas/olhar-olimpico/2020/08/05/governo-anuncia-cancelamento-do-bolsa-atleta-de-2020.html. Acesso em: 29 set. 2023.

274 (duzentas e setenta e quatro) bolsas concedidas, ao passo que o ano anterior foram 6.651 (seis mil seiscentos e cinquenta e um) contemplados.

Não somente, restou flagrante que em 2021 o governo voltou a investir em todas as modalidades do Programa Bolsa Atleta sendo que o valor total revertido aos beneficiários foi de R$ 104,9 milhões, montante este ainda inferior aos anos de 2018 e 2019. É importante mencionar que esse foi o primeiro ciclo olímpico (consideram-se os anos de 2017 a 2021) que sofreu uma grande queda no Programa Bolsa Atleta, incorrendo na diminuição de 17% (dezessete por cento) do auxílio.[12] Sendo assim, na realidade, o Gráfico 1 demostra que nos últimos anos o governo brasileiro teve problemas em manter o "auxílio vivo".

Já, em relação ao Ciclo Olímpico de Tóquio, de acordo com dados obtidos e demonstrados acima, mesmo este ciclo tendo um ano a mais na contabilização do orçamento em função do adiamento do evento em função da pandemia, o montante total destinado ao programa foi de R$ 530,4 milhões, contra os R$ 641,1 milhões do ciclo referente ao Jogos Olímpicos do Rio (2013 a 2016).

Em complemento, em 2019, quando Jair Bolsonaro assumiu a Presidência, seu governo colocou como meta, para os seus 100 primeiros dias, a modernização do Bolsa Atleta.[13] Em 2019, alocou R$ 140 milhões para o orçamento do programa, R$ 91 milhões a mais de verba que o ano anterior, e incluiu três mil competidores que haviam ficado fora do benefício.

Contudo, para equilibrar as contas, o governo aproveitou o cenário atípico da pandemia, e não lançou o edital do Bolsa Atleta em 2020, diferentemente disso, decidiu unificar as edições de 2020 e 2021, fazendo com que os atletas que já eram beneficiários ficassem um ano sem receber o auxílio e os atletas que poderiam vir a ser novos beneficiários não tivessem acesso ao Programa. Portanto, a redução ocorreu durante o período do ciclo olímpico, conforme as informações da Secretaria Nacional de Esportes de Alto Rendimento (SNEAR).

Por fim, os dados globais apresentados pelo IPIE e expostos no Gráfico 2 abaixo, também trazem um importante detalhamento referente aos anos de 2010 a 2023:

---

(12) Farrugia, Beatriz. "Time Brasil teve forte redução no orçamento do Bolsa Atleta". Disponível em: https://www.terra.com.br/esportes/jogos-olimpicos/time-brasil-teve-forte-reducao-no-orcamento-do-bolsa-atleta,0fa7f9f949e6d1c9df997ef6ab9fd187oc3whn9m.html. Acesso em: 23 set. 2023.

(13) Disponível em: https://jovempan.com.br/esportes/outros-esportes/governo-bolsonaro-reforca-bolsa-atleta-e-vai-pagar-beneficio-a-mais-de-3-mil-atletas.html

Gráfico 2 – Distribuição de Bolsa por Categoria Etária e Região de Nascimento.

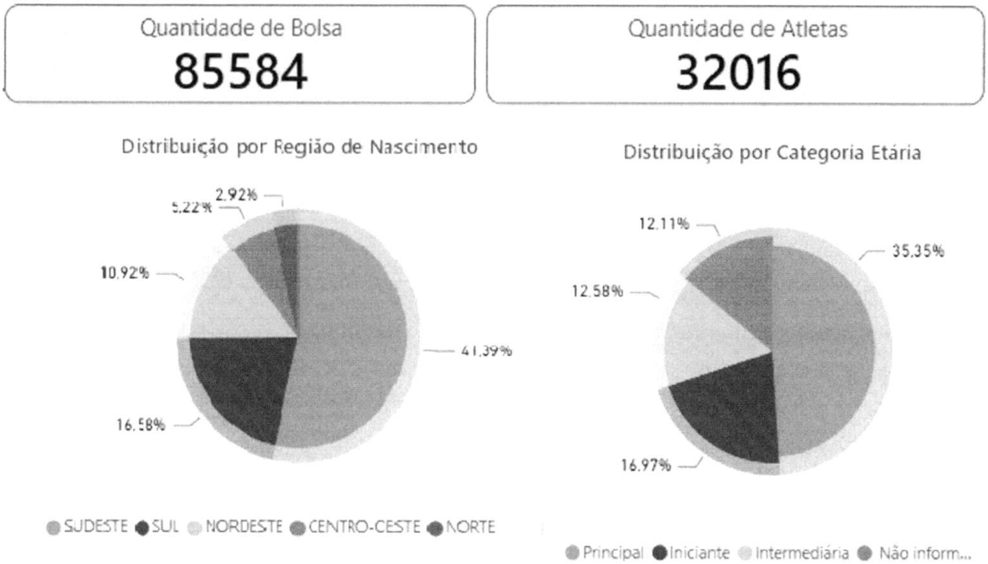

Fonte: Instituto de Inteligência Esportiva – Programa Bolsa Atleta (2024).

No Gráfico 2 é possível observar que das 85.584 (oitenta e cinco mil quinhentas e oitenta e quatro) bolsas distribuídas entre 32.016 (trinta e dois mil e dezesseis) atletas, 35,35% (trinta e cinco virgula trinta e cinco por cento) foram para atletas da categoria principal e 41,39% (quarenta e um vírgula trinta e nove por cento) foram concedidas para atletas que nasceram na região Sudeste. Esses dados demonstram não só a concentração de investimento nas categorias já consolidadas, como também, na região Sudeste do Brasil, o que aumenta ainda mais a diferença no que tange ao desenvolvimento esportivo entre os outros estados do país.

4. A voz dos atletas: estudo de casos

Para melhor embasar o estudo em torno do Programa Bolsa Atleta, realizamos uma análise com 75 (setenta e cinco) atletas, divididos entre diferentes modalidades, quais sejam: basquete, handebol *indoor*, handebol *beach*, levantamento de peso olímpico, polo aquático, vôlei e judô, com o intuito de se entender a efetividade do auxílio aos beneficiários, bem como, questões específicas do Programa — desde o acesso até a intepretação das regras do benefício. Desse modo, o estudo baseou-se em alguns questionamentos que serão abaixo elencados e analisados:

a) *Da espécie do benefício dos atletas analisados*

Foi questionado aos participantes qual a categoria do Bolsa Atleta que estariam recebendo ao ano vigente à pesquisa (2023). Assim, foi possível coletarmos que: 61% (sessenta e um por cento) recebem a categoria Atleta Nacional; 20% (vinte por cento) recebem a categoria Atleta Internacional; 4% (quatro por cento) recebem a categoria Atleta Olímpico; 10% (dez por cento) recebem a categoria Atleta de Base e 5% (cinco por cento) a categoria Estudantil.

b) ***O Bolsa Atleta e o auxílio proporcionado aos beneficiários***

Dos atletas participantes 92% (noventa e dois por cento) entende que o intuito principal do programa Bolsa Atleta é o de oferecer um suporte do ponto de vista financeiro, para que um atleta possa se dedicar ao esporte. Já, 8% (oito por cento) entendem que o programa não promove auxílio algum.(14)

Em continuidade, foi questionado aos participantes de que maneira o Bolsa Atleta os auxilia. Como resposta obtivemos o seguinte: (i) 48,6% (quarenta e oito vírgula seis por cento) entendem que o benefício auxilia apenas na possibilidade de complemento de renda; (ii) 28,4% (vinte e oito vírgula quatro por cento) entendem que o benefício oferece a oportunidade de não precisar trabalhar(15) e ter a alternativa de se dedicar exclusivamente aos treinos; (iii) 12,2% (doze vírgula dois por cento) entendem que o benefício contribui para a saúde mental dos beneficiários, uma vez que proporciona tranquilidade para que o atleta possa se concentrar somente em sua prática esportiva; e (iv) 10,8% (dez vírgula oito por cento) entendem que os motivos seriam outros, tais como: a possibilidade de utilizar o benefício como uma maneira de investimento no futuro do atleta, ou seja, na transição da carreira esportiva para uma carreira "comum". Ainda, há outros que entendem que o benefício seria o mínimo que o governo poderia conceder frente ao esforço feito diariamente pelo atleta que, no esporte ora em questão — *vide handebol* — é extremamente mal remunerado e sem patrocínios. Não somente, houve também a opinião de que o programa Bolsa Atleta proporciona a possibilidade de utilizá-lo como renda voltada somente ao esporte, ou seja, para a aquisição de material esportivo, suplementação e outras despesas, sem afetar o salário/auxílio recebido através de outras fontes.

Por fim, para concretizarmos o entendimento, questionamos aos beneficiários se consideram que o Bolsa Atleta é suficiente para a formação do indivíduo como atleta e as respostas foram as seguintes: 77% (setenta e sete por cento) entendem que não é o suficiente e 23% (vinte e três por cento) entendem que sim.

c) ***A insuficiência do programa Bolsa Atleta e a necessidade de novas políticas públicas***

Em complemento ao que já havia sido questionado, tentamos entender se os atletas acreditam que somente o Bolsa Atleta seria capaz de impulsionar e dar continuidade na carreira dos beneficiários.

---

(14) Importante salientar que dentre os indivíduos que responderam que o Bolsa Atleta não os auxiliam, 1 (um) deles é estrangeiro e os outros 5 (cinco) já receberam o benefício em anos anteriores, entretanto, não recebem mais no ano vigente, os quais esclareceram que, no ano que receberam o auxílio o programa foi essencial para sua permanência no esporte.

(15) Entende-se aqui como trabalho a atividade remunerada diversa do esporte praticado pelo atleta.

Assim sendo, 87,8% (oitenta e sete vírgula oito por cento) dos analisados acreditam que a política pública, por si só, é insuficiente, apresentando diferentes razões para tal entendimento, quais sejam: 55,4% (cinquenta e cinco vírgula quatro por cento) consideram importante o surgimento de novas políticas públicas de incentivo ao esporte de alto rendimento para serem utilizadas como complemento ao Bolsa Atleta; 21,6% (vinte e um vírgula seis por cento) acreditam que a insuficiência parte do entendimento de que o Bolsa Atleta é uma política pública que beneficia apenas alguns atletas, não sendo revertido, portanto, para toda a comunidade esportiva; 4,1% (quatro vírgula um por cento) entendem que o benefício gera muita pressão aos atletas que o recebem sem que haja um apoio específico para tanto; 2,7% (dois vírgula sete por cento) concluem que não há uma avaliação adequada e transparente dos resultados da política pública. Já, 3% (três por cento) acreditam haver outros motivos para essa insuficiência. Um dos motivos mais apresentado foi a defasagem do auxílio, haja vista que desde o ano de 2010 não houve nenhum reajuste[16] nas modalidades do auxílio, o que faz com que o valor, cada vez mais, fique desatualizado. Por fim, 12,2% (doze vírgula dois por cento) acreditam que o benefício é o suficiente para seguir com a carreira de atleta no Brasil.

d) ***Do procedimento necessário para a obtenção do benefício – desde o* site *ao regulamento e suas disposições***

Nenhum dos analisados classificou o procedimento de acesso ao benefício como algo muito fácil. Assim, as respostas flutuaram entre fácil, um pouco difícil e difícil. Além disso, no que tange às regras para a manutenção do benefício, 65,3% (sessenta e cinco vírgula três por cento) as consideram adequadas, 19,4% (dezenove vírgula quatro por cento) acham as regras inadequadas e 15,3% (quinze vírgula três por cento) desconhecem as regras.

e) ***Da extinção da concessão do benefício***

Para finalizar o questionário, perguntamos aos atletas se conheciam alguém que havia tido seu benefício cessado.

Diante disso, obtemos que 70,3% (setenta vírgula três por cento) conhecem alguém que perdeu o benefício, acrescentando que essa perda esteve atrelada aos seguintes fatores: (i) 48,1% (quarenta e oito vírgula um por cento) por descumprimento de regras; 17,3% (dezessete vírgula três por cento) em virtude de lesões; 5,8% (cinco vírgula oito por cento) em razão de mal desempenho em virtude de "má-fase" e, por fim, 28,8% (vinte e oito vírgula oito por cento) não sabiam o motivo certo que fez com que o conhecido tivesse perdido o benefício.

---

(16) VECCHIOLI, Demétrio. "Há dez anos sem reajuste, Bolsa Atleta já paga menos que salário-mínimo". Disponível em: https://www.uol.com.br/esporte/colunas/olhar-olimpico/2021/02/24/ha-10-anos-sem-reajuste-bolsa-atleta-ja-nao-paga-menos-que-salario-minimo.html. Acesso em: 10 jan. 2024.

f) *Conclusão da pesquisa*

Com a pesquisa realizada entre os atletas, restou notório que o intuito principal do programa Bolsa Atleta é efetivamente o de proporcionar um suporte do ponto de vista financeiro para que um atleta possa se dedicar ao esporte, objetivo este que efetivamente o programa consegue alcançar.

Todavia, também conseguimos perceber que, mesmo com o auxílio promovido pela política pública, a maioria dos beneficiários não considera o montante suficiente para ter somente o esporte como profissão. Isso ocorre pois, além de o benefício não ter tido reajuste desde 2010, os atletas consideram o valor baixo para conseguir se sustentar e ainda ter os gastos de ser e se tornar um atleta de elite, haja vista a necessidade de os atletas gastarem com suplementos, médicos especializados, equipamentos para treinamento etc.(17)

Além disso, restou inquestionável que grande parte dos beneficiários não possui o conhecimento necessário sobre o regulamento e regras do programa, o que faz com que muitos atletas percam o benefício por total desconhecimento ou falta de informação. Esse dado mostra a necessidade de se criar uma plataforma mais eficaz, que não só ajude os atletas a tirarem suas dúvidas quanto ao benefício, como também, se interessem em saber como devem prosseguir ao serem contemplados, ou seja, o que devem fazer para efetivamente receber o benefício. Isso poderia ser realizado por meio de cursos obrigatórios para que o atleta se torne beneficiário ou por um aplicativo de fácil manuseio para conhecimento de regulamentos imprescindíveis.

Ainda, uma das maiores "críticas" dos atletas quanto ao corte do benefício foi referente à extinção do Bolsa Atleta em decorrência de lesão.

Primeiramente, é necessário que se tenha em mente que a lesão é um risco inerente à profissão do atleta, dessa maneira, não há motivos para que ocorra o corte do benefício, independentemente da falta de treinos ou baixo rendimento, uma vez que se o atleta recebe o auxílio é porque no ano anterior se dedicou e conseguiu uma boa colocação na competição de sua modalidade. Ademais, é nesse momento de lesão que o atleta está mais fragilizado e necessitando de suporte — tanto psicológico como financeiro, sendo

(17) Da mesma maneira entende a atleta vice-campeã mundial de *wrestling*, Aline Silva: "*Se eu não tivesse que ter uma alimentação diferenciada, que pagar minhas viagens, minhas competições, talvez a gente conseguisse viver como boa parte da população brasileira vive com R$ 3 mil ou menos. Mas nossa profissão depende de boa alimentação, descanso, material, para você conseguir receber esses R$ 3 mil. Se eu não tenho, eu não chego, e minha profissão acaba não existindo. Então a gente está falando de um paradoxo gigante, de algo que uma coisa não encaixa com a outra. Esporte custa caro e quanto mais eu cresço mais investimento eu preciso. Se eu consigo ser campeã brasileira comendo arroz e feijão, para ser campeã pan-americana eu vou precisar comer mais legume, mais carne, que está caro... Sem esse investimento não dá para brigar em nível mundial.*". Vecchioli, Demétrio. "Há dez anos sem reajuste, Bolsa Atleta já paga menos que salário-mínimo". Disponível em: https://www.uol.com.br/esporte/colunas/olhar-olimpico/2021/02/24/ha-10-anos-sem-reajuste-bolsa-atleta-ja-nao-paga-menos-que-salario-minimo.htm?cmpid=copiaecola. Acesso em: 21 jan. 2024.

este mais um motivo plausível para demonstrarmos que antes de cortar o benefício, é necessário que haja uma análise crítica e concreta de cada caso, entender o porquê de o atleta ter baixo rendimento ou por quantos meses ficará afastado de sua atividade é uma atitude essencial que o governo deve adotar antes de realizar o corte do benefício.

5. Análise do caso Paulo André e Vinicius Rodrigues

Em janeiro de 2022, o atleta olímpico Paulo André Camilo, mais conhecido como "PA", participou da edição do *reality show Big Brother Brasil*. Mesmo antes do *reality*, PA já era reconhecido nacionalmente entre os amantes de atletismo por ser uma das promessas do atletismo brasileiro, tendo inclusive participado das Olimpíadas de Tóquio 2021.

Durante sua trajetória no *reality show*, PA sempre deixou claro que pretendia continuar sua carreira de atleta quando saísse do programa e, para tanto, seguia uma rotina de treinamentos, muito menos pesados e incisivos, dentro das instalações do programa.

Nesse mesmo ano, PA recebia o benefício do programa Bolsa Atleta, sendo fruto do resultado do atleta nos Jogos Pan Americanos de Lima 2019, quando foi medalhista de prata na prova de 100 (cem) metros rasos. Foi o último campeonato em que o atleta havia participado e, em razão da pandemia, todos os benefícios que PA recebia à época eram referentes ao desempenho dele em 2021, ou seja, o último campeonato que participou em 2019 se estendeu também ao ano de 2021. Desse modo, mesmo dentro do *reality*, Paulo André recebia um valor mensal de R$ 1.850,00 (hum mil oitocentos e cinquenta reais).

Entretanto, o assunto somente veio à tona quando, já no meio do *reality*, o ministro da Cidadania, à época João Roma, depois de ser questionado por um repórter, provocou a Secretaria do Esporte a suspender o benefício de Paulo André "*por ele participar do reality show da Globo*".

Diante do ocorrido, a família de PA foi notificada pelo Ministério, sendo a bolsa do atleta suspendida com a justificativa de que, estando no *reality show* PA não cumpria o plano anual de 2021, uma vez que, segundo o governo, a lei que na época disciplinava o Programa Bolsa Atleta exigia a continuidade dos treinos por todo o período de recebimento do benefício. Assim, a suspensão afetou duas ou no máximo três parcelas que o atleta, na época finalista do *reality*, precisaria receber.

Da mesma forma ocorreu com o atleta paraolímpico Vinicius Rodrigues. No ano de 2024, Vinicius também participou do *Big Brother Brasil* e, diferentemente do que ocorreu com Paulo André, logo no início do programa, o Ministério do Esporte, por meio da Secretaria Nacional de Esportes de Alto Desempenho, notificou o atleta sobre sua participação no *reality* e, diante da afirmativa da equipe de Vinicius de que o atleta continuaria no programa, o pagamento do benefício que recebia[18] foi suspenso, tendo como justificava que o atleta não estaria cumprindo com o plano esportivo aprovado.

De forma diferente do ocorrido com PA, Fabio Marcelo (substituto do secretário nacional de esportes de alto desempenho) garantiu que quando Vinicius saísse do *reality*, ele seria notificado novamente para saber se seguirá o treinamento e a participação em competições que estão dentro do plano esportivo entregue ao Ministério do Esporte, para que assim pudessem proceder com a reativação do benefício do atleta. Todavia, caso a resposta do atleta viesse a ser diferente disso, ele teria seu benefício cancelado definitivamente.

Portanto, a pergunta que deve ser respondida é a seguinte: analisando juridicamente, os benefícios concedidos aos atletas — tanto Paulo André como Vinicius — deveriam de fato ter sido cessados pelo governo?

A Lei Geral do Esporte, assim como a antiga Lei do Bolsa Atleta, institui que o benefício de R$ 1.850,00 (hum mil oitocentos e cinquenta reais) mensais, como era o caso de Paulo André, é assegurado aos atletas que tenham integrado a seleção brasileira de sua modalidade esportiva, representando o Brasil em campeonatos reconhecidos pelo Comitê Olímpico Brasileiro, pelo Comitê Paralímpico Brasileiro (CPB), pela Confederação Brasileira de Desportos de Surdos (CBDS) ou pela entidade internacional de administração da modalidade, obtendo no mínimo terceira posição e que continuem treinando e participando de competições internacionais.[19] Já, o cancelamento ou suspensão da bolsa[20] serão fixados em regulamento específico de cada modalidade (o que, certamente, pode variar).

O argumento da Secretaria Especial do Esporte para cessar os benefícios, tanto de PA como de Vinicius, foi o não cumprimento do programa anual de treinamentos por parte dos atletas, considerando que PA estava há dois meses confinado na casa do *Big Brother Brasil* e Vinicius há poucas semanas.

---

(18) Vinicius recebia em torno de R$ 15.000,00 (quinze mil reais) mensais pela Categoria Bolsa Atleta Pódio, a mais alta do benefício.

(19) Anexo I: Categoria atleta internacional: Atletas que tenham integrado a seleção brasileira de sua modalidade esportiva, representando o Brasil em campeonatos sul-americanos, pan-americanos ou mundiais reconhecidos pelo Comitê Olímpico do Brasil (COB), pelo Comitê Paralímpico Brasileiro (CPB), pela Confederação Brasileira de Desportos de Surdos (CBDS) ou pela entidade internacional de administração da modalidade, tendo obtido até a terceira colocação, e que continuem treinando e participando de competições internacionais.

(20) Art. 56. Os critérios complementares para concessão, suspensão e cancelamento de bolsas, inclusive quanto às modalidades não olímpicas, não paralímpicas e não surdolímpicas, e as formas e os prazos para a inscrição dos interessados na obtenção do benefício e para a prestação de contas dos recursos financeiros recebidos e dos resultados esportivos propostos e alcançados pelos atletas beneficiados serão fixados em regulamento.

Isso posto, analisando friamente a lei, os atletas, de fato, não estariam cumprindo o requisito estipulado no Anexo I da lei, qual seja, o de continuar treinando e participando de competições internacionais, ainda mais se considerado que ao renovar o benefício o atleta envia um plano esportivo esperado para o ano, isto é, o atleta expõe os campeonatos que pretende competir, e é nisso que o governo se baseia para aprovar ou não a renovação do Bolsa Atleta.

Contudo, é necessário expor que a situação de um atleta que recebe o Bolsa Atleta estar dentro de um *reality show* é completamente atípica e, por mais que, por alguns meses ou até menos que isso, o atleta não exerça seus treinamentos, é fato que: *(i)* esse atleta recebe o benefício em decorrência de todo o seu resultado e esforço no ano anterior; e *(ii)* continuará sendo atleta após sair do *reality*, necessitando de auxílio em sua carreira (haja vista que esse é o maior intuito do benefício).

Nesse sentido, as reclamações efetuadas por diversos atletas no formulário e expostas no tópico 4 acima vêm à tona novamente: a não análise do caso concreto e falta de responsabilidade com o que o atleta fez ou faz para com a modalidade que prática.

Provavelmente, tanto Paulo André como Vinicius, após saírem do programa, não precisariam mais dos benefícios do governo para continuarem com as suas carreiras já que garantem muita visibilidade para si e seu esporte durante o período do *reality*. Todavia, não é justo que não recebam um benefício referente a uma época/ano em que poucas pessoas o reconheciam como atleta e que possuíam como fonte de renda apenas o esporte que praticavam — quiçá seus patrocinadores.

Consequentemente, a situação de PA e de Vinicius apenas evidencia a necessidade de uma melhor gestão dentro do órgão que analisa a concessão e a manutenção do benefício do Bolsa Atleta.

6. Conclusão

A Lei Geral do Esporte incorporou grande parte do texto presente na antiga Lei do Bolsa Atleta, sendo que certo os requisitos cumulativos para a concessão do benefício continuam com uma redação ampla e dão margem para diversas interpretações.

Todavia, é necessário expor que grandes mudanças ocorreram no que tange *(i)* à inclusão de possíveis novos beneficiários (categoria surdolímpica); *(ii)* aos beneficiários que possam vir a ser condenados por *doping*, isso porque, agora com a nova redação esses atletas não poderão pleitear o benefício novamente; e *(iii)* a extensão de tempo de benefício às atletas que vierem a ficar grávidas.

Fato é que, decerto, é extremamente necessário a criação de incentivos financeiros voltados aos atletas, como é o caso do Bolsa Atleta, para que esses possam de alguma forma se manter no esporte e poder vê-lo, efetivamente, como seu trabalho, tendo de fato tempo para dedicar-se à modalidade que pratica.

No entanto, em que pese a criação do Bolsa Atleta seja — um alívio aos atletas profissionais em meio a tantas incertezas que permeiam a profissão, o benefício por si só não foi capaz de suprir a falta de medidas efetivas para o incentivo do esporte — principalmente nas categorias de base, uma vez que esse benefício tem como finalidade privilegiar atletas que já estejam consolidando sua carreira. Evidentemente, esse fato torna cada vez mais difícil que crianças, jovens e a própria sociedade enxerguem o esporte como um trabalho que, como todos os outros, pressupõe uma rotina árdua, dura e que necessita de exclusividade, como é o caso dos atletas profissionais.

Posto isso, mesmo que os atletas entrevistados considerem que a política pública concede a possibilidade de muitos deles continuarem no esporte e ainda almejarem participar de competições importantes (ainda que possua um processo muito burocrático e confuso), essa afirmativa não descarta a necessidade da criação de uma nova política pública que se some ao Bolsa Atleta, no sentido de melhorar a condição dos atletas profissionais no Brasil.

Não se pode descartar também o carecimento do reajuste nos valores do Programa Bolsa Atleta visto que não são modificados desde 2010, bem como, a indispensabilidade na melhora da análise quanto à possibilidade da extinção de benefícios aos atletas lesionados ou que se encontrem em situações atípicas como foi o caso dos atletas Paulo André e Vinicius.

Referências

FARRUGIA, Beatriz. “Time Brasil teve forte redução no orçamento do Bolsa Atleta”. Disponível em: https://www.terra.com.br/esportes/jogos-olimpicos/time-brasil-teve-forte-reducao-no-orcamento-do-bolsa-atleta,0fa7f9f949e6d1c9df997ef6ab9fd187oc3whn9m.html. Acesso em: 23 jan. 2024.

GOVERNO FEDERAL. Ministério da Cidadania. Disponível em: https://www.gov.br/cidadania/pt-br/acoes-e-programas/bolsa-atleta. Acesso em: 3 jan. 2024.

INSTITUTO DE INTELIGÊNCIA ESPORTIVA. Disponível em: http://www.inteligencia-esportiva.ufpr.br/site/index.php/nossos-relatorios-de-bi/. Acesso em: 15 jan. 2024.

JOVEM PAM. “Governo Bolsonaro reforça Bolsa Atleta e vai pagar benefício a mais de 3 mil atletas”. Disponível em: https://jovempan.com.br/esportes/outros-esportes/governo-bolsonaro-reforca-bolsa-atleta-e-vai-pagar-beneficio-a-mais-de-3-mil-atletas.html. Acesso em: 10 jan. 2024.

MANSUR, José Francisco. “Comentários à Lei n. 10.891/04 que instituiu a ‘bolsa-atleta’”, 2004. Disponível em: https://www.migalhas.com.br/depeso/8848/comentarios-a-lei-n--10-891-04-que-instituiu-a--bolsa-atleta. Acesso em: 1º jan. 2024.

MINISTÉRIO DO ESPORTE. Assessoria de Comunicação. “Vinícius Rodrigues — Bolsa Atleta poderá ser reativado se atleta puder cumprir plano esportivo”. Disponível em: https://www.gov.br/esporte/pt-br/noticias-e-conteudos/esporte/caso-vinicius-rodrigues-bolsa-atleta-podera-ser-reativado-se-atleta-apresentar-condicoes-de-cumprir-o-plano-esportivo-contemplado. Acesso em: 14 fev. 2024.

VECCHIOLI, Demétrio. "Governo faz manobra e, na prática, não pagará Bolsa Atleta por 2020". Disponível em: uol.com.br/esporte/colunas/olhar-olimpico/2020/08/05/governo-anuncia-cancelamento-do-bolsa-atleta-de-2020.html. Acesso em: 29 jan. 2024.

______. "Há dez anos sem reajuste, Bolsa Atleta já paga menos que salário-mínimo". Disponível em: https://www.uol.com.br/esporte/colunas/olhar-olimpico/2021/02/24/ha-10-anos-sem-reajuste-bolsa-atleta-ja-nao-paga-menos-que-salario-minimo.htm?cmpid=copiaecola. Acesso em: 21 jan. 2024.

Naming Rights: O Dilema entre a Mercantilização de Nomes e a Vinculação Histórico-Cultural

Nathalia Vicentini Aguiar

Introdução

Apesar de terem surgido os primeiros relatos ainda na segunda metade do século XX, nos últimos anos, a concessão dos direitos de *naming rights* tem sido uma prática de mercado cada vez mais constante. Nos Estados Unidos, o uso de marcas no nome de arenas, estádios e outros espaços é bastante comum, principalmente por se tratar da maior indústria de entretenimento do mundo.

No Brasil, quando atrelado à indústria esportiva, diante do déficit financeiro dos clubes e da necessidade de novas fontes de receitas, a aquisição de *naming rights* por grandes empresas detentoras de reconhecidas marcas tem se mostrado não só uma lucrativa fonte de receita, mas também uma ação de *marketing* bastante eficiente para ambas as partes.

Entretanto, o instituto não é só aplicado ao cenário esportivo. Para a Administração Pública, tem sido uma prática que vem causando algumas discussões acerca da possibilidade de exploração econômica de nomes de bens e locais que configuram patrimônio público.

Desde a exploração de casos ao redor do mundo até as discussões acerca de possível regulamentação, os *naming rights* são assuntos de bastante relevância, seja para as negociações substancialmente compostas por pessoas jurídicas de direito privado ou com parcerias com pessoas jurídicas de direito público.

1. *Naming rights*: Aspectos e definições

Nos últimos anos, um instituto relativamente novo no mercado brasileiro vem sendo destaque nas manchetes que tratam do esporte e entretenimento e do espaço público. Trata-se do instituto do "*naming rights*" que, apesar de avançar gradualmente no território brasileiro com transações milionárias, consiste em prática bastante consolidada e difundida nos mercados da Europa e da América do Norte, por exemplo, tendo demonstrado ascensão também na Ásia.

O termo ainda carece de definição e tradução específica para a lingua portuguesa, entretanto, habitualmente vem sendo utilizado, em tradução literal, como "direito de denominação", "direito à nomeação" ou "direito de nome", termos esses que também podem ser encontrados em contratos, artigos científicos e acadêmicos, *blogs* e jornais.

Já na língua inglesa, o termo já fortificado pode ser facilmente encontrado com diversas definições:

> O direito de nomear uma parte de um bem, seja tangível ou um evento, usualmente concedido em troca de compensação financeira. Institutições como escolas, locais de culto e hospitais têm a tradição de conceder a doadores o direito de nomear instalações em troca de contribuições, seguindo a regra geral de que quanto maior a contribuição, maior a instalação a ser nomeada (BARTOW, 2007, tradução nossa).
>
> Os *naming rights* podem ser vistos como um tipo ou forma particular de patrocínio, que envolve uma troca de dinheiro de um patrocinador dos *naming rights* para o proprierário do estabelecimento (conhecido como o detentor dos direitos) em troca do direito de nomear aquele estabelecimento ou estádio (GILLOOLY, EDDY e MEDWAY, 2022, tradução nossa).[1]
>
> *Naming rights*, ou em português, direitos de nome, é um tipo de acordo financeiro em que uma empresa compra o direito de nomear um estádio ou arena e, dependendo do contrato, promove seus produtos e serviços nessas instalações (BRAGAIA, 2022).

Desta forma, em outras palavras, pode-se depreender que os *naming rights* consistem, portanto, no direito de atribuição de nome a um determinado bem, como forma de exploração econômica do ativo intangível — marca ou nome relacionado à produto —, por tempo determinado e mediante contraprestação financeira, através da associação da marca ou nome do adquirente ao nome ou título do bem denominado, que por sua vez pode ser um evento, um local, uma instalação ou ainda uma atividade.

A atribuição de nome não necessariamente precisa ser inserida na integralidade do bem, tal como em um estádio ou arena. Algumas concessões consistem na negociação

(1) *"Naming rights can be seen as a particular type or form of sponsorship, which involves an exchange of money from a naming rights sponsor to the facility owner (known as the rights holder) in return for the right to name that facility or stadium."*

do direito de dar nome apenas a uma determinada parte, ala ou setor, por exemplo: setor de arquibancada, sala, camarote, *lounge* e praça de alimentação. Um grande exemplo é o famoso complexo do Madison Square Garden, localizado em Nova Iorque, considerado como a arena de entretenimento mais famosa do mundo, palco de grandes *shows* e eventos esportivos, além de ser "casa" do New York Knicks e New York Rangers, equipes da National Basketball Association (NBA) e da National Hockey League (NHL), respectivamente. A arena possui diversos espaços como *lounges* e camarotes com nomes de grandes empresas, incluindo o HUB International, J.P Morgan Club, Delta Sky360 Club e o Lexus Level Suites, cada um com seus benefícios e comodidades, tais como vista privilegiada da quadra/palco, área de buffet com refeições e bebidas, entrada VIP e prioritária, espaço reservado para convidados e entre outros.

Todavia, em casos como esses nos quais a atribuição de nome não se dá à integralidade do bem, mas somente a um espaço interno, a exposição da marca é menor, uma vez que a visibilidade fica restrita àqueles que comparecerem ao local ou então por eventual menção na mídia, diferente, por exemplo, do nome de um estádio que, exposto do lado externo, está visível a quem por ali transitar ou ainda basta adquirir um ingresso para um evento realizado no local para que o nome seja exposto, não demandando que seja, necessariamente, um consumidor ou torcedor da equipe correspondente.

Esse tipo de parceria vai muito além do esporte e de estádios, sendo também comumente praticada, como será visto adiante, em estações de metrô e trem, ginásios, casas de *shows*, museus, teatros e até mesmo ativos intangíveis como é o caso de campeonatos. Em se tratando de futebol, temos como grande exemplo o Campeonato Brasileiro que, em 2023, recebeu o nome de Brasileirão Assaí, em parceria da Confederação Brasileira de Futebol (CBF) com a rede atacadista, ou então o nome Campeonato Paulista adquirido pela Sicredi, em contrato com a Federação Paulista de Futebol (FPF), além, por exemplo da fabricante de pneus japonesa Bridgestone, que esteve compondo o nome da Copa Libertadores de 2013 a 2017, a Bet7k que adquiriu os *naming rights* da Superliga de VôLei n. 2023/2024 etc.

2. Histórico e cases no esporte e entretenimento

2.1. Cases *internacionais*

Há diversas discussões acerca de qual teria sido a primeira negociação de *naming rights* no mundo. Alguns autores consideram que o primeiro acordo ocorreu no ano de 1971, quando a Schaefer Brewing Company, uma empresa de cerveja americana, pagou US$ 150 mil para adquirir o direito de nomear o estádio do New England Patriots por dez anos, na época nomeado como Schaefer Field (NOLL & ZIMBALIST, 1997), sendo hoje conhecido como Gillette Stadium (já com outro acordo, com outra empresa).

No entanto, há aqueles que consideram outro acordo como o pioneiro, apesar de também ser da década de 1970, dado à manifestação formal do termo "*naming rigthts*" em contrato. A negociação realizada em 1973 se deu entre a Rich Products, uma empresa alimentícia, e o Buffalo Bills, equipe da NFL. O contexto da negociação estava tumultuado pela necessidade de expansão do estádio dos Bills. Até o ano de 1972, o estádio dos Bills era conhecido como War Memorial Stadium, com capacidade para cerca de 46,5 mil pessoas. Logo no início da temporada de 1970, em razão do acordo de fusão firmado entre a American Football League (AFL)(2) e a National Football League (NFL), cada franquia deveria, desde então, jogar em um estádio com capacidade mínima para 50 mil pessoas. Pressionado pela liga e sem retornos nas buscas de investimento para a expansão do estádio, o proprietário dos Bills, Ralph Wilson Jr., começou a negociar sua transferência para outras cidades. O Condado de Erie, cuja cidade-sede é Buffalo, temendo a mudança, concordou em consturir um estádio aos Bills, de acordo com os padrões exigidos pela liga, contribuindo com aproximadamente US$ 23,5 milhões. Entretanto, apesar do financiamento, o novo estádio precisava de um patrocínio corporativo, o que despertou o interesse da empresa local Rich Products que, inicialmente, ofertou uma singela quantia em troca do direito de nomear o estádio como "Coffee Rich Park", fato que causou bastante descontentamento de Ralph e dos torcedores, além de se tornar motivo de zombarias. Depois de muitos entraves, o contrato foi firmado por aproximadamente 25 anos e nascia, portanto, o Rich Stadium, pelo valor de US$ 1,5 milhão (cerca de US$ 60 mil por ano).

O trato, todavia, foi uma exceção para a época, tendo em vista que até por volta dos anos 1980, grande parte do financiamento de arenas esportivas nos Estados Unidos ocorria a partir do investimento, quase que integralmente, de verba pública. Estima-se que, entre 1970 e 2020, os governos estaduais e locais dedicaram aproximadamente US$ 33 bilhões em fundos públicos para construir instalações esportivas das principais ligas nos Estados Unidos e no Canadá — Major League Baseball (MLB), National Basketball Association (NBA), National Football League (NFL) e National Hockey League (NHL) —, somando o equivalente a 77% dos custos totais dessas construções

(2) A American Football League (AFL) foi uma das principais ligas de futebol americano, fundada em 1959, tendo perdurado por dez temporadas (1960-1970), até se juntar à National Football League (NFL) e se tornar a American Football Conference (AFC). Apesar de a fusão entre ambas as ligas ter sido anunciada ainda em 1966, ela só foi oficializada em 1970. Um dos fatos mais curiosos e considerado como uma das maiores "zebras" da história do futebol americano, ocorreu nos dois últimos anos de existência da AFL, com a vitória dos times da AFL sobre os times da NFL no Super Bowl III e IV. Importante salientar que, uma das características que diferem os esportes americanos do restante do mundo é o fato de as ligas terem suas equipes divididas em conferências. A NBA, por exemplo, ela é formada por 30 times e dividida em duas conferências (Leste e Oeste), de forma que o critério de divisão das equipes em cada conferência se configure pelo fator geográfico. Entretanto, no caso da NFL, ela é composta por 32 times, divididos igualmente em duas conferências (a American Football Conference (AFC), resultado da união da AFL com a NFL, e a National Football Conference (NFC)), que não possuem suas distribuições baseadas na geografia da localidade de cada time, mas sim, pelo resultado da fusão entre as ligas no passado.

que corresponderam, nesses 50 anos, à inauguração de 135 novos estádios e arenas (ZIMBALIST, 2023).

A partir dos anos 2000, os contratos de *naming rights* se tornaram comuns e frequentes na indústria do entretenimento norte-americana, com valores que chegavam, em média, a US$ 20 milhões anuais pela obtenção do direito de expor sua marca no nome de arenas esportivas.

Na Europa, o contrato firmado em 2004 entre o clube inglês Arsenal e a Emirates impressionou o mercado. A companhia aérea, que também detém o contrato de patrocínio máster estampando a sua marca na camisa principal do clube, concordou em pagar £ 100 milhões por um acordo de *naming rights* de 15 anos para o estádio do clube (Emirates Stadium), em Londres e que, por aditamento realizado em 2012, foi estendido até 2028.

Seguindo esse raciocínio, nos últimos dez anos, tem-se observado que as negociações de *naming rights* vêm aumentando em ritmo acelerado tanto em quantidade de negociações quanto em valores pagos, estampando as manchetes dos principais jornais na indústria do entretenimento. Em 2017, a casa do Toronto Raptors (NBA) e do Toronto Maple Leafs (NHL) se tornou a Scotiabank Arena após contrato de 20 anos com a instituição financeira que hoje dá nome à arena, por um valor de C$ 800 milhões.

Já em 2021, foi a vez do antigo famoso Staples Center, palco de dezenas edições do Grammy Awards, de grandes *shows* e eventos, além, obviamente, dos jogos dos Lakers e Clippers (NBA), Kings (NHL) e Sparks (WBNA). O local foi renomeado para Crypto.com Arena, por US$ 700 milhões, pelos próximos 20 anos.

Ainda mais recentemente, no começo de 2024, o recém vice-campeão do Super Bowl LVIII, San Francisco 49ers renovou por mais dez anos o seu contrato com a marca de vestuário Levi Strauss & Co (Levi's), garantindo a ela os direitos do nome do Levi's Stadium, na Califórnia, até 2043, por US$ 170 milhões. O acordo originário havia sido firmado em 2013, no montante de US$ 220 milhões, com duração até 2033 (REUTERS, 2024).

A Alemanha, por sua vez, presenciou o seu maior acordo de *naming rights* em 2024, por meio de parceria da Uber com a AEG, empresa líder global em esportes e entretenimento ao vivo. Através do contrato, dois locais da AEG e um distrito de entretenimento localizado nos arredores das instalações serão renomeados: a Mercedez-Benz Arena, que será renomeada como Uber Arena, o antigo Verti Music Hall, que dará lugar ao Uber Eats Music, bem como o anteriormente Mercedez Platz (espaço com restaurantes, cinema e pista de boliche), que será chamado de Uber Platz, todos em Berlim.

Além dos Estados Unidos, Canadá e Europa, o Japão é outro local que vem apostando em parcerias corporativas para espaços destinados ao esporte e entretenimento.

Em fevereiro de 2024, foi anunciado um dos maiores investimentos em *naming rights* do Japão entre a Fintech IG Group, a Aichi International Arena Corporation, com a intermediação da AEG (empresa que atuou com a Uber na Alemanha recentemente e que também fez parte da contratação de *naming rights* do Allianz Parque, estádio do Palmeiras), para a concessão de nome para a futura IG Arena, espaço de cinco andares com capacidade para 17 mil pessoas e que será sede da 26. edição dos Jogos Asiáticos de 2026, com inauguração prevista para 2025. A mesma empresa AEG, em 2023, também atuou no acordo de concessão de nome à UOB Live, novo local para eventos em Bangkok, na Tailândia, juntamente ao banco internacional UOB.

2.2. Cases *nacionais*

Como introduzido precedentemente, diferente do que ocorre no Hemisfério Norte, ao que se tem de informações, a relação corporativa do Brasil no instituto do *naming rights* é uma relação relativamente nova. Por muito tempo, e até os dias atuais, não se enxergava o nome de estabelecimentos e espaços como forma de monetização, ao menos não através de um contrato de *naming rights*. Desde muito tempo, nomeavam-se hospitais, escolas, estádios e diversos outros locais com nomes de pessoas físicas e, na maioria das vezes, como forma de homenagem, agradecimento ou simbolismo por alguém que havia realizado importante contribuição para, por exemplo, o desenvolvimento do município ou para a construção do respectivo local, ou que dali fosse conterrâneo, ou então para uma personalidade emblemática em assuntos tais como direitos humanos, saúde, educação etc. Diversas podiam ser essas possibilidades quando se falava em dar nome a um bem, fato é que isso era habitualmente praticado sem nenhum caráter mercadológico e sem nenhuma intenção de explorar economicamente esse nome.

O caso considerado como pioneiro na prática de *naming rights* no Brasil também é alvo de divergências. Aos amantes de futebol, indubitavelmente o instituto foi inaugurado nacionalmente com o Athletico, em 2005 – na época, Atlético Paranaense. O clube do estado do Paraná negociou o direito de denominação do seu estádio, até então conhecido como Arena da Baixada, para a empresa japonesa Kyocera, tornando-se a Kyocera Arena. Além do nome ao estádio, o contrato envolvia o patrocínio master da camisa do clube no valor de R$ 3 milhões, por um período de três anos.

Por outro lado, há quem diga que em 1999, o Credicard Hall (hoje, Vibra São Paulo) deu início à concessão dos *naming rights* no Brasil. Outros vão ainda mais longe ao relembrar do extinto Banco Nacional, que por alguns anos, no início dos anos 1990, deu nome às famosas salas de cinema da Rua Augusta, em São Paulo, o atual Espaço Itaú de Cinema, na época denominado Banco Nacional de Cinema.

Não obstante as minuciocidades de cada contrato que escudou os casos que disputam o pioneirismo dos *naming rights* no Brasil, fato é que a prática tem se tornado frequente nas manchetes de jornais.

Ainda previamente à realização da Copa do Mundo FIFA de 2014, realizada no Brasil, em 2013, o Palmeiras assinou um contrato de 20 anos (até 2033) pelo Allianz Parque com a WTorre e com a AEG (já citada em outros *cases* anteriormente, mas que deixou o contrato do Palmeiras em 2016 após desentendimentos com a parceira WTorre), no valor de aproximadamente R$ 300 milhões – hoje já ultrapassando os R$ 400 milhões, devido aos reajustes inflacionários anuais. O estádio se tornou o principal espaço na capital paulista para eventos de grande porte como *shows* nacionais e internacionais.

No mesmo ano, a Arena Fonte Nova, na Bahia, um dos estádios construídos para a Copa do Mundo 2014, teve os direitos relativos ao seu nome negociados com o Grupo Petrópolis, para inserção da marca de cerveja Itaipava no nome do local por uma década, com o pagamento de aproximadamente R$ 100 milhões, além da garantia da exclusividade na comercialização de produtos do grupo nas dependências do local. Embora o contrato permanecesse vigente, em 2015, após renegociação entre as partes, o montante devido pela adquirente foi amplamente reduzido a cerca de um quarto do valor fixado originariamente, em troca da possibilidade de flexibilização da exclusividade de comercialização das marcas do grupo na arena, permitindo, portanto, que a Fonte Nova Negócios e Participações (FNP) negociasse com outros patrocinadores, resultando na parceria realizada com a Coca Cola pela distribuição de seus produtos na arena e pela denominação do Lounge Premium Coca Cola, por exemplo. Recentemente, a mesma arena, findo o seu contrato com o grupo cervejeiro, assinou um contrato válido por quatro anos com a empresa Casa de Apostas, pela quantia aproximada de R$ 52 milhões, o equivalente a R$ 13 milhões anuais. Dessa forma, a partir da temporada de 2024, a Itaipava Arena Fonte Nova dá lugar à Casa de Apostas Arena Fonte Nova.

O Corinthians é outro exemplo de clube que concedeu o nome do seu estádio à parceria privada. A Neo Química Arena é resultado do acordo entre o clube paulista e a Hypera Pharma, assinado em 2020, por cerca de R$ 300 milhões, com extensão de vinte anos. Com uma exposição de marca bastante ativa nas mídias, graças à popularidade do clube alvinegro e à adoção harmoniosa do nome pelos torcedores, a arena caminha para alavancar a sua marca no cenário esportivo internacional, graças à realização inédita de um jogo da NFL em território sulamericano.

Seguindo na mesma linha, o Atlético Mineiro foi outro clube que abriu as portas do seu estádio para os patrocinadores, não somente com a exploração dos *naming rights* advindos da Arena MRV, gerado por um contrato de 10 anos com a MRV&CO, no valor original de aproximadamente R$ 60 milhões, como também pela exploração econômica do nome de outras localidades internas da arena, que renderam contratos com a Ambev pelo setor inferior, com o Banco Inter pelo setor superior e com a Arcelor Mittal pelos camarotes.

Mais recentemente, dois acordos vieram à tona no cenário esportivo: a Arena da Baixada, popular estádio do Athletico que viu mais uma vez o seu nome mudar com a chegada da Ligga Arena em 2023, em contratação por 15 anos, e o São Paulo Futebol Clube que, em criativa ação publicitária, negociou contratualmente o nome do famoso Morumbi com a empresa alimentícia Mondelez, detentora de marcas como Oreo, Halls, Tang, Lacta, Milka e Bis, cuja marca deu nome ao novo título do estádio do clube tricolor para MorumBIS. O negócio anunciado em dezembro de 2023, por prazo de três anos, acarretará no pagamento de quantia de até R$ 90 milhões ao clube.

3. Concessão de *naming rights* em patrimônio público e a regulamentação na cidade de São Paulo

Excetuando as parcerias de caráter integralmente privadas, as negociações com envolvimento do Poder Público, isto é as concessões onerosas de direitos de nomeação em bens públicos, também vêm ocupando o seu espaço no mercado, sobretudo em meio a divergências. Um exemplo desse fenômeno, inclusive presente no cenário esportivo, é o caso do Estádio Municipal Paulo Machado de Carvalho, também conhecido como Estádio do Pacaembu, o qual obteve seus *naming rights* negociados com a varejista de e-commerce Mercado Livre. O estádio, apesar de ser de propriedade municipal, é administrado e explorado comercialmente desde 2019, por meio de consórcio, pela concessionária Allegra Pacaembu, em contrato com prazo de 35 anos. Em 2024, o Mercado Livre adquiriu os *naming rights* do estádio, por cerca de R$ 1 bilhão, trazendo o nome Mercado Livre Arena Pacaembu pelos próximos 30 anos. Além do estádio, espaços internos do complexo esportivo também receberam novos nomes, como camarotes Mercado Pago e Meli+, Mercado Pago Hall, Estúdio Mercado Play, Ginásio Mercado Livre, Centro de Tênis Mercado Livre e Piscina Olímpica Mercado Livre, além do Mercado Pago, que será o meio de pagamento oficial do complexo, oferecendo uma fila preferencial nos eventos sediados no local (STEFANELLI, 2024).

Apesar do avanço na indústria esportiva, não são só os estádios que têm se destacado em negociações de *naming rights* em bens públicos no Brasil e no mundo. Diversas cidades como Nova Iorque, Dubai, São Paulo e Rio de Janeiro vêm adotando os direitos de nomeação como forma de gerar receitas para o desenvolvimento e para a manutenção de infraestruturas públicas.

Em São Paulo, algumas estações do Metrô de São Paulo vêm apresentando novos nomes graças às Parcerias Público-Privada (PPP)[3] — "instrumento contratual concebido para incentivar o investimento privado no setor público" (MAZZA, 2019, p. 667) —, dentre elas as estações Carrão-Assaí Atacadista, Penha-Besni e Saúde-Ultrafarma, que em contrapartida geram montantes voltados ao custeio das operações do serviço. De acordo com o Portal da Transparência Metrô SP, a Estação Carrão-Assaí Atacadista

(3) Lei n. 11.079/2004 (Lei Geral das Parcerias Público-Privadas).

tem em contrato o valor de R$ 19,6 milhões, enquanto a Penha-Besni custou R$ 12,3 milhões e a Saúde-Ultrafarma, com menor valor, em R$ 8,4 milhões.[(4)] Recentemente, outras duas estações na capital pauslita tiveram seus nomes concedidos à exploração de marcas da iniciativa privada: a Anhangabaú e a Brigadeiro.

Além da vantagem econômica auferida, essas parcerias público-privadas de concessão dos direitos de nome de determinadas estações desoneram em parte os custos com manutenção e modernização dos locais, que passam a ser de responsabilidade das marcas concessionárias. Em contrapartida, é inegável o retorno pela exposição constante da marca, haja vista se tratar de local frequentado diariamente por milhares de pessoas, além da exposição nos áudios de anúncios eletrônicos reproduzidos dentro dos vagões que repetidamente anunciam o nome das estações, numa frequência de cerca de 900 vezes por dia.

Convém ressaltar que a aquisição de *naming rights* nas estações do metrô de São Paulo ocorre através de processo licitatório para contrato de concessão onerosa de direito de nomeação parcial de determinada estação, haja vista se tratar de um serviço público. No entanto, a submissão de um bem público à exploração comercial de marca de empresa privada sem prévia consulta à população tem causado algumas controvérsias já que, em que pese a benesse dos valores recebidos pela concessão dos *naming rights* permitindo a redução de custos operacionais, além da manutenção e revitalização da comunicação visual do bem objeto da concessão, isto é, das estações do metrô, há que se sobrepesar o interesse público e a possibilidade de desestabilização das paisagens urbanas, uma vez que os nomes de lugares negociados por *naming rights* mudam quando esses contratos são renegociados, contribuindo para o que os geógrafos urbanos chamam de "paisagem urbana inquieta" (KNOX, 1991 *apud* ROSE-REDWOOD *et al*, 2021). Isso porque o uso reiterado de designações atribuídas às localidades se concretizam popularmente com o tempo, firmando-as como patrimônios imateriais com forte ligação histórica, cultural e geográfica da população com o local denominado.

A Constituição Federal, no seu art. 216, incisos I ao V e § 1º,[(5)] trata da proteção, pelo Poder Público, do patrimônio cultural brasileiro, sejam eles bens de natureza material ou imaterial, dentre eles as obras, edificações e espaços destinados às manifestações

(4) Relatório Integrado Metrô 2022. Portal da Transparência Metrô SP. Disponível em: https://transparencia.metrosp.com.br/dataset/relat%C3%B3rio-integrado-%E2%80%93-companhia-do-metr%C3%B4-de-s%C3%A3o-paulo/resource/b9b45ccd-2673-4c54-a4fd.

(5) Art. 216. Constituem patrimônio cultural brasileiro os bens de natureza material e imaterial, tomados individualmente ou em conjunto, portadores de referência à identidade, à ação, à memória dos diferentes grupos formadores da sociedade brasileira, nos quais se incluem:

I – as formas de expressão;

II – os modos de criar, fazer e viver;

III – as criações científicas, artísticas e tecnológicas;

IV – as obras, objetos, documentos, edificações e demais espaços destinados às manifestações artístico-culturais;

artístico-culturais, os conjuntos urbanos e sítios de valor histórico, paisagístico, artístico, arqueológico e dentre outros, assim como o art. 30, inciso IX, que trata da competência legislativa municipal para a proteção do patrimônio histórico-cultural local, observada a legislação e a ação fiscalizadora federal e estadual. Dada a proteção constitucional, os geógrafos urbanos utilizam o termo "mercantilização toponímica" para se referir à reformulação de nomes do espaço público promovida pelo setor privado, da qual, inclusive, discordam sob a argumentação de que tal prática "interfere na continuidade histórica de bens culturais de natureza imaterial que possuem relevância para a memória, a identidade e a formação da sociedade brasileira" (GUIMARÃES JÚNIOR, 2022).

Nesse sentido, no dia 13 de dezembro de 2023, foi sancionada, no município de São Paulo, a Lei Municipal n. 18.040/2023 ("Lei de *Naming Rights*"), que logo em seguida, no dia 20 do mesmo mês, foi suspensa por liminar concedida pela Justiça de São Paulo. A lei em questão alterava o art. 4º da Lei Municipal n. 16.703/2017, responsável por disciplinar as concessões e permissões de serviços, obras e bens públicos realizadas no âmbito do Plano Municipal de Desestatização e, consequentemente, autorizando a cessão onerosa de direito à denominação de equipamentos públicos municipais pelo Poder Executivo na Cidade de São Paulo para empresas privadas, nas modalidades de (i) concessão administrativa de uso, (ii) concessão, (iii) permissão e (iv) parceria público-privada. Em razão da lei, escolas, hospitais, estádios e outros bens municipais poderiam ser objeto de negociação de *naming rights* por empresas privadas, que teriam permissão para acrescentar, no nome do repectivo bem, um sufixo após a denominação originária.

Todavia, em Ação Direta de Inconstitucionalidade (ADI)[(6)] proposta no Tribunal de Justiça de São Paulo e promovida pelo Diretório Estadual do Partido Socialismo e Liberdade (PSOL), arguiu-se a inconstitucionalidade da referida lei, dando espaço à discussão acerca da participação de empresas privadas quando se trata de proteção ao patrimônio público. De um lado, a argumentação é embasada na proteção dos interesses públicos e contrária ao que chamam de "mercantilização de espaços públicos", sob a perpsectiva de que a prática do instituto do *naming rights* em bens públicos viola os princípios da finalidade, da moralidade e da impessoalidade, e prejudica a identidade cultural, haja vista a carga histórica e sentimental que muitos desses bens públicos carregam. Do outro, a tese se inclina para defender que, mais do que imprescindível, são inevitáveis as interações entre o Poder Público e a iniciativa privada, sob a ótica da necessidade e dependência mútua para a reparação, manutenção e preservação do patrimônio público.

V – os conjuntos urbanos e sítios de valor histórico, paisagístico, artístico, arqueológico, paleontológico, ecológico e científico.

§ 1º O Poder Público, com a colaboração da comunidade, promoverá e protegerá o patrimônio cultural brasileiro, por meio de inventários, registros, vigilância, tombamento e desapropriação, e de outras formas de acautelamento e preservação.

(6) Processo n. 2347139-35.2023.8.26.0000. Órgão Especial do Tribunal de Justiça de São Paulo. Relator Des. Jarbas Gomes.

Por fim, mesmo que o município de São Paulo e outros venham a regular a aplicação dos *naming rights* em patrimônio público, é de suma importância que se preserve a história e a vinculação sociocultural de cada localidade, a fim de que o patrimônio público não seja submetido a negociações e alterações de nome por critérios arbitrários e indevidos da iniciativa privada . Além disso, em caso de mercantilização, é impreterível que cada contratação contenha tratativas particulares mantendo o equilíbro com os interesses públicos e que, de modo geral, seja prevista a necessidade de mecanismos de regulamentação que contenham critérios rígidos e definidos de seleção de empresas e que especifiquem os limites exploratórios da concessão aos direitos de nomeação de bens públicos pelas empresas privadas, a fim de que se alcance o equilíbrio favorável a ambas as partes na utilização cautelosa dessa prática que vem ganhando cada vez mais espaço no mercado.

4. Considerações finais

Em suma, não há como negar o avanço dos *naming rights* nos espaços destinados para o esporte e entretenimento. Com a influência norte-americana e europeia, os clubes brasileiros vêm aproveitando da transformação do cenário esportivo brasileiro para tratar não só de melhorias na sua gestão, mas da valorização de seu produto e da geração de novas fontes de receitas, por meio de novas formas de patrocínios, que não aquele comum que estampam seus uniformes e que tão logo mudam, alterando também a estética do vestuário, mas por meio de um longo contrato de concessão onerosa dos direitos de nome de seu estádio com marcas renomadas.

A prática, contudo, não se restringe apenas à indústria do entretenimento. O Poder Público vem explorando cada vez mais a venda dos *naming rights* a partir da comercialização de nomes de bens públicos, como forma de gerar receita para a manutenção e reduzir os custos operacionais dos quais seriam incumbidos. A iniciativa de parceria entre os setores público e privado, que não é pacificamente aceita pela população, é alvo de discussões acerca da proteção ao patrimônio cultural brasileiro, haja vista a proteção garantida constitucionalmente e a possibilidade de desestabilização da paisagem urbana e a perda das referências culturais e históricas do local, que podem ocorrer dada a incidência da mudança de nome dos locais quando findo seu contrato com as empresas parceiras, como é o caso do conhecido Estádio do Pacaembu, em São Paulo, que recentemente se tornou Mercado Livre Arena Pacaembu.

Referências

[S.I]; "*IG Group, Aichi International Arena Corporation and AEG Announce Historic Naming Rights Partnership for New Arena in Nagoya, Japan | AEG Worldwide*". 2024. Disponível em: https://aegworldwide.com/press-center/press-releases/ig-group-aichi-international-arena-corporation-and-aeg-announce. Acesso em: 26 fev. 2024.

______; "*Uber and AEG Announce Largest Naming-rights Partnership in Germany Setting New Standard for Live Entertainment | AEG Worldwide*". 2024. Disponível em: https://aegworldwide.com/press-center/press-releases/uber-and-aeg-announce-largest-naming-rights-partnership-germany-setting.

BARTOW, A. *Trademarks of Privilege: Naming Rights and the Physical Public Domain. 40 U.C. Davis L. Rev.* 919-970, mar. 2007.

BRAGAIA, L. "A potência do mercado esportivo de naming rights". Insper Sports Business — *SportInsider*. Disponível em: https://sportinsider.com.br/naming-rights-potencia/. Acesso em: 26 fev. 2024.

GILLOOLY, L.; EDDY, T.; MEDWAY, D. *Stadia Naming Rights in Sport*. [S.I]. Taylor & Francis, 2022.

GUIMARÃES JR., J. L. "*Cessão de "naming rights" como mercantilização de patrimônio cultural*". *ACT BR*. Disponível em: https://actbr.org.br/post/cessao-de-naming-rights-como-mercantilizacao-de-patrimonio-cultural/19248/. Acesso em: 27 fev. 2024.

GUTIERREZ, A. "*Chiefs fans react to naming rights deal for Arrowhead Stadium*". *KSBH*. 2021. Disponível em: https://www.kshb.com/news/local-news/chiefs-fans-react-to-naming-rights-deal-for-arrowhead-stadium. Acesso em: 26 fev. 2024.

MAZZA, A. *Manual de Direito Administrativo*. 9. ed. São Paulo: Saraiva Educação, 2019.

NOLL, R. G.; ZIMBALIST, A. *Sports, jobs, and taxes: the economic impact of sports teams and stadiums*. [S.I]. Brookings Institution Press, 1997.

REUTERS. "Levi's, San Francisco 49ers extend stadium naming rights deal till 2043 NFL season". *Reuters*. 2024. Disponível em: https://www.reuters.com/sports/nfl/levis-san-francisco-49ers-extend-stadium-naming-rights-deal-till-2043-nfl-season-2024-01-25/.

ROSE-REDWOOD, R.; VUOLTEENAHO, J.; YOUNG, C.; LIGHT, D. *Naming Rights, Place Branding, and the Cultural Landscapes of Neoliberal Urbanism*. [S.I]. Routledge, 2021.

STEFANELLI, C. "*Mercado Livre compra naming rights do Pacaembu por R$ 1 bilhão*". 2024. Disponível em: https://forbes.com.br/forbes-money/2024/01/mercado-livre-compra-naming-rights-do-pacaembu-por-r-1-bilhao/. Acesso em: 26 fev. 2024.

ZIMBALIST, A. "*Stadiums as Public Investments*". *Econofact*. 2023. Disponível em: https://econofact.org/stadiums-as-public-investments#:~:text=The%20Facts%3A.

Desafios Regulatórios nas Relações entre Clubes Coligados: Uma Análise das Estruturas Multiclube no Cenário Futebolístico

Nicolas Corrêa Simonini do Amaral

Introdução

O mercado esportivo passou por mudanças substanciais na última década, revelando-se como um setor em expansão. Essa transformação resultou de notáveis convergências com outras indústrias, refletindo não apenas em uma convergência sinérgica de mercado, mas em uma efetiva relação dinâmica de mútua influência, agregando valor aos respectivos produtos e abrangendo um número cada vez maior de consumidores. Dessa forma, a indústria esportiva, e especialmente a futebolística, demonstrou-se extremamente atrativa ao investimento privado e tornou-se um verdadeiro negócio de forma que não demorou muito para que houvesse a concentração de clubes em torno de estruturas de investimento.

Nesse cenário expansionista e de crescimento marcado por uma maior profissionalização do futebol, os *Multi-Club Ownerships* (MCOs) mostram-se cada vez mais comuns, sendo que atualmente mais de 300 clubes encontram-se inseridos em estruturas *MCOs.*[(1)] Assim, os MCOs representam um reflexo natural e expectável de um mercado global, aberto e competitivo (intensificado nos últimos anos com a entrada de investidores estadunidenses)[(2)] que prima pela maximização da eficiência de resultado, não apenas em âmbito desportivo, mas também em nível econômico e financeiro.

Entretanto, dada a natureza estratificada e altamente regulada do futebol (em face da estrutura piramidal basilar do modelo associativo-federativo), pautado nos princípios da

(1) UEFA (2024), p. 70.

(2) UEFA (2024), p. 76.

integridade e da verdade desportiva, surgem questões acerca do impacto que os *MCOs* possam vir a produzir perante o futebol como desporto. Essa reflexão evidencia a preocupação em preservar os valores fundamentais que constituem a essência do esporte e das competições.

Diante desse cenário, cumpre ao presente artigo evidenciar as razões que impulsionam o crescimento dos MCOs e as questões que se colocam face ao cenário regulatório existente, atendendo ao desenvolvimento saudável e à integridade do "produto" futebol. Destarte, a partir de uma análise histórica, compreendendo as primeiras experiências de MCOs, da atual conjuntura econômica e o desenvolvimento desse fenômeno, com a explicitação dos grupos existentes (em maior ou menor integração) e do corrente panorama jurídico (normativo e jurisprudencial) e econômico, busca-se delinear um panorama que permita a compatibilização dos interesses dos diversos *players* do futebol: os clubes, as entidades administradoras e reguladoras e os investidores.

1. Definição, origem e os diferentes modelos econômico-desportivos

Um MCO compreende uma estrutura que comporta por parte de um ou mais investidores a detenção de participações sociais em mais de um clube, exercendo, dessa forma, controle e influência decisiva, direta ou indiretamente, sobre a gestão e organização desses clubes (em contraposição ao modelo tradicional de SCO – *single club ownership*).

Naturalmente, os MCOs privilegiam a concentração e o investimento em clubes que adotam formas societárias,(3) na medida em que conferem maior liquidez e segurança em termos financeiros, permitindo ainda maior flexibilidade gerencial em comparação ao modelo clássico associativo, marcadamente mais rígido e ainda predominante em diversos países.

Apesar do elevado crescimento da indústria futebolística durante as últimas décadas, marcada por uma forte interligação e globalização, o fenômeno de integração de clubes não é estritamente recente. Os primeiros modelos de MCOs reportam à década de 1990, estando presentes, sobretudo, na Europa e nos Estados Unidos, porém, envolvendo também o Brasil. Podemos ressaltar como um marco inicial o envolvimento do ENIC Group, que detinha participação em seis clubes europeus de diferentes ligas: Tottenham Hotspur; Rangers FC; SK Slavia Prague; AEK Athens FC; Vicenza Calcio e FC Basel.

No Brasil, durante o mesmo período, pudemos observar a experiência envolvendo o grupo italiano Parmalat, que integrava efetivamente a direção dos departamentos de futebol da SE Palmeiras e do EC Juventude, ainda que não detivesse controle *de iure* sobre essas associações. A parceria demonstrou-se como um modelo de sucesso, tendo a gestão integrada possibilitado ao Palmeiras contratar o atleta Cafu, através de uma operação de compra envolvendo o EC Juventude e o Real Zaragoza, contornando a

(3) UEFA (2024), p. 71.

cláusula existente no contrato de transferência do atleta celebrado entre o São Paulo FC e o clube espanhol, que impedia uma posterior venda para clubes rivais do tricolor paulista (cláusula antirrival).

Assim, conforme referido, os MCOs revelam-se como um estágio de desenvolvimento natural e expectável de um mercado regular, buscando um maior nível de eficiência que possibilite o equilíbrio econômico-desportivo. Nesse sentido, autores como Peter Sloane,[(4)] Pedro Garcia-del-Barrio e Stefan Szymanski[(5)] procuraram identificar as necessidades de cada mercado esportivo, atendendo a características como a competitividade e o grau de confluência entre o sucesso desportivo e o equilíbrio financeiro, de modo a enunciar modelos econômicos que melhor conduzissem a um ponto ótimo entre essas componentes.

Dessa forma, podemos classificar os modelos econômicos em: *profit maximiser/*de maximização de lucro (em que se privilegiam a geração de lucro e o elemento econômico-financeiro); *win maximisers/*de maximização de vitórias (em que se prioriza o sucesso desportivo, isto é, o elemento desportivo); e *utility maximiser/*de maximização de utilidade (um modelo híbrido que busca a junção de ambos os elementos com vista à identificação de um ponto ótimo de utilidade).

Como em qualquer indústria, o futebol também persegue o lucro, procurando unir os diversos elementos da cadeia de produção em torno de objetivos comuns, no entanto, impera destacar que, diferentemente de outros mercados, o futebol (como os demais sistemas baseados no mérito desportivo) não se sustenta apenas sob uma lógica de prossecução do lucro, mas sim de maximização de utilidade, na medida em que a finalidade principal de um clube é o sucesso desportivo.

Assim, tendo em conta essas nuances, observa-se que em ligas fechadas, um modelo de maximização de lucro torna-se ideal tendo em conta que a permanência, a ascensão e o descenso fundados no sucesso desportivo não se afiguram como fatores determinantes ao nível financeiro (ao contrário das ligas/competições abertas). Essas ligas fechadas compreendem a base do sistema americano – composto pela National Football League (NFL); pela Major League Baseball (MLB); pela National Basketball Association (NBA); pela National Hockey League (NHL); e, pela Major League Soccer (MLS), ainda que a estrutura desta última esteja em contradição com o modelo de competição determinado pela FIFA. Contudo, naturalmente, não podemos ignorar que o sucesso desportivo é fundamental para o desenvolvimento e para a valorização de um ativo como um clube/franquia desportiva em função do seu público consumidor.

(4) Sloane (1971).

(5) Garcia-del-Barrio & Szymanski (2006).

Um aspecto interessante presente nesses ecossistemas herméticos na busca por algum equilíbrio é a promoção de vantagens a clubes que tenham um pior desempenho desportivo, como por exemplo o direito de preferência de escolha de jovens talentos nos denominados "*Drafts*", ainda que esses direitos possam ser livremente comercializados, surgindo assim um mercado secundário. Trata-se de um modelo desportivo mais aberto ao investimento, à maximização do lucro e à transacionalidade, em contraposição aos modelos tradicionais essencialmente regulados mais competitivos.(6)

Por outro lado, o modelo de maximização de vitórias afigurar-se-ia, *a priori*, como ideal ao cenário europeu, altamente competitivo e cujo panorama financeiro é altamente dependente do sucesso desportivo. Entretanto, atendendo à álea desportiva, um modelo econômico que se baseie exclusivamente no sucesso desportivo, despreocupado com a contração de dívida e com a saúde financeira dos clubes, não se revela como um modelo sustentável em longo prazo, como denota a experiência de muitos clubes que enfrentaram períodos de elevada dificuldade financeira, tendo alguns, inclusive, decretado falência, como o Parma FC, que "ressurgiu" em dois momentos, em 2005, e em 2017 (após a intervenção de um investidor estrangeiro que detinha também participações no Granada CF).(7)

Portanto, é o modelo de maximização de utilidade que, na realidade, revela-se como mais adequado às ligas abertas no qual o sucesso desportivo encontra-se reservado a poucos atores, na medida em que está dependente de fatores como a capacidade de geração de receitas e de realização de investimento para atrair e reter talentos, mostrando-se como uma solução equilibrada em longo prazo e em consonância com as normas e as tendências de sustentabilidade financeira.

Assim, um investidor no momento em que avalia o clube no qual realizará o investimento leva em consideração, dentre outros fatores, a característica do modelo aberto ou fechado da liga em que se situa, considerando, portanto, uma maior ou menor necessidade de equilíbrio econômico-desportivo.

Dessa forma, cumpre também enunciar os modelos de controle subjacente aos clubes, isto é, os modelos de exercício de gestão (com maior ou menor dispersão de controle). Podemos classificar os modelos em três categorias:(8) o modelo corporativo privado/*private firm* (de detenção exclusiva/restrita); o modelo corporativo aberto/*public corporation* (marcado pela dispersão de poder e de controle pelos diversos detentores de participações sociais); e, o modelo associativo clássico/*members association* (em que se preserva o fim não lucrativo do clube).

---

(6) Szymanski & Hoehn (1999), p. 24.

(7) Cabe ressaltar que, diferentemente do que ocorre em outros mercados, os clubes que se encontram em dificuldades financeiras normalmente não desaparecem por completo, ressurgindo em ligas inferiores com o suporte de algum investidor.

(8) Franck (2010), p. 109.

No modelo corporativo privado normalmente os clubes são detidos por poucos controladores/investidores, sendo, portanto, um modelo que concentra mais poder (i.e. direitos de voto), permitindo uma gestão mais direta por parte do investidor.

Em contrapartida, o modelo corporativo aberto permite a participação de investidores de menor dimensão (normalmente torcedores e simpatizantes). No entanto, é comum que esses investidores não exerçam influência significativa na gestão do clube, não havendo uma dispersão do controle. Ainda assim, esses investidores têm o direito de compartilhar os lucros, embora, em sua maioria, optem pelo reinvestimento desses ganhos pelo clube. Por fim, o modelo associativo clássico é mais estratificado e, naturalmente, o controle se encontra mais concentrado em torno dos seus membros e das estruturas de poder subjacentes.

Assim, dentre esses modelos de organização e de controle, o modelo corporativo privado mostra-se como o mais eficiente ao nível de captação e manutenção de recursos na medida em que, ao mesmo tempo em que não existe uma forte exigência para a distribuição dos lucros (como ocorre no modelo societário aberto), também não limita ou obstaculiza a captação de investimento (como no modelo associativo),(9),(10) proporcionando um melhor controle e gestão dos clubes em função do estágio econômico em que o mercado se encontra atualmente.

2. Os graus de integração dos MCOs

Com base no grau de integração e desenvolvimento dos MCOs, propõe-se uma classificação em três categorias distintas: baixa integração; média integração e alta integração.(11) Essa abordagem visa distinguir os MCOs de acordo com seu nível de complexidade, de modo a facilitar a compreensão das nuances presentes em cada um deles.

Nos MCOs de baixa integração, os clubes compreenderiam um estágio inicial em que as semelhanças se limitam ao fato de compartilharem de um mesmo investidor, ao passo que cada um se comporta como um clube único, não havendo envolvimento entre eles.

Entre os MCOs de média integração, verificar-se-ia o compartilhamento de experiências desportivas, com o intercâmbio de atletas e de operadores técnicos, oferecendo uma gestão compartilhada de informações e recursos técnicos e humanos, apresentando uma convergência metodológica.

(9) Franck (2010), p. 114.

(10) Cumpre salientar o exemplo existente na Bundesliga e na 2.Bundesliga com a regra "50%+1" de acordo com a qual a maioria dos direitos de voto das sociedades exploradoras dos clubes participantes devem pertencer aos membros da associação desportiva respectiva. Desse modo, o investimento fica prejudicado na medida em que não é permitido ao investidor deter o controle direto do clube em que investe (salvo os casos em que o investimento perdure por no mínimo 20 anos) o que consequentemente influencia negativamente na competitividade desses clubes em relação aos seus pares europeus.

(11) Classificação elaborada pelo autor a título exemplificativo.

Por fim, no mais elevado estágio de desenvolvimento, estariam presentes os MCOs de alta integração, nos quais os grupos controladores se comportam como verdadeiras entidades multinacionais, compartilhando, para além de recursos humanos e técnicos, de uma mesma filosofia, apresentando similitudes ao nível da sua identidade visual e projetando-se como um único grupo para público geral.(12) Assim, apresentam uma gestão centralizada, capaz de estruturar o faseamento evolutivo dos seus atletas, promovendo um projeto amplo que passa desde os estágios iniciais de formação, para os níveis de máxima excelência com base nas necessidades sentidas nos respectivos clubes.

A partir dessa perspectiva, torna-se possível identificar uma determinada hierarquia informal entre clubes, conforme o ambiente competitivo em que se encontram: em um primeiro nível se encontram clubes focados na formação e captação de jovens atletas; em um segundo nível, clubes destinados ao desenvolvimento dos atletas, disputando competições de maior relevância e grau de exigência; e, em um terceiro nível, temos clubes de máxima eficiência, que disputam as mais prestigiadas competições e que em alguns casos funcionam como uma porta de saída dos atletas para outros clubes, gerando, portanto, uma mais-valia em termos financeiros.

De forma analítica, é possível equiparar essa estrutura altamente integrada a uma eficiente linha de produção, onde os clubes se potencializam mutuamente, visando de maneira inata o sucesso desportivo em cada nível. Entre os MCOs notáveis por sua alta integração, merecem destaque o City Football Group (CFG) e o Red Bull Group (RBG).

O City Football Group, intimamente ligado e indiretamente detido pelo o Sheik Mansour bin Zayed Al Nahyan,(13) membro da família real dos Emirados Árabes Unidos (em uma espécie de "*state ownership*"), além de ter celebrado acordos de parcerias com o Istanbul Basaksehir (Turquia) e com o Club Bolívar (Bolívia), detém participações nos seguintes clubes:

- Manchester City (Inglaterra/Premier League/81%);
- New York City (EUA/MLS/80%);
- Melbourne City (Austrália/A-League/100%);
- Yokohama F. Marinos (Japão/J1 League/20%);
- Montevideo City Torque (Uruguai/Primera División/100%);
- Mumbai City FC (Índia/ISL/65%);

(12) Busca-se, portanto, uma sinergia entre os clubes de modo a criar identificação, numa espécie de "*gemellaggio*" artificial, intensificando o processo tendencial de transição do perfil do consumidor desportivo de um nível de fanatismo elevado para níveis mais moderados (cfr. Giulianotti (2002), p. 1; 21).

(13) Disponível em: https://www.cityfootballgroup.com/our-business/ownership. Acesso em: 24 fev. 2024.

- Palermo FC (Itália/Série B/80%);
- EC Bahia (Brasil/Brasileirão Série A/90%);
- ESTAC Troyes (França/Ligue 1/100%);
- Girona FC (Espanha/LaLiga/47%);
- Sichuan Jiuniu FC (China/Chinese Super League/29,7%); e,
- Lommel SK (Bélgica/Challenger Pro League/99%);

Por sua vez, o Red Bull Group, detido na sua totalidade pela Red Bull Gmbh, é composto por cinco clubes:

- FC Red Bull Salzburg (Áustria/Bundesliga Austria);
- *RasenBallsport* Leipzig (Alemanha/Bundesliga);
- Red Bull Bragantino (Brasil/Brasileirão Série A);
- Red Bull Bragantino II (Brasil/Campeonato Paulista – Série A3); e,
- New York Red Bulls (EUA/MLS).

Ambos os grupos apresentam uma elevada estrutura de integração em escala global, compartilhando de diversas características que envolvem desde os contratos de patrocínio, a denominação dos clubes e das arenas, até a padronização dos equipamentos desportivos, buscando para além da otimização estrutural e da disseminação da respectiva "marca" do grupo, também a construção de uma filosofia e padrões de gestão.

Dessa forma, questiona-se se o futuro do futebol de alto rendimento estará fadado a progressiva e contínua formação de entidades centralizadoras de recursos e ativos, promovendo assim um modelo economicamente e desportivamente desbalanceado, privilegiando determinados clubes em detrimento de outros, havendo uma supressão do caráter competitivo e a perpetuação da desigualdade entre clubes, ligas e associações. Notadamente, não é possível negar que o desenvolvimento econômico e desportivo é potencializado em ecossistemas compostos por essas estruturas, contudo se faz necessário que esse desenvolvimento seja acompanhado de políticas sustentáveis que garantam o equilíbrio competitivo.

3. O cenário brasileiro

Atendendo às mudanças e exigências mercadológicas, os clubes brasileiros sentiram a necessidade de modernizar as suas estruturas a fim de atrair investimentos nacionais e internacionais. Dessa forma, alterações recentes como as introduzidas pela

Lei n. 14.193/2021 (Lei das Sociedades Anônimas do Futebol – SAF),[(14)] amplificaram o interesse e garantiram maior segurança aos investidores no mercado futebolístico brasileiro, apesar de considerarmos a anterior possibilidade de os clubes assumirem a forma societária por quotas, como ocorreu com o emblemático caso de incorporação do Clube Atlético Bragantino por parte do Red Bull Group, resultando na criação do Red Bull Bragantino em 2019.

Atualmente, na Série A do Campeonato Brasileiro existem seis clubes que assumem a forma de Sociedade Anônima do Futebol: o Clube de Regatas Vasco da Gama; o Esporte Clube Bahia; o Cruzeiro Esporte Clube; o Botafogo de Futebol e Regatas; o Cuiabá Esporte Clube; e o Clube Atlético Mineiro.

Dentre esses clubes, os quatro primeiros encontram-se integrados em estruturas MCO por meio da detenção da maioria das ações por parte de grupos de investimento ou por interpostas pessoas. O Vasco da Gama é detido pelo grupo estadunidense 777 Partners (que detém participação no Genoa CFC e no Sevilla FC); o Cruzeiro é detido em 90% pela Tara Sports e indiretamente pelo ex-atleta Ronaldo Nazário[(15)] (que detém participação no Real Valladolid CF); o Botafogo é detido pela Eagle Football Holdings (que detém participação no Crystal Palace FC e no Olympique Lyonnais/OL Lyon); e, por fim, o Bahia é detido pelo City Football Group (CFG).

Nesse sentido, cumpre especialmente destacar os casos do Bahia e do Botafogo que compõem MCOs de alta integração.[(16)] Ambos os clubes tornaram-se Sociedades Anônimas do Futebol justamente para viabilizar o investimento externo, permitindo o aproveitamento das vantagens econômicas e desportivas que compreendem o ambiente de um MCO altamente integrado. O grupo Eagle, através da sua gestão integrada, rapidamente realizou transferências de atletas do Botafogo para o Lyon com valores notadamente reduzidos.[(17)] Por sua vez, o City Football Group, para além do Brasil, aproveitou para se estabelecer em outro grande berço de atletas na América do Sul: o Uruguai, por meio da aquisição do Montevideo City Torque.

Assim, a crescente exigência de adoção de práticas de gestão profissional revela-se essencial para a sobrevivência e o desenvolvimento dos clubes no mercado futebolístico, adequando-se às regras e padrões internacionais e fomentando a atração de investimentos. Nesse contexto, a constituição de Sociedades Anônimas de Futebol (SAFs) surge como um meio para alcançar tais objetivos.

---

(14) Disponível em: https://www.planalto.gov.br/ccivil_03/_ato2019-2022/2021/lei/l14193.html. Acesso em: 5 fev. 2024.

(15) Disponível em: https://www.cruzeiro.com.br/paginas/o-que-e-saf. Acesso em: 12 fev. 2024.

(16) Vide, p. 8.

(17) Disponível em: https://ge.globo.com/futebol/times/botafogo/noticia/2024/01/07/entenda-o-raciocinio-de-john-textor-nas-vendas-de-lucas-perri-e-adryelson-do-botafogo-para-o-lyon.ghtml. Acesso em: 5 fev. 2024.

4. O panorama regulatório

Existem inúmeras razões que levam à criação de um MCO, sendo possível identificar como elemento comum a convergência econômico-desportiva. Entretanto, não é de todo modo apropriado reconduzi-las a uma segmentação binária e estanque, visto que, conforme decorre do próprio modelo de maximização de utilidade, o êxito financeiro sem finalidade desportiva não constitui, nesse mercado, um resultado positivo, assim como o sucesso desportivo sem a presença de equilíbrio financeiro não promove, em médio e longo prazo, uma estrutura sustentável.

Certamente podemos identificar como razões de cunho econômico-desportivo que justificam o fenômeno dos MCOs, a concentração, recrutamento e desenvolvimento de atletas; o alargamento do mercado consumidor por meio da disseminação das "marcas" e identidades dos clubes em outros países; e a construção de uma filosofia comum, alinhada aos estágios de evolução dos clubes, sob uma perspectiva global.

No que diz respeito à concentração, recrutamento e desenvolvimento de atletas, o MCO representa uma solução alternativa para superar as limitações impostas pela proibição de propriedade de terceiros/*third-party ownerships* (TPO), bem como para redução de custos operacionais, sobretudo quanto aos custos de transferência[18] que, muitas vezes, inclui o pagamento de milionárias quantias em função da aplicação das cláusulas de rescisão contratual — sendo esta uma forma de o clube empregador garantir a permanência do atleta ou de resguardar o investimento realizado, garantindo uma mais-valia, principalmente no que diz respeito a jovens atletas.

Dessa forma, a existência de estruturas coligadas que permitem a facilitação da "liberação" dos atletas, seja por meio de empréstimos ou por meio do estabelecimento de valores de transferência abaixo do valor de mercado, levantam questões acerca do caráter abusivo e, em certa medida, fraudulento, dessas práticas.

Atenta a essa realidade, a FIFA, em 2022, introduziu uma limitação ao número de empréstimos a fim de evitar a concentração de atletas pelos clubes de elevado poder econômico, obstando a criação de distorções no mercado e a afetação do equilíbrio competitivo.

No art. 10, § 9º do Regulamento da FIFA sobre Status e Transferência de Jogadores (RSTP),[19] encontra-se estabelecido o limite quantitativo de empréstimos de jogadores, sendo que para o período compreendido entre 1º de julho de 2023 a 31 de junho de 2024, esse limite é de sete atletas (entre 1º de julho de 2022 a 31 de junho de 2023 o limite era de oito atletas) e a partir de 31 de junho de 2024 o limite passa a ser de seis atletas.

(18) UEFA (2024), pp. 38-40.

(19) FIFA (2024), p. 24.

No que diz respeito à proibição de propriedade de terceiros (TPO), estabelecida pela FIFA a partir de 2015, as "partes terceiras" referem-se a todas as pessoas ou entidades que não os clubes ou os próprios atletas. Assim, para manter a detenção dos direitos econômicos dos atletas, essas partes passaram a constituir e adquirir clubes, contornando a proibição da FIFA, o que de certo modo intensificou o processo de mercantilização dos clubes de futebol.

A distorção provocada pela redução dos valores de transferência pelos clubes partes de um MCO implica também distorções financeiras para outros clubes não relacionados na transferência, mas que detêm direitos diretamente relacionados com os valores praticados. Tal se verifica nos casos em que há lugar à aplicação do mecanismo de solidariedade, uma vez que o montante devido aos clubes formadores tem por base de cálculo o valor da transferência (seja ela temporária ou definitiva), conforme resulta do art. 21 e do Anexo 5 do RSTP, aplicável aos casos de transferências internacionais de atletas, i.e., envolvendo clubes pertencentes a duas associações distintas — sem prejuízo da aplicação de normas internas relativamente a transferências nacionais, como o art. 102 da Lei n. 14.597/2023[(20)] no caso do Brasil.

Paralelamente, essa dinâmica repercute diretamente na efetividade das regras de sustentabilidade financeira estabelecidas pela UEFA no Regulamento de Licenciamento de Clubes e Sustentabilidade Financeira.[(21)] As novas disposições vieram substituir as anteriores regras de *fair play* financeiro (que ofereciam maior margem de manobra e maquiagem financeira), vindo a estabelecer métodos e elementos de cálculo mais precisos. O novo Regulamento baseia-se em três pilares fundamentais: solvência, estabilidade e controle de custo.

No âmbito da solvência, os clubes devem encontrar-se em situação de adimplemento diante de suas obrigações relativas aos outros clubes (incluindo os valores devidos a título de mecanismo de solidariedade e de compensação por treinamento); às autoridades tributárias e sociais dos países; aos seus funcionários e, em relação à própria UEFA.

No que diz respeito à estabilidade, prevê-se a obrigação de reporte financeiro, isto é, a existência de um período mínimo de três anos de monitoramento e um alargamento do montante de desvio aceitável de trinta milhões de euros para sessenta milhões de euros (podendo ainda ter lugar ao acréscimo de dez milhões de euros por ano em caso de o clube demonstrar boas condições financeiras e um retrospecto positivo em termos de licenciamento).[(22)]

---

(20) Disponível em: https://www.planalto.gov.br/ccivil_03/_ato2023-2026/2023/lei/L14597.htm. Acesso em: 20 fev. 2024.

(21) UEFA (2023c).

(22) UEFA (2023a), p. 56.

Relativamente ao controle de custo do elenco, este é auferido a partir do cálculo[(23)] que compreende a razão entre: (1) a soma dos salários, dos valores amortizados e dos custos com comissões de agentes e de transferência e; (2) a soma dos lucros/perdas líquidas derivadas de operações de transferência de jogadores e das receitas operacionais (devidamente ajustadas à valores de mercado em caso de inconsistência, com especial enfoque nos valores auferidos a título de patrocínio). Desse cálculo estão excluídos os valores relacionados com as categorias de desenvolvimento de jogadores e o elenco feminino. Assim, dessa operação não poderá resultar um valor superior a: 90% para a temporada 2023/2024; 80% para a temporada 2024/2025; e, de 70% para as próximas temporadas.[(24)]

Ainda no que diz respeito às transações realizadas entre entidades relacionadas, cabe ressaltar que essas estão sujeitas ao critério de justo valor[(25)] (mitigando as distorções supramencionadas). O justo valor é determinado considerando a avaliação do valor que seria praticado em condições normais de mercado, entre partes independentes e em plena concorrência (baseado no princípio do *arm's length*) — tarefa que se revela de especial complexidade em função da intangibilidade desses ativos. Ademais, o Regulamento introduziu critérios relativamente à classificação contabilística dos elementos integrantes das transferências de atletas,[(26)] colmatando, dessa forma, as divergências e incongruências contabilísticas entre os clubes.[(27)]

Destarte, as novas regras de sustentabilidade financeira mostram-se, a princípio, adequadas à prossecução dos pilares em que se baseiam, buscando fomentar a saúde financeira dos clubes, por meio da promoção de políticas financeiras de longo prazo (*long runs*), bem como dificultar a adoção de estratégias de endividamento agressivo com o intuito de obter vantagens competitivas em curto prazo, evitando assim as denominadas *ruinous rat races* (i.e., ciclos viciosos de investimento excessivo).[(28)] Caso as regras de sustentabilidade não sejam respeitadas, os clubes podem sofrer graves sanções que envolvem desde a perda de pontos e a proibição de participação em competições, até a limitação do registro de novos atletas.

Nesse sentido, a aplicação dessas normas poderá acarretar em uma intensificação do processo de aquisição de clubes, principalmente dos clubes de menor dimensão financeira — em função da sua menor capacidade de arrecadação de receitas e, consequente dificuldade de manutenção de competitividade quanto à atração de talento — diante

(23) Os elementos de cálculo encontram-se mais bem identificados no Anexo K do Regulamento de Licenciamento de Clubes e Sustentabilidade Financeira.

(24) UEFA (2023a), pp. 59, 62-63.

(25) UEFA (2023a), p. 110.

(26) UEFA (2023a), p. 85.

(27) Pavlovic (2014), p. 18.

(28) Grossman (2011), p. 2.

dos clubes de maior dimensão, em especial, aqueles integrados em MCOs. Da mesma forma, é necessário e adequado atender também à circunstância, cada vez mais comum (sobretudo em MCOs de elevada integração), de que um mesmo atleta se forme e siga carreira dentro de um mesmo ecossistema de MCO.

Adentrando em outra face do plano regulatório, questiona-se se os MCOs podem vir a constituir um obstáculo à integridade das competições e à verdade desportiva, isto é, se pelo fato de dois ou mais clubes compartilharem direta ou indiretamente de um mesmo investidor, e participarem na mesma competição (ainda que não se vislumbre um confronto direto), haveria uma preferência deste em favorecer certos clubes em detrimento de outros por razões econômicas.

Tal exercício constitui o prisma básico de qualquer situação que envolva o instituto do conflito de interesses. Assim, a pergunta a ser respondida diante do crescimento e da transversalidade dos MCO e da eventual, senão provável e natural, interação entre os diversos clubes em competições, assenta justamente em como adequar essa nova realidade econômica ao plano desportivo, garantindo o respeito aos princípios da verdade e da integridade desportiva.

Nesse sentido, uma proposta corresponde à proibição de que os clubes coligados possam participar da mesma competição. Essa abordagem compreende o estágio primário de uma tentativa de regulação, através de uma normatização proibitiva, como se depreende do art. 5º dos Regulamentos das Competições de Clubes da UEFA(29) (UEFA Champions League, UEFA Europa League e UEFA Conference League):

> Art. 5º Integridade da Competição / Multi-Club Ownership
>
> 5.01. De forma a garantir a integridade das competições entre clubes da UEFA (i.e. UEFA Champions League, UEFA Europa League e UEFA Europa Conference League), aplicam-se os seguintes critérios:
>
> a. Nenhum clube participante em uma competição de clubes da UEFA deverá, direta ou indiretamente:
>
> i. deter ou negociar participações ou ações de qualquer outro clube participante em uma competição de clubes da UEFA;
>
> ii. ser membro de qualquer outro clube participante em uma competição de clubes da UEFA;
>
> iii. estar envolvido, a qualquer título, na gestão, administração e/ou na performance esportiva de qualquer outro clube participante em uma competição de clubes da UEFA; ou
>
> iv. deter, a qualquer título, poder sobre a gestão, administração e/ou performance esportiva em qualquer outro clube participante em uma competição de clubes da UEFA.
>
> b. Nenhum clube deverá estar simultaneamente envolvido, direta ou indiretamente, em qualquer qualidade, na gestão, administração e/ou performance esportiva de mais de um clube participante numa competição de clubes da UEFA.

(29) UEFA (2023b).

c. Nenhum indivíduo ou entidade legal poderá exercer controle ou influência em mais de um clube participante em uma competição de clubes da UEFA, sendo o controle ou influência definidos neste contexto como:

i. deter a maioria dos direitos de voto dos acionistas;

ii. deter o direito de designar ou remover a maioria dos membros da administração, da gestão ou do órgão de supervisão do clube;

iii. sendo acionista e controlando exclusivamente a maioria dos direitos de votos dos acionistas através de um acordo celebrado com os demais acionistas do clube; ou

iv. estar apto a exercer, por quaisquer meios, influência decisiva sobre a execução de decisões do clube.

5.02. Se dois ou mais clubes falharem em verificar aos critérios destinados a garantir a integridade da competição, apenas um deles poderá ser admitido em uma competição de clubes da UEFA, de acordo com os seguintes critérios (aplicáveis em ordem descendente) com exceção das hipóteses enunciadas no § 5.04 e no § 5.05:

a. o clube que se qualifica por mérito desportivo para a competição de clubes da UEFA de maior prestígio (i.e., por ordem decrescente: UEFA Champions League, UEFA Europa League ou UEFA Europa Conference League);

b. o clube que estiver melhor classificado no campeonato doméstico, obtendo acesso à respetiva competição de clubes da UEFA;

c. o clube cuja associação estiver melhor classificada na lista de acesso (conferir, Anexo A).

5.03. Os clubes que não são admitidos são substituídos de acordo com o § 4.09.

5.04. Excepcionalmente, desde que os princípios relevantes do § 5.01 se encontrem totalmente verificados, um clube que não tenha sido admitido em aplicação do § 5.02, e que seja substituído na competição em aplicação do § 4.10, ainda poderá ser admitido noutra competição de clubes da UEFA (ou seja, em ordem descendente: UEFA Europa League ou UEFA Conference League) a que a federação nacional em causa tenha acesso, respeitando os cenários previstos no § 5.05. O acesso da respectiva associação é ajustado em conformidade.).

5.05. Este artigo não se aplica se algum dos casos listados no § 5.01 se verificar entre:

a. um clube qualificado (de acordo com o Art. 3) para a UEFA Champions League e entrando diretamente na fase da liga e um clube qualificado para a UEFA Europa League ou UEFA Conference League (ver Anexo A).

b. um clube qualificado (de acordo com o Art. 3) para a UEFA Champions League e que entre nos playoffs (via caminho dos campeões ou via caminho das ligas) ou na terceira pré-eliminatória do caminho das ligas diretamente ou para a UEFA Europa League e entre diretamente na fase da liga e um clube qualificado para a UEFA Conference League (ver Anexo A).[30]

A origem dessa norma remonta ao caso envolvendo a participação do AEK Athens e do SK Slavia Prague (ambos detidos pelo ENIC Group) na então UEFA's Cup 98/99. Confrontada com essa situação a UEFA aprovou o primeiro projeto do

(30) Tradução livre realizada pelo autor.

atual art. 5º e decidiu pela proibição da participação do AEK Athens na competição. Os clubes, entendendo que a decisão da UEFA violava princípios gerais de direito e as liberdades fundamentais europeias de estabelecimento e de livre circulação de capitais, interpuseram recurso da decisão para o Tribunal Arbitral do Esporte (TAS/CAS), tendo este suspendido a decisão da UEFA durante o decurso do procedimento arbitral (alegando a violação dos deveres de boa-fé por parte da UEFA, tendo em conta o curto período entre a publicação da norma e o ínicio da competição) admitindo, assim, a participação de ambos os clubes. Por fim, o TAS acabou por rejeitar a apelação dos clubes em declarar nula a referida norma, contudo impôs uma restrição à UEFA relativamente à aplicação da norma até o final da temporada 1999/2000.(31)

Destarte, do art. 5º é possível inferir que o conflito se materializa, sobretudo, quando seja possível exercer uma influência decisiva, direta ou indireta, sobre a gestão, administração e *performance* esportiva dos clubes envolvidos.

Não obstante a legitimidade e a *ratio* subjacente da norma, muito se discute acerca da sua eficácia de modo prático, visto que a UEFA em variadas situações já permitiu a participação de clubes integrados em um mesmo MCO dentro das suas competições, a exemplo do Red Bull Salzburg e do Red Bull Leipzig que disputaram conjuntamente a Champions League durante as últimas cinco temporadas, tendo o Comitê de Controle Financeiro de Clubes da UEFA (CFCB)(32) compreendido que diante das alterações dos membros da Assembleia Geral do Salzburg, da resolução de acordos de empréstimos entre o clube e a Red Bull e ainda, das alterações ao contrato de patrocínio, este não estaria sujeito à influência decisiva da Red Bull.

Ademais, o CFCB determinou que a dissociação fosse demonstrada através da mudança do uniforme, tendo o Salzburg, acatado as exigências e procedido à alteração do seu equipamento esportivo, bem como adotado a denominação “FC Salzburg” em partidas da UEFA Champions League.

Da mesma forma, outros clubes coligados obtiveram o aval da UEFA(33) para participar conjuntamente nas mesmas competições, após rearranjos nas percentagens de participações sociais dos investidores,(34) designadamente: o Aston Villa FC e o Vitória de Guimarães (Vitória Sport Clube) detidos pela VSports, participantes na UEFA Conference League; o Brighton Hove & Albion FC e o Royal Union Saint-Gilloise, detidos pelo empresário inglês Tony Bloom, participantes na UEFA Europa League; e, o AC

(31) TAS/CAS (1999), p. 4, 5, 63.

(32) UEFA (2017), p. 9.

(33) Disponível em: https://www.uefa.com/returntoplay/news/0283-186f6a2609f6-77d919fb7eff-1000--the-cfcb-renders-decisions-on-multi-club-ownership-cases-for/. Acesso em: 11 fev. 2024.

(34) Disponível em: https://onefootball.com/en/news/brighton-and-villa-cleared-for-europe-after-complying-with-ownership-rules-37808185. Acesso em: 11 fev. 2024.

Milan e Toulouse FC, participantes na UEFA Europa League, detidos pela Red Bird Capital Partners.

Pode-se esperar que o mesmo cenário venha a se verificar durante a próxima temporada da UEFA Champions League caso o Girona FC, que atualmente segue em uma acirrada disputa pela liderança da La Liga, e o Manchester City FC, forte concorrente ao título inglês, se classifiquem para a competição, visto que ambos são detidos pelo CFG.

Nesse contexto, cumpre salientar que os Parágrafos 5.04 e 5.05 do art. 5º sofreram recentes modificações implementadas pelo Comitê Executivo da UEFA em 20 de março de 2024 e que vigoram desde 1º de maio de 2024. Essas alterações ampliaram as possibilidades de participação de clubes relacionados em diferentes competições da UEFA. Anteriormente, essa possibilidade era explicitamente prevista apenas no caso específico de dois clubes, um sendo qualificado diretamente para a fase de grupos da UEFA Champions League e o outro qualificado para qualquer fase da UEFA Conference League, não obstante, como referido, a participação de alguns clubes relacionados já ter sido extraordinariamente admitida.

É importante ressaltar novamente que o art. 5º possui um caráter restritivo, visando garantir a verdade e a integridade no esporte. No entanto, essa restrição é percebida como uma resposta rígida, embora seja adequada para alcançar seus objetivos. Isso é especialmente evidente diante do desenvolvimento do mercado de futebol e do crescente fenômeno dos MCOs. Tal consideração é pertinente e, inclusive, já foi admitida a possibilidade de revisão dessas normas por parte do Presidente da UEFA, Aleksander Čeferin, em entrevista concedida ao ex-atleta Gary Neville.[(35)]

Notadamente, com o decorrer dos anos, o art. 5º poderá se tornar uma norma altamente limitadora, restringindo a participação dos clubes de tal maneira que as competições da UEFA possam vir a perder espaço e relevância, dando lugar a outras competições que admitam a participação de clubes que compartilham de investidores comuns e com critérios de controle mais flexíveis, como o projeto da Super Liga Europeia que, em meio às fortes ameaças de represálias exercidas pela UEFA e pela FIFA aos clubes e atletas apoiadores do projeto,[(36)] teve as expectativas renovadas com a publicação do Acórdão de 21 de dezembro de 2023 do Tribunal de Justiça da União Europeia[(37)] (em sede de reenvio prejudicial interposto pelo Tribunal Comercial de Madri). Cabe ressaltar que o ideário do projeto da Super Liga Europeia não é recente e já datava da década de 1990, sendo defendido pela elite dos clubes europeus que formavam o denominado "G14", atual European Clubs Association (ECA).

---

(35) Disponível em: https://www.youtube.com/watch?v=YMtMg9BqZSM. Acesso em: 2 jan. 2024.

(36) Disponível em: https://www.fifa.com/about-fifa/associations/news/statement-by-fifa-and-the-six-confederations. Acesso em: 3 fev. 2024.

(37) TJUE (2023).

A regulação do fenômeno dos MCOs mostra-se presente sobretudo na Europa, sendo que para além do supracitado art. 5º do Regulamento de Competições de Clubes da UEFA, cerca de dois terços das associações nacionais europeias apresentam um normativo similar, compreendendo normas que estabelecem uma total limitação de participação social em mais de um clube, e outras que permitem essa participação a um limite máximo (de 10% por exemplo).[38] Assim, cumpre notar a legitimidade do art. 5º e a necessidade de regulamentação no plano desportivo com vistas a garantir a integridade da competição, apesar de já se mostrar essencial a reformulação dos seus termos de modo a conformar-se com a realidade atual.

6. Conclusão

Conclui-se, portanto, que o fenômeno dos MCOs representa uma tendência natural do mercado, exercendo uma influência significativa na estrutura do futebol, exigindo mudanças regulatórias pelas entidades administradoras como a FIFA, as associações-membro e as respectivas associações nacionais e ligas. Assim, requer-se dessas entidades uma constante e intensa atualização capaz de acompanhar a inventividade e os arranjos que clubes e investidores têm vindo a demonstrar.

Indubitavelmente estamos diante de uma nova era no futebol, marcando o ingresso em uma fase de desenvolvimento econômico mais acentuado e cada vez mais interligado com outras indústrias, conduzindo-o a tornar-se uma indústria mais profissional, regulamentada e atrativa.

Referências

AHTIAINEN, S., 2018. *Top 5 European football leagues:* The association between financial performance and sporting success. Disponível em: https://aaltodoc.aalto.fi/server/api/core/bitstreams/e2809a45-047e-499f-9fa8-c3b321e26d5e/content. Acesso em: 14 fev. 2024.

ARRONDEL, L.; DUHAUTOIS, R.; LASLIER, J.F., 2023. *Profit* vs. *win maximization in a league:* a paradox. Disponível em: https://shs.hal.science/halshs-04358491/document. Acesso em: 14 fev. 2024.

BARALDI, A. *O papel das Regulamentações e o Comportamento dos agentes Econômicos no Futebol:* o caso da liga inglesa. 2018. Disponível em: https://pantheon.ufrj.br/bitstream/11422/7195/1/AGBARALDI.pdf. Acesso em: 1º fev. 2024.

BRASIL. *Lei n. 14.193, de 6 de agosto de 2021.* Disponível em: https://www.planalto.gov.br/ccivil_03/_ato2019-2022/2021/lei/l14193.htm. Acesso em: 7 jan. 2024.

______. *Lei n. 14.597, de 14 de junho de 2023.* Disponível em: https://www.planalto.gov.br/ccivil_03/_ato2023-2026/2023/lei/L14597.htm. Acesso em: 20 fev. 2024.

DIAS, A. *Moving the Ball Forward: Multi-Club Ownership and Competitive Advantages in Football.* 2021. Disponível em: https://repositorio.ucp.pt/bitstream/10400.14/34737/1/202657426.pdf. Acesso em: 8 jan. 2024.

(38) UEFA (2023c), p. 208.

DIETL, H.; FRANCK, E.; LANG, M. *Overinvestment in Team Sports Leagues: A Contest Theory Mode* 2007. Disponível em: https://www.researchgate.net/publication/4736454_Overinvestment_in_team_sports_leagues_A_contest_theory_model. Acesso em: 2 fev. 2024.

FIFA. *Regulations on the Status and Transfer of Players* February 2024 Edition. Disponível em: https://digitalhub.fifa.com/m/6a0797ec77cbc02c/original/Regulations-on-the-Status-and-Transfer-of-Players-February-2024-edition. Acesso em: 16 fev. 2024.

FRANCK, E. "Private firm, public corporation or member's association: Governance structures in European football". *International Journal of Sport Finance*, 5(2):108-127, 2010. Disponível em: https://www.zora.uzh.ch/id/eprint/35150/8/Private_Firm%2C_public_corporateion%2C_members_association_Franck_IJSF5_2.pdf. Acesso em: 15 jan. 2024.

GARCIA-DEL-BARRIO, P.; SZYMANSKI, S. *Goal!* Profit maximization and win maximization in football leagues. 2006. Disponível em: https://www.researchgate.net/publication/24131507_Goal_Profit_maximization_and_win_maximization_in_football_leagues. Acesso em: 22 jan. 2024.

GIULIANOTTI, R. *Supporters, followers, fans and flaneurs:* A Taxonomy of Spectator Identities in Football 2022. Disponível em: https://repository.lboro.ac.uk/articles/journal_contribution/Supporters_followers_fans_and_flaneurs_a_taxonomy_of_spectator_identities_in_football/9625841. Acesso em: 14 fev. 2024.

GROSSMAN, M. *Evolutionarily Stable Strategies in Sports Contests*. 2011. Disponível em: https://papers.ssrn.com/sol3/papers.cfm?abstract_id=1953632. Acesso em: 15 fev. 2024.

LUNDGREN, J.; HELJEBERG, O. *M-C-O or M-C...No?:* Multi-Club Ownership in English Football and Its Drivers. 2021. Disponível em: https://www.diva-portal.org/smash/get/diva2:1573014/FULLTEXT02#:~:text=Multi%2Dclub%20ownership%20%5BMCO%5D,significant%20stakes%20in%20multiple%20teams. Acesso em: 26 jan. 2024.

MARMO, E. *The influence of club ownership structure on football player transfer fees*. 2014. Disponível em: https://aaltodoc.aalto.fi/server/api/core/bitstreams/571dbfe0-1fae-4c54-900b-a4aa94d8b05a/content. Acesso em: 12 fev. 2024.

PASTORE, L. *Third party ownership and multi-club ownership: where football is heading for*. 2018. Disponível em: https://lombardi-football.com/wp-content/uploads/sites/2/2020/10/Third-Party-ownership-and-multiclub-ownership.pdf. Acesso em: 25 jan. 2024.

PAVLOVIC, V.; MILACIC, S.; LJUMOVIC, I. *Controversies about the Accounting Treatment of Transfer Fee in the Football Industry*. 2014. Disponível em: https://www.researchgate.net/publication/314885742_Controversies_about_the_Accounting_Treatment_of_Transfer_Fee_in_the_Football_Industry. Acesso em: 14 fev. 2024.

ROHDE, M.; BREUER, C. *The market for football club investors:* a review of theory and empirical evidence from professional European football 2017. Disponível em: https://www.easm.net/download/easm_essential_sport_management_collection/sport_funding_and_finance/The-market-for-football-club-investors-a-review-of-theory-and-empirical-evidence-from-professional-European-football.pdf. Acesso em: 13 jan. 2024.

SANTOS, I.; JONATHAN, F.; PISANI, J. *Futebol, negócio e globalização:* clubes brasileiros na nova era do multi-club *ownership*. 2022. Disponível em: https://www.revistas.usp.br/rdg/article/view/203847/190669. Acesso em: 12 jan. 2024.

SLOANE, P. *The economics of professional football: the football club as a utility maximize*. 1971.

STEPHEN, J.; CARDOSO, N. *Premier League Clubs:* Multi Club Ownership Links. 2023. Disponível em: https://www.linkedin.com/posts/jasonstephens4sports_premier-league-multi-club-ownership-links-activity-7145834721229303808-T1ju?utm_source=share&utm_medium=member_desktop. Acesso em: 10 jan. 2024.

SZYMANSKI, S.; HOEHN, T. *The Americanization of European Football*. 1999. Disponível em https://www.researchgate.net/publication/4758326_The_Americanization_of_European_Football. Acesso em: 15 fev. 2024.

TAS/CAS, 1999. CAS 98/200 AEK Athens and SK Slavia Prague / UEFA, award of 20 August 1999. Disponível em: https://jurisprudence.tas-cas.org/Shared%20Documents/200.pdf. Acesso em: 29 de janeiro de 2024.

TJUE. JUDGMENT OF THE COURT, 21 December 2023. Disponível em: https://curia.europa.eu/juris/document/document.jsf;jsessionid=66C241291B8FE64C33B7D987E33AEF62?text=&docid=280765&pageIndex=0&doclang=en&mode=lst&dir=&occ=first&part=1&cid=10111665. Acesso em: 25 jan. 2023.

UEFA. *Club Licensing and Financial Sustainability Regulations* 2023a. Disponível em: https://documents.uefa.com/r/UEFA-Club-Licensing-and-Financial-Sustainability-Regulations-2023/Preamble-Online. Acesso em: 10 jan. 2024.

______. *Club Financial Control Body, decision in case AC-01/2017* 2017. Disponível em: https://editorial.uefa.com/resources/0258-0e2dece33fb8-5cc21edafedf-1000/rb_leipzig_fc_salzburg_-_cfcb_adjudicatory_chamber_decision_-_june_2017.pdf. Acesso em: 10 jan. 2024.

______. *Regulations of the UEFA Champions League*. 2023b. Disponível em: https://documents.uefa.com/r/Regulations-of-the-UEFA-Champions-League-2024/25-Online. Acesso em: 1º abr. 2024.

______. *The European Club Finance and Investment Landscape*. 2024. Disponível em: https://ecfil.uefa.com/2023. Acesso em: 15 fev. 2024.

______. *The European Club Footballing Landscape*. 2023c. Disponível em: https://editorial.uefa.com/resources/027e-174740f39cc6-d205dd2e86bf-1000/ecfl_bm_report_2022_high_resolution_.pdf. Acesso em: 10 jan. 2024.

Ética e Boa Governança no Esporte: Integridade e *Fair Play*

Simone Lopes Passos Suarez
Elza Rafaela Ribeiro de Santana

1. Introdução

O desporto desempenha um papel significativo na nossa sociedade, unindo as pessoas, promovendo uma competição saudável e fomentando valores como a disciplina, a dedicação e o trabalho em equipe. Contudo, o mundo dos esportes não está imune a dilemas éticos e desafios na área de governança. Este artigo visa abordar as complexidades da ética e da boa governança no desporto, explorando as melhores práticas para manter a integridade e o *fair play*.

1.1. Definindo ética no esporte

A ética refere-se a um conjunto de princípios e valores morais que orientam os indivíduos na tomada de decisões e na determinação do que é certo ou errado, sendo conceituada por Durkheim como: "Tudo que é relativo aos bons costumes ou às normas de comportamento admitidas e observadas, em certa época, numa dada sociedade" (DURKHEIM, 2006).

No contexto do desporto, a ética desempenha um papel vital na definição das condutas e comportamentos dos *stakeholders* envolvidos, como atletas, treinadores, patrocinadores, investidores, torcedores etc. Abrange vários aspectos, como integridade, respeito, honestidade e responsabilidade.

O *fair play* é um aspecto essencial da ética nos esportes e se refere à importância da participação em competições de forma justa e equitativa, sem recorrer à fraude, dopagem ou qualquer outra vantagem injusta, conforme os preceitos do Código Disciplinar da FIFA. A integridade nos esportes exige que os indivíduos sejam honestos, sinceros e verdadeiros em suas ações, dentro e fora do campo.

O respeito é outro componente crucial da ética nos esportes. Os atletas e outros indivíduos envolvidos no desporto devem demonstrar respeito pelos seus adversários, companheiros de equipe, árbitros e pelas regras do jogo. Isso inclui abster-se de se envolver em comportamento antidesportivo, como falar mal, insultar ou causar danos intencionalmente a outras pessoas.

A responsabilidade também é um princípio ético fundamental no esporte. Atletas e treinadores têm a responsabilidade perante si próprios, os seus companheiros de equipe e a comunidade desportiva, devendo agir de uma forma que defenda a integridade e a imagem positiva do desporto. Isso inclui assumir a responsabilidade pelas suas ações, tanto na vitória como na derrota, e agir como modelo para as gerações mais jovens.

1.2. Evolução histórica dos padrões éticos

Os padrões éticos no desporto evoluíram ao longo do tempo, refletindo mudanças sociais e avanços na governança desportiva. Na Grécia Antiga, onde surgiram os Jogos Olímpicos, o conceito de *fair play* já era enfatizado. Os gregos acreditavam que o desporto deveria servir de plataforma para os indivíduos demonstrarem a sua excelência física e moral, e a trapaça ou práticas injustas eram vistas como uma violação do espírito dos jogos.

À medida que os desportos se tornaram mais organizados e profissionalizados na era moderna, a necessidade de padrões éticos formalizados tornou-se evidente. O Comitê Olímpico Internacional (COI), criado em 1894, tem sido fundamental na promoção da conduta ética no desporto através da Carta Olímpica, que estabelece os princípios e valores a que os participantes nos Jogos Olímpicos devem aderir.

Da mesma forma, várias organizações desportivas e entidades reguladoras desenvolveram os seus próprios códigos de conduta e diretrizes éticas para garantir o jogo limpo e a integridade. Estas incluem políticas antidopagem, regulamentos contra a manipulação de resultados e corrupção, e diretrizes para abordar questões de discriminação, assédio e violência no desporto.

1.3. O papel da ética no desenvolvimento esportivo

A ética desempenha um papel fundamental no desenvolvimento e na sustentabilidade do desporto. Promove um sentimento de confiança entre participantes, espectadores e patrocinadores, o que é essencial para o crescimento de qualquer esporte. Quando os atletas e outros indivíduos envolvidos no desporto aderem aos princípios éticos, criam condições de concorrência equitativas que promovem uma competição saudável e garantem a integridade do jogo.

A ética nos esportes também ajuda a criar um ambiente esportivo positivo que conduz ao crescimento pessoal, ao desenvolvimento do caráter e ao bem-estar geral dos indivíduos. Ao promover o *fair play* e o respeito, o desporto pode contribuir para a educação e socialização de jovens atletas, ensinando-lhes competências valiosas para a vida, como disciplina, trabalho em equipe e perseverança.

Além disso, a ética no desporto pode servir como meio de mudança social e de empoderamento. Ao abordar questões como a discriminação, a inclusão e a desigualdade social, o desporto pode tornar-se uma ferramenta poderosa para promover a igualdade, a diversidade e a justiça social. Os atletas que, por exemplo, utilizam a sua plataforma de redes sociais para defender causas importantes podem inspirar e mobilizar outros para agirem e criarem mudanças positivas na sociedade.

Concluindo, a ética no esporte é de extrema importância para preservar a integridade e os valores do esporte. Define os comportamentos e ações de atletas, treinadores e outros indivíduos envolvidos no esporte, promovendo *fair play*, integridade, respeito e responsabilidade. Ao defender os princípios éticos, o desporto pode contribuir para o desenvolvimento pessoal, a mudança social e o bem-estar geral dos indivíduos e da sociedade.

2. Governança no esporte

2.1. Compreendendo a governança no mundo esportivo

A governança no desporto refere-se aos sistemas e processos em vigor para supervisionar e gerir as organizações e atividades desportivas. Inclui definir e fazer cumprir regras, regulamentos e políticas, bem como tomar decisões e alocar recursos de forma eficaz.

No mundo desportivo, a governança é essencial para garantir uma concorrência leal, proteger a integridade do desporto e defender os interesses e direitos dos atletas, equipes e partes interessadas. Fornece um quadro para a gestão eficaz e eficiente das atividades desportivas e permite o desenvolvimento e o crescimento do desporto.

2.2. Órgãos e organizações sociais

Os órgãos e organizações sociais desempenham um papel fundamental na governança do desporto. Eles têm a responsabilidade de estabelecer e fazer cumprir regras, regulamentos e políticas, e de governar e supervisionar vários aspectos do esporte.

No nível internacional, organizações como o Comitê Olímpico Internacional (COI), a FIFA (Fédération Internationale de Football Association) e o Comitê Paraolímpico Internacional (IPC) atuam como órgãos dirigentes de seus respectivos esportes. Essas organizações são responsáveis por garantir que os seus desportos sejam geridos de forma eficaz e ética, e que os padrões globais sejam mantidos.

Em nível nacional, as federações ou associações desportivas são responsáveis pela governança do desporto nos seus respectivos países. Eles supervisionam o desenvolvimento do esporte, coordenam competições e eventos e fornecem apoio e recursos aos atletas e equipes. Alguns exemplos incluem a Confederação Brasileira de Futebol (CBF), o Comitê Olímpico e Paraolímpico dos Estados Unidos (USOPC) e a Federação de Atletismo da Índia (AFI).

Além dos órgãos governamentais internacionais e nacionais, existem também organizações regionais e locais que governam o desporto em menor escala. Essas organizações concentram-se em regiões ou comunidades específicas e trabalham para o desenvolvimento e promoção do desporto de maneira orgânica.

2.3. Princípios fundamentais da boa governança

A boa governança no desporto é caracterizada por vários princípios fundamentais. Esses princípios garantem transparência, responsabilidade e justiça, e ajudam a defender a integridade e os valores do desporto. Alguns dos princípios-chave da boa governança no desporto incluem:

a) Transparência: As organizações desportivas e os órgãos dirigentes devem ser transparentes nos seus processos de tomada de decisão, transações financeiras e políticas, disponibilizando dados e fatos positivos e negativos aos *stakeholders*.

b) Prestação de contas (*Accountability*): As organizações, pessoas ou entidades desportivas que recebam recursos, sejam eles públicos ou privados, têm o dever de agir com responsabilidade e boa gestão. Devem demonstrar o planejamento estratégico utilizado, além de apresentar relatórios financeiros, de forma clara e concisa, permitindo que os *stakeholders* possam fiscalizar e garantir o bom uso dos recursos.

c) Responsabilidade: As organizações desportivas devem ser responsáveis pelas suas ações e decisões, reduzindo as externalidades negativas e aumentando o impacto positivo.

d) Independência: Os órgãos de governo devem funcionar de forma independente e ter autonomia nos seus processos de tomada de decisão. Deverão estar livres de influência ou interferência indevida de partes externas, incluindo interesses políticos e comerciais.

e) Participação: As organizações desportivas devem promover a participação de todos os interessados nos processos de tomada de decisão. Isso inclui atletas, treinadores, dirigentes e representantes de diversos setores do esporte.

f) Justiça e igualdade de oportunidades: A boa governança no desporto exige justiça e igualdade de oportunidades para todos os participantes. A discriminação, o favoritismo e as práticas injustas devem ser eliminadas, garantindo condições de concorrência equitativas para todos.

g) Inclusão: As organizações desportivas têm o dever de cultivar mecanismos que viabilizem a inclusão social, garantindo o acesso e a participação de todos os membros da sociedade nas atividades esportivas, independentemente de sua origem social, gênero, idade ou deficiência.

h) Conduta ética: As organizações devem aderir a elevados padrões éticos e promover a integridade em todos os aspectos do desporto. Isso inclui o combate ao *doping*, à manipulação de resultados e a quaisquer outras formas de trapaça ou comportamento antiético.

Esses princípios contribuem coletivamente para manter a credibilidade e reputação do desporto e garantir a sua sustentabilidade e crescimento em longo prazo. Por meio deles os órgãos e organizações podem gerir eficazmente o desporto e cumprir as suas responsabilidades para com os atletas, as equipes e a comunidade desportiva em geral.

3. Questões éticas nos esportes

3.1. Dopagem e substâncias que melhoram o desempenho

O *doping* no desporto tem sido uma preocupação ética de longa data. Os atletas que utilizam substâncias que melhoram o desempenho, como os esteroides anabolizantes e o *doping* sanguíneo, não só ganham uma vantagem injusta sobre os seus concorrentes, mas também colocam a sua saúde em risco. A utilização dessas substâncias tem o potencial de minar o espírito de concorrência leal e pode levar à perda de confiança do público na integridade do desporto.

3.2. Manipulação de resultados e corrupção

A manipulação de jogos desportivos para ganho pessoal é uma questão ética grave que ameaça a justiça e a credibilidade do desporto. Quando atletas, treinadores ou dirigentes se envolvem em manipulação de resultados, comprometem a integridade do jogo e traem a confiança dos torcedores e patrocinadores. A corrupção nas organizações desportivas, como os subornos e o favoritismo, corrói os fundamentos éticos do desporto.

3.3. Violência e conduta antidesportiva

Os esportes têm como objetivos a construção de valores morais e éticos, além de promover a saúde e a sociabilização. Casos de violência, agressão e conduta antidesportiva dentro e fora do campo mancham a reputação do desporto. Atos como lesões intencionais, força excessiva e abuso verbal não só prejudicam os envolvidos, mas também minam os valores positivos associados ao jogo limpo e ao respeito.

3.4. Discriminação e desigualdade

A discriminação baseada em fatores como raça, gênero e orientação sexual continua a ser uma questão ética premente no desporto. Tratamento desigual, oportunidades limitadas e políticas injustas impedem que indivíduos ou grupos participem plenamente no desporto. Essa discriminação não só perpetua a desigualdade, mas também priva a sociedade de indivíduos talentosos que poderiam contribuir para o desenvolvimento dos esportes e também da sociedade.

3.5. Exploração e comercialização

A crescente comercialização nos esportes tem levantado preocupações relativamente à potencial exploração dos atletas. Os atletas, especialmente os indivíduos jovens e vulneráveis, estão comumente sujeitos à pressão de endossos, contratos comerciais e horários exigentes, o que pode comprometer o seu bem-estar. Além disso, a busca incessante por lucros muitas vezes ofusca os valores e princípios que deveriam orientar o esporte, levando a práticas e decisões questionáveis.

3.6. Tratamento inadequado

As condutas em relação a atletas abrangem uma série de preocupações éticas, desde cuidados de saúde inadequados até sofrimento psicológico e abuso. Muitos atletas, inclusive menores de idade, enfrentam regimes de treinamento rigorosos, levando a problemas de saúde física e mental. A coerção, o abuso e, em situações extremas, até mesmo eventuais maus-tratos por parte de treinadores ou autoridades dentro das organizações desportivas agravam ainda mais os dilemas éticos no desporto. Devem existir salvaguardas e sistemas de apoio adequados para proteger o bem-estar dos atletas.

4. Aplicação de padrões éticos

4.1. Diretrizes e organizações antidopagem

A aplicação de padrões éticos no desporto exige o estabelecimento de diretrizes e a presença de organizações antidopagem. Essas organizações desempenham um papel fundamental na garantia do *fair play* e na manutenção da integridade das competições desportivas.

A legislação e os regulamentos necessários ao combate à dopagem estabelecem regras e penalidades para atletas que se envolvem em práticas de *doping* e capacitam as organizações antidoping para que esses regulamentos sejam cumpridos.

As organizações antidopagem, como a Agência Mundial Antidopagem (WADA) e as agências nacionais antidopagem, têm a responsabilidade de implementar e fazer cumprir os regulamentos. Elas realizam testes de drogas, investigam alegações de *doping* e impõem sanções aos atletas considerados culpados de *doping*. Essas organizações colaboram com federações desportivas e outras partes interessadas para garantir uma abordagem harmonizada e consistente aos esforços antidopagem.

A WADA, como órgão regulador global antidopagem, estabelece os padrões internacionais antidopagem, conhecidos como Código Mundial Antidopagem. O Código descreve as regras e regulamentos a que todos os países signatários e organizações desportivas devem aderir. Abrange áreas como substâncias e métodos proibidos, procedimentos de teste e medidas disciplinares.

Além do Código, a WADA também gere diversas iniciativas destinadas a reforçar os esforços antidopagem. Por exemplo, o Passaporte Biológico do Atleta (ABP) é um programa que rastreia amostras de sangue e urina de um atleta ao longo do tempo para identificar quaisquer alterações anormais que possam indicar *doping*.

A cooperação internacional é crucial para fazer cumprir os padrões éticos no desporto. Ao trabalharem em conjunto, os países podem partilhar informações e recursos, realizar investigações conjuntas e harmonizar os seus esforços antidopagem. Essa colaboração ajuda a criar condições equitativas para os atletas e garante que os padrões éticos sejam respeitados universalmente.

4.2. Programas de educação e conscientização de atletas

Os programas de educação e conscientização dos atletas são componentes essenciais para a aplicação dos padrões éticos no esporte. Tais programas visam educar os atletas sobre os perigos e consequências do *doping* e a promover uma cultura de desporto limpo e justo.

Os programas educativos fornecem aos atletas informações sobre as substâncias e métodos proibidos, os procedimentos de teste e os potenciais riscos para a saúde associados ao *doping*. Eles também enfatizam os valores do *fair play*, da integridade e do respeito pelas regras do esporte. Ao educar os atletas sobre a importância dos desportos limpos e as várias formas como podem ser testados, esses programas desencorajam as práticas de dopagem.

Da mesma forma, os programas de educação de atletas também oferecem apoio e orientação aos atletas, principalmente no que diz respeito ao uso de medicamentos e suplementos. Muitos atletas podem usar substâncias proibidas sem saber devido à desinformação ou conhecimento inadequado. Ao fornecer acesso a informações e recursos confiáveis, esses programas ajudam os atletas a tomar decisões informadas e a evitar violações inadvertidas de *doping*.

4.3. Mecanismos de denúncia

Os mecanismos de denúncia desempenham um papel crucial na descoberta e no tratamento de violações de dopagem, visto que proporcionam uma plataforma para os indivíduos denunciarem casos suspeitos de dopagem, protegendo a sua identidade e garantindo a confidencialidade.

Os denunciantes, que podem ser atletas, treinadores ou outros indivíduos associados ao desporto, podem ter conhecimento em primeira mão de práticas de dopagem ou atividades suspeitas. Ao comunicarem as suas preocupações às autoridades competentes, contribuem para a detecção e prevenção da dopagem.

Para incentivar a denúncia, é essencial estabelecer um ambiente de apoio seguro para os denunciantes, o que envolve a implementação de procedimentos claros e bem definidos para denúncias, a proteção da identidade dos denunciantes e o fornecimento de proteções legais contra retaliações.

Nos últimos anos, o desenvolvimento de plataformas e linhas diretas de denúncia anônima tornou mais fácil para os indivíduos denunciarem violações de dopagem. Essas plataformas garantem a confidencialidade do denunciante, ao mesmo tempo que fornecem um canal direto para comunicar atividades suspeitas.

Ao capacitar os denunciantes e proporcionar-lhes meios para denunciar atividades suspeitas, as organizações desportivas podem reforçar os seus esforços antidopagem e aplicar eficazmente os padrões éticos. Os mecanismos de denúncia funcionam como uma ferramenta valiosa para dissuadir as práticas de dopagem e garantir o *fair play* no desporto.

5. Liderança e promoção do desenvolvimento desportivo

5.1. Liderança ética

A liderança ética desempenha um papel vital na promoção da integridade e do *fair play* no desporto. Os líderes das organizações desportivas devem demonstrar fortes valores morais, liderar pelo exemplo e criar uma cultura de integridade, enfatizando a concorrência leal, a honestidade e o respeito às regras.

Os líderes éticos também atuam como modelos para atletas, inspirando-os a aderir aos mais elevados padrões éticos. Ao demonstrar integridade nas suas próprias ações e tomadas de decisão, os líderes atuam como uma bússola para o comportamento ético dentro da organização.

Assim como as organizações desportivas podem aproveitar a influência e a popularidade dos atletas para promover o comportamento ético e o *fair play*, os atletas devem ser incentivados a se tornarem embaixadores da integridade e a agirem como modelos positivos para jovens atletas e torcedores. Isso pode ser alcançado por meio de campanhas, anúncios de serviço público e envolvimento em iniciativas comunitárias que promovam o jogo limpo, o respeito e a inclusão.

5.2. Promoção do desenvolvimento esportivo de base

As iniciativas de desenvolvimento desportivo de base são essenciais para promover a integridade e o *fair play* no desporto, proporcionando oportunidades iguais para indivíduos de todas as idades e origens participarem em desportos.

Ao investir no desenvolvimento desportivo de base, os governos e as organizações desportivas podem promover uma cultura de *fair play* e inclusão desde a infância. Essas iniciativas devem priorizar o acesso a instalações desportivas e a atuação em comunidades desfavorecidas, garantindo assim que todos tenham oportunidades iguais de praticar desporto.

Além disso, os programas de desenvolvimento desportivo de base, integrados a uma educação baseada em valores, transmitem aos jovens atletas a importância da integridade, do respeito e do *fair play*. Recebendo orientações desde cedo, atletas têm maior probabilidade de exibir um comportamento ético ao longo de sua carreira desportiva e também no âmbito pessoal e familiar.

5.3. Cultura esportiva inclusiva e diversificada

A promoção de uma cultura desportiva inclusiva e diversificada é crucial para garantir a integridade e o *fair play* no desporto para erradicar a discriminação e criar um ambiente onde indivíduos de todas as origens possam participar, competir e destacar-se.

As organizações desportivas devem promover e aplicar ativamente políticas que proíbam a discriminação com base em raça, gênero, sexualidade ou qualquer outra característica, garantindo oportunidades iguais de participação, distribuição equitativa de recursos e tratamento justo na seleção de atletas e funcionários.

A criação de uma cultura desportiva inclusiva e diversificada também envolve desafiar e abordar questões como o racismo, o sexismo e a homofobia. As organizações desportivas devem implementar campanhas de educação e sensibilização para promover o respeito, a tolerância e a aceitação dentro da comunidade desportiva. Isso inclui programas de treinamento para atletas, treinadores e dirigentes para garantir que eles estejam bem familiarizados com práticas de diversidade e inclusão.

6. Desafios na implementação da boa governança

6.1. Corrupção e falta de transparência

Um dos principais desafios na implementação da boa governança é a prevalência da corrupção e a falta de transparência nas organizações desportivas. A corrupção pode minar a integridade das competições, impedir o desenvolvimento de políticas justas e equitativas e colocar em risco a confiança de atletas e torcedores. A falta de transparência agrava ainda mais esse problema, pois torna mais fácil que as práticas corruptas passem despercebidas e fiquem impunes.

Para enfrentar esse desafio, as organizações desportivas precisam estabelecer mecanismos robustos de combate à corrupção e garantir a transparência nas suas operações. Isso pode ser feito por meio da implementação de regulamentos financeiros rigorosos, da realização de auditorias regulares e da criação de órgãos de supervisão independentes para monitorar e investigar quaisquer potenciais casos de corrupção. Mais importante ainda, a promoção de uma cultura de transparência e responsabilização, por meio da divulgação de informações e de processos de tomada de decisão, pode ajudar a reconstruir a confiança e promover boas práticas de governança na indústria desportiva.

6.2. Estruturas fragmentadas de governança esportiva

Outro desafio na implementação da boa governança é a existência de estruturas de governança desportiva fragmentadas. Muitos desportos são geridos por múltiplas organizações em diferentes níveis, o que leva à sobreposição de responsabilidades, a conflitos de interesses e à falta de coordenação. Essa fragmentação pode impedir o estabelecimento de políticas claras, dificultar processos de tomada de decisão eficazes e gerar ineficiência nas organizações desportivas.

O estabelecimento de diretrizes e estruturas que definam as funções e responsabilidades de cada organização pode ajudar a aumentar a eficiência. A criação de plataformas para comunicação e coordenação regulares entre diferentes partes interessadas, tais como federações desportivas nacionais e internacionais, também pode levar a melhores práticas de governança e a processos de tomada de decisão mais eficazes.

6.3. Influência dos interesses comerciais

A influência dos interesses comerciais representa um desafio significativo à boa governança no desporto. A crescente comercialização do desporto levou a uma situação em que as considerações financeiras têm frequentemente precedência sobre os valores éticos e desportivos.

As organizações desportivas devem desenvolver e aplicar regulamentos rigorosos contra qualquer forma de comportamento antiético, incluindo corrupção, suborno e conflitos de interesses. Ademais, a promoção de práticas responsáveis de *marketing* e patrocínio pode ajudar a encontrar um equilíbrio entre os interesses comerciais e a manutenção da integridade do desporto.

7. Melhores práticas em ética e governança

7.1. Código de conduta e diretrizes éticas

Um código de conduta e diretrizes éticas são componentes essenciais da estrutura de ética e governança de qualquer organização. Esses documentos estabelecem expectativas claras de comportamento e fornecem orientações sobre como os funcionários ou associados devem agir em diversas situações. Um código de conduta bem desenvolvido deve abordar o comportamento ético, conflitos de interesse, confidencialidade, justiça e respeito.

As melhores práticas em ética e governança sugerem que o código de conduta e as diretrizes éticas devem ser abrangentes, fáceis de compreender e acessíveis a todas as partes interessadas, delineando os valores e princípios da organização e estabelecendo o padrão de comportamento esperado de cada indivíduo associado à organização.

Os códigos de conduta precisam ser regularmente atualizados para que sejam condizentes com as mudanças nas normas sociais e as questões éticas emergentes. A divulgação das diretrizes de forma clara e simples garante que todos os envolvidos as compreendam e estejam cientes dos seus direitos e responsabilidades.

7.2. Programas de bem-estar para atletas

Os atletas são o coração de qualquer organização desportiva e o seu bem-estar deve ser uma prioridade máxima. As melhores práticas em ética e governança recomendam a implementação de programas de bem-estar dos atletas para salvaguardar a saúde física, mental e emocional dos atletas.

Os programas de bem-estar dos atletas devem incluir políticas e procedimentos que promovam tratamento justo, igualdade de oportunidades e proteção contra qualquer forma de abuso ou exploração. Deve abranger áreas como medidas antidopagem, prevenção de lesões, apoio à saúde mental, transição de carreira e educação financeira.

As organizações devem investir na criação de um ambiente seguro e inclusivo para os atletas, proporcionando acesso a profissionais qualificados, como psicólogos, nutricionistas e médicos. Devem ser realizadas campanhas regulares de educação e sensibilização para informar os atletas, treinadores e todos os envolvidos sobre a importância do bem-estar dos atletas e dos sistemas de apoio disponíveis.

8. Conclusão

No cenário global, em que o esporte assume um papel de destaque, a ética e a boa governança se tornam pilares fundamentais para assegurar a integridade, a justiça e o bem-estar de todos os envolvidos, desde os atletas até as instituições desportivas.

Ao longo desta análise, abordamos as nuances da ética e da governança no esporte, explorando diversos desafios, dilemas e boas práticas com o objetivo de construir um ambiente desportivo mais transparente, responsável e ético.

Entendemos que fomentar iniciativas que integrem lições sobre ética, boas condutas e valores no meio esportivo é fundamental para moldar atletas mais conscientes de seu papel na sociedade. É crucial disseminar esses princípios desde cedo, proporcionando um ambiente esportivo mais seguro e positivo para todos os envolvidos em longo prazo.

Outrossim, o incentivo a práticas de boa governança é essencial para fomentar transparência, equidade, integridade e desenvolvimento sustentável nas atividades esportivas. Essas práticas garantem prestação de contas, proteção dos direitos dos atletas, gestão eficiente dos recursos financeiros e promoção de valores positivos na comunidade esportiva.

Uma governança sólida também fortalece a credibilidade do esporte e seu papel como instrumento de inclusão social e desenvolvimento humano.

Referências

Arbitragem. *CAS 2019/A/6344 Marco Polo Del Nero* v. *Fédération Internationale de Football Association (FIFA)*. Sentença de 31 de agosto de 2021.

ASSIS, Renan Barabanov de. *Governança corporativa no futebol profissional:* estudo de caso em um clube brasileiro. 172 p. Universidade de São Paulo – São Paulo/SP, 2017. Dissertação (Mestrado), 2017.

BRASIL. *Lei n. 14.597, de 14 de junho de 2023*. Lei Geral do Esporte. *Diário Oficial da União*, Brasília, DF, quinta-feira, 15 de junho de 2023. D.O.U., Seção 1, p. 6-17.

DURKHEIM, Émile. *As regras do método sociológico*. Coleção A Obra-Prima de Cada Autor (Texto integral). São Paulo: Martin Claret, 2006. p. 63.

Estados Unidos da América v. Jeffrey Webb, Eduardo Li, Julio Rocha, Costas Takkas, Jack Warner, Eugenio Figueredo, Rafael Esquivel, Jose Maria Marin, Nicolas Leoz, Alejandro Burzaco, Aaron Davidson, Hugo Jinkis, Mariano Jinkis e Jose Margulies, também conhecido como Jose Lazaro, F.#2015R00747 (Tribunal Distrital dos EUA – Escritório do Brooklyn, 20 de maio de 2015)

FIFA. *Disciplinary Code*, 2023. Disponível em: https://digitalhub.fifa.com/m/59dca8ae619101cf/original/FIFA-Disciplinary-Code-2023.pdf. Acesso em: 12 abr.2024.

INSTITUTO BRASILEIRO DE GOVERNANÇA CORPORATIVA. Código das melhores práticas de governança corporativa, 6. ed. São Paulo: IBGC, 2023. Disponível em: https://conhecimento.ibgc.org.br/Lists/Publicacoes/Attachments/24640/2023_C%c3%b3digo%20das%20Melhores%20Pr%c3%a1ticas%20de%20Governan%c3%a7a%20Corporativa_6a%20Edi%c3%a7%c3%a3o.pdf. Acesso em: 24 fev. 2024.

MEZZADRI, Fernando Marinho *et al. Cartilha de governança em entidades esportivas Lei n. 9.615/98*. 2. ed., rev. e atual. Brasília: Ministério do Esporte, 2018. 74 p.

NAZI, Régis Michels; AMBONI, Nério. "Práticas de governança e futebol: um estudo em clubes do Rio Grande do Sul". *Revista de Ciências da Administração*, v. 22, n. 56, p. 91-108, abril. 2020.

UNITED STATES COMPLAINT. United States ex rel. Landis, v. Tailwind Sports Corp. Tailwind Sports LLC, Lance Armstrong, and Johan Bruyneel, No. 10-cv-00976, U.S. Dist. Ct. (D.C. April 23, 2013).

Acessibilidade e Esporte: A Presença de Pessoas com Deficiência como Espectadoras em Eventos Esportivos no Brasil

Vinícius Nascimento Coutinho Ramos

Introdução

Durante toda a história, as pessoas com deficiências enfrentam dificuldades ao serem incluídas na sociedade. No esporte não encontramos um cenário diferente. Pode-se dizer que durante anos essa luta vem mostrando resultados positivos e o esporte pode ser considerado como um dos principais meios de inclusão.

O tema ora abordado é de extrema importância em diferentes aspectos, seja no aspecto esportivo, seja no aspecto social e, até mesmo no aspecto jurídico. A pessoa com deficiência possui o direito de ser integrada na sociedade em diversos meios sociais e não há como abordar temas relacionados à inclusão de pessoas com deficiência na sociedade sem citarmos a sua relação com o esporte.

O número de pessoas com deficiência praticando exercícios e fazendo esportes é cada vez maior. À medida que foi se tornando mais comum a presença de pessoas com deficiência em praças esportivas, foram surgindo normativas e regulamentações que asseguram direitos e viabilizam a participação de PCD's em eventos esportivos.

No Brasil, existem diversas leis e normativas, além de iniciativas, programas e políticas públicas em diferentes níveis (federal, estadual e municipal) que buscam promover a inclusão de pessoas com deficiência e garantir igualdade de direitos. Mesmo existindo regramentos específicos relacionados à presença de pessoas com deficiência no esporte, as legislações gerais que versam sobre o tema costumam abordar a participação de pessoas com deficiência em atividades esportivas, como é o caso da Constituição Federal e do Estatuto da Pessoa com Deficiência.

Nos últimos anos, devido a grandes eventos esportivos que ocorreram no Brasil, como a Copa das Confederações (2013), a Copa do Mundo de Futebol (2014) e as Olímpiadas e Paraolimpíadas (2016), os estádios e arenas de grande porte, que receberam jogos, foram adaptadas de modo a atender às exigências de acessibilidade. Além das reformas realizadas nas praças esportivas, as cidades que receberam os jogos foram alvo de mudanças, tornando-as mais acessíveis, em especial os transportes públicos. Porém, após o fim desses eventos, muitas dessas adaptações foram se deteriorando e aos poucos o "legado olímpico"[(1)] foi sendo deixado de lado.

O aumento no número de pessoas com deficiência em eventos esportivos não significa que as dificuldades tenham se tornado menores. A falta de incentivo e a inexistência de programas em clubes, academias, escolas, universidades e centros comunitários destinados às pessoas com deficiência, além da falta de profissionais qualificados, ainda são fatores que levam a um menor envolvimento e presença desse grupo de pessoas no esporte. Outra questão que influencia na não presença é a falta de acessibilidade em transportes públicos e mobilidade urbana em geral, que são barreiras a serem superadas.

Atualmente, ainda não encontramos o cenário ideal, apesar da existência de legislações que garantam o acesso de PCD's nos eventos, pois em muitos locais vemos deficientes sofrendo com a falta de aparatos necessários para garantir o seu pleno acesso e segurança.

O esporte é tema de políticas públicas e é um direito social, conforme descrição na Constituição Federal de 1988 (Brasil, 1988). Apesar da contemplação, como direitos na legislação, o Estado ainda não conseguiu garantir esporte para toda a população, o que gera a necessidade de debate do tema e de difusão de informações de modo a garantir que o esporte seja cada vez mais inclusivo e menos capacitista.

No Brasil, temos aproximadamente 18,6 milhões de pessoas com deficiência, considerando a população com idade igual ou superior a dois anos, segundo indica pesquisa divulgada pelo IBGE e MDHC, o que corresponde a 8,9% da população (MINISTÉRIO DOS DIREITOS HUMANOS E DA CIDADANIA, 2023), o que mostra a necessidade de uma maior atenção nos temas inerentes a esse grupo de pessoas, e é neste momento que o esporte surge, não apenas como uma ferramenta para uma vida mais saudável, mas também de motivação para que, através da prática esportiva, a pessoa com deficiência obtenha benefícios tanto para sua reabilitação quanto para seu desenvolvimento social.

No esporte devemos estar preparados para receber pessoas com diferentes tipos de deficiência, seja ela física, visual ou intelectual.

---

(1) *Legado olímpico* é aquele que traz benefícios para a cidade e a população com as construções e reformas feitas para o recebimento dos Jogos Olímpicos.

Destaca-se que a nova Lei Geral do Esporte (Lei n. 14.597/2023) não trouxe mais inovações quanto ao tema, haja vista que apenas reproduziu os artigos já dispostos no Estatuto do Torcedor (Lei n. 10.671/2003) e na Lei Pelé (Lei n. 9.615/98).

Devemos ter em conta que, apesar de o futebol ser a principal modalidade esportiva do país, as legislações que versam sobre acessibilidade para pessoas com deficiência não devem abranger apenas estádios de futebol, e sim todos os demais eventos esportivos, sejam eles presenciais ou remotos.

É importante que toda e qualquer medida para promover a acessibilidade seja atendida, de modo a contribuir e promover a inclusão social. Além disso, é necessário que as pessoas com deficiência tomem conhecimento de seus direitos para que tenham seu pleno acesso garantido, pois a promoção da participação de pessoas com deficiência no esporte deve ser vista como uma parte essencial dos esforços globais para construir sociedades mais inclusivas e garantir que todos tenham oportunidades iguais de acesso ao esporte e à atividade física.

1. Pessoas com deficiência no esporte

A deficiência ao longo do tempo sempre foi alvo de visões estereotipadas. Se inicialmente a questão era mais relacionada ao misticismo ou à religião, atualmente ainda são comuns em nossa sociedade generalizações errôneas relacionadas às pessoas com deficiência, tais como a ideia de que todas devam ser tratadas com piedade ou com admiração exagerada, reforçando ideias de subestimação ou superestimação de suas capacidades (AMARAL, 1998).

De acordo com a doutora em Direito Maria Aparecida Gugel (AMPID, 2015): "evidências arqueológicas indicam que há 5 mil anos, as pessoas com deficiência faziam parte das diferentes classes sociais do Egito antigo, desde os escravos até os nobres e faraós".

O esporte, por sua vez, é um fenômeno universal e se constitui em um patrimônio cultural da humanidade. Foi criado, transmitido e transformado pelo ser humano ao longo dos tempos e praticado com finalidades, sentidos e formas diferenciadas em várias partes do mundo (PAES, 2006; MILISTETD *et al.*, 2015).

Com o decorrer dos anos os esportes estão se modificando, passando por diversas alterações. Esse desenvolvimento do esporte possibilita as mais diversas manifestações (lazer, escolar, rendimento), inclusive para pessoas com deficiência.

O esporte, além de trabalhar o físico, possibilitando uma vida mais sadia e vigor, também trabalha a conexão entre pessoas, seja com colegas que estão participando daquela mesma atividade, como também com a pessoa que está ensinando. Ter atividades e gostos em comum com outras pessoas é um fator que facilita a socialização entre elas.

Os esportes e atividades físicas em geral podem gerar uma cadeia de benefícios, que vão de manutenção da saúde mental (como a conquista da autoestima por sentir-se capaz de fazer tal atividade e sentir-se incluído em algo) até o desenvolvimento do intelecto e funções motoras.

O esporte, segundo Teixeira (1999), tem como objetivo na formação humana a promoção da saúde, sociabilização, construção de valores morais e éticos, bem como recreação e lazer. Diante disso, nota-se a importância do esporte na formação de diversos valores humanos, portanto é crucial que pessoas com deficiência estejam englobadas e lhes sejam garantidas a promoção do esporte, seja como atleta profissional, amador, educacional ou como espectador do espetáculo.

Temos como uma das primeiras evidências da presença de pessoas com deficiência no esporte a Grécia Antiga, pois existem registros que sugerem que os espartanos encorajavam a participação de pessoas com deficiência em atividades físicas, como exemplo, o filósofo Platão, em sua obra "Leis", menciona que as crianças com deficiência também deveriam participar de exercícios. (As Leis, Livro VII)

Entretanto, as modalidades esportivas voltadas para pessoas com deficiência tiveram seus primeiros registros no final do século XIX, porém foi no século XX que essa prática foi impulsionada em vários países, tendo sua evolução intimamente relacionada ao término das grandes guerras mundiais, especialmente a segunda, em 1945. O que inicialmente era compreendido apenas como opção terapêutica pouco a pouco foi ganhando outras dimensões, tornando-se uma opção para indivíduos com diferentes tipos de deficiência que buscam práticas voltadas ao lazer ou ao alto rendimento (GREGUOL; MALAGODI, 2019).

Conforme mencionado, avanços só começaram a ser vistos após a Segunda Guerra Mundial, pois houve um aumento no número de veteranos com deficiência. Inicialmente, o esporte adaptado foi introduzido como parte do processo de reabilitação para esses veteranos. O processo de inclusão foi evoluindo ao longo do tempo, tendo como mais importantes as décadas de 1960 e 1970, haja vista ter sido na década de 1960 em que tivemos os primeiros jogos paralímpicos, ocorridos em 1960, em Roma. Já na década de 1970, foi quando tivemos a institucionalização e reconhecimento internacional das modalidades paradesportivas com a criação do Comitê Paralímpico Internacional (IPC). No Brasil, a prática de esportes por pessoas com deficiência física começou na década de 1950, com o basquetebol em cadeira de rodas.

O Brasil só participou pela primeira vez nos jogos de 1972, na Alemanha. Ao todo o Brasil participou de 14, totalizando 373 medalhas. O Brasil teve seu recorde de participação de Atletas, Paralímpicos, e consequentemente a sua melhor campanha da história, nas Olimpíadas de 2020, em Tóquio. (UOL, 2021).

Como um marco na origem do Desporto Adaptado, na cidade de Anaheim, na Alemanha, tivemos o maior acontecimento voltado para as pessoas com deficiência da época: mais de 1.900 atletas de 42 países. Incluíram-se pela primeira vez no programa oficial das competições o voleibol, goalboal e as competições para paralisados cerebrais. (COMITÊ PARAOLÍMPICO BRASILEIRO, 2008).

As pessoas com deficiência podem figurar no âmbito esportivo tanto como parte do espetáculo (atletas, treinadores, membros de comissão técnica, diretores etc.), tanto como espectadores, ou seja, como torcedores.

Nos dias atuais, graças ao avanço da humanidade, as pessoas com deficiência têm seu acesso garantido à normalidade do dia a dia, algo que tempos atrás era impensável. Com esse avanço, foram surgindo normas nacionais e internacionais, legislações e tratados que versassem sobre as pessoas em condições de deficiências. No esporte mundial não foi diferente, diversos direitos garantidores foram surgindo a fim de incluir a pessoa com deficiência no esporte, seja como espectador (torcedor) ou atleta.

Historicamente, as maiores evidências que temos da presença de pessoas com deficiência no esporte nos remete a pensar no desporto adaptado, porém é possível encontrarmos pessoas com deficiências presentes em diferentes polos.

No Brasil, quando nos referimos a legislações que abordam a presença de pessoas com deficiência no esporte, é sempre bom destacar o Capítulo IX da Lei Brasileira de Inclusão — Do Direito à Cultura, ao Esporte, ao Turismo e ao Lazer — que diz, em seus arts. 42 e 43:

> "Art. 42. A pessoa com deficiência tem direito à cultura, ao esporte, ao turismo e ao lazer em igualdade de oportunidades com as demais pessoas, sendo-lhe garantido o acesso: (...)"
>
> "Art. 43. O poder público deve promover a participação da pessoa com deficiência em atividades artísticas, intelectuais, culturais, esportivas e recreativas, com vistas ao seu protagonismo, devendo:
>
> I – incentivar a provisão de instrução, de treinamento e de recursos adequados, em igualdade de oportunidades com as demais pessoas;
>
> II – assegurar acessibilidade nos locais de eventos e nos serviços prestados por pessoa ou entidade envolvida na organização das atividades de que trata este artigo; e
>
> III – assegurar a participação da pessoa com deficiência em jogos e atividades recreativas, esportivas, de lazer, culturais e artísticas, inclusive no sistema escolar, em igualdade de condições com as demais pessoas."

Além disso, em seu art. 44, a lei assegura que serão reservados espaços livres e assentos para pessoas com deficiência em ginásios esportivos.

Verifica-se que, apesar das legislações existentes que buscam garantir a acessibilidade e a inclusão das pessoas com deficiência nos espaços esportivos, ainda há uma grande resistência no tratamento e nas oportunidades oferecidas. Muitas vezes, as normas e regulamentos são negligenciados, o que resulta em obstáculos para a participação plena das pessoas com deficiência no esporte.

A participação de pessoas com deficiência no esporte é fundamental para promover a inclusão social, a igualdade de oportunidades e o bem-estar geral. É importante continuar a promover ambientes esportivos acessíveis e adaptados e a desenvolver programas e políticas que incentivem a participação de pessoas com deficiência no esporte.

1.1. Lei n. 14.597/23 e a presença de pessoas com deficiência no esporte

No Brasil existem diversos programas de desenvolvimento e incentivo ao esporte para pessoas com deficiência. Entretanto, temos como a principal legislação esportiva no Brasil a Lei n. 14.597/23, popularmente conhecida como Nova Lei Geral do Esporte, que abordou de forma bastante superficial a presença de pessoas com deficiência no esporte. Destaca-se que a lei não trouxe muitas inovações quanto ao tema.

Inicialmente, impende destacar que a lei aborda o esporte de maneira ampla, não se fixando apenas no esporte profissional. Além disso, esta entende que são princípios fundamentais do esporte, dentre outros, a *educação*, *inclusão* e *saúde.*

De acordo com a Lei n. 14.597/2023, esporte é toda forma de atividade física que, de modo informal ou organizado, tenha como objetivo a prática de atividades recreativas, a promoção da saúde, o alto rendimento esportivo ou o entretenimento.

A lei, de forma geral, prevê a promoção, fomento e desenvolvimento de práticas esportivas e suas manifestações a todos os cidadãos sem distinção, ou seja, a lei visa garantir o direito à prática esportiva para todas as pessoas, independentemente de idade, gênero, condição física, social, econômica ou qualquer outra característica. Além disso, o texto sugere que o Estado tem o dever de agir ativamente para garantir que pessoas com deficiência e pessoas em situação de vulnerabilidade social tenham acesso igualitário a oportunidades e benefícios proporcionados pelas atividades físicas.

De todo modo, a lei traz um compromisso com a utilização do esporte como uma ferramenta social para promover a inclusão, saúde e desenvolvimento pessoal em diversas esferas da sociedade, contribuindo para uma visão mais ampla e integrada do papel do esporte na sociedade.

Nesse sentido, foi determinada a criação do Sistema Nacional de Esporte (Sinesp) que visa, entre outras coisas, a implementação e a ampliação das políticas que busquem a inclusão social, objetivando valorizar a presença de pessoas com deficiência no esporte.

Dentre o rol de objetivos elencados na lei imposto ao SINESP, destaca-se o previsto no art. 11, X, *in verbis:*

> Art. 11. O planejamento, a formulação, a implementação e a avaliação de políticas públicas, de programas e de ações para o esporte, nas diferentes esferas governamentais, realizam-se por meio do Sistema Nacional do Esporte (Sinesp), sistema descentralizado, democrático e participativo, que tem por objetivos:
>
> (...)
>
> X – garantir adequada infraestrutura física, tecnológica e de pessoal para a prática esportiva, *inclusive quanto à acessibilidade*; (grifo nosso)

De modo a incentivar a presença de pessoas com deficiência dentro das entidades de prática e organização desportiva, a lei dá incentivos, por meio de recursos públicos federais, às entidades que cumprirem as regras de contratação de pessoas com deficiência, dentro dos seus mais diversos segmentos, conforme disposto no art. 93 da Lei n. 8.213/1991.(2)

No tocante à presença de pessoas com deficiência em eventos esportivos como espectadores, tema central desta obra, o art. 146 da Lei n. 14.597/23 assegura que:

> Art. 146. O espectador tem direito a segurança nos locais onde são realizados os eventos esportivos antes, durante e após a realização das provas ou partidas.
>
> Parágrafo único. Deve ser assegurada *acessibilidade* ao espectador com deficiência ou com mobilidade reduzida. (Grifo nosso)

Do mesmo modo, a referida legislação faz menção a questões de acessibilidade das arenas e de seus meios de acesso, vejamos:

> Art. 155. A organização esportiva responsável pela organização da competição e a organização esportiva que detém o direito sobre a realização da prova ou da partida solicitarão formalmente, de forma direta ou mediante convênio, ao poder público competente:
>
> (...)
>
> II – meio de transporte, ainda que oneroso, para condução de idosos, de crianças e de pessoas com deficiência física às arenas esportivas, com partida de locais de fácil acesso previamente determinados.

Entretanto, de acordo com o parágrafo único do artigo supracitado, em caso de evento esportivo realizado em arena com capacidade inferior a 10.000 (dez mil) pessoas,

---

(2) Art. 93. A empresa com 100 (cem) ou mais empregados está *obrigada* a preencher de 2% (dois por cento) a 5% (cinco por cento) dos seus cargos com beneficiários reabilitados ou *pessoas portadoras de deficiência*, habilitadas, na seguinte proporção: (...).

ficará a entidade de prática desportiva dispensada do cumprimento do disposto no artigo. Tal disposição soa como uma medida extremamente segregacionista, pois muitas vezes inviabiliza, devido às dificuldades, a presença de pessoas com deficiência em eventos de pequeno porte.

Embora tenha tratado sobre o tema, a lei ainda deixou muito a desejar, isso porque não trouxe regramentos específicos que abordassem a presença de pessoas com deficiência no esporte, como também não trouxe incentivos para essas pessoas. Além disso, deixou de trazer as contrapartidas ao não cumprimento das determinações para inclusão.

É preciso uma maior abordagem do tema nas legislações inerentes ao esporte para que seja cada vez mais facilitada e incentivada a presença de pessoas com deficiência no esporte.

2. O esporte como meio de inclusão social

Inicialmente, é importante reiterar a informação de que a prática esportiva é um direito constitucional. Embora sejam conhecidos os benefícios físicos e sociais do esporte, o seu acesso como direito social ainda não é irrestrito e universal.

A relação entre os dois temas é significativa, pois o esporte oferece oportunidades únicas para promover a participação, a integração e a igualdade em diversas comunidades e deve ser debatida em qualquer esfera.

A inclusão no esporte significa garantir o acesso e a participação de todos os membros da sociedade nas atividades esportivas, independentemente de sua origem social, gênero, idade ou deficiência.

A promoção da inclusão de PCD's no esporte não apenas oferece oportunidades para a prática esportiva, mas também contribui para desafiar estereótipos e inspirar a sociedade a enxergar as capacidades e habilidades das pessoas com deficiência.

De fato, as ideias de que o esporte e as atividades de lazer podem desempenhar um papel positivo sobre a socialização de grupos minoritários não são novas. Apenas para dar um exemplo, citemos a experiência salesiana, produto do século XIX, na qual se tentava trabalhar com crianças "periclitantes", hoje diríamos em situação de risco (BORGES, 2005).

O esporte se apresenta como um dos requisitos indispensáveis para que o indivíduo possa atingir a dimensão total de inclusão social. Isso pode ser comprovado pelo fato de o esporte ser um instrumento simples, acessível e eficiente que muito contribui para que a pessoa pertença ou tome parte do seu lugar na sociedade (AZEVEDO; BARROS, 2004).

Tratado na Carta Constitucional como direito de todos, o esporte começou a ser reconhecido com potencial educacional, passando a ser dever do Estado desenvolver estratégias formais e não formais para atender aos brasileiros (KRAVCHYCHYN, 2014; SOUSA *et al.*, 2010). Diante disso, o esporte passou a ser bastante valorizado pelas políticas públicas de cunho social, principalmente após a efetivação da Política Nacional do Esporte e Lazer em 2005. Desde então, surgiram vários programas e projetos que utilizam o esporte como instrumento de políticas públicas com vistas à promoção da inclusão social dos menos favorecidos (GAYA, 2008; REIS, 2011).

Embora o esporte desempenhe um papel crucial na promoção da inclusão social, oferecendo benefícios significativos que transcendem as fronteiras físicas e geográficas, para que este consiga atingir os resultados que se esperam dele é necessário, antes de tudo, ter consciência de que não se pode atribuir a ele a responsabilidade de resolver todos os males da sociedade.

A inclusão social no esporte não deve partir apenas de políticas públicas, mas também de todos os envolvidos, devendo existir meios de promover e impulsionar a presença de pessoas com deficiência no esporte. No Brasil, infelizmente, ainda vemos poucas ações de associações e federações esportivas visando à inclusão de PCD's no esporte.

No futebol, tivemos um recente caso que pode ser visto como um avanço na inclusão. O São Paulo Futebol Clube instalou em seu estádio, o Morumbi, uma bem equipada sala sensorial para 20 pessoas, criando um espaço mais adequado para torcedores dentro do TEA.(3) O lugar conta com controle de temperatura, pufes para sentar e uma série de equipamentos para aliviar a tensão. Outros clubes estão seguindo o caminho do São Paulo Futebol Clube e disponibilizando salas sensoriais capazes de comportar cada vez mais pessoas. Da mesma maneira, outros clubes passaram a distribuir abafadores de som para torcedores que são mais sensíveis a ruído, de forma a evitar desconforto, fazendo com que os estádios de futebol se tornem cada vez mais plurais e acessíveis (O GLOBO, 2024).

Tal situação só ocorreu graças a grupos de torcedores com o transtorno do espectro autista e seus familiares que criaram torcidas para acolher pessoas com o TEA. Com o crescimento desses movimentos, os clubes têm tomado atitudes que viabilizem cada vez mais a presença desses torcedores em seus estádios. Esse cenário demonstra, na prática, a importância de iniciativas de tornar os eventos esportivos acessíveis para que todas as pessoas se sintam seguras e confortáveis para apoiar seu clube do coração e participar do espetáculo.

Ao proporcionar um espaço onde indivíduos com TEA se sintam confortáveis, as salas sensoriais incentivam sua participação em eventos esportivos e outras atividades

(3) Transtorno do Espectro Autista.

sociais realizadas nos estádios. Isso promove a inclusão dessas pessoas na comunidade esportiva e na sociedade em geral.

O esporte como fenômeno sociocultural entendido como patrimônio da humanidade (GALATTI *et al.*, 2014; TANI *et al.*, 2018) tem o dever de contribuir para a conscientização e desconstrução do capacitismo.

O capacitismo, termo relativamente novo no país, que vem do termo inglês *ableism*, refere-se a uma postura preconceituosa que hierarquiza as pessoas em função da adequação de seu corpo à corponormatividade. É uma categoria que define a forma como as pessoas com deficiência são tratadas, de modo generalizado, como incapazes (MELLO, 2016). O capacitismo está para as pessoas com deficiência assim como o racismo está para os negros e o sexismo para as mulheres (CAMPBELL, 2008).

Como é algo estrutural, o capacitismo também percorre as vias do âmbito esportivo. Essa discriminação pode ser percebida ao se observar a baixa prevalência de pessoas com deficiência que conseguem manter um estilo de vida fisicamente ativo, o que em muitos casos ocorre pela falta de acessibilidade arquitetônica, atitudinal, metodológica e instrumental (IBGE, 2013; GREGUOL, 2017). Atentar para essas questões é conscientizar-se de que o capacitismo é sistêmico e que, se não combatido, pode privar o indivíduo com deficiência também de oportunidades de engajamento em programas de atividades físicas ou esportivas.

A participação das pessoas com deficiência como espectadores de eventos esportivos, e também como atletas e ou membros de associações/organizações esportivas, é de extrema importância para promover a inclusão e a igualdade de oportunidades. Permitir que PCD's desfrutem de eventos esportivos contribui para a construção de uma sociedade mais inclusiva e para a valorização da diversidade.

3. Acessibilidade em eventos esportivos

Antes de abordarmos o tema de acessibilidade, precisamos entender o que é acessibilidade e a sua real importância.

A acessibilidade corresponde ao desenho universal que possibilita o acesso de todas as pessoas aos produtos, serviços e informação. De forma geral, a acessibilidade envolve seis dimensões: *arquitetônica* (eliminação de barreiras físicas), *comunicacional* (eliminação de barreiras na comunicação entre as pessoas e lugar), *instrumental* (eliminação de barreiras como os instrumentos, as ferramentas e os utensílios), *atitudinal* (eliminação de preconceitos, estereótipos e discriminações nos comportamentos sociais), *metodológica* (eliminação de barreiras nos métodos e técnicas das atividades de esporte e lazer), e *programática* (eliminação de barreiras embutidas em políticas públicas e legislação) (SASSAKI, 1997).

Os conceitos de acessibilidade e inclusão social estão intrinsecamente vinculados. No senso comum, acessibilidade parece evidenciar os aspectos referentes ao uso dos espaços físicos. Entretanto, numa acepção mais ampla, a acessibilidade é condição de possibilidade para a transposição dos entraves que representam as barreiras para a efetiva participação de pessoas nos vários âmbitos da vida social.

O Estatuto da Pessoa com Deficiência traz em seu art. 53 o conceito de acessibilidade, se não, vejamos:

> "Art. 53. A acessibilidade é direito que garante à pessoa com deficiência ou com mobilidade reduzida viver de forma independente e exercer seus direitos de cidadania e de participação social."

A sua importância se dá por várias razões, todas elas fundamentais para promover a igualdade, inclusão e participação plena de todas as pessoas, sendo as principais razões *a inclusão social e a garantia de direitos humanos e igualdade.*

Quando se fala em esporte, cultura e lazer no que diz respeito à garantia de acesso a todos os cidadãos, obrigatoriamente é necessário perpassar por questões de acessibilidade.

No Brasil, as discussões relacionadas a ambiente acessível tiveram seu marco legal na Constituição da República Federativa do Brasil de 1988 (CF/88), em que se prevê que os espaços públicos, logradouros, edificações devem ser acessíveis a todas as pessoas, com ou sem deficiência. Desse modo a CF/88 prevê, entre outros direitos sociais, que todos têm direito a lazer, moradia, educação, serviços públicos e que possam circular livremente nas vias, isso implica um espaço acessível (BRASIL, 1988).

A principal normativa brasileira que aborda o tema acessibilidade é a norma ABNT NBR 9050, que estabelece critérios e parâmetros técnicos a serem observados quanto ao projeto, construção, instalação e adaptação do meio urbano e rural, e de edificações às condições de acessibilidade. O atendimento às normas de acessibilidade da ABNT tornou-se obrigatório a partir de 2004 com o Decreto n. 5.296/2004.

Segundo a Associação Brasileira de Normas Técnicas (ABNT), especificamente a Norma Brasileira 9050 (NBR) de 2004, o termo "acessível" significa "espaço, edificação, mobiliário, equipamento urbano ou elemento que possa ser alcançado, acionado, utilizado e vivenciado por qualquer "pessoa", inclusive aquelas com mobilidade reduzida". Esse termo refere-se tanto a aspectos físicos como de comunicação.

Do mesmo modo, o Decreto n. 5.296 de 2004 (Brasil, 2004), traz diversas inovações quanto ao tema e dá diversas diretrizes que devem ser seguidas por entidades de práticas desportivas, reservando espaços livres para pessoas em cadeira de rodas e assentos para pessoas com deficiência ou com mobilidade reduzida, dentre outras observações, sempre respeitando as normas técnicas de acessibilidade da ABNT.

A principal lei que aborda temas relacionados a pessoas com deficiência, o Estatuto da Pessoa com Deficiência (Lei n. 13.146/2015), prevê que o poder público deve assegurar acessibilidade nos locais de eventos e nos serviços prestados por pessoa ou entidade envolvida na organização das atividades desportivas e das demais atividades previstas no art. 43 da referida lei.

A Lei n. 14.597/23 instituiu a criação do Sistema Nacional do Esporte, que tem como um de seus principais objetivos a garantia adequada de infraestrutura física, tecnológica e de pessoal para a prática esportiva, inclusive quanto à acessibilidade.

Além disso, a referida legislação faz menção a questões de acessibilidade das arenas e de seus meios de acesso, vejamos:

> Art. 146. O espectador tem direito a segurança nos locais onde são realizados os eventos esportivos antes, durante e após a realização das provas ou partidas.
>
> Parágrafo único. Deve ser assegurada *acessibilidade* ao espectador com deficiência ou com mobilidade reduzida. (Grifo nosso)

Outrossim, a lei supracitada menciona a necessidade de meio de transporte, ainda que oneroso, para condução de idosos, de crianças e de pessoas com deficiência física às arenas esportivas.

Atualmente, existe um projeto de lei em trâmite na Câmara dos Deputados, PL n. 107/2024, proposto pelo Deputado Júlio Cesar, que visa alterar a Lei n. 14.597 de 14 de junho de 2023, que institui a Lei Geral do Esporte, para dispor sobre a obrigatoriedade de introdução de salas sensoriais em estádios de futebol para atendimento a pessoas com Transtorno do Espectro Autista (TEA). Entretanto, até o presente momento, o projeto encontra-se em fase inicial. Alguns clubes pelo Brasil como Coritiba, Grêmio, Corinthians, São Paulo (como já visto), Palmeiras, Londrina entre outros já contam com espaços para receber pessoas com TEA, contudo, a iniciativa de se abrir esse tipo de espaço pode passar a ser obrigatória para todos os estádios brasileiros (GLOBO, 2024).

A Acessibilidade em eventos esportivos não pode ser apenas uma questão de cumprimento de leis e regulamentos, devendo ser uma expressão de valores sociais fundamentais relacionados à igualdade, inclusão e respeito pelos direitos humanos de todas as pessoas. Essa abordagem não apenas beneficia indivíduos com deficiência, mas enriquece a experiência esportiva para toda a comunidade.

É importante ressaltar que a legislação e os requisitos de acessibilidade podem variar de região para região. Em muitos lugares, existem leis e regulamentos específicos que estabelecem os padrões de acessibilidade nos eventos esportivos para que as pessoas com deficiência possam desfrutar dos eventos com segurança e comodidade.

Normalmente, as entidades organizadoras de eventos de futebol possuem em seu *site* guias práticos que visam fornecer informações sobre acessibilidade nas praças esportivas em que o evento será sediado. Dentre as informações contidas nesses guias, estão dados sobre *infraestrutura*, *assentos reservados*, *estacionamento*, *sinalização acessível*, *treinamento da equipe*, *comunicação acessível*, *banheiros acessíveis*, *sensibilização* e *conscientização*.

Como exemplo, temos o Guia de Acessibilidade da UEFA(4) que é um guia de práticas que devem ser seguidas pelos clubes e associações, filiadas a ela, no intuito de se possibilitar uma experiência acessível a pessoas com deficiência em estádios de futebol. Nesse guia, dentre outras observações, são apontadas fórmulas para calcular o ângulo de visão mínimo para a instalação de espaços reservados a cadeirantes e consideram-se também diversas possibilidades que possam atrapalhar o torcedor. Além disso, o guia traz recomendações de assentos para pessoas obesas, instalações em banheiros e estacionamentos.

Existem outros documentos que indicam boas práticas capazes de produzirem um *design* inclusivo para ginásios esportivos. Temos como principal guia, que baseia todos os demais e que versa sobre variadas práticas esportivas — não só os esportes tradicionais —, o relatório técnico feito pelo Comitê Paraolímpico Internacional.

Além da acessibilidade física, é crucial proporcionar uma experiência de espectador inclusiva em termos de comunicação e informação. Isso significa fornecer materiais de comunicação em formatos alternativos, como braile, áudio, legendas e língua de sinais, para garantir que as informações sobre o evento sejam acessíveis a todos.

Para melhorar a experiência dos espectadores com deficiência, é fundamental oferecer um atendimento adequado. Isso envolve treinar os funcionários do evento para lidar com as necessidades específicas das pessoas com deficiência e garantir que haja suporte e assistência disponíveis, se necessário. A presença de funcionários capacitados e sensíveis às necessidades das pessoas com deficiência ajuda a garantir que elas se sintam bem-vindas e possam desfrutar plenamente do evento.

Além disso, é importante promover uma cultura inclusiva e respeitosa entre os demais espectadores. A conscientização sobre as necessidades e direitos das pessoas com deficiência pode contribuir para uma atmosfera acolhedora e para a prevenção de atitudes discriminatórias.

Frisa-se que a acessibilidade não está apenas atrelada aos locais que irão receber os eventos e sim a toda a cadeia com que se relaciona o evento. Tanto os locais físicos,

---

(4) A UEFA — União das Associações Europeias de Futebol — é o órgão dirigente do futebol europeu. É uma associação de associações, uma democracia representativa, e é a organização guarda-chuva de 55 associações nacionais de futebol em toda a Europa.

quanto os demais da cadeia devem estar preparados para receber uma pessoa com deficiência como espectador, pois um evento esportivo engloba bem mais do que uma simples partida.

Nesse contexto, a UEFA, junto com a Federação Inglesa de Futebol e a organização especializada *Colour Blind Awareness* (Organização para Consciência do Daltonismo), tem feito um trabalho, desde 2017, de conscientizar os clubes quanto às necessidades do público daltônico. O projeto visa aumentar a sensibilização para o daltonismo no desporto em toda a Europa, investigar a prevalência do daltonismo nos desportistas de elite, identificar eventuais obstáculos à progressão dos jogadores e desenvolver recursos para apoiar organizações e indivíduos.[(5)]

Outras formas de facilitar a presença de pessoas com deficiência no esporte e tornar o esporte mais acessível podem ser observadas em outros momentos, como por exemplo a existência de *sites* acessíveis para pessoas com deficiência visual, programas de esporte com legendas/tradução de libras ou audiodescrição, entre outros métodos.

Além disso, sistemas de transportes coletivos acessíveis podem transformar, de forma significativa, os eventos esportivos mais acessíveis. Como exemplo disso temos a Lei n. 8.899/1994, que concede passe livre às pessoas com deficiência no sistema de transporte coletivo interestadual, o que pode facilitar o deslocamento para eventos esportivos, e o art. 155 da Lei Geral do Esporte, que aborda sobre transporte, ainda que oneroso, acessível para eventos esportivos.

Muitos países possuem leis que tratam da acessibilidade para pessoas com deficiência de forma ampla, abrangendo diferentes setores, incluindo instalações esportivas. Por exemplo, nos Estados Unidos, existe a *Americans with Disabilities Act (ADA)*, que abrange a acessibilidade em diferentes tipos de instalações públicas, incluindo ginásios esportivos.

Questões de acessibilidade devem ser abordadas por todas as pessoas envolvidas com o esporte para que seja facilitada a presença de pessoas com deficiência nesse tipo de evento.

Pessoas que não possuem deficiências não sentem falta desses acessos, e quando têm contato pela primeira vez, tendem a sentir um estranhamento, geralmente sequer sabendo a necessidade dessas adições. A acessibilidade no esporte pode ser feita nos mínimos detalhes, que facilitam a presença de pessoas com deficiência no âmbito esportivo.

A falta de acessibilidade impede que pessoas com deficiência participem plenamente das atividades esportivas e eventos realizados nos ginásios. Isso pode resultar na

---

(5) UEFA, national associations, clubs and players unite to promote Colour Blind Awareness Day. Disponível em: https://www.uefa.com/insideuefa/about-uefa/news/0261-104b5e9d9732-b5f8bd160fe0-1000--uefa-national-associations-clubs-and-players-unite-to-promote-c/.

exclusão dessas pessoas, negando-lhes o direito de desfrutar do esporte e de interagir socialmente em igualdade de condições. Além disso, a falta de acessibilidade pode ser interpretada como uma forma de discriminação, violando os direitos fundamentais das pessoas com deficiência.

Ao estabelecer medidas de acessibilidade em eventos esportivos, contribuiremos para a promoção da inclusão. Além disso, deve-se frisar que estabelecer medidas de acessibilidade não deve ser apenas uma questão de cumprimento legal ou ético, mas também para promover a inclusão, o respeito aos direitos humanos e a participação plena de todas as pessoas na sociedade.

3.1. Descumprimento de normas de acessibilidade

O descumprimento das normas de acessibilidade pode gerar diversas consequências negativas, tanto para as pessoas com deficiência quanto para as instituições responsáveis pelos espaços esportivos.

A não conformidade com as leis e regulamentações de acessibilidade pode acarretar implicações legais para as instituições responsáveis, podendo gerar multas e penalidades como: interdição do espaço, ajustes estruturais, entre outras medidas corretivas e ações judiciais por parte das pessoas com deficiência ou de organizações que defendem seus direitos.

Por fim, impende destacar que o descumprimento das normas de acessibilidade nos ginásios esportivos não apenas viola os direitos das pessoas com deficiência, mas também tem implicações legais, financeiras e reputacionais para as instituições responsáveis. É fundamental garantir a implementação e o cumprimento das normas de acessibilidade, promovendo a inclusão e proporcionando igualdade de oportunidades para todas as pessoas no ambiente esportivo.

Em caso de descumprimento dessas normas, é possível que algumas atitudes sejam tomadas para garantir o direito das pessoas com deficiência. Entretanto, as ações vão depender do caso concreto que vá ocorrer, em algumas situações será suficiente um simples contato com a administração do ginásio ou até mesmo com a organização do evento. Em alguns casos mais complexos será necessário recorrer para órgãos como os de proteção ao consumidor.

Impende destacar que a Lei n. 14.597/23 deixa bem claro em seu art. 142, § 2º, que a entidade responsável pela organização da competição e a detentora do mando de campo se equiparam a fornecedor nos termos do Código do Consumidor, sendo, portanto, os torcedores, consumidores. Com isso, o torcedor que tiver seu direito violado poderá recorrer aos órgãos de proteção ao consumidor conforme acima mencionado.

Destaca-se que, nos casos mais complicados, se houver desrespeito a legislações que garantem o direito das pessoas com deficiência, o Ministério Público é o órgão a se recorrer.

Nas regras específicas do esporte não há normativas capazes de punir a entidade desportiva que descumprir as normas de acessibilidade, porém com o avançar do tempo e com mais debate do tema é possível que tenhamos regras mais rígidas de promoção à acessibilidade.

É importante que todas as pessoas com deficiência tenham acesso aos seus direitos de modo que possam desfrutá-los e que ao tomar medidas para denunciar e corrigir as violações, você está contribuindo para a promoção da inclusão e garantindo que todos possam desfrutar igualmente das experiências esportivas.

4. Arcabouço jurídico que viabiliza a presença de pessoas com deficiência em eventos esportivos no Brasil

No Brasil, o esporte e o lazer ainda são tratados como sinônimos. Em boa parte dos municípios, estados e até mesmo na União, os dois temas não são tratados de forma indissociada e, assim, boa parte das políticas e estruturas são formadas a fim de implementar políticas que englobam o esporte e o lazer em uma só atividade, por isso sempre que se trata de políticas de lazer, as políticas de esporte estão presentes.

A principal lei que rege os direitos das pessoas com deficiência é a Lei Brasileira de Inclusão da Pessoa com Deficiência, também conhecida como Estatuto da Pessoa com Deficiência (Lei n. 3.146/2015). Essa lei estabelece diretrizes e normas para a promoção da inclusão e acessibilidade em diversos setores da sociedade, incluindo o esporte.

A legislação relacionada à presença de pessoas com deficiência em eventos esportivos é predominantemente de competência federal, aplicável em todo o território nacional. Entretanto, alguns estados e munícipios possuem regulamentações diferentes que contemplam o acesso de pessoas com deficiências em eventos esportivos, visando à promoção da inclusão e acessibilidade de acordo com suas especificidades e necessidades.

Além das legislações já mencionadas nos tópicos anteriores, cada estado e munícipio possuem leis especificas que asseguram e incentivam a presença de pessoas no esporte e em eventos esportivos. Separamos algumas das principais legislações estaduais/municipais que promovem a presença de PCD's no esporte.

No Rio de Janeiro, por exemplo, existe uma legislação que prevê a gratuidade para pessoas com deficiência (PCD) em eventos esportivos. A Lei Estadual 7.346/2016, conhecida como "Lei da Gratuidade para Pessoas com Deficiência em Estádios", estabelece que as pessoas com deficiência têm direito à gratuidade nos ingressos para eventos esportivos realizados no estado. De acordo com essa lei, as pessoas com deficiência devidamente comprovada têm direito a um ingresso gratuito para si mesmas e a um acompanhante. O objetivo é garantir que as pessoas com deficiência possam participar e desfrutar dos eventos esportivos, promovendo a inclusão e a acessibilidade.

Ademais, recentemente a Lei Municipal 7.973, de 3 de julho de 2023, dispôs sobre a obrigatoriedade de criação de áreas reservadas e adaptadas para pessoas com TEA em estádios e arenas esportivas, que possuam capacidade igual ou superior a 5 mil pessoas, no âmbito do munícipio do Rio de Janeiro, bem como, sobre a disponibilização de fones abafadores para as pessoas que deles necessitarem. Com isso, o estádios e ginásios esportivos com capacidade igual ou superior a 5 mil pessoas terão o prazo de máximo de 180 dias, a contar da publicação da lei, para conclusão das adequações previstas.

Em alguns outros estados é garantida a meia-entrada para pessoas com deficiência e seu acompanhante em eventos esportivos. É comum que estados e munícipios tenham leis que abordem sobre a reserva de lugares para pessoas com deficiência em eventos esportivos realizados no âmbito de seu respectivo estado e ou munícipio a depender da demanda.

Resta claro que cada ente federado possui autonomia para versarem sobre o tema de acordo com suas características e demandas. Entretanto, é necessário que todos os entes tenham um olhar atento para a inclusão social por meio do esporte para que tenhamos uma comunidade esportiva mais inclusiva e diversificada em todas as regiões de nosso país.

Conclusão

A inclusão de pessoas com deficiência no esporte é um tema de extrema importância e complexidade. Este artigo científico buscou explorar as diversas facetas dessa questão. O esporte possui um grande potencial de socializar indivíduos das mais diferentes classes, religiões, gêneros, entre tantas outras diferenças presentes na nossa sociedade.

No entanto, a inclusão no esporte ainda é um desafio no Brasil. Muitas vezes, o acesso ao esporte é limitado por questões financeiras, falta de infraestrutura ou falta de políticas públicas voltadas a esse público.

É notório que abordar temas sociais no esporte não apenas reflete a diversidade da sociedade, mas também pode ser um catalisador poderoso para a mudança positiva. Ao utilizar a influência do esporte, é possível inspirar ações que contribuam para a construção de uma sociedade mais justa e inclusiva.

Portanto, abordar temas sociais no esporte é crucial por várias razões, pois o esporte desempenha um papel significativo na sociedade e pode ter impactos profundos em questões sociais.

Apesar do progresso, ainda existem desafios significativos a serem superados para se alcançar uma inclusão completa. A discriminação, as barreiras sociais, a falta de acessibilidade e a falta de conscientização continuam sendo obstáculos para muitas pessoas com deficiência e outros grupos minoritários.

Ao longo da pesquisa, foi possível observar que a participação no esporte pode proporcionar uma série de benefícios para pessoas com deficiência, incluindo melhorias na saúde física, desenvolvimento de habilidades sociais, aumento da autoestima e sensação de pertencimento. Além disso, o esporte pode desempenhar um papel fundamental na quebra de estereótipos e na promoção da igualdade de oportunidades para todos os indivíduos, independentemente de suas habilidades ou limitações.

Nesse sentido, políticas e programas de inclusão desempenham um papel crucial na promoção de um ambiente esportivo mais inclusivo e acessível. Estratégias como a adaptação de instalações esportivas, a oferta de treinamento especializado para profissionais do esporte e a implementação de campanhas de conscientização são fundamentais para garantir que pessoas com deficiência tenham as mesmas oportunidades de participar e prosperar no mundo esportivo.

Em suma, este artigo destaca a importância da inclusão de pessoas com deficiência no esporte e destaca a necessidade de continuar avançando na promoção de um ambiente esportivo verdadeiramente inclusivo e acessível para todos. Por meio de esforços contínuos e colaborativos, podemos criar um futuro em que o esporte seja verdadeiramente para todos, independentemente de suas capacidades ou limitações.

Referências

ANDRADE, Sidney. *Capacitismo: o que é, onde vive, como se reproduz?*. Disponível em: https://medium.com/@sidneyandrade23/capacitismo-o-que%C3%A9-onde-vivecomo-se-reproduz-5f68c5fdf73e. Acesso em: 6 jan. 2024.

ASSOCIAÇÃO BRASILEIRA DE NORMAS TÉCNICAS (ABNT). *NBR 9050:* Acessibilidade a edificações, mobiliário, espaços e equipamentos urbanos. 2. ed. Rio de Janeiro: ABNT, 2004. 97p.

BRASIL. *Constituição da República Federativa do Brasil.* Brasília, DF: Senado Federal: Centro Gráfico, 1988.

______. Planalto. *Lei n. 13.146, de 6 de julho de 2015.* Estatuto da Pessoa com Deficiência. Disponível em: http://www.planalto.gov.br/ccivil_03/_ato2015-2018/2015/lei/l13146.htm. Acesso em: 5 jan. 2024.

______. Planalto. *Lei n. 8.899, de 29 de junho de 1994.* Disponível em: https://www.planalto.gov.br/ccivil_03/leis/l8899.htm. Acesso em: 21 fev. 2024.

______. Planalto. *Lei n. 10.098, de 19 de dezembro de 2000.* Disponível em: https://www.planalto.gov.br/ccivil_03/leis/l10098.htm. Acesso em: 19 jan 2024.

______. Planalto. *Lei n. 14.597, de 14 de junho de 2023.* Disponível em: https://www.planalto.gov.br/ccivil_03/_ato2023-2026/2023/Lei/L14597.htm. Acesso em: 10 jan. 2024.

COMITÉ PARAOLÍMPICO INTERNACIONAL. *Technical Manual on Accessibility:* An Inclusive Approach to the Olympic & Paralympic Games, 2009.

COSTA, Alberto Martins; SOUSA, Sônia Bertoni. Educação física e esporte adaptado: História, avanços e retrocessos em relação aos princípios da integração/inclusão e perspectivas para o século XXI. *Rev. Bras. Cienc. Esporte*, Campinas, 25(3),27-42, 2004.

FLORENCE, Rachel B. Poltroneri. *Paralimpíadas e o desporto adaptado.*

GE. *Guia de acessibilidade nos estádios de futebol do Brasil.* Disponível em: https://ge.globo.com/programas/esporte-espetacular/noticia/guia-de-acessibilidade-nos-estadios-de-futebol-do-brasil.ghtml. Acesso em: 10 fev. 2024.

GUGEL, Maria Aparecida. A pessoa com deficiência e a sua relação com a história da humanidade. *Ampid* (Associação Nacional dos Membros do Ministério Público de Defesa dos Direitos dos Idosos e Pessoas com Deficiência), 2015. Disponível em: http://www.ampid.org.br/ampid/Artigos/PD_Historia.php. Acesso em: 10 fev. 2024.

O GLOBO. *Grupos de torcedores autistas e salas sensoriais em estádios avançam pela inclusão no futebol.* Disponível em: https://oglobo.globo.com/esportes/noticia/2023/11/19/grupos-de-torcedores-autistas-e-salas-sensoriais-em-estadios-avancam-pela-inclusao-no-futebol.ghtml. Acesso em: 11 fev. 2024.

RAMOS, P. R. B. *Portadores de deficiência:* Direito de acesso aos espaços culturais e artísticos. Maranhão, 2009. Disponível em: www.mp.ma.gov.br/site/ArquivoServlet?nome= Noticia98A81.doc.

ROSSETTO, Elisabeth *et al. Aspectos históricos da pessoa com deficiência. Educere et Educare Revista de Educação*, vol. 1, n. 1, p. 103-108, 2006.